INSTITUTIONS AND DEVELOPMENT

Tell You Chinese Stories in Economics

中国地质大学（武汉）本科教学工程项目

国家一流本科专业建设项目（经济学专业）

# 制度与发展

## ——经济学运用的中国案例

李通屏　肖建忠　邵红梅　陈艳　易杏花 等　编著

WUHAN UNIVERSITY PRESS
武汉大学出版社

**图书在版编目(CIP)数据**

制度与发展:经济学运用的中国案例/李通屏等编著.—武汉:武汉大学出版社,2020.12(2022.4 重印)

ISBN 978-7-307-21768-3

Ⅰ.制…　Ⅱ.李…　Ⅲ. 中国经济—经济发展—文集　Ⅳ.F124-53

中国版本图书馆 CIP 数据核字(2020)第 165357 号

责任编辑:李　玚　　责任校对:李孟潇　　整体设计:马　佳

出版发行:**武汉大学出版社**　(430072　武昌　珞珈山)

(电子邮箱:cbs22@ whu.edu.cn 网址:www.wdp.com.cn)

印刷:武汉邮科印务有限公司

开本:787×1092　1/16　印张:18.5　字数:413 千字　插页:1

版次:2020 年 12 月第 1 版　　2022 年 4 月第 2 次印刷

ISBN 978-7-307-21768-3　　定价:49. 00 元

# 前　言

## 一

本书主要是为财经管理类大学生和相关专业教师编写的教学辅导读物，希望其他人也喜欢、受用。本书的主旨在于学用结合、学以致用，强调用经济学思维观察改革开放，用改革开放的壮丽场景学习、体悟经济学，至于理论上的创新尚在其次。改革是制度变迁，既包括从单一的公有制经济转变为公有制为基础、多种所有制经济共同发展的产权变革，也包括从高度集权的计划经济转向分散决策的市场经济的资源配置方式变革。改革就是要调整不适应生产力发展的生产关系、调整不适应经济基础的上层建筑，通过搞对激励，从而激发人的潜能，解放生产力、发展生产力，促进人口、经济、社会和资源环境的全面协调和可持续发展。作为改革开放40多年的场景与主题，制度与发展也是解读中国奇迹的枢纽和密码，本书取名其意正在于此。

本书主要包括"政治经济学""制度经济学"和"宏观经济学"三门经济学课程的本土化案例和案例评论。上篇是政治经济学，包括政治经济学方法论、商品货币价值规律和剩余价值的分配，提供了5个案例。中篇是制度经济学，包括产权、交易成本与人类行为，以及政府、市场与制度变迁12个案例。下篇是宏观经济学，包括人口与经济增长、内需、粮食安全以及相关的宏观经济政策4个案例。最后以"中国经济大事记""历届孙冶方经济学奖"和"诺贝尔经济学奖"三个附录展示中国特色社会主义政治经济学的历史逻辑和理论逻辑，目的是让学生结合经济学的基本概念、基本原理和主要模型的学习来感悟经济学如何解释社会和认识社会。在回顾改革开放的伟大实践中学习经济学，在学习经济学的过程中理解中国故事、中国秘密以及如何实现中华民族伟大复兴的中国梦。

## 二

英国著名作家萧伯纳认为，经济是充分利用人生的艺术。经济学在萌芽、产生和发展的历史长河中，问题导向、建言献策、经世济用成为优良传统和突出品格。从蒙克莱田的《献给国王和皇太后的政治经济学》(1615)、亚当·斯密的《国富论》(1776)、李嘉图的《政治经济学及其赋税原理》(1817)、马克思的《资本论》(1867)、马歇尔的《经济学原理》(1890)、熊彼特的《经济发展理论》(1934)、凯恩斯的《就业、利息与货币通论》(1936)，从富国裕民、关注穷苦人民、日常生活事务、人类需要及其满足到经济周期和摆脱衰退。研究人、财富、经世济民、贴近需要成为经济学最显著的特征。

20世纪50年代以来，经济学扩大了它的研究范围和影响，成为首要的社会科学(Lazear，2000)。从增长秘密、摆脱贫困、创新驱动到关注幸福与不幸福，经济学的地位不断提升。经济学地位的提升得益于它固定的语言和特殊工具箱，它允许复杂的概念被写成相对简单的、抽象的术语。经济学不断向其他社会科学渗透，形成了许多以经济学分析方法作为分析方法或体现经济学基本理论的新兴学科，西方经济学家称这种现象为“经济学帝国主义”(economic imperialism)。威廉·芬特明确指出：“要救助经济科学，在于形成一种开明的民主的‘经济学帝国主义’，它侵犯着邻近学科的疆域，不是为了救助或并吞它们，而是为了救助和丰富它们，促进它们自我成长，并在这个过程中援助和丰富经济学自身。”①贝克尔认为，经济学的发展经历了三个阶段。第一阶段，经济学仅限于研究物质资料的生产和消费结构；第二阶段，经济理论的范围扩大到全面研究商品现象，即研究货币交换关系；今天，经济学已发展到第三个阶段，研究人类全部行为及与之有关的决定。经济学的特点在于研究问题的本质，而不是问题是否具有商业性或物质性②。Edward P. Lazear 宣称：“经济学已经帝国主义，而且经济学帝国主义已经成功。”其“研究课题扩张到经典范围以外，经济学的经典问题包括消费者选择、厂商理论、(外部)市场、宏观经济活动以及这些领域直接产生的领域”，最具侵略性的经济学帝国主义试图运用经济学工具解释所有社会行为。经济学的力量在于其严格的条件。它遵从一种科学方法，这种方法可拒绝理论、检验理论和基于实证进行理论评价。经济学家在其他社会科学不能播种的地方播种，因为经济学家喜欢抽象，用抽象力回答一个复杂世界的问题③。所以，萨缪尔森把经济学从社会科学皇后提升为社会科学的皇帝。④蔡昉认为，经济学常常表现出“帝国主义”倾向，经济学家容易奉行科学的“帝国主义”态度。主要原因是：改革开放使经济学取得了显学地位，对经济学家的需求越来越大，经济学家的发言机会就越来越多；经济学的经济理性假说对非经济现象的解释力及经世济用的特点使其天生具有侵犯的性格；现代经济学的高度数学化，令许多经济学家对本学科的深入研究望而却步，深感边际报酬递减，因而转向另一个看似不那么肥沃的土地以提高边际收益。樊纲认为，经济学帝国主义是指经济学在侵犯其他社会科学的传统领地，而且这种侵略并不是一些人异想天开的瞎胡闹，而是一旦侵入，还真能分析出来一些原来人们没有分析出来的东西，给人们以新的启示，使学科有新的发展⑤。党国英认

① 参见威廉·芬特．相对论经济学：扩大经济宇宙之机制的初步研究[M]．哥伦比亚：哥伦比亚出版社，1993.

② 加里·贝克尔．人类行为的经济分析[M]．上海：上海三联书店、上海人民出版社，2002：3.

③ Edward P. Lazear，Economic imperialism，Quarterly Journal of Economics，2000(115)：99-146.

④ 参见张五常．经济学帝国主义．载高小勇主编．经济学帝国主义[M]．北京：朝华出版社，2005.

⑤ 参见樊纲．经济学的谦虚．载高小勇主编．经济学帝国主义[M]．北京：朝华出版社，2005.

为，经济学以数学和心理学为基础，又倡导实证分析方法，较其他人文社会科学更具有“可证伪”的性质。经济学因这两个学科的发展而受惠，也因这两个学科的发展不够而显出自己的硬伤。整体来说，经济学的领地仍在扩大，社会学、政治学和历史学的传统领域都成了经济学家纵横驰骋的疆域。一百多年前，经济学家还面对历史学的“帝国主义”采取防守姿态，现在来了一个颠倒。这种转变的功劳应归功于经济学方法的某种优势。当今时代是“科学帝国主义”的时代，经济学在这个时代如鱼得水。① 石士钧认为，“经济学帝国主义”这股理论潮流十分强大，其合理内核对经济学建设有重要意义，应当充分肯定和借鉴②。

## 三

改革开放是近代以来我国发生的三大历史性事件和中华民族伟大复兴的三大里程碑之一。改革开放是当代中国最显著的特征、最壮丽的气象！习近平总书记在庆祝改革开放40周年大会上指出：“40年来，我们解放思想、实事求是，大胆地试、勇敢地改，干出了一片新天地。”改革开放极大改变了中国的面貌。“中华民族迎来了从站起来、富起来到强起来的伟大飞跃！中国特色社会主义迎来了从创立、发展到完善的伟大飞跃！中国人民迎来了从温饱不足到小康富裕的伟大飞跃！”我国国内生产总值占世界生产总值的比重由改革开放之初的1.8%上升到15.2%，多年来对世界经济增长的贡献率超过30%。货物进出口总额从206亿美元增长到超过4万亿美元。主要农产品产量跃居世界前列，建立了全世界最完整的现代工业体系，科技创新和重大工程捷报频传。现在，我国是世界第二大经济体、制造业第一大国、货物贸易第一大国、商品消费第二大国、外资流入第二大国，外汇储备连续多年位居世界第一。“粮票、布票、肉票、鱼票、油票、豆腐票、副食本、工业券等百姓生活曾经离不开的票证已经进入了历史博物馆，忍饥挨饿、缺吃少穿、生活困顿这些几千年来困扰我国人民的问题总体上一去不复返了！”

改革开放是经济学发展的丰沃土壤，推动了经济学创新发展。党的十八大以来，习近平总书记提出了建设和不断完善中国特色社会主义政治经济学理论体系的重大历史任务。基本路径是“以马克思主义政治经济学为指导，总结和提炼中国改革开放和社会主义现代化建设的伟大实践经验，同时借鉴西方经济学的有益成分”，把中国改革开放和社会主义现代化建设的伟大实践经验上升到理论，进行理论化提炼。也就是说，把中国改革开放和现代化建设的伟大实践当作中国特色社会主义政治经济学的源头活水③，建设中国特色、中国气派的马克思主义政治经济学。在这种背景下，我们长期从事政治经

---

① 党国英．从“哲学帝国主义”到“经济学帝国主义”[J]．书屋，2001(12)．

② 石士钧．“经济学帝国主义”的合理内核及其启示[J]．上海经济研究，1999(12)．

③ 方福前．论建设中国特色社会主义政治经济学为何和如何借用西方经济学[J]．经济研究，2019(5)．

济学、西方经济学及相近学科教学的20余位教师申报的教学研究项目“用经济学讲中国故事——经济学教科书中的本土化案例研究”终获批准。本书立足改革开放的实践，瞄准重大现实问题，以我们自己的成果为基础，以用经济学讲中国故事为主线，编写“政治经济学、制度经济学、宏观经济学”的中国案例与案例评论，努力为“马工程”教材提供优质配套资源，同时提高教师用马克思主义立场、观点和方法开展经济学的研究水平、教学水平和教学能力。

## 四

当前世界处于百年未有之大变局。改革开放以来，全球发生了多次金融危机，其中影响最大的是1997年亚洲金融危机和2008年全球金融危机。本书交稿时发生的新冠肺炎疫情(COVID-19)，是中华人民共和国成立以来我国遭遇的传播速度最快、感染范围最广、防控难度最大的突发性公共卫生事件。当前，疫情防控虽然取得重大战略成果，但尚未结束。受全球疫情冲击，世界经济严重衰退，产业链供应链循环受阻，国际贸易投资萎缩，大宗商品市场动荡。国内消费、投资、出口下滑，就业压力显著加大，企业特别是民营企业、中小微企业困难凸显。在疫情防控中，暴露出不少短板和薄弱环节。本书虽然未能及时跟进疫情防控和经济社会发展的统筹问题，但关于制度与发展的分析与案例讨论，仍然没有过时。譬如环境治理和环境政策问题、人口质量与人力资本问题、产业发展、企业家精神以及促进消费和扩大内需问题，等等，对保就业、保民生、保市场主体，促进生产生活秩序加快恢复，促进消费回升和经济复苏仍然有一定启发。

李通屏

2020年6月23日

# 目 录

## 上篇 政治经济学



## 中篇 制度经济学



## 下篇 宏观经济学

# 上篇

# 政治经济学

# 导　论

作为马克思主义理论体系的重要组成部分，政治经济学是经济学的基础学科。马克思主义政治经济学研究社会经济运动的一般规律，深刻分析资本主义再生产过程及其内在矛盾、社会主义必然替代资本主义的历史趋势。在此基础上，通过总结社会主义革命、建设和改革的基本经验，形成了中国特色社会主义经济理论，为我们认识当代资本主义提供了基本立场、观点和方法，为建设中国特色社会主义提供了理论指南①。

## 一、马克思主义政治经济学与西方经济学的关系

1615年，法国重商主义学者安·德·蒙克莱田在《献给国王和王后的政治经济学》中，首次使用“政治经济学”这个术语。1776年亚当·斯密发表《国富论》，标志着古典资产阶级政治经济学的建立。古典政治经济学是马克思主义政治经济学的重要思想来源。马克思批判继承了古典政治经济学的科学成分，克服了它的阶级局限和历史局限，完成《资本论》等理论著作。1867年《资本论》(第一卷)出版，标志着马克思主义政治经济学理论体系的创立。1890年，阿尔弗雷德·马歇尔发表《经济学原理》，研究领域窄化为对竞争(市场)的研究。至此“政治经济学”被“经济学”代替，古典政治经济学逐渐发展到新古典经济学，即我们经常提到的《微观经济学》和《宏观经济学》等理论内容。

马克思主义政治经济学和西方经济学都是经济学类各专业的核心课程，但两者的研究对象、方法和目的各不相同。西方经济学着重研究稀缺资源如何实现有效配置、增加财富，关注人与物的关系，强调经济运行层面。而马克思主义政治经济学用科学的抽象法，联系生产力和社会再生产过程研究资本主义生产关系、阶级关系及其发展规律，突出强调社会经济活动中人与人之间的生产关系(利益关系)及其发展规律，通过人与人关系的研究，揭示经济的本质。

## 二、马克思主义政治经济学的内容与发展

马克思主义政治经济学揭示生产关系运动、变化和发展的规律性，即经济规律。它不仅包括资本主义生产关系及其发展和变化规律，也包括社会主义生产关系及其发展和变化规律。马克思主义政治经济学内容以《资本论》为代表的一系列政治经济学著作为

---

① 《马克思主义政治经济学概论》编写组．马克思主义政治经济学概论[M]．北京：人民出版社，2016：1.

基础，随着资本主义和社会主义发展而丰富。除了《资本论》以外，列宁依据马克思主义政治经济学的基本原理对资本主义垄断阶段的系统研究、世界各国社会主义建设实践和资本主义发展的新趋势新认识都是马克思主义政治经济学的重要组成部分。尤其是中国特色社会主义理论体系，丰富和发展了马克思主义政治经济学，是对马克思主义政治经济学的最新贡献。

在国内，马克思主义政治经济学教材体系大致分为两类。一类是按照资本主义和社会主义两部分展开论述；另一类是按照政治经济学一般理论、资本主义经济和社会主义经济展开论述。政治经济学一般理论包括有关市场经济的基本原理(如商品、价值、价格、货币、工资、利润等)和有关经济规律(如价值规律、供求规律、竞争规律等)；资本主义经济部分一般包括劳动价值论、剩余价值论、资本积累的一般规律和历史趋势等；社会主义经济部分一般包括社会主义经济制度的建立和发展、社会主义初级阶段理论、社会主义市场经济理论等。

马克思主义政治经济学随时代发展和建设实践要求不断深化与扩展。例如劳动价值论中劳动内涵不断丰富，从生产劳动扩展到知识劳动、管理劳动和服务劳动；如何认识西方国家的一些新的工资形式及劳资关系新变化；现代生产自动化、信息化(无人工厂)趋势下如何认识劳动价值论和剩余价值论；如何认识以信息化、互联网为代表的新技术对经济社会的影响；经济全球化趋势和对外开放；新时代中国特色社会主义建设实践及理论总结等。

## 三、马克思主义政治经济学的重要性及学习方法

《资本论》对过去一个多世纪全球的政治和经济思想产生了深刻影响。马克思主义的核心价值诉求依然是人们的普遍价值追求，马克思当年关注、分析和批判的社会问题在当今世界依然以各种形式存在。习近平同志《在哲学社会科学工作座谈会上的讲话》指出："有人说，马克思主义政治经济学过时了，《资本论》过时了。这个说法是武断的。""就从国际金融危机看，许多西方国家经济持续低迷、两极分化加剧、社会矛盾加深，说明资本主义固有的生产社会化和生产资料私人占有之间的矛盾依然存在，但表现形式、存在特点有所不同。"我们正处在"百年未有之大变局"，学习和掌握马克思主义基本原理和经典理论，有助于科学认识当今世界复杂的经济现象，指导中国特色社会主义经济建设，牢固树立中国特色社会主义共同理想和共产主义信念。

理论联系实际是马克思主义政治经济学的一个重要特点，也是学习马克思主义政治经济学的基本方法。用政治经济学基本原理分析中国社会经济具体实践，帮助学生理解基本概念和理论逻辑，可以为我们认识纷繁的世界提供丰富思想指导，用中国案例拉近理论与现实的距离，从而更深刻地理解理论。

（邵红梅）

# 中国环境政策的政治经济学分析①

## 一、环境规制政治经济学的一般理论回顾

经济学界对规制行为的解释有多种不同的观点。新古典主义认为，规制是矫正市场系统中配置扭曲的一种手段。在环境政策中，外部性理论是规制的基础，即通过设置污染税等于边际社会损害系统或限制排污总量达到效率水平，并同时使污染削减成本最低的贸易许可排放系统来使外部成本内部化。但这只是环境规制的一般理论，它形成于社会福利最大化的分析基础，它清楚地假设设计和执行环境保护社会程序的公共部门将促进全社会福利的提高作为自身的唯一目标，这在实践中显然是很难做到的。描述社会政策现实选择的实践模型是由 Black 第一次应用到的中位-投标者模型，在这个框架中，投票者直接作出社会选择或通过反映相关社会集团首选结果的中位数选民代表作出。像 Bergstrom 指出的，在确定条件下，中位-投票者结果将满足帕累托效率的一阶条件。然而，考虑到现实条件的复杂性(如多维政策空间)，该模型的应用会产生一些严重的问题。就环境政策而言，环境外部性涉及重要的社会损害和经济扭曲问题，这就在很大程度上限制了该模型的应用。

规制俘虏理论被认为是另一个重要的社会选择理论，最初由 Stigler 提出，随后被 Paltzman 等加以发展。基本思想是，“规制来源于产业，它的设计和操作主要服从于它的利益”，规制被看作福利转换的一种形式，而非通过降低市场失灵的效率损失来提高福利的一种手段，被规制产业不是规制手段的受害者，而是它们的受益者。尽管该理论可以很好地描述一些规制活动，但从环境政策的角度来讲，这似乎不会那么成功，环境政策不可能是被规制者即污染产业鼓动的结果。

环境规制选择中一个更有吸引力的模型是：相互竞争的利益代表通过政治过程来确定环境政策的内容和形式。这种利益代表之间政治影响的竞争具有一些重要的提高效率的特征，并能导致有经济效率的政治均衡，使有害的外部性内部化。在这个过程中，环境保护者、商业贸易组织和其他利益代表首先相互影响环境立法，随后，通过法律的执行，必须使其不同的利益在政策的实际设计、管理和执行中得到调和。尽管规制代理者有选择地执行特定的环境工具，但他们可能要么弱化这些手段，要么扩展他们的影响范围和效果，这实际上就是容许规制者与确定执行形式和内容者之间进行谈判，最终，关

① 参见成金华，吴巧生．中国环境政策的政治经济学分析[J]．经济评论，2005(3)：11-15.

键决策通过司法手段加以解决。因此，环境政策政治经济学分析必须包括这些不同利益代表相互影响的制度设计。

在实证方面，许多学者也做了研究，如：Cropper 等人对美国的杀虫剂规制进行了计量经济研究，发现 EPA 禁止特殊杀虫剂物质继续可能主要依赖于对这种限制的成本和收益的估计，杀虫剂生产者经济利益和健康风险承受程度两者的估计对 EPA 的决策具有重要决定意义，在模型的解释上显然增加了一些利益代表变量，建议此类决策必须同时考虑净社会价值和利益代表压力。Hird 通过实证研究认为许多环境政策决策代表了企业集团利益和社会福利最大化。Murdoch 和 Sandler 发现政治和居民自由程度对 20 世纪 80 年代后期的 CFC 排放的降低具有积极影响。

很显然，政治系统中各主体的相互影响决定环境保护的进程、环境政策选择及环境目标的实现。在理论研究方面，其中最有代表性的模型是 Buchanan 和 Tullock 提出的，其研究显示，产生污染的竞争型产业自身趋于选择污染配额系统(排放标准，即命令-控制型工具)，而非排污税，同时在政治上可行。在这种情形下，环境规制可能产生现存企业利润提高的卡特尔型结果，配额系统导致整个产业产出降低和利润提高，产业利益集团欢迎这种针对新进入企业更加严格的污染排放标准的环境政策工具，导致产生新的进入壁垒。至于排放税，则可导致产业利润降低，并可能导致一些企业进入其他部门。对于那些能从税收中获得利益的其他群体对政治过程的影响，Buchanan 和 Tullock 认为他们在政治上是相对脆弱的，因此，对环境政策工具选择不构成影响。

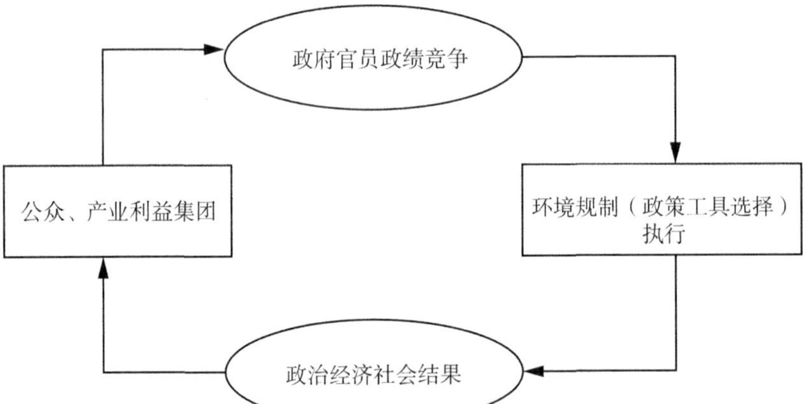


图 1　环境规制与政治代表之间的相互影响示意图

如图 1 所示，环境规制与不同利益代表(包括不同的产业利益集团、公众、政府官员)之间有一个相互作用的过程，事情远不像利益集团 B 偏爱选择政策工具 A 那么简单，这是相当复杂的一个过程，一个政策的产生必须包含这些代表之间的一个相互影响过程。显然，在利益集团和社会之间存在政治冲突，Buchanan 和 Tullock 的分析模型具有很大缺陷。如果所有公众的利益都能被一个利益集团准确地代表，政治均衡是社会有效的，所有外部效应通过政治影响过程有效内部化，其结果就是政策制定者同时选择有效率的政策工具和规制水平，就环境政策而言，这就是庇古税。

假设政府的目标函数包括社会福利和政治贡献，即：

$$G(P_p, P_c, \tau) = \Theta W(P_p, P_c, \tau) + \sum C_i(P_p, P_c, \tau) \quad (1)$$

其中，$W$ 为 Benthamite 社会福利函数，$\Theta$ 为权重系数，$C_i$ 表示从利益集团 $i$ 获得的利益，变量 $P_p$，$P_c$ 和 $\tau$ 分别表示生产者价格、消费者价格和排污税。每个公民是最普通的消费者和某个产业(生产企业)的股东，而且遭受污染生产排放物的负面影响。

假设每个利益集团的目标函数为：$W_i(P_p, P_c, \tau)$，是它所有成员效用的累加。根据 Grossman 和 Helpman(1994)每个利益集团的最优贡献等于它的目标函数减一个常量 $D_i$(这个常量反映利益集团和政府之间租金的分配)，即：

$$G_i(P_p, P_c, \tau) = W_i(P_p, P_c, \tau) - D_i \quad (2)$$

如果一个利益集团代表所有产业的话(而且因为每个公民只持有一个产业的股份)，那么所有公民都被一个利益集团所代表。此时，政府目标函数变为：

$$G(P_p, P_c, \tau) = (\Theta + 1)W(P_p, P_c, \tau) - \sum D_i \quad (3)$$

政府最优税水平，等价于社会福利函数为生产税等于 0 和排污税等于边际社会损失的情形。

## 二、我国环境政策工具选择的政治过程

如上所述，环境政策工具选择的政治过程是非常复杂的，既包括立法问题，也包括管理执行问题和司法问题，政治均衡取决于自身政治演化过程和经济中产权结构的特征。环境政策选择是政府官员(包括中央、地方各级政府官员)、公众和利益集团之间博弈的一个过程。

就我国而言，目前环境管理的机制是这样的：全国人民代表大会立法监督，各级政府负责实施，环境保护行政主管部门统一监督管理，各有关部门依照法律规定实施监督管理。在横向上包括行政、立法、司法三个相对独立而又相互联系的系统。在纵向上可分成几个层次：国家环保总局—省级环保机构—地市级环保机构—县级环保机构—乡镇环保机构。全国人民代表大会设有环境与资源保护委员会，负责组织起草和审议环境与资源保护方面的法律草案并提出报告，监督环境与资源保护方面法律的执行，提出同环境与资源保护问题有关的议案，开展与各国议会之间在环境与资源保护领域的交往。一些省、市人民代表大会也相应设立了环境与资源保护机构，主要负责地方环境立法和监督。国家环保总局代表中央政府全面负责全国的环境管理，是国家各项环境法律法规的执行机构。地方各级环境保护部门领导干部实行双重管理体制，以地方党委管理为主，上级环境保护部门党组(党委)要按照有关规定和干部管理权限积极配合，协助地方党委做好下级环境保护部门干部管理工作。其环境政策工具选择的政治过程具有以下特征和趋势：

(1)环境政策民主化程度提高，但目前公众在环境政策选择的政治过程中所起的作

用模糊。当前，我国环境政策的民主化正在逐步进行，环境管理体系中的环境监督管理制度日趋民主化，环境保护工作中的民主手段和公众参与日益法律制度化，公众参与环境保护的程度得到提高。我国《宪法》、《环境保护法》(1989年)、《水污染防治法》(1996年修改)和《环境噪声污染防治法》(1996年)等法律和政策文件均有关于实行环境民主和公众参与的规定。其中，《国务院关于环境保护若干问题的决定》(1996年8月)关于“建立公众参与机制，发挥社会团体的作用，鼓励公众参与环境保护工作，检举和揭发各种违反环境保护法律法规的行为”的规定，为实行环境民主开辟了更加广阔的道路。《中国21世纪议程》明确指出：“公众、团体和组织的参与方式和参与程度，将决定可持续发展目标实现的进程。”国家环保局、中共中央宣传部、前国家教育委员会制定的《全国环境宣传教育行动纲要》(1996—2010年)将“公众参与”作为编制该《行动纲要》确定的2000年总体目标的一项重要内容，要求“逐步形成公众参与机制，为公众参与重大项目决策的环境监督和咨询提供必要的条件、机会和场所，引导公众积极参与环保公益活动”。地方环境立法也体现了这一进程的加快，《福建省环境保护条例》(1995年7月)规定：环境保护应遵循“专业管理与公众参与相结合”的基本原则(第3条)；“各级人民政府应鼓励、支持各类群众性及民间的环境保护组织和活动，引导他们健康发展”(第七条)。《黑龙江省工业污染防治条例》(1996年11月)第4条规定：“一切单位和个人有权对破坏环境的工业企业进行监督和检举。各级人民政府和环境保护行政主管部门应当为公众监督工业污染创造条件。工业企业应当接受公众的监督，对公众检举的工业污染问题认真解决。”但通过近几年的实践看，公众参与的民主法治机制不足尚是我国环境政策工具选择政治过程中的主要表征。

从我国公众参与的现实看，公众关心的是环境损害和利益回报，偏向于选择越来越严格的环境目标，其政治影响主要表现为对环境政策目标实现和政策执行过程的监督，对环境政策工具选择的政治影响是模糊的。目前还无法通过设置绩效标准(效用最大化原则)并通过观察政策的执行情况来参与控制环境政策的政治过程。

(2)企业、政府官员自身利益对环境政策工具选择的政治过程的影响越来越明显。随着我国市场化进程的加快，经济中产权结构的多样化和企业利益主体的多元化已成为一种现实，即“股份制社会”的出现。如此，就环境政策工具选择的政治经济学特征而言，一方面，企业为了自身利益最大化目标必然对环境政策工具选择产生影响；另一方面，企业也有足够的能力影响环境政策工具选择。同时，在我国，地方政府官员为了自身政绩考虑，必然热衷鼓励新的商业投资和经济增长，在不存在环境战略行为的情况下，趋于选择低的环境标准或利于企业利润最大化的环境政策工具，实现自身利益最大化。这样，在现阶段就会形成一种互动机制，对环境政策工具选择产生越来越重要的政治影响。如此，环境政策工具选择的政治均衡路径就会以产业利润最大化为约束。我国现行的国家排污费征收标准就规定，国务院价格主管部门、财政部门、环境保护行政主管部门和经济贸易主管部门，根据污染治理产业化发展的需要、污染防治的要求和经济、技术条件以及排污者的承受能力，制定国家排污费征收标准。这说明企业利益的政治影响已浮出水面。

## 三、环境政策的政治均衡

环境政策工具选择是政策制定者和不同利益集团之间相互作用的结果。以下我们将环境政策工具划分为三类，即排污标准(简称[S])、贸易排放许可(简称[P])和排污税(简称[T])，[S]为命令-控制型工具，[P]和[S]为激励型(市场型)工具，并假设社会根据先前确定的目标来降低污染排放，也就是说政治均衡依赖于环境目标，环境工具选择是政府官员、公众、利益集团(企业)共同参与政治影响过程的结果。

考虑到我国环境政策工具选择政治过程中各利益代表的政治影响，我们可以将其政治均衡路径分为两种情形：第一种情形是，假设环境政策制定者为“慈善的社会计划者”，能代表所有公众根据效用最大化原则进行自我约束；第二种情形是，政府官员以自身利益最大化为目标，即通过产业利润最大化来促进地方经济的发展，并提高政绩。

假定瞬时效用函数为：

$$V(P_t,\ e_t) = K + \frac{1}{2}(\alpha - P_t)^2 - D(e_t) + g_t,\ \alpha > 0 \tag{4}$$

这里，所有消费者的瞬时效用被定义为货币本位商品 $y_t$、生产品 $x_t$、公共品 $g_t$ 和企业污染排放物 $e_t$ 的消费，效用贴现率为 $\beta$，$x_t$ 的价格为 $P_t$ 且通过一个生产竞争市场来确定，每个消费者每时期货币本位商品为 $K$ 单位，公共品来源于排污税所产生的收益。环境损害为随总排放量递增的凸函数，即：

$$D(e_t) = \frac{1}{2}e_t^{\ 2} + be_t,\ b > 0 \tag{5}$$

$x_t$ 的需求$x_t^{\ d} = \alpha - P_t$，参数 $\alpha$ 反映生产市场的规模。

企业生产成本由其生产率参数$\theta_i$决定，企业$\theta_i$低意味着生产成本高。为了简化，我们进一步假定企业分为两类，一半企业生产率低，$\theta_L = 1$，另一半生产率高，$\theta_H > 1$。算术平均数$\mu = \frac{1}{2}(1 + \theta_H)$，协和平均数$\eta = \frac{2\theta_H}{1 + \theta_H}$，且$\eta < \mu$。企业$\theta_i(i = L,\ H)$成本函数为：

$$C_i(x_{it}) = \frac{x_{it}^{\ 2}}{2\theta_i} \tag{6}$$

企业生产的副产品是环境污染，我们假定每个企业污染排放与产出成比例：

$$e_{it} = x_{it} \tag{7}$$

这就是说，企业只有通过降低产出来降低污染排放。在不存在任何环境规制情形下，市场出清价格为$\frac{\alpha}{1 + \mu}$，企业 $\theta_i$ 的排放水平为$\frac{\alpha\theta_i}{1 + \mu}$，整个排放量为$\frac{\alpha^{\mu}}{1 + \mu}$。如此，生产率高的企业比生产率低的企业的最优产量和排放都要高，政府不可能知道每个企业的生产率，但知道其分布，这意味着命令-控制型规制不可能适合每个企业的条件。

社会为了达到既定的削减目标，必须通过规制来降低排放，接下来我们讨论不同环境政策工具选择对产业利润的影响。

假设社会先前确定的排放目标为 $\overline{e_t}$ ，其目标实现依赖于[S]、[P]、[T]三种工具的选择。在[S]情形下，统一的排放配额要求每个企业每个时期的排放为 $\overline{e_t}$ ，企业利润最大化：

$$\pi_{it} = P_t x_{it} - \frac{x_{it}^2}{2\theta_i} \text{ 约束于 } e_{it} \leqslant \overline{e_t} \tag{8}$$

很显然，一些企业为了避免排放超标，必须降低生产规模，这种约束在影响生产率低的企业之前，受影响的是生产率高的企业。

在[P]情形下，政府将排放许可(相当于排放目标$\overline{e_t}$) 自由分配给企业，在一个竞争市场许可证能被买卖且只在一个时期有效，此时，企业利润最大化：

$$\pi_{it} = P_t x_{it} - \frac{x_{it}^2}{2\theta_i} + P_q(\overline{e_t} - e_{it}) \tag{9}$$

其中，$P_q \geqslant 0$，表示许可价格。只有当其他企业能提供额外的许可情况下，企业才可能通过贸易购买许可，命名其排放超过$\overline{e_t}$。

在[T]情形下，企业利润最大化：

$$\pi_{it} = P_t x_{it} - \frac{x_{it}^2}{2\theta_i} - \tau_t e_{it} \tag{10}$$

其中$\tau_t$表示每单位排放支付的税率。为了达到既定环境目标，政府在每个时期都要调整税率，而且税收作为公共品加入公众消费再循环。在所有的三种工具下，每时期产品 $x_t$ 的价格为市场出清价格。

在每种机制下，利润和效用水平关键依赖于环境目标的紧缩。环境目标的三个关键值 $e_L$，$e_H$，$e_u$ 如图 2，其中 $e_L < e_u < e_H$。

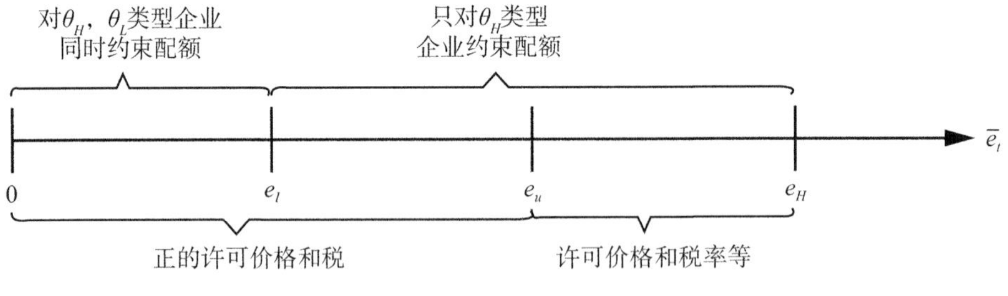


图 2　环境目标的三个关键值

$e_L$ 和 $e_H$ 分别表示[S]情形下约束企业 $\theta_L$ 和 $\theta_H$ 的目标水平配额，且：

$$e_L = \frac{\alpha}{2},\quad e_H = \frac{\alpha\theta_H}{1+\mu} \tag{11}$$

对于低于 $e_L$ 的环境目标，两类企业都必须降低排放(和产出) 以满足其配额，此时，累积产出(总的排放）为$\overline{e_t}$，市场出清价格为$\alpha-\overline{e_t}$。对于$\overline{e_t}\in(e_L, e_H]$，只有$\theta_H$类型企业被要求降低排放以满足配额要求，而对于$\theta_L$类型企业而言，它的生产与排放与不存在配额时一样，累积产出(总的排放）为$\frac{\alpha+\overline{e_t}}{3}$，既然$\frac{\alpha+\overline{e_t}}{3}<\overline{e_t}$，产品市场均衡价格为$\frac{2\alpha-\overline{e_t}}{3}$，大于$\alpha-\overline{e_t}$。

$e_u$与[P]情形下是否存在许可与(竞争）许可市场交易有关，如果政府发行的许可总量超过：

$$e_u=\frac{\alpha^{\mu}}{1+\mu} \tag{12}$$

那样就会存在$P_q=0$的超额供给。因此，只有$\overline{e_t}<e_u$时，许可贸易才可能发生，而且许可市场的均衡价格$P_q=\alpha\left(1-\frac{\overline{e_t}}{e_u}\right)$，产品市场出清价格为$\alpha-\overline{e_t}$，贸易能保证污染削减成本最低。同时，$e_u$值表示[T]情形下环境目标的执行，对于$\overline{e_t}<e_u$，政府必须征收排污税$\tau_t=\alpha\left(1-\frac{\overline{e_t}}{e_u}\right)$才能实现减排目标，再一次，产品市场均衡价格为$\alpha-\overline{e_t}$，而且能保证污染削减成本最低。对于$\overline{e_t}>e_u$，我们可得到$\tau_t=P_q=0$，且在[T]和[P]情形下结果是确定的，也就是说，累积产出和总排放量为$e_u<\overline{e_t}$且产品均衡市场价格为$\frac{\alpha}{1+\mu}$，反映了非规制均衡的情况。

作为环境目标函数三种环境政策工具下的产业利润和效用水平见表1。其中产业利润表示为$\pi_t[I_t]$，效用水平表示为$u_t[I_T]$，$I_t\in\{S, P, T\}$。

表1　　三种环境政策工具下的产业利润和效用水平

| 情形 | $\overline{e_t}$ | $\pi_t$和$u_t$ |
|---|---|---|
| $[S_1]$ | $(0, e_L]$ | $\pi_t[S_1]=(\alpha-\overline{e_t})\overline{e_t}-\frac{\overline{e_t}^2}{2\eta}$，$u_t[S_1]=K-b\overline{e_t}$ |
| $[S_2]$ | $(e_L, e_H]$ | $\pi_t[S_2]=\frac{\alpha^2}{9}+\frac{2\alpha\overline{e_t}}{9}+\frac{(9+5\theta_H)\overline{e_t}^2}{36\theta_H}$，<br>$u_t[S_2]=K-b\frac{\alpha+\overline{e_t}}{3}$ |
| $[P_1]$ | $(0, e_u)$ | $\pi_t[P_1]=(\alpha-\overline{e_t})-\frac{\overline{e_t}^2}{2^{\mu}}$，$u_t[P_1]=K-b\overline{e_t}$ |
| $[P_2]$ | $[e_u, e_H)$ | $\pi_t[P_2]=\frac{\overline{e_u}^2}{2^{\mu}}$，$u_t[P_2]=K-be_u$ |

续表

| 情形 | $\overline{e_t}$ | $\pi_t$ 和 $u_t$ |
|---|---|---|
| $[T_1]$ | $(0,\ e_u)$ | $\pi_t[T_1]=\pi_t[P_1]-\alpha\left(1-\dfrac{\overline{e_t}}{e_u}\right)\overline{e_t}$,<br>$u_t[T_1]=u_t[P_1]+\alpha\left(1-\dfrac{\overline{e_t}}{e_u}\right)\overline{e_t}$ |
| $[T_2]$ | $[e_u,\ e_H)$ | $\pi_t[T_2]=\dfrac{{e_u}^2}{2^{\mu}}$, $u_t[T_2]=K-be_u$ |

在产业利润最大化约束下，即第二种情形下，我们可以得到，存在一个环境目标 $e_f\in(e_L,\ e_u)$，有：

$$\pi_t[\mathrm{P}]\geqslant\max\{\pi_t[\mathrm{T}],\ \pi_t[\mathrm{S}]\},\ \overline{e_t}\in(0,\ e_f]$$

$$\pi_t[\mathrm{S}]>\max\{\pi_t[\mathrm{P}],\ \pi_t[\mathrm{T}]\},\ \overline{e_t}\in(e_f,\ e_H)$$

如图3所示，政治均衡路径为：从来不会选择[T]而不选择[P]。至于如何考虑[S]和[P]，存在两种情况，一方面，产业愿意通过有效率地承担成本来降低排放，达到此目的的可行手段是[P]而非[S]。另一方面，产业希望提高利润，在[P]贸易下意味产出最大化，但产出最大并不意味利润最大而且产业作为一个整体可通过在最大许可之下限制产出来提高利润，只要一些企业不完全利用它们的配额，这就可通过[S]工具获得，放宽环境目标的效果比成本效益更加重要，如果目标在关键值 $e_f$ 以上，通过[S]可实现产业利润最大化。一旦目标低于 $e_f$，通过许可贸易获得成本优势就成为主导力量，通过[P]实现产业利润最大化。这样，我们就可以得出这样一个结论：如果环境目标随着时间严格起来，在第二种情形下，就存在一个由[S]向[P]的转变，但永远都不会是[T]。

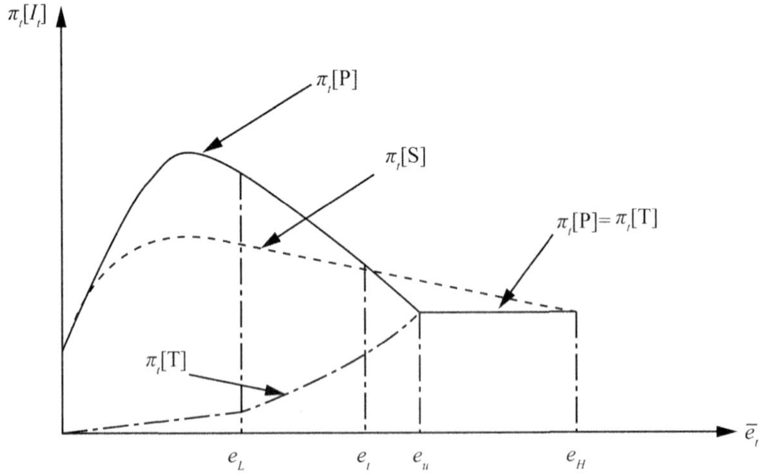


图3　作为环境目标函数的[S]、[P]和[T]情形下产业利润变化示意图

第一种情形下，政策制定者是“慈善的社会计划者”，效果最大化是其约束边界，这样我们可以进一步得到，存在一个目标 $e_c \in (e_L, e_u)$ 且 $\frac{\partial e_c}{\partial b} < 0$，有：

$$u_t[T] > u_t[S] \geqslant u_t[P], \ \overline{e_t} \in (0, e_c)$$
$$u_t[S] \geqslant u_t[T] \geqslant u_t[P], \ \overline{e_t} \in [e_c, e_H)$$

如图4所示，政治均衡路径为：[T] 和[P] 两种工具产生相同的消费者剩余$\left(\frac{\overline{e_t^2}}{2}\right)$和相同的环境损失[$D(\overline{e_t})$]，但是如果$\overline{e_t} < e_u$，[T] 产生收益 $T(\overline{e_t}) = \alpha\left(1 - \frac{\overline{e_t}}{e_u}\right)\overline{e_t}$。这样，政治均衡的结果是，选择的工具要么是[S] 要么是为[T]。随着环境目标的严格，预知税收益的机会成本提高且[T] 和[S] 环境损失的差异缩小(当$\overline{e_t} \leqslant e_L$ 时一同消失)，这样，一旦目标低于 $e_c$，均衡结果就是，选择[T] 而非[S]。如此，我们可以得出一个结论，在第一种情形下，随着环境目标的严格，环境政策工具会由[S] 转向[T]，但从不转向[P]。

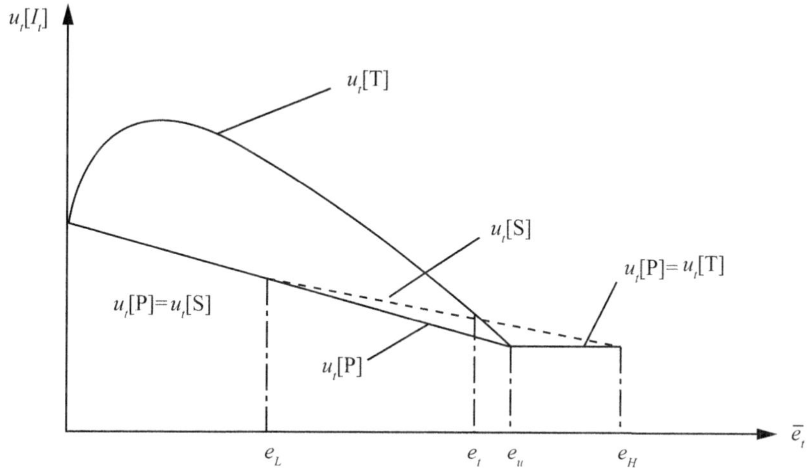


图4　作为环境目标函数的[S]、[P]和[T]情形下效用水平变化示意图

## 四、简要结论

理论与实践证明，命令-控制型政策工具向激励(市场)型政策工具转化是更富雄心环境目标的一个自然结果，在不同国家，其具体实践历程有所不同。在我国，社会主义市场经济体系正在逐步完善，尽管政府非常重视市场在政策形成中的作用，其地位在不断提高，但就环境政策而言，其政治过程中公众参与的民主法治机制不足和环境管理的目标责任制，决定了政策制定者的身份具有双重特征，一方面，作为社会计划者(社会

公众的默认），以效用最大化为目标；另一方面，以自身利益最大化为目标，受产业利润最大化的约束。相对应，其政治均衡路径存在两种可能，本文将环境目标作为外生变量，分别分析了这两种情形下，环境政策工具选择的演进过程，随着环境目标的越来越严格，不管哪种情形，都存在命令-控制型政策工具向激励（市场）型政策工具转化的自然过程。也就是说，随着我国经济的发展，尤其是科学发展观的落实，未来环境政策的取向必然是激励型的政策工具替代目前正在实行的命令-控制型的政策工具。本文并未就我国政治系统演化作具体分析，从而不能系统分析环境政策工具选择的政治过程，其政治均衡分析也就作了相应的简化处理，未来研究的一个有趣的方向就是，系统分析我国政治系统的演化进程，进一步明确政府官员、公众和企业在环境政策工具选择政治过程中的相互影响，建立博弈模型，求解政治均衡路径，一个完整的环境政策工具选择理论还应将环境目标作内生化处理。

（成金华　吴巧生）

## ◎ 评论

环境政策是政府加强环境保护的制度保障。本文从环境规制角度，对我国环境政策进行政治经济学分析，指出我国环境政策的制定者具有双重特点。我国未来环境政策取向由命令–控制型向激励型演变的观点与我国环境政策的改革实践脉络一致，具有前瞻性和启示性。

第一，由 GDP 到绿色 GDP，完善政府的考核评价体系。一段时间以来，对地方政府的考核出现片面追求 GDP 的状况。在这一指挥棒下，地方政府作为环境政策落实、环境监管的关键主体，出于自身政绩考虑，热衷于商业投资和经济增长，忽视企业的环境污染问题。对环境政策执行睁一只眼闭一只眼，甚至趋向选择低的环境标准或利于企业利润最大化的环境政策工具，以实现自身利益最大化。当前，我国经济已由高速增长阶段转向高质量发展阶段，美好的生态环境成为广大人民群众的追求，迫切需要从国家治理层面探索经济增长与生态环境保护的协调发展新路。要求统筹推进“五位一体”总体布局，实现经济建设、政治建设、文化建设、社会建设、生态文明建设的平衡、充分发展。在经济建设方面，兼顾绿色和发展的理念，在 GDP 基础上融入资源和环境的因素，由“唯 GDP”向绿色 GDP 转变。相应地，变革政绩考核体系引导地方官员将工作目标集中到高质量发展、平衡充分发展上来。

党的十八大报告指出，建立体现生态文明要求的目标体系、考核办法、奖惩机制。2013 年中央组织部下发《关于改进地方党政领导班子和领导干部政绩考核工作的通知》，要求政绩考核突出科学发展导向。对地方党政领导班子和领导干部的考核考察，要看全面工作，看经济、政治、文化、社会、生态文明建设和党的建设的实际成效，看解决自身发展中突出矛盾和问题的成效，不能仅仅把地区生产总值及增长率作为考核评价政绩的主要指标，不能搞地区生产总值及增长率排名。中央有关部门不能单纯以地区生产总值及增长率来衡量各省（自治区、直辖市）发展成效。地方各级党委政府不能简单以地区生产总值及增长率排名评定下一级领导班子和领导干部的政绩和考核等次。

第二，完善排污权交易制度，开征环境税，强化市场化环境管理手段。经过多年的发展，我国的环境保护政策已经形成了一个较为完整的体系框架。该框架以《环境保护法》为基础，坚持"预防为主，防治结合""谁污染，谁治理""强化环境管理"的政策原则，包括"环境影响评价""三同时""排污收费""环境保护目标责任""城市环境综合整治定量考核""排污申请登记与许可证""限期治理""集中控制"等制度。但具体的环境管理工具仍以排污收费、许可证、标准限制等命令-控制型的行政化管理为主，激励型、市场化环境管理手段缺乏，管理手段较为单一。

近年来，我国高度重视环境政策手段的完善，注重发挥政府引导和市场调节作用，强化顶层设计，增加基于市场的环境经济政策手段，探索特定污染物的排污权交易机制，推进排污费改环境税。(1)1989年颁布的《环境保护法》在2014年重新修订后，于2015年实施。(2)排污权交易作为以市场为基础的经济制度安排，使得污染治理从政府的强制行为变为企业自觉的市场行为，激励企业为自身的利益提高污染治理的积极性，以实现污染总量控制目标。我国在20世纪90年代引入排污权交易制度；2001年实施首例排污权交易；2007年11月10日，挂牌成立国内第一个排污权交易中心。我国排污权交易开始逐步走向制度化、规范化、国际化。为了应对气候变化，推动低碳经济发展，我国于2011年启动碳排放权交易试点工作，随后扩大到深圳、上海、北京、广东、天津、湖北和重庆；2017年，正式启动全国碳排放权交易体系。(3)2018年1月1日起，我国实施《环境保护税法》开征环境税。相较于之前的排污收费制度，环境税发挥税收手段在环境治理中的作用，一方面有利于解决排污费制度存在的执法刚性不足问题，强化企业减排责任的落实；另一方面在"多排多缴税，少排少缴税"的税收政策导向下，充分调动企业治污减排的积极性。

实际上马克思主义理论也包含了深刻的生态思想和环境规制思想。例如，人与自然的关系是辩证统一的思想。人与自然本身就是一体的，人是自然界的产物并且靠自然界生存，所以人类必须尊重自然，尊重客观规律，按照客观规律来创造人类的历史，而不能随心所欲、肆意妄为。马克思十分强调人对于自然的能动作用，人类既要充分发挥其主观能动性，又要合理地利用自然、改造自然。在追求剩余价值这一目的的驱使下，资本主义生产无限扩大，从而导致对自然界无限索取的思想。关于环境问题是市场机制失灵的表现以及市场机制存在局限性的思想，等等，仍然有重要的现实意义①。

马克思的生态思想为我国生态文明建设提供重要理论支撑。(1)我国的生态文明建设需要尊重规律，承认自然的优先性。改变"人类中心主义"思想，停止对自然无止境地掠夺，关注自然，尊重自然，以自然为根本。坚持"青山绿水就是金山银山"，将我国经济发展实际与生态文明结合起来。(2)我国生态文明建设坚持以人为本，实现人与人之间的和谐发展。习近平总书记多次强调生态建设中人民的根本性地位。生态建设就是要让人民群众在生活中获得实利，让人民群众在与生态环境的互动中更有幸福感和价

① 时家贤．马克思主义经典作家政府规制理论探析[J]．中国特色社会主义研究，2007(3)．

值感，这是衡量生态文明建设成效的唯一的根本的标准。(3)我国生态文明建设要以发展生产力为后盾。马克思认为生态危机产生的原因是资本主义生产方式，解决矛盾的途径是生产力水平更高阶段的共产主义。而我国正处于社会主义的初级阶段，生产力尚未达到发达水平。生态文明建设与经济建设并不矛盾，只有强大的经济实力才能支撑生态文明建设。我国应该以生态文明建设为契机，全面深化改革，推动经济发展方式的转变。

十九大报告指出，“建设生态文明是中华民族永续发展的千年大计”，要“加快建立绿色生产和消费的法律制度和政策导向，建立健全绿色低碳循环发展的经济体系”，“构建市场导向的绿色技术创新体系，发展绿色金融”。今后，随着生态文明建设的推进，随着社会环境意识日益增强，我国环境政策制定和执行更加倾向于社会福利的最大化，环境政策工具更加丰富，对节能减排、环境治理的治理效果也将更加明显。

（邵红梅）

# 劳动、价值与资本①

江泽民同志在“七一”讲话中指出，我们应该结合新的实际，深化对社会主义社会劳动和劳动价值理论的研究和认识。这表明，劳动和劳动价值论已经不再仅仅是一个学术问题，而是一个关系到能否顺利建设有中国特色社会主义的重大政治问题。改革开放以来，我国大力引进外资，积极发展民营经济，鼓励城乡居民将货币收入转化为资本，初步形成了公有制为主体多种所有制经济共同发展的基本经济制度。这一制度极大地促进了中国社会生产力的发展，加速了中国人民实现共同富裕的进程。这是有目共睹的事实。但是，按照对劳动价值论的传统理解，这一基本经济制度也在培育着无偿占有剩余价值的阶级。精神生活领域和政府部门的劳动是不是非生产性的，要不要限制非公有制的发展规模，如何看待日益增加的私人财产及其所有者，等等，这样一些问题日益困扰着我们正在进行的社会主义市场经济实践。

## 一

在经济学说史上，生产劳动与非生产劳动曾经是一对关于资源配置的范畴，所要解决的问题是生产什么，具有很强的政策意义。重商学派认为只有金银才是社会财富，人类的其他劳动只是耗费金银，因此，只有提供金银的劳动，主要是对外贸易才是生产劳动，其他劳动都是非生产性的。重农学派则认为只有农业才提供“纯产品”，工业是财富的消耗，因此只有提供农产品的劳动才是生产劳动，应该大力支持发展农业。

在亚当·斯密那里，区分生产劳动与非生产劳动有两个标准：一个是劳动的社会形式，即与资本交换的劳动(雇佣劳动)是生产劳动，而与收入交换的劳动是非生产劳动。这种区分的目的是要为资本主义生产方式张目，这在当时的历史条件下也是有积极意义的。不过，在马克思已经充分揭示了资本主义生产方式本质特征的今天，这种区分显得多余。另一个是财富的物质形式，即生产物质产品的劳动是生产劳动，生产服务的劳动包括政府服务是非生产劳动。一方面，斯密将全部生产物质产品的劳动看成生产劳动，较之于将生产劳动局限于提供金银或农产品是对社会财富认识的重大进步；但另一方面，马克思也明确批评将社会财富和生产劳动仅仅局限于物质产品是“苏格兰式”的理解。无论如何，服务形态的产品也是有使用价值的，也是社会财富的重要组成部分。

斯密认为服务是非生产性劳动。一个重要理由是，与物质产品不同，服务是即时生

① 参见余瑞祥．劳动、价值与资本[J]．中国地质大学学报(社会科学版)，2003(1)：42-45.

产、即时消费，不能积累。但历史告诉我们，服务和精神产品除了满足人们不能用物质产品代替的需要外，也在为物质产品的再生产积累文化、技术和人才。服务不能积累从而对资本积累和社会再生产不起作用的观点显然不合时宜。

将国民经济核算由物质平衡体系改为市场经济国家通用的国民账户核算体系，这表明我们已经放弃了将财富局限于物质产品的“苏格兰式”理解。但对政府服务仍然有所保留。事实上，国家机器提供的服务(安全和秩序)也是社会财富的重要组成部分。毫无疑问，不同性质的国家机器提供不同性质的服务，甚至有些服务是强加给公众的。但只要国家机器还为它的选民所接受，相应的服务就是必要的。不同性质国家机器的服务水平是能够而且实际上也是在进行比较的。既然精神产品、各种服务包括国家机器的服务同物质产品一样都是综合国力的重要组成部分，用劳动的物质形式区分生产劳动和非生产劳动就没有必要了。

今天，我们既不能集中全部资源去提供生产劳动，也不能不提供我们所需要的非生产性劳动。无论按什么标准定义非生产性劳动，只要它为社会所需要，它就会自发地存在。市场按照社会需要自发地配置资源，而不论这种需要按哪一种标准来说是生产性的还是非生产性的。对于资源配置而言，有意义的只是劳动是否为社会需要以及需要的程度如何。如广告服务历来被认为是非生产性劳动，但它能够沟通生产消费、促进资本周转甚至可以成为可供欣赏的艺术品，所以社会总是在源源不断地生产它。当人们不再需要草鞋和蓑衣时，尽管它们是物质产品，市场也会自发地决定生产它们的劳动是不必要的。实践表明，人为地将劳动区分为生产性的和非生产性的，只会导致不必要的职业歧视。

至于什么劳动创造价值则是一个资源配置形式问题，与劳动及其产品的具体形式没有必然联系。如果产品需要市场检验其有效性，其劳动就有一个是否表现为价值以及表现为多少价值的问题；如果产品无须经过市场就直接满足人们的需要，其劳动也就无须著名的价值插手其间。在这里，表现为价值的劳动和不表现为价值的劳动只是资源配置形式的区别，是满足社会需要的方式不同。总体说来，政府的服务是非市场性的，因而是不表现为价值的。但这并不否定政府的服务也是社会所需要的，不否定政府的服务是社会财富的重要内容。

生产劳动与非生产劳动的区分不仅没有资源配置意义，也没有政策意义。毫无疑问，我们要限制重复建设，要打击、取缔色情服务和各种非法经营活动，但这无须借助非生产性劳动这个概念。生产劳动与非生产劳动这一对范畴在今天的西方主流经济学中销声匿迹了，该是退出中国经济学讲坛的时候了。

## 二

商品生产过程是耗费劳动和生产资料的过程。但在生产过程中，生产资料只是改变预付资本价值的存在形式，劳动才是创造价值的源泉。在劳动是必要劳动的假定下，工人劳动一个小时就创造一个小时的价值，劳动时间越长，劳动强度越大，创造的价值就越多。如果工人不劳动，生产资料仍然是投资者的资产，但预付给工人的工资就会得不到补偿。因此，只有劳动创造价值是一个会计事实。所谓商品的价值，无非是对为生产商品而耗费的生产要素进行的补偿。像阳光空气等自然资源也是生产过程中不可或缺的要素，但它没有耗费什么，当然也就无须补偿，也就没有价值。在马克思那里，作为自然资源要素报酬的级差地租只是“虚假的社会价值”，是“社会过多的支付”，因为它是对无所耗费的补偿。自然资源无价值不仅是马克思的观点，也是其他耗费价值论的共同观点。自然资源“没有供给价格”①。今天，我们说自然资源有价值，是因为维持自然要素的持续供给需要耗费后代人的劳动，当代人实现的地租要对后代人进行补偿，是劳动价值论的代际关系的拓展，与劳动创造价值不是一回事②。

当然，并不是任何劳动都是可以补偿的。马克思提出的社会必要劳动时间概念所要解决的问题就是劳动表现为价值的条件，即耗费劳动在什么条件下是必要的、有效的、被社会所承认的，因而是可以补偿的或有价值的。

个别生产者耗费的劳动表现为价值的第一个条件是有不低于同行业平均水平的劳动生产率。这就是马克思讲的第一种含义的社会必要劳动时间。如果个别劳动生产率低于同行平均水平，个别生产者的耗费劳动就不能完全转化为价值。如果个别劳动生产率高于同行平均水平，个别劳动时间就会低于社会必要劳动时间，这个差额就形成个别生产者的超额价值。正是在这个意义上，马克思说较高生产率的劳动能够实现多倍的价值。但这绝不是说除劳动外，劳动生产率或影响劳动生产率的要素也是创造价值的源泉。恰恰相反，较高的劳动生产率能够给生产者带来超额价值，是因为提高劳动生产率的因素如管理、技术、机器设备、规模经济和自然条件等能够节约劳动，使相同的劳动生产出更多的产品，或相同的产品只耗费更少的劳动。较高的劳动生产率能够给生产者带来更多的价值是因为它节约了劳动，而不是增加了劳动耗费。毫无疑问，管理和技术等也要耗费劳动，但这种耗费是为了使“联合”劳动在总体上更为节约，而不是“联合”劳动在量上的增加。那种认为管理和技术因素也是独立于劳动的创造价值的源泉的观点，与马克思的相对剩余价值理论是矛盾的。

劳动表现为价值的第二个条件是劳动产品为社会所需要，也就是马克思讲的第二种含义的社会必要劳动时间。这一条件本身并不难理解，关键是如何理解两个条件或两种含义的社会必要劳动时间之间的关系。关于这个问题，马克思在《资本论》第三卷第 10 章中有明确的说明：商品的市场价值是个别价值按产量加权的平均数，至于哪种个别价值决定商品的市场价值则取决于商品的供求状况。如果相对于社会需求而言，商品供给量太大，市场价值就由较低的个别价值或个别劳动时间决定；反之，如果商品供给量太小，则市场价值就由较高的个别价值决定。需要指出的是，马克思在说明个别价值与市场价值的关系时，先是表述为价值调节，后又表述为价格对价值的偏离，但讲的是一

① 马歇尔 . 经济学原理(上卷)[M]. 北京：商务印书馆，1964.

② 余瑞祥 . 经济学中的自然资源 . 政治经济学研究报告 I [R]. 北京：社会科学文献出版社，2000.

回事。

假定一种商品由许多生产者提供，相应地就有多个不同的个别价值，将这些个别价值在几何图形上按升序排列起来，就会形成一条相当于供给曲线或边际成本曲线的上升的个别价值曲线。对应于社会需求量的个别价值就是该商品的市场价值。市场价值与个别价值曲线围成的阴影面积就是超额剩余价值，相当于今天西方经济学讲的生产者剩余。如果社会需求量发生变动，商品的市场价值和生产者剩余也会随之发生变动。

“市场价值，一方面，应看作一个部门所生产的商品的平均价值，另一方面，又应看作在这个部门的平均条件下生产的、构成该部门的产品很大数量的那种商品的个别价值。”①联系到第一种含义的社会必要劳动时间，这意味着在正常情况下，或从长期看，个别价值与市场价值的差额会近于消失。这与今天西方经济学中完全竞争的长期均衡条件十分相似。

自从亚当·斯密提出价值悖论，经济学家就从供给和需求两个方面接近商品价值的真理。李嘉图-马克思的劳动价值论实际上是关于商品供给的分析，奥地利学派则集中于商品需求的分析。马歇尔将两部分真理综合起来，形成了均衡价格理论。均衡价格理论将市场价值看成交易双方理性行为的结果。均衡价格是交易双方的最大利益状态，从而也是市场的出清状态。从前面的引证不难看出，马克思关于个别价值和社会价值的论述实际上包含着均衡价格理论：社会需求边际地选择个别价值作为商品的市场价值，商品生产者之间的竞争会使提供市场价值的个别生产条件成为部门平均生产条件。所不同的是，马克思只是将社会需求作为形成市场价格的既定条件而未展开分析，但我们不能因此苛求前人。劳动价值论是均衡价格理论发展史上的一个重要发展阶段。

非常遗憾的是，无论是马克思的学生还是马克思的敌人，都讳言劳动价值论和均衡价格论的历史联系。一百多年来，我们一直重复着马克思的结论甚至表述形式。这种重复使得劳动价值论仍然保持着19世纪的原貌，以至于在今天显得有些“过时”。这表明，只有与时俱进的马克思主义才具有生命力。

## 三

活劳动创造价值并不意味着劳动者要占有全部价值。问题是投资者凭借财产权利收回了全部预付资本，为什么还要获取利润和利息呢？

资本是劳动者创造价值和实现生产者剩余的物质条件。但是，单凭资本在价值形成过程中的贡献并不能说明资本报酬的合理性。阳光和空气同样是生产过程不可或缺的重要条件，但它们没有耗费人类什么，因而也无须分享剩余价值。如果资本是无成本的，那么，投资者获取报酬就是无偿占有剩余价值，就是剥削。

西方经济学认为，资本的成本是利息，利息源于人们的偏好特征：一是正数时间偏好，即人们偏好现在消费甚于未来消费，或只愿意用较多的未来消费交换较少的现在消

① 马克思. 资本论(第三卷)[M]. 北京：人民出版社，1975.

费，故将现在的收入投资于未来消费要求有一个时间贴水(即利息)作为回报。二是流动性偏好，凯恩斯认为，投资会牺牲资产的流动性，利息是放弃流动性的补偿，如果利率太低，居民就宁可持有货币资产而不投资，利息是不储蓄的报酬。三是风险偏好，投资是有风险的，利息和剩余索取权是投资者甘冒风险的动力源泉。

马克思认为，资本市场上供求平衡时的利息决定于习惯和法律。所谓习惯就是偏好。不同民族和国家有不同的储蓄率，是个习惯问题，也是个偏好问题。在《资本论》中，利息是反映产业资本家和借贷资本家共同瓜分剩余价值的范畴。如果利息不是成本的补偿，就会得出借贷资本家剥削产业资本家的奇怪结论。即使在传统经济体制下，国家银行也要向储户支付利息。长期以来，我们将这种利息解释为对城乡居民支持国家建设的奖励。问题在于，如果居民没有因为将钱存入银行而失去什么，这种奖励就是无中生有的剥削。我们可以不同意西方经济学家关于利息成因的解释，但有一点可以肯定，如果利息是无成本的，利息范畴就没有存在的合理性。对于马克思的学生来说，承认资本报酬的合理性是一件非常痛苦的事情。但是，我们在指责资本无偿占有剩余价值的同时，也在批评传统经济体制无偿使用国有资产。在《哥达纲领批判》中，马克思预测未来社会劳动者创造的价值要作各项扣除。传统经济体制的经验告诉我们，如果这种扣除不与国家的投资相联系，就会导致国有资产的低效率使用。改革开放以来，我们先后尝试的利润留存、承包制和股份制等措施，归根结底就是要选择恰当的形式将扣除同国有资产联系起来，使国有资产成为赚钱的钱，成为资本。

有商品经济就有资本。商品的价值一旦以货币形式独立出来，就具备了赚钱的动机和条件。商人资本和高利贷资本“在资本主义生产方式以前很早已经产生，并且出现在极不同的社会经济形态中”①。简单的商品流通和货币流通是这两种资本存在的条件。一旦劳动产品成为商品，生产要素就必然转化为资本。“只有当雇佣劳动成为商品生产的基础时，商品生产才强加于整个社会，但也只有在这时，它才能发挥自己的全部潜力。说雇佣劳动介入使商品生产变得不纯，那就等于说，商品生产要保持纯粹，它就不该发展。”②公有制并不能割断资本和商品的这种内在联系。

如果资本报酬是合理的，社会主义和资本主义还有什么区别呢？这是深化对社会主义社会劳动和劳动价值论认识的深层次障碍。深入研究这个问题超出了本文的范围。这里只须指出，长期以来，我们习惯于从社会主义同资本主义的区别中把握什么是社会主义，并试图建立一个完全不同于资本主义的社会主义。对于在资本主义条件下积累起来的任何东西，只有在证明它与资本主义没有必然联系之后才敢接受。这种形而上学已经浪费了我们许多的时间和精力。我们应该依据江泽民同志提出的“三个代表”重要思想进一步探索什么是社会主义，怎样建设社会主义这个根本问题。

(余瑞祥)

---

① 马克思．资本论(第三卷)[M]．北京：人民出版社，1975.

② 马克思．资本论(第一卷)[M]．北京：人民出版社，1975.

## ◎ 评论

随着改革开放的深入，中国特色社会主义市场经济建设过程中也出现劳动、价值、资本等方面困扰人们的新现象和新问题。如何看待精神生活领域和政府部门的劳动性质？如何看待日益增加的私人财产及其所有者？基于传统劳动价值论现行基本经济制度是不是存在剥削？基于此，该文主要讨论了生产劳动和非生产劳动、马克思劳动价值论与市场机制的联系、预付资本为何需要获得利润和利息等问题。

该文认为商品是由劳动创造的，其价值是凝结在商品中的无差别的人类劳动。商品价值实际是对生产商品而消耗的包括劳动在内的生产要素进行补偿。商品价值的实现条件实际就是劳动得到补偿、表现为价值的条件。具体包括：(1)有不低于同行业平均水平的劳动生产率；(2)劳动产品为社会所需。资本作为生产要素，资本获得补偿是合理的。而且资本使用是有成本的，投资者获得利润和利息是合理的。

马克思劳动价值理论认为商品是由劳动创造的，其价值是凝结在商品中的无差别的人类劳动。商品价值量不是由个别劳动时间决定的，而是由社会必要劳动时间决定的。如果某个商品生产者的个别劳动时间等于社会必要劳动时间，他的商品按社会必要劳动时间决定的价值量进行交换，那么他生产这种商品所耗费的劳动就会得到完全补偿；如果个别劳动时间低于社会必要劳动时间，那么不仅耗费的劳动能够得到补偿还能获得超额价值；如果个别劳动时间高于社会必要劳动时间，那么耗费的劳动有一部分得不到补偿。在商品经济中，只有通过市场商品交换，商品被卖出去之后，劳动才能被承认而实现它的价值。条件(1)仅在某一部门内部，对应的社会必要劳动时间决定的是单位商品的价值，是在生产同种商品的不同生产者之间形成的。条件(2)则将范围扩大到包含不同部门的整个社会。马克思提出了第二种含义的社会必要劳动时间，即在生产不同商品的生产者之间形成的社会必要劳动时间，代表不同商品的使用价值量被社会接受的程度①。

马克思提出在市场上商品不是按照个别价值出售，而是按照市场(社会)价值出售。不同商品的供求关系影响其市场价值。那么，当一种商品由许多生产者提供就对应多个不同的个别价值，将其按照顺序进行排列，就会形成一条上升的个别价值曲线，相当于供给曲线或边际成本曲线。对应社会需求量的个别价值就是该商品的市场价值。市场价值与个别价值曲线围成的阴影面积就是超额剩余价值，即西方经济学中的生产者剩余。在社会必要劳动时间引导下，生产者为了超额剩余价值进行竞争，长期看市场价值与个别价值的差额会趋近消失，类似完全竞争中的均衡状态(如图1所示)。可见马克思关于个别价值和社会价值的论述实际包含均衡价格理论，只是更多关注商品供给方面，将市场(社会)需求作为形成市场价格的既定条件未展开分析。

马克思主义政治经济学认为货币在特殊运动中发生了价值增值，就变成了资本。资本是能够带来剩余价值的价值。资本具有运动性和增值性。公有制不能割断资本与商品

① 逄锦聚，洪银兴，林岗，等．政治经济学[M]．北京：高等教育出版社，2005.

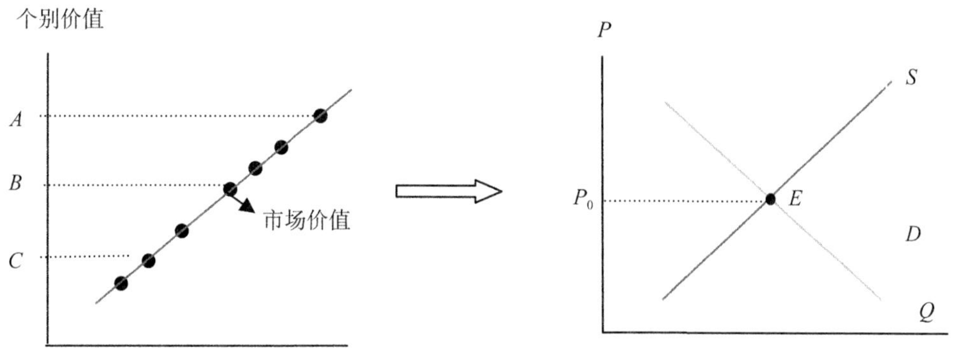


图1 劳动价值论与均衡价格理论的联系示意图

的内在联系。国有资本作为生产要素需要进行扣除和补偿，不能被无偿使用。同时国有资本也要实现增值，否则会导致投资的低效率。那么无论国有资本还是非国有资本，获得报酬是合理的。

该文基于劳动价值论的观点对社会主义市场经济建设中出现的劳动、价值、资本等问题提出新认识，并启示我们需要结合社会主义市场经济建设的新情况、新任务、新趋势对马克思的劳动价值论进行深化发展。

第一，扩展劳动的内涵，社会主义社会劳动不仅指生产劳动，而是把生产市场所需的商品和服务的劳动都看作创造价值的劳动。在马克思所处的时代，非物质生产不是很发达，在经济关系中占比很小，而且大多数并不采取资本主义的生产形式，所以马克思以"非生产劳动"来区分，并主要把物质生产领域作为研究对象。随着社会分工和协作的发展，非物质生产的规模越来越大，生产劳动的领域也相应扩大，劳动过程也由个人过程发展为联合劳动者的过程。随着市场范围的不断扩大和市场机制的日益完善，个体局部劳动向企业内部总体工人的劳动，再向社会总体劳动发展。从这一角度看，体力劳动、脑力劳动、管理人员的劳动(管理劳动)、科技人员的劳动(知识劳动)、服务劳动和交易过程中的劳动都是社会总体劳动的重要组成部分①。社会总体劳动就是创造价值的劳动。

第二，价值的存在形式与商品的物的实在性没有关系。判断一种劳动能否创造价值的标准，不是看其凝结在有形还是无形的商品中，而是看是否为市场所需。只要市场所需的产品和劳务凝结了劳动，就创造了价值。虽然服务的形式是流动的，或者无形的，但在满足人们需求和提供服务产品过程中也要耗费劳动者的体力和脑力。马克思认为，"服务有一定的使用价值和一定的交换价值"，服务业劳动者提供的随生随灭的服务也是一种"直接使用价值"。知识劳动、管理劳动和服务劳动都能创造价值，知识产品和服务产品都具有价值。而且知识劳动与管理劳动是复杂劳动，比简单的体力劳动创造更

① 刘诗白．政治经济学(第四版)[M]．成都：西南财经大学出版社，2014.

多的价值。这里需要注意，知识劳动与管理劳动创造更多价值，不是因为他们增加了劳动总量，而是因为他们可以节约劳动、提高单位劳动的产出，通过提高劳动生产率给生产者带来更多的价值。劳动是创造价值的源泉，管理和技术是对劳动产生影响而创造价值，不是独立于劳动之外的价值源泉。

第三，注意区分价值创造与财富生产的关系。价值是由劳动创造的，但在价值形成和社会财富的积累过程中，知识、管理、科技以及资本等各种生产要素都发挥了重要作用。既然认为商品的价值是对生产商品而耗费的生产要素进行补偿，而且资本获得报酬是合理的，那么知识、管理、科技等要素获得报酬也是合理的。在分割所创造出来的价值时，允许生产要素参与收入分配，将有助于生产要素的合理配置和节约使用，激发生产要素所有者配置资源的积极性，让一切创造社会财富的源泉充分涌流①。因此，要把价值创造和财富生产有机结合起来，确立劳动、资本、技术、管理等生产要素参与分配的原则，完善社会主义市场经济条件下以按劳分配为主体、多种分配方式并存的分配制度。党的十九大报告提出“加快要素价格市场化改革”，“坚持按劳分配原则，完善按要素分配的体制机制，促进收入分配更合理、更有序”。

值得一提的是，阳光、空气、水等自然环境资源是不是生产过程中不可或缺的要素呢？那么它们的耗费要不要补偿呢？之前，经济学认为自然环境是经济增长的外生变量，在生产中没有耗费，所以不需要补偿。现在严峻的自然环境问题让人们意识到，良好的大气、水、气候条件、污染物排放空间等生态环境因人类的生产活动遭到破坏，也是一种消耗。而且自然环境更多是公共物品和公共资源，这类要素怎么补偿呢？因此，自然环境资源的价值问题需要讨论。

（邵红梅）

① 刘诗白. 政治经济学(第四版)[M]. 成都：西南财经大学出版社，2014.

# 人口质量的经济学特征与中国人力资本积累研究①

随着知识经济的兴起，社会正在经历“从金融资本到人力资本”的转变，人力资本已取代美元资本而成为一种战略资源。物质资本依托型的经济，正在让位于人力资本依托型的经济，人力资本成为最具有活力、最能创造经济奇迹的资本。中国是一个人口数量众多、人口质量不高、资源相对不足、资金严重短缺的发展中国家，加快人力资源开发，强化人力资本积累，对于知识经济的发展，加快现代化建设有着决定性的意义。

## 一、提高人口质量必须花费一定的费用

提高人口质量，其实质就是优化人类自身认识、改造世界的条件，提高这种能力。而这种条件和能力的优化、提高，并不是人主观随意的产物。在它们的生产上，要耗费人力劳动力，积累人类劳动。在商品经济条件下，劳动力的耗费和人类劳动的积累，是以费用的形式出现的。正如马克思所说：“要改变一般人的本性，使它获得一定劳动部门的技能和技巧，成为发达的专门的劳动力，就要有一定的教育和训练，而这就得花费或多或少的商品等价物。劳动力的教育费随着劳动力性质的复杂程度而不同。”

### (一)提高人口的身体素质，必须花费一定的费用

较好的身体素质，既要有先天的优良素质为基础，又要重视后天的培养和开发。从先天来看，提高身体素质的重要基础是优生。实行优生，必须采取具体措施，花费一定费用。如宣传教育费用、婚前检查费用、咨询费用、孕期保健与改善营养的费用、产前诊断费用和围产期保健费用。另一方面，妇女怀孕和分娩期间，为了保证母婴健康，国家要为母亲支付一定的产假工资，负担一部分医疗和保健费用，妇女本人也要放弃工资、津贴和奖金的一部分或全部。丈夫为了照顾孕妇，也要减少一些市场活动时间，从而减少一些收入。由此可见，提高先天素质的费用，不仅包括直接费用，也包括由此而失去的机会收入，即机会成本或间接费用。大量事实证明，这些费用，是实行优生、提高先天素质的必要条件。而且这种投入或花费越大，提高先天素质越有保证，其先天素质相对越高。

日本是世界上比较重视优生的国家。1940 年曾公布《国民优生法》，1948 年又公布

---

① 参见李通屏．人口质量的经济学特征与中国人力资本积累研究[J]．郑州大学学报(社会科学版)，2000(1)：109-115.

了《优生保护法》。日本法律规定，结婚双方除交换健康证明外，还要交换血型相合证明和无遗传病的证明，同时从中学起就讲授遗传学基础知识和日本民族法的内容，对优生的重视，保证了日本民族先天素质的优良。日本的婴儿死亡率是世界上最低的，为4‰，出生时重量不足的婴儿所占比重仅为5%，而这两项指标在一些低收入国家则高达168‰和39%。从我国的情况来看，在很长的时期里，对优生重视不够，婚前检查、遗传咨询、产前诊断、预防性人工流产等并未被广泛重视，绝大部分人的生育处于只管生而不管优生与否的自然状态。专家估计，80年代中国受遗传病危害的人有1.5亿~2.2亿。婴儿死亡率、出生时重量不足婴儿的百分比都大大高于日本。

从后天来看，发育健全、智力完好、体质强健、耐力良好都需要后天的培养、锻炼，需要有良好的营养条件的配合，还需要有保证人们身心健康发展的各种文教、卫生、体育等方面的投入与设施。否则，很难形成较高的身体素质。身体素质同医疗卫生和营养状况有直接的联系，医疗卫生与营养条件好，身体素质一般较好，反之，则较差。也就是说，为了健康，购买各种物质和服务的支出也是必须的，提高身体素质，必须有相应投资和花费。

### （二）人的文化科学素质的提高是通过投资获得的

教育和培训是高质量人力资源的主要生产手段。因此，人口的文化科学素质提高，必须有教育和培训的投资。这种投资主要包括正规教育投资和在职教育投资。正规教育投资也就是正规学校教育投资，包括小学教育投资、初中教育投资、高中教育投资、高等教育投资及研究生教育投资等。在职教育投资，包括文化教育投资、职业培训投资和新技术、新工艺培训的投资三种形式。投资的多少，因教育程度的高低而不同，受教育年限越长，劳动力性质的复杂程度越大，所支付的费用或成本越高，要求的投资就越多。1973—1976年，英、法、日、韩4国，中小学单位学生成本比分别为1.5、1.4、1.4和2.2，大学生与小学之比为3.4、3.3、3.9和5.0，反映出单位学生成本随学历层次的提高而提高。另据周天勇博士对我国不同知识层次人力投资的考察，所得结论也是相似的，即各层次文化程度的人力形成中，培养文化程度越高的人力，成本越高、投资越大。以1988年为例，培养各知识层次所需要的人力投资分别为：小学生1920元，初中生3447元，大学生34426元，硕士生54706元，博士生为820966元。如以小学生所需投资为1，则初中生是1.7，高中生是5.04，大学生是17.9。

西方人口经济学家认为，人口质量是一种稀缺资源。从人们无限的欲望来说，人口质量总是不能满足需要是有一定限制的。人们为了获得较高的质量，要花一定的代价。舒尔茨强调“自人类社会产生时起，人的质量的每一点提高都需要一些费用”。我们的知识是通过就学、接受高等教育、在职培训、工作经历、身体状况等有形的内在作用学到的。正如人们细小的行为所显露出来的那样，我们的知识也是从个人或家庭的经济力、工资与福利等多种形式的有用信息中获得的。

提高人口质量必须花费一定的费用，只有通过对人的投资，才能产生人力资本，这是人口质量的一个重要特征，也是常常困扰个人和社会提高人口质量的重要因素。

## 二、人口质量投资是效益最好的投资之一

人口质量的提高给个人带来的利益，可以刺激许多家庭和个人投资于他们自己的人口质量或人力资本。人口质量的提高给社会带来的利益，则可以刺激整个社会对人口质量或人力资本的投资。人具有投资于质量来改进质量的动机。因为承担这笔开支是值得的，人口质量投资是十分有利的投资，是效益最好的投资之一。

### (一)从家庭收益看人口质量投资

人口质量的提高可以使个人和家庭得到更多精神上、物质上的满足。撇开人们在精神方面的收益不说，仅是经济方面的收益，就会使人们愿意付出大量投资。其一，受教育多的人，其未来收入高于受教育较少的人。其次，寻求未来支出的合理化，受过教育的人与未受过教育的人在安排支出方面更加合理，使得支出结构、方向、效益更为合理和有意义，这本身就意味着增加了收入。再次，可以获得未来较健康的身体。受过教育的人比未受过教育的人，在知识结构、接受能力等方面均具有优势，从而能较好地注意保护自己和家庭成员的身体健康，这样就能提高劳动力质量，增加未来收入。最后获得职业选择上更大的余地，以取得更多的收入。深圳市统计信息局的调查表明，文化程度高低已成为影响人们收入高低的根本因素。中专以上文化程度阶层的收入相当于高中以下文化程度的 3.42 倍。长沙市的调查显示：大专以上文化程度的劳动者的收入是高中以下文化程度劳动者的 1.9 倍。从国外的情况来看，劳动者的教育与其收入是紧密相联的。从最发达的国家到欠发达国家，两者的相关性都是非常明显的。劳动者的教育程度越高，他们通常获得的收入就越高。据美国商务部统计局 1992—1993 年 3 月的统计，拥有专业学位即医学博士、法学博士、企业管理硕士的美国人一生收入最高，人均为 300 万美元。其次是拥有博士学位的人，人均一生收入 210 万美元。以下依次为拥有硕士学位 160 万美元；拥有学士学位的 140 万美元；拥有副学士学位(指两年制的社区大专毕业生)100 万美元；修过部分大学课程者 99 万美元；高中毕业生 82 万美元，高中未毕业 60 万美元。

关于教育与生产率或收入水平的相互关系，进一步的研究表明：教育投资对私人和社会的回报率都是很高的，而且私人回报率又高于同一层次的社会回报率。比如，初等教育投资的私人回报率，亚洲、非洲和拉丁美洲分别为 34%、45% 和 61%，分别比同一层次的社会回报率高 1%(亚洲)和 9%(非洲和拉丁美洲)；高等教育的回报率分别为 18%、33% 和 26%，比社会回报率分别高 6%、19% 和 10%。

关于营养、健康等身体素质与生产率或收入水平的相关研究，提供了该方面人口质量投资收益的信息。人们身体素质的好坏，往往直接影响劳动生产率的高低。对许多发展中国家而言，这方面投资的经济含义是积极的：首先，身体素质好的劳动力往往在单位时间内生产出更多的劳动成果，并减少看病、治病和护理时间，直接导致劳动参与时间的延长；其次，在提高生命质量的同时并延长寿命，人们从中可得到满足和效用，并

产生接受教育等更多人力资本投资的额外动力和激励，使投资者在将来取得更多的收入。有人在塞拉利昂农村，针对农户劳动力所作的研究发现：农户劳动力摄取的卡路里水平每提高 10%，家庭农产品产量就增加 3.3%。

### (二)国家用于人口质量的投资也是效益最好的投资之一

实践证明，重视人力投资、开发人力资源是各国经济发展最重要的经验。在经济增长中，人力资本起着决定作用。舒尔茨认为，现代生产条件下，劳动生产率的提高，正是人力资本大幅度增长的结果。“二战”后日本、德国在战争的废墟上重新崛起而跻身于世界经济强国，正是由于重视人力资本。美国政府认为：经济的竞争归根到底是科技的竞争，因而把发展科技放在首要地位。美国的研究与开发投入是世界上最高的。1990 年经费投入达 1480 亿美元，占当年 GDP 的 2.7%，1992 年的投入大于日、德、英、法四国之和。美国一向重视教育事业，是世界上教育最发达的国家之一。“二战”后，占 GDP 的比重一直保持在 6%~7%的水平上，在发达国家处于前列；从受教育程度看，没有高中文凭的人口仅占总人口的 17%，具有大学程度的人口占 36%，在经合组织成员国中居首位。其次是培养了大批技术和管理人才，再次是培养了大批科学家和发明家，是世界上获得诺贝尔奖最多的国家，占世界的一半以上。据世界银行的研究，增加教育投资，从而每使劳动力受教育的平均时间增加一年 GDP 就会增加 9%。这是指头三年的教育，即受三年教育与不受三年教育相比，能使 GDP 提高 27%。而后增加的每年收益衰减为每年使 GDP 增加 4%，或者说，其后三年教育总共可使 GDP 提高 12%。从《1996 年世界发展报告》看，1994 年低收入国家人均 GNP 为 380 美元，成人文盲率为 34%；中等收入国家人均 GNP 为 1090 美元，成人文盲率为 29%；高收入国家和地区人均 GNP 为 23420 美元，成人文盲率为 3.3%。可见，受教育程度高低，对一国人均 GNP 多少有直接的联系。联合国教科文组织的调查报告指出，在占有知识上的差距，最终导致国与国之间在竞争力方面的差别。由于知识占有方面的优势和高质量的人力资本，国土条件极其恶劣、资源贫乏的人口小国以色列跨入了发达国家的行列。长期以来，以色列推行“教育立国”“科技立国”的方针。受过高等教育人口占总人口的比例居世界之首，平均每 1000 个劳动力就有 77 名大学生。每一万人中就有 140 名科学家和技术人员，大大高于日本的 75 人和美国的 80 人。

中华人民共和国成立以来的实践也表明，人口质量投资对于经济增长的贡献明显大于固定资产投资的贡献。实施改革前后相比，国有单位固定资产投资对经济增长的贡献份额略有下降(从 2.54%降为 2.46%，下降了 0.08%)，但教育投资的贡献份额却大幅上升(从改革前的 14.8%上升为改革后的 17.5%，上升了 2.7%)。另据对我国 1982 年 28 个省、市、自治区的人口生命素质指数与人均 GNP 的相关分析，二者呈正相关，相关系数为 0.6913。说明提高人口质量对提高人均国民生产总值具有重要意义。其中，一岁时预期寿命与人均国生产总值的相关系数为 0.63，识字率与人均国民生产总值的相关系数为 0.7291。这说明，提高识字率，将会使人均 GNP 提高的幅度更大。

提高人口质量具有巨大的收益。投资于民，其收益超过了其他各类投资的收益，其回报率超过了任何物质资本。加强人口质量投资，对中国经济的持续、健康、快速增长极具重要意义，它是经济发展不竭的源泉所在。

人口质量投资是收益最大、效果最好的投资。这一特征，是人口质量得以提高的动力，是人力资本持续积累的重要保征。

## 三、中国人力资本积累面临的问题

### (一)人力投资严重不足

国家、企业、个人是人力资本投资的主体。从国家的投资看，由于经济落后，财力不足，用于卫生、教育等人力资本的投入非常有限。“二战”以后，发展中国家中教育经费占 GDP 的比重平均为 4%，发达国家为 6%~7%。我国教育经费的增长长期以来赶不上学生人数的增长，改革开放以来，情况虽有改观，但占 GDP 的比一直徘徊在 3%左右。据联合国教科文组织《1991 年世界教育报告》，1988 年，我国的教育经费占世界的 1. 18%，而培养的学生却占世界的 18. 45%。其中，基础教育经费占世界教育经费的 0. 78%，培养的世界中小学生人数占世界的 19. 81%。企业的人力资本投入同世界的差距更大。美国 100 家最大的工业企业用于科技人员更新、拓宽及深化专业知识的经费每年增 25%，其中 IBM、GM、德州仪器公司、麦道飞机公司、西屋电器公司、杜邦化工公司和福特汽车公司在这方面的开支年均增长 40%。美国工商企业用于职工培训的经费已达 2100 亿美元，全美 97%的企业为职工制定了培训计划，另外选送 5% 的职工接受正规的大学教育。而我国企业的人力资本状况则非常令人忧虑，赵曙明教授对 40 多家国企人力资本状况的调查发现，国有企业人力资本投资与输入大幅度减少。30%以上的企业只是象征性地拨一点教育、培训费，年人均在 10 元以下；20%左右的企业教育、培训费人均为 10~30 元；仅 5%以下的企业加速了人力资本的投资。大多数亏损企业已基本停止了人力资本投资，部分尚有能力进行人力资本投资的已放弃或准备放弃岗前或中期、长期培训。国有企业约有 20%的员工的人力资本存量低于“临界点”，30%员工的人力资本存量的产出与人力资本处于“平衡点”附近。国际上著名的跨国公司在我国重点高校设置了巨额的奖学金，而国内企业问津的却很少。从个人来看，面对国内的就业压力和就业竞争，个人和家庭的人力投资大幅度增加，特别是投资高等教育的热情空前高涨，但由于高等教育发展的制度性障碍，投资难以介入，人力资本积累严重受阻。

### (二)人力资本存量偏低

人力资本理论认为，下一代人力资本积累水平的高低依赖于上一代人人力资本的积累水平，人力资本既提高物质资本，又提高人力资本的生产率。1996 年，中国就业人口的受教育年限为 7. 3 年。虽然较以往有很大增长，但仍达不到美国 1900 年 8. 1 年的水平。据联合国教科文组织的统计数据，受过高等教育的人口占总人口的比重，1960—1985 年，日本为 9. 30%，韩国为 6. 55%，新加坡为 2. 17%，我国 1990 年只有 1. 38%，

1995年才达到2%。文盲比率，发达国家在20世纪六七十年代就降到1%，而我国1990年为15.88%，1995年为12.0%。这种较低的人力资本存量不仅影响物质资本的生产率，同时也影响到下一代人力资本的生产率。

### (三)分配不公使人力资本的投资和收益扭曲

1995年国有经济分行业职工平均工资中，最高为电力、煤气和水生产供应业7739元，其次为金融、保险业7595元，第三为交通运输、仓储和邮电通信业7572元，第四为房地产业6884元，第五为科学研究和综合技术服务业6835元，第六为建筑业6512元，第七为卫生、体育和社会福利业6009元，而脑力劳动者比较集中的国家机关、党政机关和社会团体、教育、文化艺术和广播电影电视业只能排在第十一位和第十二位，低于平均工资一截。就个人和家庭进行人口智力投资来看，1994年企业具有硕士学历者与初中以下劳动者的平均工资相差2972元、机关仅相差417元。中国企业家调查系统第六次问卷调查结果显示，初中以下企业经营者年平均收入最高为8.23万元，以下依次为研究生6.60万元；大专4.90万元；大学本科4.79万元；高中或中专为3.61万元。高学历的企业经营者收入较高，中间学历者收入较低。这种状况不能不影响人力资本的积累。

### (四)人力资源的大量闲置

人力资本积累的另一种方式是“干中学”(learning by doing)和在职培训，即不通过学校教育、不离开生产岗位，凭工作中的实际训练和经验积累以增加人力资本。而人力资源的大量闲置则从根本上阻断了这种形式的人力资本积累。目前，我国城乡都存在着人力资源不充分利用的问题。以城镇为例，1993年以来下岗职工激增，出现突发性失业高潮，1997年底实际失业人口达1100万~1300万人，真实失业率在6%左右，创50年来的最高记录。失业问题的突出，已成为制约人力资本持续积累的重要因素。

### (五)用人标准障碍

只有人尽其才，才尽其用，才能调动人们提高自身素质的积极性。但是，在我国的现实生活中，论资排辈的用人标准难以做到这一点。特别是干部任免、晋升中的不正之风，不凭能力凭关系，甚至跑官、买官之风在一些地方的盛行，极大地遏制了人力资本投资。

### (六)人口流动障碍

人口流动是进行人力资本投资、提高人口质量的有效形式。然而，我国的人口流动存在诸如户籍制度、公费医疗、住房分配、就业等方面的歧视或障碍。中华人民共和国成立40多年来，我国基本上是限制农村人口向城镇自由流动的。近年来，随着城镇就业压力的增大，一些城市推出清退外来民工、腾出位置安排城市下岗职工的政策，把解决再就业的“宝”押在“腾笼换鸟”上。这一做法，表面上看很有道理，实则是拆东墙补西墙，违背经济规律。它不仅把大批农民排斥在现代生活方式之外，人为割断农业剩余劳动力转移的重要通道，而且也不利于发挥“杂交”优势，提高城乡居民的素质。在城镇内部，部门之间、单位之间，也存在劳动力流动的障碍。这就使借助人口流动形式进行的人力资本投资难以实现。

另外，人力资本结构与经济结构不适应，人口数最庞大、婚育行为不规范、生育政策不完善等方面的问题，也是影响人力资本持续有效积累的重要因素。

## 四、中国人力资本积累的对策措施

### (一)拓展资本视野．牢固确立人力资本也是资本的观念

传统的资本概念是仅就有形的物质资本而言的。20 世纪 60 年代早期，人力资本的概念得以确立，并从美国风靡至世界各地，至此，资本不仅指物质资本，也包括人力资本。但当时，“人力资本”的概念仅仅是学术上的用语。20 世纪 90 年代，美国总统竞选时，首次把人力资本作为竞选纲领中一个问题提了出来。在我国，这一概念多在学术讨论时使用，近来在新闻和报刊上也不时出现。面对知识经济的挑战，把资本从传统的、狭隘的观念中解放出来正当其时。如同体现在物质身上的资本是物质资本一样，体现在人身上的资本则是人力资本。与物质资本相比，人力资本是更为重要的资本，它不仅能创造出自身的价值，而且能创造出比自身更大的价值。

确立人力也是资本的观念，就要求既要承认它与物质资本的异质性，更要承认它们的共同性。资本害怕没有利润或利润太少，就像自然界害怕真空一样，有了适当的利润，资本才能活跃起来。物质资本的经营、扩张是有规律的，人力资本的经营、扩张也有规律可循。既然人力资本是一种更加重要的资本形态，那么，既重视物质资本的经营，又重视人力资本的经营，既懂得“物质资本经营论”又懂得“人力资本经营论”，是现代社会经营管理人员必备的基本素质。盘活资本存量，既包括物质资本存量的盘活，也包括人力资本存量的盘活；建立资本经营机制，既要建立物质资本的经营机制，更要建立人力资本的经营机制。

### (二)实现资本积累战略重点的根本转移

物质资本依托型的经济向人力资本依托型经济转变，是历史的大趋势，而资本积累的重点由物质资本优先转向人力资本优先，则是最重要的前提条件。一项国际调查表明：1960—1978 年这近 20 年间，注重人力资本积累优先战略的国家和地区仅为 3.86%，前者成功地实现了经济发展，而后者则出现了“有增长而无发展”的局面。从我国的现实来看，实现资本积累的根本转移，不仅仅是有利于人力资本的积累，而且也是解决社会经济生活中的诸多矛盾，实施可持续发展战略的必然要求。

### (三)抓住机遇，促进国民经济持续、快速和健康发展

我国人力资本存量最低，积累速度不高，一个很重要的原因在于社会经济发展水平

不高，在于社会生产力所设定的社会生产条件的限制，在于为人力资本的发展所提供的推力和拉力有限。因此，抓住知识经济兴起的历史机遇，抓住我国当前和今后一段时期，人力资源丰富、社会负担较轻、人口年龄结构处于“黄金时代”的大好时机，加快经济增长方式转变改善发展的质昼，大力发展高新技术产业，同时，注意选择有利于扩大就业的经济技术结构和产业结构，继续开辟和发展劳动密集型产业，使适合于吸收较多劳动力就业的产业部门得到较大发展，有效缓解就业和再就业压力，以减少人力资源闲置对人力资本积累的不利影响。

### (四)深化分配制度改革，逐步解决脑体收入倒挂问题

分配制度合理与否，直接制约着人力资本收益率的高低。分配制度不合理的突出表现就是脑力劳动与体力劳动、熟练劳动与非熟练劳动、复杂劳动与简单劳动在收入上差别不大甚至严重倒挂。深化分配制度改革，就是要逐步建立起与社会主义市场经济相适应的效率优先、兼顾公平，把按劳分配与按生产要素分配结合起来的分配制度，大幅度提高高技能劳动者的收入水平，真正解决脑体倒挂问题，创造一个有利于复杂劳动者先富的社会经济环境。

资本唯利是图，资本存量的盘活。资本的经营和运作，都必须保证适当的利润。人力资本作为特殊形式存在的资本，它的运作和积累也需要同样的条件。这是人力资本积累强化的关键，也是人力资本存量转化为经济发展优势的关键。人力资本投资回报率高、效益最大时，国家、企业、个人的人力投资才会持续高涨，人力资本的扩张和增值才能实现。当追加的收益小于投资时，或与其他投资的收益相比较少时，在经济人看来，这种投资就是一种“傻”的投资。在这种情况下，人力投资将受到极大的限制，人口质量再生产的条件破环，将导致人力资本的积累无法进行。

### (五)积极发展劳动力市场．鼓励劳动力自由流动

资本是运动的，在运动中增值是资本的本质。同样，人力资本也应该是一种不断运动的资本形态。因此，积极发展劳动市场，鼓励劳动力自由流动，是进行人力资本积累的重要途径。目前，中国的劳动力市场虽然有所发展，但在促进人力素质提高、增加人力资本积累方面发挥的作用还比较有限。当务之急就是尽快取消限制人口流动的各种政策和规定，彻底改革就业、社会保障、社会福利、户籍、晋升、子女入学等方面的歧视性政策，打破城乡劳动力分隔壁垒，促使农业剩余劳动力向非农产业合理转移，逐步建立城乡一体化的劳动力市场，实现劳动力在企业内部与企业之间、产业内部与产业之间、地区内部与地区之间的优化组合，使人力资本在流动中实现价值、增值价值。

### (六)增加教育供给，扩大教育消费，以吸收更多的人力资本投资

教育是人力资本积累的基本途径。在当今科技进步的时代，对具有特殊技能和高科技知识的专门人才，需求尤为迫切。专门技术人才和高科技人才出自于中高等专业技术教育，特别是现代高等教育。要加大教育改革的力度，开放高等教育和职业教育市场，

增加教育的供给，特别是高等教育的供给，降低消费者对这一市场的准入条件。同时，以优惠利率，向教育消费者提供信贷支持。这样，既可满足广大居民对教育特别是高等教育的强烈渴求，又为人力资本积累注入了大量资金。

### (七)对人口政策作战略性调整

我国现行的人口政策形成于特殊的历史时期，多年来变化不大。提高人口质量尽管是其中的一部分，但分量太轻。比如，在控制人口数量方面，有目标、有措施，并形成了一套完整、严密的考核体系；而在人口质量方面，则极其薄弱泛泛而谈，可操作性差。人口政策成了计划生育政策，人口质量形同虚设，人口政策未能在提高人口质量方面发挥应有的作用。面对21世纪人口与经济发展的挑战，对人力资本竞争时代的到来，重新审视我国的人口政策，用知识经济的观点对其进行战略性调整使其不仅仅是“计划生育”政策，而且也是一项促进人力资本积累、适应新世纪、新机制、迎接新挑战的可持续发展政策。

(李通屏)

## ◎ 评论

20世纪60年代，美国经济学家舒尔茨和贝克尔创立人力资本理论。世纪之交，随着知识经济的兴起，“人力资本”概念在中国逐渐得到关注。该文从马克思的“资本”理论认识人力资本的特征，分析人口质量提高与人力资本积累的关系，针对中国人力资本积累存在的问题提出相应对策建议。

资本最初总是表现为一定数量的货币，用于购买机器、原料和劳动力等投入到生产经营活动中。资本具有运动性和增值性，资本在运动中保存自己并增值。资本的本质是追求价值增值，获得利润。传统意义上资本仅指物质资本，但在具体生产中预付资本一部分要用于购买劳动力即可变资本，购买劳动力商品是货币转化为资本的关键。本文提出人力资本可以纳入资本范畴，人力资本遵循物质资本运动的规律。因此，人力资本需要投入，必然要有回报。人口质量投资具有收益大、效果好的特征，也成为人力资本持续积累的重要保证。

马克思十分重视劳动者在社会生产中的作用，提高人口质量实质就是提高人利用和改造、创造财富的能力，提高生产力水平。劳动力是指人的劳动能力，是存在于劳动者身体之内并在劳动过程中运用的体力和脑力的综合。劳动力作为商品，具有价值和使用价值。劳动力的价值具体包括：维持劳动者自身生存所需的生活资料的价值；劳动者抚养后代所需生活资料的价值；劳动者掌握一定的生产技术所花费的教育和训练的费用。这些价值和费用通过劳动力工资得到补偿。马克思认为劳动力的专门技能和技巧需要教育和训练，且随着劳动力性质的复杂程度而不同。

人力资本可以理解为以人为载体的体力和智力所具有的劳动(包括体力劳动和脑力劳动)价值总和。人们的体力和智力是由营养、保健、医疗和教育、培训、“干中学”等形成的，需要花费资金，即投资形成的。而投资者应包括个人家庭、国家、工作单位。所有劳动者的劳动能力都是通过这种投资获得的，意味着提高劳动者素质需要费用，劳动者或者其他支付费用的人应该获得相应的报酬。这种投入费用越高，回报应该越高。

该文关于人口质量和人力资本的认识，虽然是针对20世纪的情况提出的，但对促进我国人力资本投资、助推高质量发展仍然有很多启示。现阶段，我国正面临快速老龄化的严峻挑战，人口红利边际递减，劳动力供给形势不容乐观，社会抚养压力加大。同时，我国经济发展进入新常态，经济处于由要素拉动向创新驱动转变阶段，如何通过完善人力资本积累应对这些问题具有重要现实意义。

第一，继续加大人力资本投资。我国一直重视提高人口质量，重视教育投入，提高医疗卫生保障水平。但从世界角度来看，中国人口受教育程度、高等教育的水平还比较低、公共教育支出占GDP的比重也不算高。2015年公共教育支出占GDP比重为3.83%，低于亚洲的马来西亚、塔吉克斯坦等国家，2017年这一比重还下降为3.65%。因此中国还需要继续增加教育投入，加大人力资本投资。

第二，加强高水平教育，重视职业教育和技能培训。更高质量的劳动力可以应对劳动力人口数量的下降，缓解人口老龄化的挑战。加强高等教育，实现高等教育内涵式发展，培养高层次科技创新人才能适应更新、更先进的技术应用，才能推进高科技发展。同时，经济发展对高技能劳动力的需求大大提高。职业教育和技能培训紧贴产业需求，培养的技能型劳动力是支撑制造业高质量发展的基础性力量。相对于高等教育，职业教育在我国国家教育体系中还相对薄弱，应进一步落实职业教育的战略地位，完善职业教育和培训体系，释放潜在人才红利，加快国家产业结构的调整与转型，推动供给侧改革。

第三，缩小人力资本投资的城乡差距。我国教育发展的城乡差距明显，农村教育基础设施落后，教育意识有待提高。根据2010年第六次全国人口普查数据，我国城市文盲人口占15岁以上人口的比重为1.90%，镇是3.87%，乡村为7.26%；城市高中入学率为67.6%，乡村高中入学率仅为17.2%。随着科学技术进步和互联网对越来越多行业的影响，某些技能与社交程度相对较低的工作岗位在未来被自动化或人工智能技术等所取代的可能性也越来越高。农村青少年在完成九年制义务教育(满15岁)之后早早加入了劳动大军，如果不进行继续教育或者技能培训，这部分劳动力很难适应行业发展需要。同时，国外学者认为学前教育的回报率很高，而学前教育实际是家庭教育。农村地区更多认为教育是学校的事情，缺乏家庭教育意识，对学前儿童的教育投入低。此外农村地区存在留守儿童家庭教育的缺失问题。

第四，完善劳动力市场，稳定就业并提高人口的流动性。稳定就业，实际上是最大限度利用现有劳动力资源，通过提高劳动参与率，应对人口红利边际递减趋势。近几年，受经济、贸易等因素影响我国就业压力加剧，我国政府一直把稳就业放在经济发展目标首位，保持了全国整体就业局势稳定。《2018年国民经济和社会发展统计公报》显示，2018年年末全国城镇调查失业率为4.9%，城镇登记失业率为3.8%，均比上年下降0.1%。但是就业总量压力不减、结构性矛盾仍然突出，广州、北京、上海、杭州、佛山、深圳等部分核心城市劳动力缺口持续增大。同时，我国人口流动出现新形势：一方面由于高房价和高生活成本，不少劳动力从北上广等一线城市迁移返乡就业；另一方面以武汉、西安为代表的中西部城市连续出台“抢人大战”政策、吸引更多人才到新一线城市工作带动当地经济发展，出现人才供需双方共赢的良性循环。这“一推一拉”符合经济发展规律，是市场机制配置资源的表现。此外，我国进入城市化发展新阶段，政府在进一步完善人才政策，吸引国内外高层次人才外，还要继续关注农民工就业、进城、安置问题。调查研究表明，农民工愈加注重子女教育、医疗等基本公共服务方面的权利。因此，我国需要进一步改革人口流动政策，破除影响人口流动的制度性障碍；进一步完善劳动力市场，发挥市场配置劳动力资源的决定性作用，促进劳动力自由流动，提高劳动力资源配置效率。

（邵红梅）

# 剩余价值率、平均利润率与技术进步[①]

美国经济的强劲上扬，使许多西方经济学家乐观地提出了“新经济”概念。美国的经济事实表明，利润率没有随着资本有机构成的提高而下降，如何解释这一现象就成了坚持劳动力价值理论的经济学家的任务。本文试图在考虑技术进步的情形下，用劳动力价值理论阐释这一现象。

## 一、价值理论的简要回顾

李嘉图虽然坚持了劳动力价值理论，但是不能解释等量资本获得等量收入的经济事实；以庞巴维克为代表的经济学家认为《资本论》第一卷和第三卷之间存在矛盾。新古典经济学借边际效用理论构筑起近乎完美的体系：从消费者的角度来讲，商品的价值由消费者的主观效用来决定；从供给者的角度来看，商品的价格由供给者的生产成本决定，然后运用均衡分析方法得出商品的均衡价格。均衡价格落在消费者效用的边际替代率与生产者的边际转换率相等处。古典经济学对商品价值本质的探求在崇尚实用的新古典经济学看来完全没有必要。

新古典经济学的主观价值理论受到斯拉法有力的挑战。斯拉法指出：完全竞争概念和通过供求曲线交点决定的价格之间存在内在的逻辑矛盾。斯拉法遵循古典经济学家的分析方法，决定生产价格(古典经济学所说的自然价格)的均衡条件仅仅是各个部门须获得平均利润率。这一假定以及对生产的自然成本的考虑，足以确定利润和工资的比率以及生产价格。这是一种以客观资料为依据，完全与建立在消费者偏好基础上的边际主义相反的分析方法。尽管斯拉法得出了与马克思相同的结论：工资与利润是此消彼长的关系，但他不是一位劳动力价值论者。

根据劳动力价值理论，随着技术的进步，资本有机构成会提高，平均利润率会下降。如上述，美国的经济事实却没有验证这一预言。这是否说明劳动力价值理论没有解释力应该退出历史舞台呢？笔者并不这样认为。

---

① 参见朱永红，余瑞祥．剩余价值率、平均利润率与技术进步[J]．江汉论坛，2001(12)：35-36.

## 二、劳动力是价值的源泉

克拉克在1899年《财富的分配》一书中，提出了边际生产力分配理论。资本、劳动力和土地等生产要素根据它们的边际生产力得到相应的分配份额。这一理论很快被吸收到主流经济学的里面。

驳斥这一居于西方经济学主导地位的分配理论，我们只要用比较静态方法设想两个时点：现代社会和原始社会。在原始社会，只有人和自然资源；在现代社会，有人、财富(包括物质财富和精神财富，只有物质财富才是经济学考虑的对象)和自然资源。比较这两个时点的状态，可以看出财富只可能是人创造出来的。为了更加清楚地认识这一点，不妨假设这里的自然资源仅仅为土地，土地在现代社会与原始社会面积没有发生变化(不考虑地质学的变化)，很明显，现代社会多出来的财富就只可能来自人的劳动了。

结论是：劳动力是价值的唯一源泉，剩余价值是财富的唯一源泉。马克思认为剩余产品和私有制的出现是剩余价值生产的开始，这无疑是正确的。假设原始社会的自然资源平均地分配给每一个原始人，再假设人是长生不老的，经济沿着均衡路径增长，现代社会不会发生财富分配不均。所以，极端地讲，人类财富的两极分配(资产阶级和无产阶级)起因于原始人对自然资源的不均等占有(这里没有考虑不均等占有的原因)。

事实上，西方经济学的最新研究成果在某种程度上也证明了劳动力价值理论的正确性。科斯在1937年发表了《企业的性质》，该文开辟了西方微观经济学的一个全新领域：企业理论。该理论的代表人物之一张五常认为，企业的本质就是用生产要素市场代替产品市场。西方经济学显然同意如下观点：单纯的买卖是不可能增加社会财富的。由这一观点，结合张五常的理论，显然可以得到如下结论：劳动力创造了价值。

在坚持了劳动力价值理论后，我们再来解释美国所谓的新经济现象。

## 三、剩余价值率、利润率和技术进步

假定工人每天工作时间相同(如某些国家的劳动法规定工人每天工作时间)，根据劳动力价值理论，在这一假设下，只要知道可变资本就可以知道剩余价值，从而知道剩余价值率。可变资本即劳动力价值由两部分构成：一是工人及家属生活所必需的生活资料的价值；二是工人职业培训所耗价值。在所有行业技术相同的情况下，剩余价值率是相等的，因为资本有机构成相同，所以利润率显然也是相等的。

但是，一旦考虑到技术是一个不断变迁的过程，剩余价值率和平均利润率二者的关系就会变得复杂。我们的论述分为如下二步：

### (一)技术进步与劳动力价值

技术是如何演进的呢？资本家为了获得超额剩余价值不断地改进技术，但是超额剩余价值的获得只是暂时的。个别企业的先进技术必然逐渐普及。结果，原来先进的生产条件成为一般的生产条件，个别价值和社会价值之间的差额就消失。超额剩余价值就不会存在，整个社会的技术就进步了。

一旦考虑到技术因素，劳动力价值就必然包括很大一部分职业技术培训费。这一份额随着技术进步越来越大。结果是，技术先进的企业要求工人接受更多的职业培训，在相同的时间内，受培训多的工人的劳动力价值要大于受培训少的工人。工人为什么要耗费较多的价值接受技术培训呢？原因在于工人只有接受更多的职业技术培训，才可以使自己的劳动力质量跟得上技术进步的水平，以免连自己仅有的劳动力商品都无法出卖出去。技术进步使工人在更高的层次上出卖自己的劳动力，但是他们到头来终究一无所有。正如卡来茨基所说："工人化掉他们所赚取的，资本家赚取他们所化掉的。"

结论：技术进步强迫工人花费更多的价值接受职业培训。不同的技术水平要求不同价值的劳动力与之相对应，不同价值的劳动力(由于职业技术培训费用的不同)从而在单位时间里完成的价值不同。

### (二)技术进步与剩余价值

技术进步尽管导致劳动力的价值提高了，但是剩余价值提高得更多。

原因如下：人类社会从原始社会发展到现在，除了更为复杂的劳动力商品外，就是少数人掌握了大量的物质财富。由于人类的生产过程伴随着技术进步，由此可以得出这样的结论：人类技术进步使工人的劳动力成为更复杂的劳动力外，技术进步的好处均被资本家所占有。劳动力在复杂方面的演进更是资本家在技术进步下生产剩余价值的要求。如果技术的进步导致工人劳动力价值提高，而剩余价值同比例地提高，那么资本家得到相同的剩余价值率，这种技术对资本家来说是没有价值的，资本家也不可能争先恐后地追逐技术进步。

### (三)剩余价值率与利润率

在技术变迁的情况下，剩余价值率在每一个行业中是不相等的。一个技术先进的行业一方面它的资本有机构成很高，另一方面它的剩余价值率很高。根据平均利润率相等的经济事实，一个行业生存的必要条件：技术带来的资本有机构成倒数的减量与剩余价值率的增量之和为零(数学证明略去)。如果技术进步要求过多的不变资本，而剩余价值率的提高有限的话，这种技术就不会被采用；如果一项技术要求的技术太高，而工人的劳动力价值没有达到要求的水平，技术就不能被采用。那些技术落后的行业，资本技术构成较低，剩余价值率较低，所以他们也能获得平均利润率。

由于技术的进步有其自身的内在规律，并且技术进步具有极大的外部效应，会使所有行业都得到外部收益，这一点不是资本家所能决定的。正是技术进步的外部效应导致平均利润率的存在。技术进步要求劳动力价值相应地增长，并且劳动力价值的增长应有一定的超前性。如此一来，一旦技术进步受到某种冲击进展放慢(没有理由认为技术进步是直线累积上升的)，资本家得到的剩余价值将减少，利润率会降低，经济危机就会发生。

## 四、结　　论

本文坚持劳动力是价值的唯一源泉，认为技术进步带来资本技术构成增加的同时，更带来了剩余价值率的增加。在考虑技术变迁不同步的情况下，社会各行业的剩余价值率是不相等的。同时，劳动者为了能够出卖劳动力商品，不得不接受更多的职业培训。

（朱永红　余瑞祥）

### ◎ 评论

20 世纪 90 年代美国经济出现了第二次世界大战后罕见的持续性的高速度增长，被称为“新经济”。马克思的理论观点认为随着资本主义的发展，资本有机构成不断提高，平均利润率会下降。美国当时的经济发展事实似乎与这一观点不符。那么马克思的理论是不是不符合时代发展了呢？从劳动价值理论出发该如何解释美国的“新经济”呢？本文以马克思的劳动价值论为基础，分析技术进步与剩余价值率、利润率的关系，认为在资本主义生产关系中资本家对剩余价值的追求推动技术进步，技术进步会提高剩余价值率，但不一定提高利润率。

劳动价值论是马克思政治经济学理论的基础。其内容可以概括为：商品是由劳动创造的，劳动是商品价值的唯一源泉，商品的价值量由生产商品的社会必要时间决定。商品价值量和实现在商品中的劳动量成正比，与劳动生产率成反比。马克思根据预付资本的不同部分在价值增值中的不同作用，把资本划分为不变资本 $c$ 和可变资本 $v$。可变资本对应的是劳动者的工资即劳动力的价值，可以创造新价值。剩余价值 $m$ 是可变资本 $v$ 带来的，是被资本家无偿占有的劳动力所创造的价值超过劳动力价值的那部分价值。那么

$$\text{剩余价值率 } m' = \text{剩余价值量}/\text{可变资本}$$

$$\text{利润率} = \text{剩余价值量}/\text{总资本}$$

虽然剩余价值与企业利润在数量上是相等的，但代表的含义不同，剩余价值更准确表明资本家对雇佣工人的剥削程度。企业可以通过提高劳动生产率，缩短必要劳动时间，来提高剩余价值率。企业要提高劳动生产率，必然采用新技术和新装备，会相对增加不变资本在总资本中的比重。在马克思的观点中技术进步即资本有机构成提高。因此，当各行业的生产率(或技术水平或资本有机构成)相同时，剩余价值率相同，利润率就相同；如果某行业生产率(或技术水平)改变时，剩余价值率、利润率和技术进步之间的关系会变得复杂，需要分析剩余价值率和利润率的影响因素。

剩余价值率的影响因素是剩余价值量和可变资本。技术进步增加了剩余价值量，也会提高部分行业的可变资本，只要剩余价值增加速度快于可变资本就会提高剩余价值率。资本家正是出于此而积极推动技术进步。相应地，利润率的影响因素较多，例如：(1)剩余价值率越高，利润率越高；(2)在其他条件不变时，资本有机构成越低，利润

率越高；(3)资本周转速度越快，剩余价值量越多，利润率越高；(4)不变资本越节省，总预付资本越少，利润率越高。而技术进步有可能提高剩余价值率、提高资本有机构成、扩大不变资本规模，从而降低资本周转速度。综合作用下，技术进步是否会提高利润率是不确定的。因此，资本家(企业)采纳应用新技术时会比较总预付资本和利润增加程度，倾向选择不变资本或者总预付资本(如果考虑到工资短期内增加情况的话)投入相对较少的技术方案。

马克思的平均利润学说进一步研究分析各个企业和行业在不同技术水平下利润率的变化情况。该学说认为部门之间的竞争使得各个行业(部门)不同利润率转化为平均利润率，等量资本获得等量利润。平均利润率=剩余价值总量/社会总资本。平均利润率不是各部门利润率的简单、绝对的平均，而是一种利润率平均化的趋势。平均利润率的高低取决于剩余价值率和资本有机构成的高低。随着资本积累和资本有机构成的提高，一方面，可变资本占总资本的比重相对减少，使同量资本需要的劳动力减少，剩余价值或利润量也随之减少；另一方面，使固定资本在总资本中所占比重增大，资本周转速度减慢，从而使平均利润率下降。但是平均利润率下降不代表资本家获得的利润总量减少。平均利润率下降也不意味着剩余价值率的降低。平均利润率也不是直线下降，而是一种“趋向下降”，有利于利润率提高的因素都可能成为阻碍平均利润率下降的因素。

由分析可知，美国的经济发展事实与马克思关于剩余价值率、利润率、平均利润率的理论表述并不矛盾。美国“新经济”的主要动力是信息技术革命和经济全球化浪潮。新一轮的技术革命提高美国企业利润，推动美国经济增长和社会财富增加。短期内，技术进步提高剩余价值率和利润率，但长期内存在平均利润率下降的趋势。用马克思的相关理论重新认识美国的“新经济”发展阶段，可以帮助我们看待技术进步的作用，对推动技术创新有更全面、客观的认识。

信息技术革命引发了美国的“新经济”，之后的发展实践愈加证明经济发展离不开创新。现在我国人口老龄化日趋发展，农业富余劳动力减少，要素的规模驱动力减弱，经济增长将更多依靠人力资本质量和技术进步。“创新是推动国家发展和社会进步的不竭动力”，必须让创新成为驱动发展新引擎。我们在努力发挥技术进步的积极作用的同时，应该注意到技术进步的内在规律，技术进步不一定是直线积累上升的。(1)在市场经济中，技术进步具有外部性，仅仅靠企业推动技术进步是不够的。对于前期投入大、基础性的技术创新研究，需要政府的推动。(2)虽然我国劳动力人口开始减少，但是就业人口规模仍然很大，就业压力依然存在。在技术进步的推动下，生产制造部门自动化、智能化程度不断提高，机器过多地替代人力带来的社会矛盾如何化解值得注意。(3)技术进步和创新离不开人，人才是技术进步的原动力。技术进步需要重视劳动力的培养，创新需要增加对教育尤其是基础教育的投入。劳动力素质提高才能匹配技术进步、生产发展的高要求。教育投入才能培养人才，才能支撑技术创新活动持续开展。

(邵红梅)

# 级差地租论

## ——对马克思地租理论的新说明①

## 一、级 差 地 租

### （一）级差地租模型

马克思的级差地租理论乃至全部地租理论都是以完全竞争的市场结构为分析前提的，即资本自由进入农业（关于土地所有权障碍后面将会谈到）、众多的资本家生产同质的农产品并按完全相同的价格出售。

在完全竞争的假定下，形成级差地租的条件是：投资于同一地块或不同地块的等量资本会有不同的产量。为了实现等量利润，相应地就有不同的销售价格，马克思称之为个别生产价格。等量资本的产量越大，其个别生产价格越低，反之亦然。产量最低的资本也要获得平均利润，即土地产品的销售价格至少应等于产量最低的个别生产价格，马克思称这种销售价格为社会生产价格。这样，除了产量最低的资本外，其他资本都可以得到一个个别生产价格低于社会生产价格的差额，此即级差地租。

用 $C_i(i=1, 2, \cdots, n)$ 代表第 $i$ 个产量的个别生产价格，有

$$C_i = k_i + \pi$$

式中，$k_i$ 代表产量 $y_i$ 的生产成本，$\pi$ 代表平均利润。按照马克思的说法，土地的耕种顺序是由优至劣的。这一顺序也可以表述为随着产量的不断增加，个别生产价格 $C_i$ 是上升的。我们不妨称最后的产量，或最劣等地提供的产量亦即最低产量为边际产量，用 $Y_n$ 表示，其个别生产价格也是最高的个别生产价格，用 $C_n$ 表示，相应的资本称为边际资本。用 $P$ 代表土地产品的销售价格或社会生产价格，则有：

$$P = C_n = k_n + \pi$$

因为 $C \leqslant C_n$，用 $R$ 代表级差地租总量，所以有：

$$R = \sum (C_n - C_i)$$

以上关系如图 1 所示。

图 1(a) 中水平的需求曲线 $D$ 意味着完全竞争的市场结构。Y 轴既代表随着土地面

---

① 参见余瑞祥．级差地租——对马克思地租理论的新说明[J]．经济评论，1999(3)：3-5.

积扩大而增加的产量，也代表既有土地面积增加资本而增加的产量。土地供给是无弹性的，土地产品的供给却有弹性。如果上升的 $C_i$ 曲线反映的是土地由优至劣的耕种顺序，则阴影 $R$ 是与土地自然条件差别相联系的级差地租 Ⅰ；如果 $C_i$ 上升反映的是一定土地面积上等量投资的边际产量递减，则 $R$ 代表与等量资本的产量差别相联系的级差地租 Ⅱ。$C_i$ 曲线无异于西方经济学中的边际成本曲线。马克思的级差地租理论实际上是边际成本决定价格的理论。级差地租Ⅰ和级差地租Ⅱ也可以看成平均收益与边际成本的差额，今天一般称之为经济租金或生产者剩余。不过，本文仍用马克思的术语来表述这些概念。

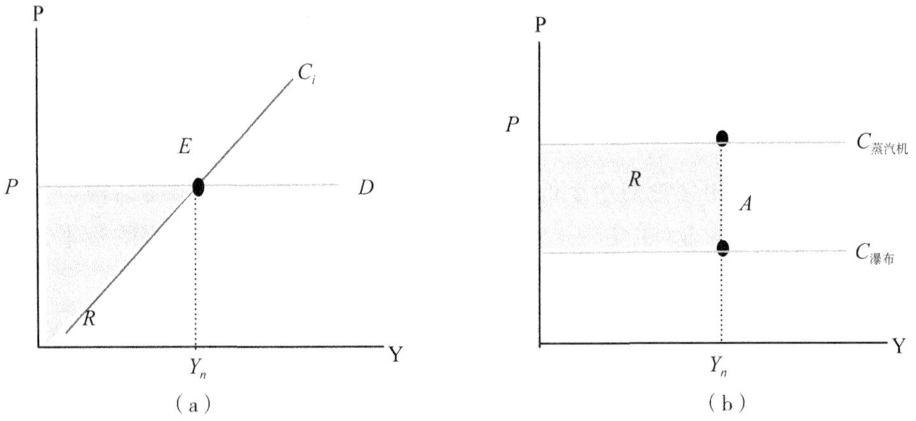


图 1　级差地租

## (二)级差地租Ⅲ

如果说级差地租Ⅰ是反映土地优劣程度差别的地租，级差地租Ⅱ是反映等量投资的产量差别的地租，则图 1(b)反映的是有无某种自然资源差别的地租。在《资本论》第三卷，这是马克思首先讨论的级差地租形态，后人却较少注意。为了叙述方便，不妨称之为级差地租Ⅲ。让我们从马克思的举例谈起。

“我们假定，一个国家的工厂绝大多数是用蒸汽机推动的，少数是用自然瀑布推动的。”显然，“利用瀑布进行生产的商品的价值比较小，因为生产这种商品时需要的劳动总量比较少”。或者说，较之于使用蒸汽机的工厂，使用瀑布的等量资本有更大的产量，或者单位产量耗费较少的资本。

为了分析问题的方便，我们假定使用瀑布的工厂之间和使用蒸汽机的工厂之间没有个别生产价格的差别。这一假定反映在图 1(b)中就是两条平行的个别生产价格曲线或供给曲线。使用蒸汽机的工厂要获得平均利润，所以，它们的个别生产价格即是社会生产价格。使用瀑布的工厂的个别生产价格低于社会生产价格的差额即为级差地租Ⅲ，如图 1(b)中的矩形阴影所示。

级差地租Ⅲ，马克思是作为“级差地租的一般概念”予以论述的，这些将马上谈到。

这里需要强调的是，级差地租Ⅲ又是一种特殊的地租形态，它反映使用和不使用自然资源的差别，更能清楚地显示出自然资源的资产特征。

级差地租须以自然资源能够提供满足社会需要的产出为前提。假定甲、乙两片土地是不能提供任何地面产出的蛮荒之地，则它们不会有任何地租。倘若甲地埋有矿产而乙地没有，则甲地因为矿产而成为资产，即矿地产。较之于乙地，甲地的全部地租都是矿产资源提供的地租。在这里，矿产和地产是完全合一的。

反之，若甲乙两地有等量的地面产出，且其个别生产价格相同并低于社会生产价格，则两地有依存于地面产出的相同级差地租。甲地仍为矿产地，乙地为非矿产地。若开发甲地矿产不影响其地面产出，则甲地的级差地租等于矿产地租与地面地租之和，肯定大于乙地地租。若开发甲地矿产会牺牲其地面产出，则甲地地租等于矿产地租减去地面地租。在这里，矿产和地产是分离的。极端地，一繁华都市或一处风景名胜地下的矿产可能是不值得开采的，因为地下收益不足以抵补地面收益。在这里，是地产吞没了矿产。更一般地说，某种自然资源成其为资产，不仅在于它能够提供满足社会需要的产出或货币流量，更在于它能够提供不使用这种资源就不能提供的货币流量，或者较之于不使用这种资源等量资本能够提供较大的货币流量，亦即相同货币流量只须耗费较少的资本。要言之，自然资源因为能提供级差地租而成其为资产，其资产价格只是资本化的级差地租。“如果利用蒸汽能提供利用水力时所没有的巨大利益，而这种利益已足以补偿费用而有余，那么，水力就不会有人使用，就不会产生任何超额利润，因而也不会产生任何地租。”换言之，如果使用或不使用瀑布对个别生产价格没有影响，即图1(b)中两条供给曲线完全重合，则没有人愿意花钱买瀑布。瀑布没有价格，因为它不能提供级差地租，从而不是资产。

### (三)虚假的社会价值

全部级差地租都可以表述为与自然资源相联系的个别生产价格低于社会生产价格的差额。自然资源之所以能带来级差地租，进而成为有价格的资产，不是因为有价值，恰恰是因为没有价值。“瀑布和土地一样，和一切自然力一样，没有价值，因为它本身中没有任何物化劳动，因而也没有价格，价格通常不外是用货币来表现的价值。在没有价值的地方，也就没有什么东西可以用货币来表现。这种价格不外是资本化的地租。”

级差地租产生于自然资源在生产过程中的无偿服务，即自然资源能无代价地提高等量劳动和资本的产出率，使用自然资源较之于不使用自然资源、使用优等自然资源较之于使用劣等自然资源有较低的个别生产价格。譬如，一块原始森林和一块人造林可以提供相同的木材产出和相应的货币流量，但前者较之于后者至少有更多的超额利润。可见，自然资源有价格恰恰在于它无价值。种种认为自然资源有价值的观点，不仅与价值概念相矛盾，而且与级差地租概念或自然资源价格概念相矛盾。

从其来源看，级差地租是出售自然资源产品得到的价值大于自身耗费劳动的余额。用马克思的例证说，就是24先令的产品卖60先令，即“按产品内所包含的实际劳动时间的二倍半来购买这种土地产品”。马克思因此称级差地租为“虚假的社会价值”，是

“被看作消费者的社会对土地产品支付过多的东西”。

马克思的“虚假的社会价值”概念曾引起许多争论。有人认为，由社会支付级差地租，或由工业支付农业级差地租违背了平均利润规律。这种批评是没有道理的。

问题的关键在于，工业支付农业级差地租本身就是利润率的平均化过程，就像工业部门内部资本有机构成较高的行业通过商品交换得到的价值大于自身创造的价值一样。工业平均利润率是指支付级差地租后所剩剩余价值同预付资本的比率，而不是本部门创造的剩余价值同预付资本的比率。进一步的研究将会发现，由此形成的平均利润率可能会低于农业边际资本同自己创造的剩余价值的比率。在这种情况下，级差地租的一部分就是由农业边际资本支付的。譬如，100 个农业边际资本创造 20 个剩余价值，而由工业支付农业级差地租后所形成的平均利率只有 10%。这样每 100 个农业边际资本就会提供 10 个单位的级差地租。

从这里可以看出，马克思经济学中的“边际原理”和“平均原理”是可以统一起来的。在我们这里，工业平均利润率边际地决定农业的社会必要劳动时间，农业部门内部再依此标准平均化。其中，个别劳动时间低于社会必要劳动时间的差额即形成级差地租。这种级差地租既包括工业部门支付的价值，也包括农业部门内部个别劳动时间超过社会必要劳动时间的余额。

### (四)土地经营权垄断

更一般地说，马克思的社会必要劳动时间概念本身就包含着级差地租，如个别价值低于社会价值形成的超额剩余价值。所不同的是，工业部门内部的超额利润是在竞争中不断产生、不断消失的，相当于西方经济学讲的准租金(quasi-rent)。而能够提供超额利润的特殊自然资源数量有限且不能再生或复制，这种超额利润因此能固化为一种稳定的收益形式。故马克思称形成级差地租的原因是土地经营权垄断。

由此可见，级差地租或经济租金本质上是一种垄断收益，是生产者凭借其垄断了某种有限且不可再生的资源所得到的超过平均利润的利润。土地及其他自然资源可以提供级差地租，受法律保护的技术、品牌、商誉，以及不易学习的才能等也可以提供稳定的经济租金。譬如，同质的电冰箱贴上“海尔”商标较之于用其他商标可能会卖更好的价钱。商标商誉之类的无形资产在相当程度上具有经济租金的性质。

土地经营权垄断强调的是特殊自然资源数量有限且不可再生或复制。后面将要讲到的土地所有权垄断强调的则是对资本使用特殊自然资源的限制，即不能无代价地使用自然资源。马克思认为，产生级差地租的原因是土地经营权垄断而不是土地所有权垄断，即使没有土地所有权垄断，级差地租也会存在。今天看来，马克思的这个观点值得商榷。

形成级差地租的条件是，使用特殊资源的较小资本能够提供较大的边际资本生产的产量。这就暗含着一个假定：进入特殊资源的资本必须是有限的。譬如，如果允许资本无限制地进入一块能产优质葡萄的葡萄园，该园就有可能长不出葡萄来，即出现所谓“公地悲剧”；一座储量丰品位高的矿山允许众多企业竞相开采，有些企业甚至连平均利润也得不到；一个商标若大家都可以使用，它也就很难成其为资产，等等。现实生活中的这些例子表明，对特殊资源的经营权垄断是依存于所有权垄断的。从这里可以看出，级差地租和绝对地租在原因上的区别是不存在的。我们即将证明，绝对地租就是级差地租，或者说没有独立于级差地租的绝对地租。

## 二、绝对地租

关于绝对地租，马克思有互相联系的三个命题：

命题一：绝对地租产生于土地所有权垄断；

命题二：绝对地租是市场价格高于生产价格的余额；

命题三：绝对地租是农产品价值高于生产价格的余额。

命题一是正确的，而后两个命题与马克思地租理论的内在逻辑相矛盾，是不必要的。

### （一）土地所有权垄断

马克思称产生于资本不能自由进入土地的地租是绝对地租。“在这里，土地所有权就是障碍。因此，不纳税，也就是说，不交地租，就不能对从来没有耕种或出租的土地投入任何新的资本。”土地所有权因为阻止资本自由进入土地而形成绝对地租，更准确地说，征收绝对地租是土地所有权阻止资本自由进入土地的手段。

需要强调的是，除了土地所有权外，任何阻止资本自由进入土地的障碍都可以形成绝对地租。亚当·斯密曾指出：18 世纪法国旧葡萄园主的“优越利润”得益于禁止新葡萄园的法律。特殊职业的丰厚收入往往产生于对其从业人数的限制也是一个例子。当然，仅就与土地相联系的绝对地租而言，土地所有权是资本进入土地的更为基本、更为经常的障碍。在这个意义上，说土地所有权垄断形成绝对地租也未尝不可。但这并不构成同级差地租的区别。因为不交级差地租，资本就不能进入优中等地。级差地租同绝对地租一样，都是资本进入土地的障碍。

### （二）是生产价格变动还是市场价格超过生产价格的余额

“因为有了土地所有权的限制，市场价格必须上涨到一定的程度，使土地除了生产价格外，还能支付一个余额，也就是说，还能支付地租。”这就是马克思关于绝对地租的第二个命题，即绝对地租是农产品的市场价格高于其生产价格的余额。但按照马克思的内在逻辑，这个命题是不能成立的。

对于承租人而言，缴纳绝对地租无异于生产成本上升，在图 2 中表现为个别生产价格曲线或供给曲线 $C_i$ 平行地向上移至 $C_i'$，$C_i' = C + r'$。这里 $r'$ 代表单位产量的绝对地租。如果考虑到绝对地租会减少产量的事实，则对土地产品的需求就应该是有弹性的，如图 2(a) 中向下倾斜的 $D$ 线。图 2(a) 直观地告诉我们，$C_i'$和 $C_i$ 围成的面积即马克思所指的绝对地租。显然，图中的面积不等于马克思说的市场价格高于生产价格的余额，即

不等于矩形 $P'E'AP$ 的面积。

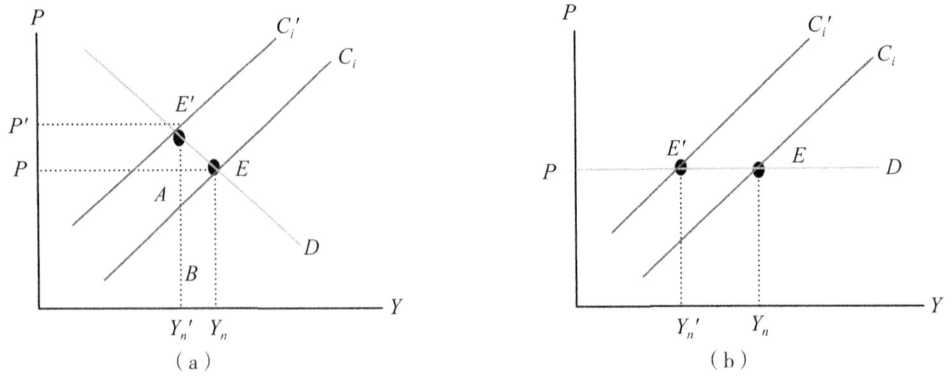


图 2　绝对地租

问题的关键在于，$P'$ 高于 $P$，不是市场价格高于生产价格的余额，而是生产价格本身的上升。既然土地产品的社会生产价格由边际产量 $Y_n$ 的个别生产价格决定，绝对地租使边际产量由 $Y_n$ 变为 $Y_n'$，则生产价格即由 $P$ 变为 $P'$ 。既然价格的变化是由决定生产价格的边际产量及其个别生产价格变化引起的，价格的变化就只能是生产价格自身的变化，而不可能是在生产价格之外再生出一个市场价格。极端地，假定对土地产品的需求有无限弹性，则如图 2(b)所示，虽然没有马克思说的市场价格高于生产价格的余额，却仍然有马克思说的绝对地租。

用供求模型的话说，马克思说的绝对地租是指与供给变动相联系的地租。至于供给增加是否导致生产价格上涨，需视需求弹性而定。当且仅当需求无弹性时，绝对地租才等于生产价格的变动额，或等于马克思说的市场价格高于生产价格的余额。需求弹性越大，产生于绝对地租的供给变动对生产价格的影响越小。极端地，若需求弹性无限大，供给变动对生产价格没有影响。

### (三)不存在未被平均化的价值余额

马克思关于绝对地租的第三个命题是：绝对地租，或市场价格高于生产价格的余额，是农产品价值高于其生产价格的余额或这种余额的一部分，形成这种余额的条件是农业的资本有机构成低于工业。

后人对这一命题的批评多集中在工农业之间资本有机构成差别的历史性或暂时性上。但这种批评犯了批评对象同样的错误，即都认为存在着一个与资本有机构差别相联系的且不能被平均化的价值余额。

首先，马克思的平均利润理论以资本自由流动为前提。既然资本可以自由流动，土地当然也可以自由流动，即自由地改变用途，或用于工业，或用于农业。现实生活中，农业用地要交租，工业用地也要交租。如果说农业用地因其资本有机构成低从而有绝对地租，而工业用地因其资本有机构成高只有级差地租而没有绝对地租，则追求地租最大化的土地所有者就会变工业用地为农业用地，从而使农业部门多创造的价值被平均化。换言之，在不仅资本而且土地也可以自由流动的假定下，农业部门的价值余额虽不能被资本流动平均化，却可以被土地流动平均化。可见，即使农业资本有机构成低于工业，价值超过生产价格的余额也是不存在的。

如果说总有一部分土地限于自然条件不宜用于农业，那么，较高的农业地租就是级差地租而不是马克思定义的绝对地租了。

其次，作为价值超过生产价格余额的绝对地租，同马克思的级差地租概念是互相矛盾的。如在图2(a)中，除了新的边际产量 $Y'_n$ 外，其他任何一个产量譬如 $y_i$ 既有绝对地租，也有级差地租。说绝对地租是农业自己创造的价值，级差地租是"虚假的社会价值"，这显然是自相矛盾的。在图2(b)中，这一矛盾暴露得更为清楚。因为在这里，绝对地租就是既有级差地租的一部分，不能说它既是创造的价值，又是"虚假的社会价值"。如果"虚假的社会价值"这个概念成立，那么，价值高于生产价格的命题至少是不必要的。

从其实际内容看，绝对地租始终是级差地租的一部分，是社会"支付过多的东西"或"虚假的社会价值"。撇开生产价格不变这种极端情况不谈，起因于资本进入障碍或土地所在权垄断的生产价格上涨所影响的只是级差地租的总量，并未产生一种新形式的地租。仍以图2(a)为例，供给增加导致的生产价格上涨会增加级差地租 $P'E'AP$，产量下降又会减少级差地租 $AEB$。一般地说，所有权垄断对级差地租总量的净影响须视供求弹性而定。当其他条件一定时，需求弹性越大，绝对地租增加地租总量的可能性就越小。图2(b)表明，在需求有无限弹性的条件下，征收绝对地租会使地租总量变小。正是土地所有权与地租总量的这种关系，迫使追求地租最大化的土地所有者不得不有限地使用土地所有权垄断。也许正因为如此，"在正常条件下，绝对地租也只能是微小的"。

### (四)权利金和资源价格

综上所述，马克思对地租并不是独立于级差地租的地租形态，而是级差地租的一部分，或者说是级差地租总量的变动，同样是"虚假的社会价值"。作为均衡状态下的稳定收益形式，地租只能是级差地租或经济租金，即个别生产价格低于社会生产价格的差额，而不可能是其他。

形成经济租金的主要原因是土地所有权垄断。第一，土地所有权垄断在质上产生经济租金，即正在因为土地所有权垄断，才有个别生产价格低于社会生产价格的差额。第二，土地所有权垄断的强度会影响经济租金总量。既然经济租金依存于土地所有权垄断，所以，土地所有者要将经济租金据为己有。正是在这个意义上，我们说经济租金是土地所有权在经济上的实现形式。

所有者凭借土地所有权得到的经济租金即为权利金(royalty)。如果考虑到级差地租Ⅱ和资源耗竭性等因素，权利金的均衡条件，亦即最优权利金是全部经济租金，还是经济租金中的某一个部分，就是一个比较复杂的问题。限于篇幅，容当他论。但有一点可以肯定，权利金≤经济租金。在均衡状态下，权利金不可能大于经济租金，否则，承租人就得不到平均利润了。在均衡状态下，权利金就是承租人租用土地并取得平均利润流量(也可能包括部分经济租金流量)的成本，即自然资源的使用者成本(user cost)。相应地，权利金的资本化就是自然资源所有权的买断价格，简称资源价格。在均衡状态下，它等于权利金的现值之和，即：

$$PR = \frac{R_1}{1+r} + \frac{R_2}{(1+r)^2} + \cdots + \frac{R_t}{(1+r)^t} = \sum_{i=1}^{t} \frac{R_i}{(1+r)^i}$$

式中，PR 代表资源价格，$R_1$、$R_2$、…，$R_t$ 是资源耗竭期 $t$ 内的权利金流量，如果资源是非耗竭性的，则 $t=\infty$。$r$ 为贴现率。根据以上定义，有必要对马克思的土地价格公式即土地价格=地租作两点说明。首先，这个公式暗含着一个假定，即全部地租都是权利金。但正如马克思指出的那样，在承租期内，至少级差地租Ⅱ是所有者不能完全拿走的。其次，这是一个永久性年金公式，即假定不变的地租流量是无限的。这个假定于非耗竭性资源是成立的，却不适用耗竭性资源。由此可见，直接将马克思的土地价格公式表述为资源价格公式是不妥当的。

## 三、垄断地租

马克思是在同绝对地租的比较中阐述垄断地租的。他说："我们必须加以区别，究竟是因为产品或土地本身有一个与地租无关的垄断价格存在，所以地租才由垄断价格产生，还是因为有地租存在，所以产品才按垄断价格出售。当我们说垄断价格时，一般是指这样一种价格，这种价格只由购买者的购买欲和支付能力决定，而与一般生产价格或产品价值所决定的价格无关。一个葡萄园在它所产的葡萄酒特别好时(这种葡萄酒一般说来只能进行比较小量的生产)，就会提供一个垄断价格。由于这个垄断价格(它超过产品价值的余额，只决定于高贵的饮酒者的财富和嗜好)，葡萄种植者将实现一个相当大的超额利润。这种在这里由垄断价格产生的超额利润，由于土地所有者对这块具有独特性质的土地的所有权而转化为地租，并以这种形式落入土地所有者手中。因此，在这里，是垄断价格产生的地租，反过来，如果由于土地所有权对在未耕地上进行不付地租的投资造成限制，以致谷物不仅要高于它的生产价格出售，而且还要高于它的价值出售，那么，地租就会产生垄断价格。"从以上引证不难看出，在马克思那里，由供给变动所增加的地租为绝对地租，在这里，地租使价格上涨；由需求变动所增加的地租为垄断地租，在这里，价格上涨增加地租。显然，马克思关于地租与价格之间因果关系的说明，较之于西方经济学的解释更为全面。

如图 3 所示，$D'$ 代表较强的购买欲和支付能力，因而相应地有较高的价格 $P'$，即马克思所说的垄断价格。但如同前面对绝对地租的分析所指出的那样，需求变动改变了边际产量(在这里是边际产量增加，即由 $Y_n$ 增至 $Y'_n$)，因此 $P$ 上升至 $P'$ 是生产价格本身的变动，而不是出现了市场价格大于生产价格的余额。图中 $P'E'EP$ 组成的面积是扩大了的个别生产价格低于社会生产价格的差额，即增加了的级差地租，而不是独立于级差地租的另一种地租。

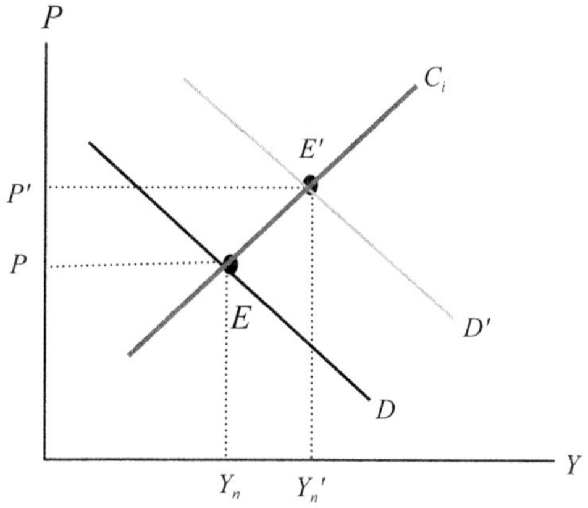


图3　垄断地租

总的来看，马克思考察的实际上是市场均衡状态下的地租总量及其变化。其基本结论是完全正确的。不足之处在于，他将市场均衡态变化对地租总量的影响当成两种独立的地租形式，给后人继承他的理论留下了麻烦。当我们解决了这些麻烦之后，马克思的地租理论一定能够成为资源经济学的坚实理论基础和有效分析工具。

（余瑞祥）

## ◎ 评论

马克思的地租理论分析了资本主义农业生产中，土地所有者(地主)是如何参与剩余价值分配的。该理论认为资本主义地租是农业工人创造的超过平均利润的那部分剩余价值即农业超额利润，有级差地租和绝对地租两种基本形式。级差地租的产生是由于农业中存在对土地的经营垄断导致的超额利润固定化；绝对地租产生的原因是土地私有权的垄断。土地价格是地租收入的资本化。

该文对绝对地租提出部分质疑，认为级差地租和绝对地租一样都是因为土地所有权垄断而形成的。马克思认为绝对地租是农产品的市场价格高于其生产价格的余额，该文认为这一命题不成立。对承租人而言，缴纳绝对地租意味着生产成本上升。如图2所示，个别生产价格曲线(或供给曲线)会向上平移，两条曲线之间的差距就是绝对地租，矩形 $P'E'AP$ 是市场价格高于生产价格的余额，可见二者不相等。市场价格由 $P$ 提高到 $P'$ 的原因是，绝对地租带来生产成本上升而带来的生产价格上升；$P'$ 高于 $P$ 不是市场价格高于生产价格的余额，是生产价格本身的上升。这是假定个别生产价格变动，需求曲线有弹性的情况。如果需求曲线无限弹性，只有绝对地租，没有市场价格高于生产价格的余额(见图2)。所以根据供求模型，马克思的绝对地租是指与供给变动相联系的地租，是否会带来生产价格上升，视需求弹性而定。绝对地租是级差地租的一部分，资本进入障碍或土地所有权垄断的生产价格上涨所影响的只是级差地租的总量，并未产生一种新形式的地租。

该文利用供求模型阐释地租理论，认为马克思考察的实际上是市场均衡状态下的地租总量及其变化。总体来看该文的结论与马克思的相关理论是一致的。基于土地具有自然资源的特点，该文倾向于将马克思的地租理论扩大到自然资源，认为地租理论可以用来分析自然资源定价、配置问题。

第一，自然资源有价格无价值的观点符合马克思主义理论。从劳动价值论出发，自然资源是天然形成的，上面没有凝结人类的劳动，因而没有价值。但马克思认为自然资源是具有使用价值的。他指出："有使用价值之物，可以无价值。对人类有效用但非起源于劳动之物，便是这样。空气，处女地，自然草地，野生林木，等等。"①可见，自然资源虽然是生产要素，如果仅是自然力、天然作用产生的，就是无价值，但是自然资源开发利用过程中耗费的社会必要劳动时间是有价值的，例如耕地、开矿等，形成了资源性产品。

自然资源应该具有价格，"没有价值的东西形式上可以具有价格，在这里价格的表现是虚幻的"。马克思认为："任何一种自然力，不论它是瀑布，还是丰饶的矿山，还是富于鱼类的湖沼，还是宜于建筑的地基，只要它能够被独占，能够对产业家(使用它的人)保证一个剩余价值，那些人，那些对地球一部分享有所有权而变为这种物品所有者的人，就会在地租形态上，夺去机能资本的这种剩余利润。"②因此，马克思的"虚幻价格论"的本质是以"地租"形式实现自然资源的所有权，即自然资源的产权化③。从马克思的地租理论分析，自然资源存在级差地租，与自然资源的所有权相联系；自然资源的价格是权利金的资本化。

第二，资源环境经济学对自然资源价值和价格的研究拓展。资源环境经济理论认为自然资源价值包括两个部分：一是自然资源本身的价值，即未经人类劳动参与的天然产生的那部分价值；二是基于人类劳动投入所产生的价值(李金昌，1991)④。从地租理论出发，资源环境经济学结合资源稀缺性和可持续发展理念对自然资源进行定性，自然资源理论价格包含社会生产价格、产权价格以及补偿价格三个部分。社会生产价格主要是自然资源从认识到开发利用所包含的人类社会劳动，以劳动成本形式体现；产权价格主要是自然资源所有权的经济实现，以租金形式体现；补偿价格主要是对资源开发利用中对各方面造成的利益损害进行的补偿。补偿价格合适的利益内涵包括主要体现为资源生态环境损害的代内补偿和资源损耗对后代人损害的代际补偿⑤。

根据地租理论，"土地所有权本身已经产生地租。"只要存在自然资源所有权，资源开发者就要向资源所有者支付绝对地租和级差地租来获得开发权利或者补偿所有者。自

① 马克思．资本论(第一卷)[M]．郭大力、王亚南，译．上海：上海三联书店，2011：5.
② 马克思．资本论(第三卷)[M]．郭大力、王亚南，译．上海：上海三联书店，2011：577.
③ 刘清江．自然资源定价问题研究[D]．中共中央党校，2011.
④ 李金昌．自然资源价值理论和定价方法的研究[J]．中国人口·资源与环境，1991(1).
⑤ 刘清江．自然资源定价问题研究[D]．中共中央党校，2011.

然资源归国家所有，那么国家政府有获得地租的权利，即权利金或所有者权益。自然资源产权价格就是租金资本化的一种表现，在现实中，资源使用税费是自然资源的主要租金形式。

从以上观点和分析中，我们可以获得指导自然资源利用保护实践的重要启示。第一，承认自然资源价值的重要性，认识到自然资源具有价格问题，纠正长期形成的“资源无价”的传统观念。第二，认识到我国自然资源实际价格低于理论价格的现实，我国自然资源价格制度需要进一步完善。理论价格包括产权价格、社会生产价格以及补偿价格。而实际上，政府通常以开采成本为基础定价，造成自然资源的产权价格和补偿价格缺项①。国家作为自然资源所有者应得到的“租值”部分在价格中的反映不够；同时基础定价难以体现资源价值，不足以补偿全部外部性损失。自然资源实际价格偏低导致资源使用无效率，也难以为生态破坏修复、环境污染治理提供足够资金支持。同时在理论价格组成中，只有社会生产价格可以作为市场作用实现，产权价格和补偿价格难以通过市场作用充分实现。因此改善自然资源的价格扭曲现状，需要改进完善资源产品市场、进行资源税费制度的改革、建立完善的自然资源产权制度和生态补偿机制，从而提高自然资源的利用效率，缓解我国经济社会发展面临的环境与资源约束。这也是我国生态文明建设的重要内容。

（邵红梅）

① 刘乃军，路卓铭．我国资源价格重构的理论思考与机制探讨[J]．求是学刊，2007(4)．

# 中篇

# 制度经济学

# 导　论

经济学家们为什么对制度问题情有独钟？在机械论世界观的架构者笛卡尔(René Descartes)看来，制度的存在是没有必要的。究其根本在于，制度经济学出现以前，经济学家们往往认为制度外生，这就使得对经济问题的解决思路受到了限制，正如马克思主义政治经济学中，只有把资本主义制度本身纳入问题研究中，社会主义制度终将取代资本主义制度的结论才能被得到，这种不全面令许多经济现象找不到合理的解释。

随着亚当·斯密《国富论》(*An Inquiry into the Nature and Causes of the Wealth of Nations*)的出版，古典经济学在很长一段时间里占据了经济学的统治地位。直到19世纪40年代，德国历史学派才于德国迫切追求国家统一的历史背景下诞生，其对各国经济发展历史特殊性的强调和以各国经济发展史为研究对象的方法论注定德国历史学派与古典经济学理论分析在意识形态上相互对立。德国历史学派反对抽象理论分析的基本观点为以研究和考察制度的历史进化过程为任务的(旧)制度学派提供了重要的理论依据。以凡勃仑、康芒斯等人为代表的制度学派提出了借助心理学和社会学工具研究社会经济现象的全新分析范式，使制度经济学以多学科交叉背景的身份走入了主流经济学的视野，主张国家控制和干预的思想随之被广泛接受。“二战”后，凯恩斯主义的兴起又把(旧)制度经济学打入“冷宫”，宏观经济理论一方面同样提供了反对自由放任的思路，另一方面又弥补了制度学派在严谨模型上的欠缺，同时新古典经济学对自身的发展又给了制度经济学另一记重创。直到被誉为“科斯定理”的重新发现者的奥利弗·E. 威廉姆斯(Oliver E. Williamson)提出“新制度经济学”(The New Institutional Economics)概念，使交易费用理论在经济学研究中大放异彩，新制度经济学凭借其表现出的强大活力重新成为主流经济学中的一个重要分支。

中国历朝历代的交替更迭，兴盛衰败无一不体现了制度设计的重要性。“中国两千年之政，秦政也”，秦始皇统一六国后进行强制性制度变迁，建立帝制，推行度同制、车同轨、书同文、行同伦等和当时生产力所匹配的制度，使长城这样浩大的工程得以启动。隋朝建立的“三省六部制”的官吏制度使官僚系统内部相互监督、相互制约，并一直沿用至清末。唐朝通过推行“府兵制”，使军队在保持战斗力的同时具有一定的生产性，成就了大唐盛世。而到了清末，封建制度的落后又使中华民族遭受百年耻辱。

1978年开始改革开放，1979年“有个老人在南海画了一个圈”，转眼之间深圳就从小渔村变成了国际都市，中国经济发展的“中国速度”再次展示了制度设计对经济发展的决定性作用。人还是那些人，但是动员人的方法变化了，效率就发生明显的变化。

科斯(Ronald H. Coase)等人的新制度经济学理论逐渐成熟后也开始流入中国，为经济学界研究中国社会问题提供了一条新的路径，并对中国的制度变迁与改革产生了深远影响。但是，因为人和制度是在相互影响的环境中发展的，不同的初始条件会诞生不同的初始制度，又由于时间不可逆性导致路径依赖现象的存在，后来制度往往容易被特定的演化路径锁定，不同的文化和风俗就此产生。中国制度的形成必然经历了与西方国家截然不同的过程，这就对中国制度研究者提出了站在中国社会和文化角度给出重新理解的要求。

新制度经济学与旧制度经济学区别在于，对权利在资源配置中作用的关注，从降低交易费用入手对产权、契约、企业、制度变迁等内容进行研究。新制度经济学与新古典经济学“理性人”假设、“企业黑箱”、“制度外生”等重要假设前提的割裂关系。新制度经济学主要对这两类问题进行研究：产权、交易成本与人类行为；政府、市场与制度变迁。本篇将从这两个方面入手，紧密结合政治经济学、制度经济学和宏观经济学的理论知识对相关案例进行剖析，解释其中的经济学原理。目的是让学生结合教科书中的基本概念、基本原理和主要模型来学习和理解经济学，帮助人们讲好中国故事，达到学有所得、得有所用。用本土化案例，加深对“制度经济学”这门课程的基本概念、基本理论和基本模型的理解；在理解中国故事中，学习经济学。

遵循着这种逻辑，本篇首先对产权、交易成本与人类行为方面的问题进行讨论。马歇尔对经济学有这样的定义：“经济学是指研究财富、同时也研究人的学问。”对“人”的界定在制度经济学中有着相当重要的意义。卢现祥、易杏花在《论制度分析中的“实际的人”及其演变》中详细表述了经济学发展过程中“人”的概念所经历的“实际的人”—“理性人”—“实际的人”的演变过程，新制度经济学研究真实世界的基础就是建立在研究“实际的人”。伴随着实验经济学、行为经济学以及认知科学的发展，“人”的划分不断地完善，认知科学的发展使人们在认识制度变迁过程中又引入了新的视角，人们既是理性的又是次理性的，通过对人类认知模式进行不同层次的划分也就解释了制度的多层次性，帮助了人们认识制度的起源进而对未来制度的确立提供参考。确定的制度能够规范人的行为减少“理性人”或“非理性人”之间差异点的影响，《论人类行为与制度的关系》中提到人们遵循规则也是一种理性的行为，遵循规则和完全理性并不是冲突的，有时候遵循规则虽然可能使最终决策的效益下降但是却减少了选择的成本以及其他交易成本，总的效益并没有减少。制度的确立减小了决策中的不确定性，因此在经济现象日益复杂和信息指数增加的今天，加强对制度矩阵和思维架构之间的关系研究是非常必要的。

张五常在其《制度的选择》中这样定义产权出现需要的条件：“其一是资源要稀缺，即是人力、土地、木材等的获取或使用需要付出代价。这也是说在代价或价格是零的情况下，供不应求。其二是要有人与人之间的竞争。”而经济学就是一门研究稀缺的学问，所以产权自然而然成为经济学中重要的研究问题。科斯在1959年 *The Federal Communication Commission* 一文中提到“产权的界定是市场交易必不可少的前提”，1960年由乔治·斯蒂格勒(George Joseph Stigler)对科斯的理论进行梳理并总结出的“科斯定理”也是建立在产权可以清晰界定的基础上。卢现祥和朱巧玲在《新制度经济学》中综合众多产权经济学家对产权的定义得到结论“产权不是指人与物之间的关系，而是指由物的存在及关于它们的使用所引起的人们之间相互认可的关系”。通过对当代产权研究的总结我们可以得知产权不是由个别权利构成的，而是一种权利束，可以分解为多种权利并同一呈现一种结构形态。产权一方面是在国家强制实施下，保障人们对资产拥有权威的制度形式；另一方面又是通过市场竞争形成的人们对资产能够拥有权威的社会强制机制。

张意翔等在对产权与能源效率的研究中得到产权结构对区域能源效率的影响存在明显异质性的结论。《技术进步偏向性、产权结构与中国区域能源效率》一文中将产权结构分别按照国有资本、非国有资本以及内资、外资进行研究，发现内资和外资均能提高能源效率，但内资的影响程度要大于外资；这意味着相同的资本数量，不同的产权结构就会使投资产生不同的结果。非国有资本比重越大越能有效提高能源效率，而国有资本比重与区域能源效率之间是负相关关系且对能源效率的影响大于国有资本。与国际上的普遍经验相反，我国区域技术进步越偏向于资本，则资本提高区域能源效率的幅度就越小，这也和我国资本产权结构有关，由于国有资本在各个区域都会降低能源效率且其程度大于非国有资本的提高程度，而我国能源技术进步又在大部分地方表现为资本偏向性，并且我国大部分能源、资源投资都为国有资本投资，因此出现了中国区域能源效率的影响与中国区域技术进步资本偏向程度之间的负相关关系。同时，偏向性越大，技术进步就越依赖于资本，而国有资本又会降低能源效率。通过确立污染物的产权进而将环境污染的外部性内在化是庇古(Arthur Cecil Pigou)在《福利经济学》中的重要观点，并在当代受到了极大的重视和推广。

刘江宜和倪琳在《环境成本的内在化问题》中也对中国的环境外部性处理进行了研究，赞同了产权明晰的重要性。产权是交易的前提，产权不清必然导致效率损失，对于企业的污染权交易来说，如果产权不清就会导致部分污染权的交易效率低下。企业造成的环境污染或者说政府提供的环境污染治理是一种公共物品，在不加以约束的情况下带来类似公地悲剧的结果，理想的环境污染水平是治理成本与环境成本的均衡，因此应该对企业的污染进行产权的明晰，让污染的制造者成为污染治理的主体。如果产权不明晰，一方面污染权的交易无法达成，另一方面对于政府执行来说会有高额的交易费用。

易杏花和卢现祥在《当前我国产业发展中的若干重大问题——基于制度和组织层面的视角》中强调制度对产业发展的重要影响，我国产业发展面临的主要问题在于政府的参与和干预太多。文中深入探讨了制度和政策之间的关系：产业制度是基础，而产业政策是促进产业发展的有益补充。从现象上来看，是发明创造推动了社会经济的发展，但我们应该意识到的是，制度是促进发明创造诞生进而推动社会经济发展的深层原因。我国现存的问题在于，在很多方面用众多的政策来替代了整体的制度安排，导致了企业的注意力不在市场而在于怎么贴合政府的政策和寻找制度的空缺。缺乏底层适应性制度，过多过杂的政策之间产生了冲突和负面影响。权利不受制约的政策容易引起寻租行为，我国目前的产业往往通过政策鼓励促进创新即通过资源倾斜等方式而不是通过制度鼓励创新，而健康的产业发展和创新发生应该通过明晰产权由需求激发创新，这就需要将政府主导的产业发展体制转向市场主导的产业发展体制。

“交易费用”的定义和发展大致经历了这样的过程：从科斯认为的市场交易的代价，到威廉姆森从契约角度考虑的“事前”合同达成成本和“事后”发生成本，再到阿罗定义的经济制度的运行费用。“交易费用”没有明确的定义也没有标准的清单，张五常通过排除不是交易费用的部分将其定义为“在鲁宾逊一人世界里没有的费用”。科斯从交易费用的角度解释了企业的起源问题，认为当用企业组织交易的费用小于用市场组织交易的费用时，企业就出现了。肖建忠等在《企业家精神与绩效：制度研究视角》中谈到制度框架派认为企业行为更广泛受到社会、文化、传统、习俗等因素即非正式制度影响的观点。在经济研究中需要承认非正式制度的重要性，认识到在一定程度上非正式制度可以和正式制度之间发生替代，当社会制度不完善、信用制度不健全时，企业为了达成交易需要支付相当的交易费用，而此时非正式制度能够降低交易费用。通过非正式制度解决问题时，企业家就发挥关键作用，牛津大词典对企业家有如下解释“person who sets up a business or businesses, taking on financial risks”，约瑟夫·阿洛伊斯·熊彼特(Joseph Alois Schumpeter)认为是企业家的创新行为偶然地打破了市场的均衡状态，企业通过这一过程获取利润，并且推动资本主义经济“飞跃式的发展”。企业家进入的非正式制度通常表现为关系网的形式，而日益复杂深化的关系网络也可能因为其与政治联系过度而造成不利于企业规模扩大和企业家热衷于寻租导致滋生腐败的问题发生，一旦非正式制度的积累达到一个临界值时，非正式制度对有效制度存量的影响就非常大。这就启示我国应该注重信用等制度建设的同时，不能一味地试图通过完善已有正式制度替代非正式制度，因为非正式制度往往更能成为孕育创新的温床。

委托-代理契约理论作为现代契约经济学的重要发展阶段，在现实的经济活动中无处不在，委托-代理问题存在的根本原因在于信息的传递过程存在成本，以及委托人和代理人之间的信息不对称。能同时实现委托人和代理人的目标，且同时效益最大化的契约是最优的，在政府对企业运行过程中的环境保护做出要求时，政府作为委托人，企业作为代理人。邹伟进等在《基于委托代理模型的企业环境行为研究》中基于委托代理模型对企业环境制度设计进行论证，发现企业对于环境工作的努力程度取决于市场和社会的激励作用与自身实施绿色经济的成本的比值。通过推导政府企业之间的委托代理模型，并依据模型中得到的影响因素计算公式中变量关系进行制度设计：激励机制设计时需要设置最低标准；固定补贴影响较小但需要达到交易条件；信息不对称可以通过增加监督和长期签约来解决(信息不对称增加了交易成本)；市场应该对企业进行正面引导和激励；企业的环保行为能够促进自身发展；由于企业作为代理人，其行为是不可观察的，而委托人和代理人之间又有这样的利己心理，即政府作为委托人希望企业为环境改善作出努力，而企业作为代理人却想尽量减少工作，于是政府怎样提供激励、提供多少激励就成为设计契约的关键，成为委托-代理问题中重要的研究对象。

针对政府、市场与制度变迁的研究是新制度经济学的另一个研究重点，制度是博弈形成的一种暂时的均衡，从博弈论的角度来看，制度可以看作一种多方参与人的均衡策略。无论政府、市场以及其他单位之间有何种现存制度，一旦博弈的参与者中有部分能够从潜在的、非现行的制度中获得比当前制度更大的净效益，那么这部分参与者就有动力去继续参与博弈并推动制度的改变，一旦成功就会引起制度变迁。青木昌彦把制度界定为"关于博弈如何进行的共有信念的一个自我维系系统。制度的本质是对博弈均衡路径显著和固定特征的一种浓缩形表征"代表了重复参与博弈的当事人自我维系的基本预期。

制度变迁的过程十分复杂，既有帕累托改进，也有卡尔多改进，本文以中国计划生育为例，从制度变迁和均衡的角度解释中国人口生育政策，人口政策若想达到均衡就要实现帕累托最优，而对人口政策来说不仅要实现内部均衡还要实现外部均衡。内部均衡即指人口问题内部各部分不会因为各自的理想状态而使整体发生背离。外部均衡就是指人口和其他外部环境之间的均衡如经济、社会、资源和环境等，这就要求人口政策和其他制度安排相互协调。传统的人口政策主要以路径依赖的方式影响以后的制度安排，"全面两孩"政策实施以后，人口和计划生育工作依然面临着挑战，两孩政策仅将0和1的选择扩大到了0-2，并没有解决内部非均衡问题，现行的普惠制惠民政策与计划生育之间也存在着导向冲突的外部不均衡。李通屏和周美林在《外部性内在化与独生子女父母年老奖励补助政策》中也分析了人口政策外部不均衡的问题。有关生育的奖励实际上都是一种将外部性内部化的过程，一个家庭遵循独生子女政策仅生一个孩子时，给社会带来了正外部性，按照外部性的理论，当一种产品能够带来正外部性时，那么他实际的社会需求大于均衡时的需求，这时候就需要政府的补助或其他方法使外部性内在化，并且独生子女政策实际上为独生子女父母的养老问题带来了一定的不便，侧面印证了城镇独生子女父母需要年老奖励补助政策的支持。现行政策难以实施或者说人口政策与补助政策及其他经济社会政策不协调的根本原因在于独生子女政策的正外部性的受益人为国家，而对独生子女父母年老奖励的执行者却是国有企业和机关单位。然而通过企业的目标函数和生产函数可以得知，企业并不是独生子女政策的直接受益者。

解决人口制度外部不均衡的问题关键在于协调家庭、企业与政府之间的关系，李通屏在《家庭发展、企业运行与市场中的政府》中继续以政府对人口的约束为研究对象，通过将家庭当作一种特殊的小微型企业接入到政府和市场的关系以及运行过程中。强调了家庭在整个系统中起到的重要作用，家庭组织结构的变化会直接长期影响企业的运营和效益，家庭效益在很大程度上取决于孩子的相关属性。当家庭孩子数目仅能在0和1中进行选择时，家庭会将主要精力投入到孩子质量上，如果家庭的效益极低，那么企业家就失去了最根本的激励，使整体经济活力下降。最终据以上分析提出政府应该放开对家庭的约束，减少干预的建议，由此使家庭的发展更加全面，也就减少了对市场的约束。

正是因为一项制度外部均衡的达成需要与其他制度相互协调互相影响，因此其他制度随中国人口转变而变化，也就引起了中国原有消费制度的非均衡。基于这一思路，《中国人口转变与消费制度变迁》对中国消费制度变迁进行了解释说明。随着技术发展社会进步，在死亡率下降主导人口转变的过程中，人口对其他资源的压力加大、经济发展慢，这种制度不可避免地带来抑制消费的制度需求。随着经济发展和计划生育政策的影响，当出生率明显下降主导人口转变时，首先是少儿人口比重下降，劳动年龄人口比重上升，但老龄化尚不严重，进而出现社会总抚养比下降的人口红利期，生产性人口比重明显上升，因此减小了消费率上升的可能性。当人口压力较小并且在一个较长时间里经济发展保持一定速度的情况就会逐渐动摇抑制消费的基础。一旦陷入了马尔萨斯低水平均衡陷阱，消费始终处于被抑制的状态，计划生育加上改革开放带来的经济发展使我国出现了人口低增长而经济高增长的情况，使中国摆脱了马尔萨斯低水平均衡陷阱，使得抑制消费的约束条件放松。此外文中提到消费制度不仅与人口总量有关还与人口结构有关，当人口红利出现，社会抚养比下降时，抑制消费的人口基础也会被动摇，最后文章通过实证分析揭示出中国人口保持适度增长的必要。

在制度变迁的研究中，路径依赖(path dependence)是对经济现象的一种重要解释。在《经济史中的结构与变迁》一书中，诺斯(Douglass C. North)用“路径依赖”理论成功地阐释了经济制度的演进。在《可再生能源产业发展路径：基于制度变迁的视角》中，陈艳和朱雅丽以能源使用形式当作资源经济制度形式，从可再生能源产业发展路径依赖解释能源使用的制度变迁，对可再生能源对与传统能源之间的替换和传统能源之间替换的异同进行了讨论。通过对历史上发生过的几次能源替代的总结发现，能源制度变迁主要来源于相对价格和偏好的变化，当新能源价格具有比较优势时，就可能对旧能源进行替代，而替代形成的新的制度安排又会进一步强化人们对能源的选择偏好。路径依赖一方面影响可再生能源制度变迁，主要体现在技术锁定使成本高昂和传统能源的巨额投入不能在短时间之内转变。另一方面，制度变迁往往要考虑经济效率和价值目标的达成，相比较前几次能源制度变化，现代社会的价值目标当中不仅包括经济增长还包括对环保的强烈诉求，这就影响了经济发展这一单一价值目标和经济效率的统一性，加深了传统能源向可再生能源转变的路径依赖。上述路径依赖的产生都体现了诺斯路径依赖产生理论中的利益因素，一旦制度变迁中的路径依赖形成并伴有既得利益集团产生，制度的方向就会在以后的发展中得到自我强化。

（陈艳）

# 技术进步偏向性、产权结构与中国区域能源效率[①]

## 一、引　　言

我国正处于能源消费扩张期，能否提供充足能源对经济社会持续发展至关重要。尽管能源效率尤其是工业能源效率在近十年有了极大提高，但日益严重的能源环境约束说明能源效率的提高速度无法满足社会发展需要。如何进一步提高能源效率、缓解能源环境约束，技术进步被寄予厚望。技术进步能有效提高中国能源效率，已被相关研究所证实。从相关研究看，技术进步主要通过两种途径影响能源效率：一是基于技术进步中性理论分析生产要素同比例提高时的要素边际生产率与能源效率的关系（Zhang，2003；Zhao et al.，2010）；二是基于技术进步有偏理论分析要素替代对能源效率的影响（繁茂清等，2010；王班班等，2014）。

不可否认，这些研究很有价值，但总体上，现有成果没有深入分析技术进步要素偏向性及其对能源效率的影响，没有考虑要素结构特征与能源利用之间的关系。部分研究虽然考虑到了技术进步方向问题，一定程度上体现了技术进步偏向性通过要素结构特征对能源效率的影响，但总体来看，在分析技术进步方向时仍然存在以下问题：一是认为技术进步是中性的，生产要素对技术进步的影响相同；二是认为技术进步是有偏的，强调要素替代效应对技术进步节能效应的影响，对要素特征影响分析不多；同时，还将技术进步有偏性和偏向性相混淆（陆雪琴等，2013；陈晓玲等，2015）；三是虽然涉及了要素特征对技术进步偏向性影响，但主要分析劳动结构的影响，很少分析资本结构影响，在技术进步具有"物化"特征情况下这无法全面揭示要素结构特征对技术进步节能效应的作用。魏楚（2007）、史丹（2008）等尽管区别了产权结构对能源效率影响的差异，但只分析了单一或几种资本，没有从整体角度进行比较，而事实上从整体角度比较中国技术进步节能效应影响的异质性非常重要（Luo，2007），同时，很少从区域差异角度分析要素结构特征对区域能源效率影响的异质性。

针对上述不足，本文做出以下改进：第一，辨析不同区域技术进步要素偏向性。基于相关概念分析，通过比较区域要素替代弹性，判断不同区域技术进步的偏向性程度和

---

① 参见张意翔，成金华，汤尚颖，李通屏．技术进步偏向性、产权结构与中国区域能源效率[J]．数量经济技术经济研究，2017(8)：72-88.

我国当前技术进步偏向性的总体特征。第二，在传统行政区划基础上引入电网区域划分方法，从内资和外资、国有资本和非国有资本的角度分析产权结构对区域能源效率影响的异质性。

本文试图对以下问题进行分析：技术进步是否具有资本偏向性？各区域技术进步资本偏向方向和程度是否一致？技术进步资本偏向如何影响区域产权结构与能源效率的关系？不同视角区域的影响是否一致？通过引入资本、能源和劳动需求一阶条件形成标准化嵌套三要素 CES 生产函数供给面系统方法，测算各区域技术进步偏向性，并运用面板标准误差修正方法验证产权结构对区域能源效率影响的异质性。本文有重要的理论和现实意义：第一，立足要素内部结构，分析产权结构对偏向性技术进步节能效应的影响，拓展了侧重于从要素替代角度研究技术进步节能效应的成果；第二，对改善要素结构、提高能源效率、减缓能源约束，推进能源供给侧结构性改革，推动能源经济创新发展有重要的现实意义。

## 二、技术进步偏向性、产权结构及对能源效率的影响机制

### (一)技术进步偏向性

对技术进步的重视始于索洛(R. Solow，1957)。世界经济发展表明，技术进步在经济发展中表现出愈发明显的方向性。Hicks 在 1932 年对技术进步方向作了经典论述，他发现，要素相对价格变化会诱致技术创新，而技术进步总是向节约价格较高的生产要素方向发展的。技术进步方向是指在要素投入不变时技术进步对资本与劳动边际产出比的相对影响，技术进步分为中性、劳动节约型和资本节约型，后两种被称为有偏技术进步(Biased Technology Change)。要素收入份额动态变化、“技能溢价之谜”等表明要素比例并非固定不变，技术进步更多表现为有偏性。但有偏技术进步理论也有局限性。例如，该理论以要素价格差异为理论基础，但 Salter(1966)认为要素价格很难区分；而 Kennedy(1964)又认为技术进步方向由创新可能性前沿决定。这些争议不仅说明有偏技术进步形成原因不明确，还使其认为技术进步方向外生。由于缺乏严密的理论演绎和微观基础，该理论没有得到充分重视。

针对有偏技术进步理论不足，Acemoglu 等(2002)以内生技术进步理论为基础，通过将任意两类生产要素的技术进步方向内生成技术进步方向，并将资本与其他要素共同发挥作用的数理模型发展成为技术进步方向的微观机理。Acemoglu(2002)将这种实现了方向内生化和具备微观基础的技术进步定义为偏向性技术进步(Directed Technology Change)。该理论认为，价格效应和市场规模效应决定要素选择，而要素相对边际生产率比例的变化方向则是判断技术进步方向的标准。该理论尽管来源于有偏技术进步理论，但通过技术进步方向内生化，扩展了有偏技术进步仅仅强调要素替代关系的研究视野，认为要素替代和内部结构特征均会影响能源效率。这说明偏向性技术进步不仅仅关心技术进步大小及影响，还关心影响技术进步方向的形成原因。这使偏向性技术进步更

符合现代社会技术进步特征，也更能体现技术进步与生产要素之间的关系(Acemoglu，2009)。

改革开放后，我国靠大规模基础设施投资而取得了快速发展。这种内嵌于资本投入中的技术进步因“过度资本化”产生的“物化”特点而具有越来越明显的资本偏向性特点(赵志耘等，2007)。

随着研究的深入，技术进步偏向性与能源利用的关系受到越来越多的关注。André和Smulders(2014)认为，偏向性技术进步不仅比有偏技术进步更能提高要素边际生产率，还能缓解化石能源约束；Witajewski-Baltvilks和Verdolini(2015)认为，偏向性技术进步比有偏技术进步更能通过促进技术创新来提高能源效率。现有研究尽管涉及了技术进步与能源效率的关系，但均认为我国技术进步是能源节约型有偏技术进步，这说明目前并没有真正研究我国现阶段技术进步的方向特征及其与能源效率的关系。

## (二)产权结构

产权结构是指各种不同产权性质的资本价值结构及其所占比重。产权结构在不同时期有不同表现形式。在封闭经济条件下，主要指国内不同产权的资本价值结构及其所占比重，具体可分为公有制资本和非公有制资本，其中，公有制资本包括国有和集体所有制资本，非公有制资本包括个体资本、合伙资本和私有资本。在开放经济条件下，国外资本的进入改变了产权结构。首先，国外资本的产权归其来源国所有，而国内资本的产权均归属东道国；其次，外资和东道国原有非公有制资本的产权均不归东道国政府所有，即均为非国有资本。

鉴于此，本文开放经济条件下的产权结构定义为：从归属国别角度，表示为内资和外资(以FDI表示)；从与东道国政府关系角度，表示为国有资本和非国有资本。这种定义方法，更能反映开放经济条件下我国产权结构特点(Sahu和Narayanan，2009)。

## (三)产权结构对能源效率的影响机制

资本是技术进步的物质基础和影响能源效率的载体，资本对能源效率的影响是通过技术来完成的，技术进步特点决定着资本影响的大小。技术进步可分为中性、有偏和偏向性技术进步，现有研究已分析前两者对能源效率的影响，所以本文只分析偏向性技术进步的影响。资本在技术进步的基础环节中有至关重要的作用，一方面，决定着R&D活动规模；另一方面，影响着技术扩散。分析产权结构对能源效率的影响实际上体现了技术进步对能源效率的影响。资本偏向性技术进步使资本对能源效率的影响大于劳动(史丹，2008)，那么，产权结构是怎样影响能源效率的呢？可以从以下两个方面来分析：

一是通过资本-能源替代减少能源使用量。尽管Hudson和Jorgenson(1974)等认为资本与能源是互补关系，但越来越多研究认为两者更表现为替代关系(Griffin和Gregory，1978；孙广生等，2012)，这种替代关系意味着增加资本要素的使用可以减少能源使用量，但替代作用的大小不仅取决于技术水平，还取决于的资本性质，外资和非国有资本等效率资本更能够通过与能源的替代提高能源效率(林伯强等，2013)。需要补充的是资本-能源替代不仅会直接减少能源使用量，还会通过影响技术进步要素偏向间接提高能源效率(陈晓玲等，2015)。

二是通过自主研发和国外技术引进来提高技术进步的节能效应。主要从内资与外资、国有资本与非国有资本视角分析。首先，从内资和外资对技术进步的影响差异来看，内资更能够影响自主研发，而外资则主要影响技术扩散。内资承担着本国大部分技术创新活动；尽管区域之间也存在技术差异，但受本位思想等因素影响，内资尤其是技术含量较高的国有资本的区域流动规模往往很小。外资只是为了利用廉价劳动力和市场，并不重视技术创新和引进，不会明显提高我国技术创新能力，但外资从母国带来的先进技术会随着外资流动而扩散。其次，从国有资本和非国有资本对技术进步影响差异来看，非国有资本的技术效率比国有资本的技术效率高出37.75%左右(姚洋，1998)，是我国技术进步的主要原因。可能由于国有企业经营者任期、创新的不确定性与风险性以及技术创新收益形成的长期性使国企经营者的创新积极性并不高；非国有资本尤其是规模较大的本土非国有资本，则会努力提高创新能力以获取更大利益。同时，非国有资本的能源技术扩散效应远大于国有资本。

## 三、模型设定和估计方法

技术进步要素偏向分析是建立在对要素替代进行研究基础上的。研究要素替代的方法主要有超越对数成本函数法和CES生产函数法。尽管超对数成本函数法具有生产函数形式灵活等优点，但因其无法反映全面要素价格尤其是无法反映要素价格发生变化时投入的变化而逐渐被CES生产函数法所代替。CES生产函数法不仅能够反映要素价格变化所引起的要素投入比变化，还能进行全局最优估计，所以，人们更多使用CES生产函数法来分析技术进步中的要素替代关系等。由于要研究能源与其他要素之间的替代关系，所以，本文在两要素标准化供给面系统方法基础上引入能源，将其扩展为包括资本、能源和劳动三要素的标准化嵌套CES生产函数的供给面系统模型以估计要素替代弹性。这不仅有利于掌握要素替代关系，还避免了单一方程估计存在的系统性偏差。在此基础之上，进一步进行其他分析。

### (一)标准化嵌套三要素CES生产函数供给面系统

CES生产函数由Solow、Arrow于1961年提出。Klump和Grandville(2000)在Grandville(1989)研究基础上将标准化CES生产函数发展成为包含资本和劳动的两要素供给面系统方法。文章通过引入能源要素将两要素供给面系统法扩展为包含资本、劳动及能源的标准化嵌套CES生产函数及由资本需求、能源需求和劳动需求一阶条件形成的方程组。包含三要素的标准化CES生产函数需要考虑要素合成嵌套模式问题。资本、能源和劳动合成形式主要有(KE)L、(KL)E和(EL)K。魏玮等(2016)检验了三种组合形式在中国的适用性，均认为(KE)L 嵌套形式比较符合我国实际。所以，本文以(KE)L 形式的标准化嵌套三要素 CES 生产函数作为分析方法，该方法可表达如下：

$$Y=\left[\alpha(A_L L)^{\frac{\sigma_{KE,\ L^{-1}}}{\sigma_{KE,\ L}}}+(1-\alpha)(S)^{\frac{\sigma_{KE,\ L^{-1}}}{\sigma_{KE,\ L}}}\right]^{\frac{\sigma_{KE,\ L}}{\sigma_{KE,\ L-1}}},$$

$$S=\left[\beta(A_K K)^{\frac{\sigma_{KE^{-1}}}{\sigma_{KE}}}+(1-\beta)(A_E E)^{\frac{\sigma_{KE^{-1}}}{\sigma_{KE}}}\right]^{\frac{\sigma_{KE}}{\sigma_{KE-1}}} \tag{1}$$

这里的 $Y$、$K$、$L$、$E$、$S$ 分别表示产出、资本投入、劳动投入、能源投入和(KE) 合成品；$A_L$、$A_K$、$A_E$ 分别表示劳动、资本和能源增强性技术进步①；$\alpha$、$\beta$ 表示要素的份额参数；$\alpha_{KE,\ L}$、$\alpha_{KE}$ 分别表示(KE) 合成品与 $L$ 的替代弹性、$K$ 与 $E$ 的替代弹性；当 $A_L=A_K=A_E$ 时，标准化嵌套三要素 CES 生产函数表现为中性技术进步形式。在列出标准化嵌套 CES 生产函数后，需要求出三个一阶条件。所以先分析代表性厂商的成本最小化问题。该问题可表示为：

$$\min_{L,\ K}: P_L L+P_S S_{\text{s.t.}}\ Y=\left[\alpha(A_L L)^{\frac{\sigma_{KE,\ L^{-1}}}{\sigma_{KE,\ L}}}+(1-\alpha)(S)^{\frac{\sigma_{KE,\ L^{-1}}}{\sigma_{KE,\ L}}}\right]^{\frac{\sigma_{KE,\ L}}{\sigma_{KE,\ L-1}}} \tag{2}$$

$$\min_{K,\ E}: P_K K+P_E E_{\text{s.t.}}\ S=\left[\beta(A_K K)^{\frac{\sigma_{KE^{-1}}}{\sigma_{KE}}}+(1-\beta)(A_E E)^{\frac{\sigma_{KE^{-1}}}{\sigma_{KE}}}\right]^{\frac{\sigma_{KE}}{\sigma_{KE-1}}} \tag{3}$$

这里的 $P_Y$、$P_L$、$P_K$、$P_E$、$P_S$ 分别表示最终产品、劳动、资本、能源和资本 - 能源合成品的价格。为使结论具有一般性，假定该市场为完全竞争市场。由此可得出上述一阶条件：

$$\ln\left(\frac{L}{Y}\right)=\alpha_{KE,\ L}\ln\alpha+(\alpha_{KE,\ L}-1)\ln A_E+\alpha_{KE,\ L}\ln\left(\frac{P_Y}{P_L}\right) \tag{4}$$

$$\ln\left(\frac{S}{Y}\right)=\alpha_{KE,\ L}\ln(1-\alpha)+\alpha_{KE,\ L}\ln A_E+\alpha_{KE,\ L}\ln\left(\frac{P_Y}{P_S}\right) \tag{5}$$

$$\ln\left(\frac{K}{S}\right)=\alpha_{KE,\ L}\ln\beta+(\alpha_{K,\ E}-1)\ln A_K+\alpha_{K,\ E}\ln\left(\frac{P_S}{P_K}\right) \tag{6}$$

$$\ln\left(\frac{E}{S}\right)=\alpha_{KE,\ L}\ln(1-\beta)+(\alpha_{K,\ E}-1)\ln A_L+\alpha_{K,\ E}\ln\left(\frac{P_S}{P_E}\right) \tag{7}$$

对式(4)、式(5)、式(6)、式(7) 进行一阶差分后可得以下等式：

$$l-q=(\alpha_{K,\ E}-1)a_L+\alpha_{KE,\ L}(P_Y-P_L) \tag{8}$$

$$P_K+k-(P_S+s)=(\alpha_{KE}-1)a_K+(\alpha_{KE}-1)\left[\frac{P_S+s-(P_Y+q)}{1-\alpha_{KE,\ L}}-(P_K-P_Y)\right] \tag{9}$$

① Acemoglu(2002) 将有偏技术进步分为要素增强性和偏向性技术进步，前者主要是通过比较要素生产率来判断技术进步性质，要素增强性技术进步表现为有偏技术进步的表现形式之一。

$$P_E + e - (P_S + s) = (\alpha_{KE} - 1)a_E + (\alpha_{KE} - 1)\left[\frac{P_S + s - (P_Y + q)}{1 - \alpha_{KE,\ L}} - (P_E - P_Y)\right] \tag{10}$$

式(8)、式(9)、式(10)反映了K、E及(KE)合成品价格和K、E及(KE)合成品之间替代弹性的关系。进而可以得到CES生产函数供给面系统线性表达式的方程组：

$$y_1 = \alpha_1 + \beta_1 x_1 + \varepsilon_1,\quad y_2 = \alpha_2 + \beta_{21}x_{21} + \beta_{22}x_{22} + \varepsilon_2,$$
$$y_3 = \alpha_3 + \beta_{31}x_{31} + \beta_{32}x_{32} + \varepsilon_3 \tag{11}$$

其中，因变量含义是：$y_1 = l - p$，$y_2 = P_K + k - \Delta\ln(P_K K + P_E E)$，$y_3 = P_E + e - \Delta\ln(P_K K + P_E E)$；自变量含义是：$x_1 = P_Y - P_L \cdot x_{21} = x_{31} = \Delta\ln(P_K K + P_E E) - (P_Y + q)$，$x_{22} = P_E - P_Y$；联合方程组的约束条件是：$\beta_{21} = \beta_{31} = -\frac{\beta_{22}}{1 - \beta_1}$，$\beta_{22} = \beta_{32}$。可见，供给面系统估计可演变为对联合方程组的估计，并由此得到$\alpha_{KE,\ L}$、$\alpha_{KE}$。但在估计方程组之前需要对其先决条件进行检验。先决条件表述如下：

假设1：当$\beta_{21} = \beta_{31} = -1$时，标准化嵌套三要素CES生产函数能表示为(KE)$L$形式；

假设2：在假设1成立的情况下，如果$\alpha_1 = \alpha_2 = \alpha_3$，则$A_L = A_K = A_E$，表现为中性技术进步形式；

假设3：当$\beta_1 = 1$，$\beta_{22} = \beta_{32} = 0$时，则$\alpha_{KE,\ L} = \alpha_{KE} = 1$，此时，所有要素的替代弹性均为1，CES生产函数为里昂惕夫(Leontief)生产函数。

## (二) 区域技术进步偏向方向和程度的测算方法

按照Acemoglu关于技术进步偏向性的论述，当$\frac{\partial(\mathrm{MP}_Z/\mathrm{MP}_L)}{\partial A} > 0$时，技术进步偏向资本。要素边际生产率比可由标准化嵌套三要素CES生产函数得出。由于本文只分析在资本和能源合成过程中的技术进步偏向性问题，所以只列出资本和能源边际生产率比表达式：

$$\frac{\partial Y/\partial K}{\partial Y/\partial E} = \frac{\partial Z/\partial K}{\partial Z/\partial E} = \frac{\beta}{1 - \beta}\left(\frac{A_K}{A_E}\right)^{\frac{\sigma_{K,E}-1}{\sigma_{K,E}}}\left(\frac{K}{E}\right)^{\frac{1}{\sigma_{K,E}}} \tag{12}$$

由此，可以得出资本和能源合成过程中的技术进步偏向方向和程度的计算公式：

$$D = \frac{\partial\ln\frac{\partial Y/\partial K}{\partial Y/\partial E}}{\partial t} = \frac{\sigma_{K,E} - 1}{\sigma_{K,E}}(MP_K - MP_E) \tag{13}$$

该计算公式与陆雪琴等(2013)、雷钦礼(2015)的结论一致，这说明式(13)具有普适性。

## (三) 产权结构对区域能源效率影响的估计方法

本文主要是分析1995—2014年间产权结构对我国区域能源效率的影响。因此，在面板数据分析中，既要体现个体效应又要反映时间效应。所以选择包括个体固定效应和时间效应的面板数据模型作为分析的基本模型。该模型基本结构是：

$$y_{it} = a_i + x_{it} b_i + u_{it},\ i = 1,\ 2,\ 3,\ \cdots,\ N;\ t = 1,\ 2,\ 3,\ \cdots,\ T \tag{14}$$

该模型在允许个体影响由变化的截距项来说明的同时还允许系数向量可以依个体成员的不同而变化，以此说明个体成员之间的结构变化。在使用面板数据分析方法时，我们发现如果使用 OLS 来分析会因为遗漏个体差异和时间趋势使 OLS 标准误差被低估进而影响相关结论。因此，本部分实证分析方法主要集中于如何将能反映上述两个特征的变量引入模型的设定中。豪斯曼检验结果显示由于中国各区域的个体特征非常明显所以固定效应估计量比随机效应估计量更加合理些。在检验模型内生性问题后发现模型存在序列相关和异方差等问题。这说明，固定效应变量会使估计产生偏误问题。Herrerias 等（2013）认为面板标准误差修正方法(PCSE）可克服上述问题。PCSE 不仅可以考虑到个体之间的高度差异化，还不需要给系数强加任何可能值的假定就能进行更灵活的假设。按照 PCSE 方法，在一定的概率水平下时间序列横截面(TSCS）模型的标准方程式可以表示为：

$$y_{it} = x_{it}\beta + \lambda_i + \gamma_t \in_{i,\ t};\ i = 1,\ 2,\ 3,\ \cdots,\ N;\ t = 1,\ 2,\ 3,\ \cdots,\ T \tag{15}$$

$$\in_{i,\ t} = \rho_i \in_{i,\ t-1} + v_{i,\ t} \tag{16}$$

这里的 $x_{it}$ 是向量 $K$ 的外生变量(产权结构、进口和能源价格）和由区域($i$）和时间($t$）表示的观测变量；$y_{it}$ 是表示能源消费的观测变量，$\lambda$ 和 $\gamma$ 分别表示个体和时间效应。我们将以省级单位为标准来收集数据。误差项的协方差矩阵通过 $\Omega$ 有共同元素 $E(e_i,\ te_j,\ s)$。$v_{i,\ t}$ 是误差项的独立分布，而 $\rho_i$ 表示在小样本情况下是一阶序列相关，假定所有地区的 $\rho_i$ 都相等($\rho_i = \rho$）。尽管当 $T/N$ 趋向于0时，用PCSE估计OLS系数会影响结果的准确性。但本文的 $T$ 为20，$N$ 为6(以电网划分的区域）和3(以行政标准划分的区域），$T/N$ 大于1，所以，可使用 PCSE 来估计 OLS 系数。

## 四、我国区域技术进步偏向性估计

现有对技术进步资本偏向性的研究大多数仅限于全国范围，很少从区域角度展开。本部分主要对我国区域技术的偏向方向和程度进行分析。首先，对标准化嵌套三要素 CES 生产函数供给面系统的三个假设条件进行 Wald 检验；然后，对中国 28 个省级行政区的要素替代弹性进行估计；最后，对区域技术进步的偏向方向及程度进行估测。

### (一) 变量、数据来源

本文采用 1995—2014 年中国内陆除去西藏的 28 个省级行政区(重庆数据并入四川省)的面板数据进行分析。

#### 1. 最终总产出和最终产出价格

GDP 为总产出，用 $Y$ 来表示。为便于比较，分析期间 GDP 的计算是以 1995 年为基期。1995年为基期的固定价GDP(单位：亿元)是利用按照当前物价计算的GDP和按照可比价格计算的国内生产总值指数计算得出的。相关GDP数据来源于历年《中国统计年鉴》。

最终消费价格用生产者物价指数表示。以1995年为基期，1996—2012年间的生产者物价指数在1995年的生产者物价指数基础上计算得出。相关数据来源于历年《中国统计年鉴》。

### 2. 能源投入和能源价格

能源投入($E$)为全年国内能源消费总量(万吨标准煤)，该数据直接来源于历年《中国统计年鉴》。

中国目前还没有公布综合能源价格($P_E$)，可先计算1995年的万吨标准煤价格，再运用燃料动力类价格指数计算出1996—2012年的实际价格。首先，借鉴王班班等(2014)计算出的1995年万吨标准煤价格。根据《中国物价年鉴》中给出的1994年35个大中城市的煤炭、汽油、柴油、电力的价格数据并以各省区能源消费量为权重计算出各种类能源的加权价格，分别使用上述各种类能源在1995年的出厂价格指数进行扩展，根据各省区能源消费量可计算出各省区的能源成本，1995年的综合能源价格是能源成本除以各省区综合能源消费总量；其次，借鉴魏玮等(2016)的方法计算1996—2014年的实际价格。根据各省区统计年鉴给出的1995—2014年的燃料动力类价格指数，以此作为各省区能源价格指数。

### 3. 资本投入和资本价格

资本投入($K$)国家也没有直接给出。现有统计资料只给出部分产业个别年份的资本存量数据，所以，在计算资本投入($K$)时一般是采用资本存量数据来表示。本文使用永续盘存法对1995—2014年全国资本存量进行计算，具体计算方法是：

$$K_t = K_{t-1}(1 - d_t) + I_t$$

式中，$K_t$、$d_t$、$I_t$分别表示$t$年的资本存量、折旧率和固定资产投资，各指标均是经过折算后的固定值。

本文选取1995年固定资产净值作为基年资本存量($K_0$)，折旧率的计算方法采用陈诗一(2011)的计算方法计算。相关数据来源于历年《中国统计年鉴》。基于数据的可得性，资本价格($P_K$)使用全国固定资产投资价格指数来表示，该数据来源于历年《中国统计年鉴》。

### 4. 劳动投入和劳动力价格

劳动投入量($L$)使用就业量来表示，该数据直接来源于历年《中国统计年鉴》。虽然国家统计局根据全国人口普查和人口抽样调查数据对1990年以前的就业数据进行了修正并使1989年的就业数据和1990年的就业数据有不合理的差距，但本文分析期限是从1995年开始，所以，就业数据修正并不影响本文劳动投入数据的合理性。

劳动力价格($P_L$)国家也没有直接给出，所以获取也比较困难。到目前为止，国家只是给出了城镇就业人员的劳动报酬，并没有给出所有劳动力的劳动报酬。本文借鉴雷钦礼、徐家春(2015)的方法来计算劳动力价格($P_L$)。该方法根据收入法核算的省级生产总值数据，将各省级行政区 GDP 分解为劳动报酬(WL)、固定资产折旧(DE)、营业盈余($P$)和生产税净额(NT)，并假定劳动力按其边际产出获得报酬，假定政府税率为零，将生产税净额按比例分配在劳动所得中，该方法计算公式是：

$$SOL=\frac{[WL+NT\times WL/(DE+P+WL)]}{GDP}$$

## (二)Wald 检验

在对标准化嵌套三要素 CES 生产函数供给面系统进行估计分析之前对模型的先决条件进行检验。三个先决条件的处理方式不尽相同。具体来说，接受第一假设条件以检验其余的先决条件、拒绝第二个先决条件以保证技术进步分析不是中性和检验第三个条件、拒绝第三个先决条件以保证 CES 生产函数不是 C-D 生产函数形式。检验结果见表 1。

表 1　　(KE)L 形式下生产函数的假设检验结果

| 份额参数的基本假设 | $\beta_{21}=\beta_{31}=-1$ | $\alpha_1=\alpha_2$ | $\alpha_1=\alpha_3$ | $\beta_1=1$，$\beta_{22}=\beta_{32}=0$ |
|---|---|---|---|---|
| $P$ 值 | 0.643 | 0.032 | 0.536 | 0.000 |

表 1 显示了检验结果：(1)由于$\beta_{21}=\beta_{31}=-1$ 时 $P=0.643$，大于 0.1，所以$\beta_{21}=\beta_{31}=-1$；(2)尽管 $\alpha_1=\alpha_2$时 $P=0.032$，小于 0.05，$\alpha_1\neq\alpha_2$，但是由于 $\alpha_1=\alpha_3$时 $P=0.536$，大于 0.1，所以 $\alpha_1=\alpha_3$。因此，尽管 $\alpha_1\neq\alpha_2$，但由于 $\alpha_1=\alpha_3$，所以，拒绝条件二，可见 CES 生产函数表现为非中性技术进步；(3)由于$\beta_1=1$，$\beta_{22}=\beta_{32}=0$ 时 $P=0.000$，明显小于 0.01，所以 CES 生产函数不是 C-D 生产函数形式。所以，可对 CES 生产函数的样本拟合优度和要素替代弹性进行估计。

## (三)CES 生产函数的样本拟合优度和要素替代弹性估计

公式(11)是一个回归方程组，按照各回归方程之间的关系，先对第一个公式进行估计，将得出的$\beta_1$估计值代入约束条件；再在系数约束条件下，对第二和第三个公式进行联合估计。估计方法是似不相关回归法，估计结果如表 2 所示。

表 2 中的调整后 $R^2$ 值均超过了 0.8，个别省份的调整后 $R^2$ 值还超过了 0.9，说明 CES 生产函数回归模型的估计值对观测值拟合得较好。因此，回归模型的可信度较大。这里的要素替代弹性主要是通过 KE 之间的替代弹性和(KE)合成品与劳动之间的替代弹性来表示。

表 2　　全国 28 个地区(KE)L 函数形式的样本拟合优度和要素替代弹性

| 序号 | 省(市、区) | $\sigma_{KE,L}$ | $\sigma_{K,E}$ | Adj $R^2$ | 序号 | 省(市、区) | $\sigma_{KE,L}$ | $\sigma_{K,E}$ | Adj $R^2$ |
|---|---|---|---|---|---|---|---|---|---|
| 1 | 北京 | 1.314** (1.24) | 1.459* (3.67) | 0.874 | 15 | 山东 | 1.101** (1.74 | 1.297* (1.26) | 0.874 |
| 2 | 天津 | 1.036** (1.45) | 1.213* (3.53) | 0.832 | 16 | 河南 | 0.489** (2.15) | 0.412* (5.14) | 0.892 |
| 3 | 河北 | 0.194** (1.42) | 0.418* (6.76) | 0.893 | 17 | 湖北 | 0.546** (3.21) | 0.338* (4.26) | 0.864 |
| 4 | 山西 | 0.285** (1.57) | 1.006* (7.13) | 0.865 | 18 | 湖南 | 0.258** (2.17) | 0.292* (1.17) | 0.829 |
| 5 | 内蒙古 | 0.467** (2.04) | 1.005* (6.12) | 0.864 | 19 | 广东 | 1.512* (3.12) | 1.442* (3.39) | 0.847 |
| 6 | 辽宁 | 0.564* (2.47) | 0.422* (5.45) | 0.843 | 20 | 广西 | 0.312** (1.61) | 0.231* (4.27) | 0.819 |
| 7 | 吉林 | 0.632* (2.52) | 0.353* (3.23) | 0.873 | 21 | 四川 | 0.441** (1.93) | 0.372* (5.10) | 0.829 |
| 8 | 黑龙江 | 0.593** (2.35) | 0.354* (6.34) | 0.873 | 22 | 贵州 | 0.418** (1.87) | 0.304* (5.37) | 0.869 |
| 9 | 上海 | 1.457* (3.12) | 1.421* (7.15) | 0.857 | 23 | 云南 | 0.462* (2.64) | 0.345* (4.24) | 0.886 |
| 10 | 江苏 | 1.861* (4.14) | 1.689* (3.19) | 0.846 | 24 | 陕西 | 0.251** (1.69) | 0.112* (5.79) | 0.857 |
| 11 | 浙江 | 1.834* (3.16) | 1.624* (4.26) | 0.890 | 25 | 甘肃 | 0.463* (2.33) | 0.221* (5.91) | 0.891 |
| 12 | 安徽 | 0.316** (1.79) | 0.156* (7.91) | 0.965 | 26 | 青海 | 0.472* (2.64) | 0.286* (3.98) | 0.887 |
| 13 | 福建 | 1.413* (2.36) | 1.307* (2.14) | 0.9311 | 27 | 宁夏 | 0.563* (2.01) | 0.301* (2.46) | 0.889 |
| 14 | 江西 | 0.293** (1.79) | 0.124* (1.93) | 0.976 | 28 | 新疆 | 0.495** (1.89) | 1.102* (2.93) | 0.873 |

注:括号中的值为 $t$ 值;* 和 ** 分别表示 1%和 5%的显著性水平。

从 KE 合成品生产过程来看，区域 $K$ 和 $E$ 替代弹性有很大差别。首先，北京、上海、江苏、浙江、广东、天津、山东、福建、山西、内蒙古和新疆等地区的资本和能源替代弹性($\sigma_{K,E}$)大于 1，这说明，这些地的资本和能源相互替代。但区域 $\sigma_{K,E}>1$ 形成原因不尽相同，北京、上海、江苏、浙江、广东、天津、山东、福建等地区的替代弹性之所以大于1，主要是由于这些地区的资本规模较大，经济成分以资本密集型经济为主；山西、内蒙古和新疆的资本和能源替代弹性之所以会大于1，主要是由于这些地区要素结构主要是以能源为主，其经济成分以能源密集型产业为主。其次，吉林、辽宁、湖北等17个地区的资本和能源替代弹性($\sigma_{K,E}$)小于1，这说明，这些地区的资本和能源之间是互补关系。这主要由于其能源和资本影响相当，只有同时使用才能促使经济发展。

从整个产品产生过程来看，区域(KE)合成品与劳动之间的替代弹性也有很大差别。首先，北京、上海、江苏、浙江、广东、天津、山东、福建等地区的(KE)合成品与劳动之间的替代弹性大于1，其原因可能是这些地区吸引了大规模的高素质劳动力，可以与(KE)合成品之间相互替代发挥作用，但资本生产率大于劳动生产率；其次，吉林、辽宁、黑龙江、河北、河南、湖北、湖南等20个地区的(KE)合成品与劳动之间的替代弹性小于1，原因可能是这些地区的高素质劳动力多数外流了，留守劳动力素质较低无法满足经济发展需要。

可见，除了山西、内蒙古和新疆等地区外，其余地区的KE替代弹性和(KE)合成品与劳动替代弹性大小分布区域完全一致。这也说明了要素替代对我国经济发展的重要性。

### (四)区域技术进步偏向性估算

可利用估算结果对各区域技术进步方向和程度进行测算。测算结果如表3所示。但要先对技术进步是否具有偏向性进行分析。从表3可以看出，除北京、上海、江苏、浙江、广东、天津、山东、福建这8个地区是资本增强性技术进步外，其余20个地区均为能源增强性技术进步。但这20个地区能源增强性技术进步形成原因不尽相同：山西、内蒙古和新疆是因为其产业结构以高能耗产业为主，吉林、湖北等17个地区则是由于能耗过大而资本规模相对较小。可见，尽管我国大部分区域的技术进步表现出增强性特点，但形成原因并不相同，这使我国区域技术进步在整体上具有偏向性(Acemoglu，2009)。

那么，不同区域技术进步在偏向性上有什么区别呢？按照技术进步偏向性理论，当$\sigma_{K,E}>1$时，如果$\sigma_K>\sigma_E$，则技术进步是资本偏向性，反之，则是能源偏向性；当$\sigma_{K,E}<1$时，如果$\sigma_K<\sigma_E$，则技术进步是资本偏向性，反之，则是能源偏向性。由表2可知，北京、上海、江苏、浙江、广东、天津、山东、福建、山西、内蒙古和新疆等地区的$\sigma_{K,E}>1$，而由表3知，在这些地区中，除了山西、内蒙古和新疆这3个地区的$\sigma_K<\sigma_E$外，其余8个地区的$\sigma_K$均大于$\sigma_E$，这说明，在$\sigma_{K,E}>1$的11个地区中，北京、上海、江苏、浙江、广东、天津、山东、福建的技术进步是资本偏向性，而山西、内蒙古和新疆等地区的技术进步是能源偏向性；同理，由表2和表3的结果可知，其余地区的技术进步均是资本偏向性。可见，我国各地区的技术进步均具有偏向性，而且主要偏向于资本，这与雷钦礼等(2015)、魏玮等(2016)的研究结论基本一致。山西、内蒙古和新疆等地区的技术进步之所以偏向能源，可能是这些地区特殊的资源禀赋和产业结构。

表 3　　要素生产率及技术进步偏向程度

| 序号 | 省（市、区） | $\sigma_K$ | $\sigma_E$ | $D$ | 序号 | 省（市、区） | $\sigma_K$ | $\sigma_E$ | $D$ |
|---|---|---|---|---|---|---|---|---|---|
| 1 | 北京 | 0.142 | 0.125 | 0.0132 | 15 | 山东 | 0.147 | 0.121 | 0.0137 |
| 2 | 天津 | 0.139 | 0.103 | 0.0140 | 16 | 河南 | 0.046 | 0.060 | 0.0282 |
| 3 | 河北 | 0.022 | 0.039 | 0.0336 | 17 | 湖北 | 0.037 | 0.045 | 0.0210 |
| 4 | 山西 | 0.014 | 0.037 | -0.0003 | 18 | 湖南 | 0.044 | 0.051 | 0.0220 |
| 5 | 内蒙古 | 0.012 | 0.025 | -0.0001 | 19 | 广东 | 0.123 | 0.105 | 0.0135 |
| 6 | 辽宁 | 0.039 | 0.055 | 0.0312 | 20 | 广西 | 0.02 | 0.031 | 0.0451 |
| 7 | 吉林 | 0.021 | 0.034 | 0.0322 | 21 | 四川 | 0.032 | 0.041 | 0.0208 |
| 8 | 黑龙江 | 0.012 | 0.025 | 0.0321 | 22 | 贵州 | 0.02 | 0.035 | 0.0448 |
| 9 | 上海 | 0.152 | 0.134 | 0.0129 | 23 | 云南 | 0.019 | 0.035 | 0.0409 |
| 10 | 江苏 | 0.162 | 0.150 | 0.0132 | 24 | 陕西 | 0.016 | 0.022 | 0.0529 |
| 11 | 浙江 | 0.160 | 0.147 | 0.0132 | 25 | 甘肃 | 0.023 | 0.035 | 0.0516 |
| 12 | 安徽 | 0.023 | 0.028 | 0.0313 | 26 | 青海 | 0.017 | 0.033 | 0.0514 |
| 13 | 福建 | 0.135 | 0.106 | 0.0157 | 27 | 宁夏 | 0.020 | 0.036 | 0.0483 |
| 14 | 江西 | 0.018 | 0.022 | 0.0318 | 28 | 新疆 | 0.017 | 0.022 | -0.001 |

从表 3 还可看出，除山西、内蒙古和新疆等地区外，我国区域技术进步偏向程度具有非常明显的自东向西逐渐增大的空间特征。其中，东部地区的偏向程度最小，均小于 0.02；中部地区偏向程度处于 0.02 和 0.04 之间；西部地区（包括西南和西北地区）均超过 0.04。该结论与魏玮和周晓博（2016）的结论基本一致。区域偏向程度差异形成原因不尽相同，首先，山西、内蒙古和新疆等地区的 $D$ 之所以小于 0，主要是这些地区能源消费过多而资本规模过小；其次，北京、上海、江苏、浙江、广东、天津、山东、福建等地区尽管是我国主要资本集聚地和能源消费地，但较少的国有资本比重和较发达的要素市场使它们的资本与能源替代率较大，高素质劳动力的进入又提高了资本利用效率；再次，吉林、辽宁、黑龙江、河北、河南、湖北、湖南、安徽、江西、四川等地区由于其国有资本的比重和要素市场的政府管制程度比东部地区大但又比西部地区小，处于扩张期的能源需求使得这些地区资本生产率小于能源生产率；最后，由于广西、贵州、云南、陕西、甘肃、青海、宁夏等地区处于我国经济欠发达地区，国有资本比重、政府管制、劳动力流出规模远远超过国内其他地区。

综上所述，我国技术进步均具有偏向性，其中北京、上海等 25 个地区是资本偏向性技术进步，山西、内蒙古和新疆等地区是能源偏向性技术进步。影响区域技术进步偏向性差异的因素主要有国有资本比重、要素市场发育程度、政府干预程度、资源禀赋、产业结构等。

# 五、产权结构对区域能源效率的影响

本部分试图在区域技术进步偏向程度存在明显差异的情况下，分析产权结构对区域能源效率的影响特点。首先比较内资和外资对区域能源效率的影响，再区分国有资本和非国有资本对区域能源效率的影响的不同。

需要说明的是本部分每个表格中主要变量的影响从电网与东部、中部和西部两个不同区域来表示。每个表的前三列表示“综合能源强度”，其余分别表示具体能源分析结果。

## (一)变量

能源消费、内资、外资(以FDI为代表)、国有资本和非国有资本的含义和上文一致。

### 1. 能源种类和价格

将综合能源分解为煤炭、电力和石油，所以，能源种类既包括综合能源，也包括煤炭、电力和石油等具体品种能源。这种划分方法不仅能够分析资本产权对综合能源效率的影响，还能够分析资本产权对具体品种能源利用效率的影响①。

能源价格，由于国内还没有形成统一的煤炭价格，所以使用原油价格作为能源价格的代理变量②，并假设国际原油价格的上升会导致国内能源价格的上涨。选取大庆原油价格代表国内原油价格，选取美国纽约商品交易所的原油价格(WTI)代表国际原油价格。主要是由于国际上分析我国原油价格时大多采用大庆原油价格为代表，WTI对国际原油市场的影响力要比其他原油市场的大，也比Brent原油价格更能反映国际石油市场的基本特征。

### 2. 区域选择和电网划分

在现有文献中，人们往往只是从单一区域角度来分析区域能源效率，但中国能源经济的特殊性和复杂性使这种划分无法真正揭示影响因素与区域能源效率关系的异质性。所以，给出了两个不同的区域群：行政区域(东部、中部和西部)和电网区域，通过比较产权结构在两个不同标准区域对能源效率变化的影响来揭示产权结构影响全国能源效率的一般规律。本文以煤炭电网代表各能源电网网络。由于本文的电网区域划分是按照煤炭资源生产和消费特点来划分的，电网内部能源政策较为一致，所以这个变量不仅可

---

① Zhang，Wang(2008)在分析中国钢铁部门的节能技术和生产效率后，比较了综合要素节能技术和单要素节能技术，发现从单要素角度分析更能揭示节能技术的变化特征。

② 之所以没有采用上文计算的能源价格，主要是由于在这一部分涉及国际能源价格对国内价格的影响。

以体现区域能源消费差异还可以体现区域能源强度政策的不同，比单纯从行政区域角度要深刻得多。

为更好体现每个电网的作用，我们设置一个哑变量来表示电网选择：

电网1：电网1=1指本电网(内蒙古、黑龙江、吉林、辽宁)，电网1=0指其他电网；

电网2：电网2=1指本电网(北京、天津、河北、山西、山东)，电网2=0指其他电网；

电网3：电网3=1指本电网(江苏、上海、安徽、浙江、福建)，电网3=0指其他电网；

电网4：电网4=1指本电网(河南、湖北、湖南、江西)，电网4=0指其他电网；

电网5：电网5=1指本电网(广东、广西、海南、贵州、云南)，电网5=0指其他电网；

电网6：电网6=1指本电网(重庆、四川、陕西、宁夏、甘肃、青海、新疆、西藏)，电网6=0指其他电网。

#### 3. 控制变量

将进口、工业在GDP中的比重和能源价格作为控制变量。其中，引入进口是为了隔绝FDI从其他渠道转移国际技术的影响以更好反映FDI的影响，引入工业是用来体现结构效应的影响，引入能源价格是通过价格的变化程度来体现价格对能源效率的影响。

### (二)数据来源

由于很多数据从1995年才开始公布，所以1995—2014年为分析期。区域数据来源于28个省份年度数据(重庆的数据并入四川省，西藏由于数据缺失太多而没有计入)，综合能源与各品种能源消费量、各种资本和原油价格等数据均来自于《中国统计年鉴》《中国能源统计年鉴》《国际石油经济》。这些面板数据是非均衡的，而且采用的是空间或区域维度。

### (三)外资和内资对区域能源效率影响的差异

外资和内资对区域能源效率的影响均具有非常显著的个体效应和时间效应。

FDI的影响可从整体和区域两个角度来分析。从整体角度来看，对于综合能源和大部分具体品种能源而言，FDI与其所对应能源效率的参数系数都为正数且显著，说明FDI能有效提高中国能源效率。这一结论与Fisher(2004，2006)的结论相似。这证实了FDI通过使用更多的节能技术和对国外先进技术的获取而进行的技术扩散能有效降低中国能源强度的看法。但从区域差异角度看，FDI对不同地区能源效率的影响有明显不同：首先，从传统行政区域角度看，尽管在包括那些接收较少数量FDI投资的西部地区在内的所有地区里面外资均能有效提高能源效率，但区域差异还是很明显，总体来说，东部地区的影响最大，西部地区的影响最小，但东部和中部的差距很小。这可能与这些地区吸引的外资数量和当地经济发展程度有关。2006—2012年，东部、中部、西部地区固定资产投资中FDI的平均比重分别为5.65%、5.48%和0.56%。其次，从电网角度分析也可以得到相似的结论，FDI对第6电网覆盖地区能源效率的影响比其他电网覆盖区域的影响都要大。一方面可能是因为第6电网主要是覆盖能源消耗较大的西部地区，技术进步的节能效应较大，另一方面可能是因为属于第六电网的四川省都接受了较大规模的FDI。在其他5个电网覆盖区域中，FDI与第1电网和第4电网的能源效率是负相关关系，与第2、第3和第5电网的能源效率均为正相关关系。这说明，在中国大部分地区，FDI能通过促使节能技术的扩散有效提高能源效率。在第1电网和第4电网，FDI与能源效率之间是负相关关系的原因可能是这两个地区是能耗较大的区域，尤其是这两个地区正处于工业化和城市化快速发展时期；FDI提高第5电网能源效率的一个可能解释是：属于第5电网的广东省是我国重要的FDI流入；与第2、第3和第5电网覆盖地区的能源效率均为正相关关系，但对第3电网覆盖地区能源效率影响最大、第5电网影响最小，可能的原因是第5电网覆盖的地区除了广东省经济发展速度较快外，其余地区均是欠发达地区。

数据还显示，内资也显著提高了所有能源的利用效率，而且其影响程度大于外资，此结论符合上述分析。除了上述提及原因外，可能还有：一是FDI的规模小于内资规模，二是内资投资行业的能源密集度比FDI投资行业的能源密集度大。该结论与Fisher (2006)的研究结论一致，Fisher发现，在1997—2001年中国本土技术开发支出占整个工业的67%，而进口技术支出只占33%。上述结论意味着，无论是本土技术创新的影响还是国内和外国创新的互动都能有利于提高能源效率。但这并不意味着内资的技术扩散功能比外资强。

### (四)国有资本和非国有资本对区域能源效率影响的不同

国有资本和非国有资本对我国不区域能源效率的影响也具有非常显著的个体效应和时间效应。

从整体角度来看，非国有资本与国有资本对区域能源效率的影响有很大区别：首先，非国有资本能有效提高除电力以外所有能源的利用效率而国有资本却降低了所有能源的利用效率。这不仅和魏楚(2007)、史丹(2008)等学者的观点一致，还符合国有资本投资行业特征：我国国有资本主要投资于煤炭、石化等能耗较大且非国有资本很难进入的行业，这使国有资本产生的技术进步往往被国有资本迅速扩张带来的能耗增加所抵消。其次，国有资本对能源效率的影响程度要大于非国有资本，主要是由于前者的资本规模要比后者大。

从区域角度来看，差异也相当明显：首先，从传统行政区域来看，国有资本降低了所有区域的能源效率，而非国有资本则提高了所有地区的能源效率，两者对东部地区的影响均大于对中西部地区；国有资本的影响程度要大于非国有资本，如国有资本每增加1%会使中部和西部的综合能源消费增加2.61%和1.71%，而非国有资本每增加1%只会使中部和西部的综合能源消费下降0.0821%和0.423%，这可能是由于东部非国有资本规模较大和要素市场发育较完善而中西部非国有资本规模较小和要素市场发育不完善。其次，从电网区划角度看，两者的影响和传统行政区域的影响有所不同：国有资本一方面降低了第1、第2和第6电网的能源效率(但提高了第2电网的原油和第6电网的电力的利用效率)，但另一方面提高了第3、第4和第5电网的能源效率(但降低了第4电网的原油利用效率)；非国有资本能提高所有电网的全部能源效率，但对第3、第4和第5电网的影响要大于第1、第2和第6电网的影响。原因可能有：一方面，第3、第4和第5电网覆盖的地区非国有资本规模较大，尤其是FDI的规模较大；另一方面，第3、第4和第5电网覆盖地区的FDI主要是通过与国有企业合资的方式进入中国。这些合资企业在与国外企业接触时可能通过接触先进技术而提高了能源利用效率。

综上所述，产权结构对区域能源效率的影响有很大差别。一方面，外资和内资均能提高能源效率，但内资的影响要大于外资；非国有资本能提高能源效率，国有资本降低能源效率且其影响程度大于非国有资本①。另一方面，内外资、非国有资本能提高所有区域的能源效率，其中，对东部(电网3和电网5)影响最大，中部地区(电网1和电网4)的影响次之，西部地区(电网2和电网6)的影响最小；国有资本降低了所有区域的能源效率，其中，对东部影响最小，中部地区的影响次之，西部影响最大。产权结构对区域能源效率影响的差异形成的原因与中国区域技术进步偏向特征形成的原因基本一致。

由此可见，产权结构对中国区域能源效率的影响与中国区域技术进步资本偏向程度之间有极大的负相关关系，而现有研究结论显示主要发达国家的技术进步资本偏向性程度与资本节能效应之间是正相关关系。这说明，我国区域技术进步资本偏向性与资本节能效应之间的关系不符合世界普遍规律。这可能与中国技术进步资本偏向性形成原因的特殊性有关。一般来说，技术进步主要是由社会资本、物质资本和人力资本决定的，只有这三种资本同比例增加时技术进步才能促使经济健康发展。发达国家资本偏向性技术进步形成的原因主要是上述三种资本规模与使用效率的同步提高使资本边际生产率超过了劳动边际生产率，而中国技术进步资本偏向性的形成是由于改革开放后的大规模基础建设投资和设备投资使物质资本增加速度和规模远大于社会和人力资本。三种资本不同比例的增加在使我国物质资本过度发展的同时还扩大了物质资本对能源效率的影响并最终使技术进步具有偏向物质资本特征。在这种情况下，物质资本产权性质的差异必然会影响其对能源效率的作用。以国有投资和非国有投资对能源效率影响为例，尽管我国目前国有投资和非国有投资在物质资本中的比重比较接近②，但非国有物质资本投资主要集中在轻工业制造业和日常生活服务业等能耗较小的行业，而国有物质资本投资则集中在能耗大的能源、资源、电力、钢铁等能耗较大的行业。据统计，2000—2015年，国有物质资本投资部门的能耗占了我国能耗总量的90%左右。这使国有物质资本对能源效率的影响远远超过非国有物质资本。

---

① 我们还计算了能源部门国有资本和非国有资本对区域能源效率的影响，结论和表5一致，且更为显著。

② 近年来，两者比重均接近50%；但在1978—2000年，国有投资比重一度达到了90%。

需要补充的是，工业比重、价格和进口也对我国能源效率产生了极大影响：工业比重的增加在降低综合能源、电力和原油利用效率的同时却提高了煤炭的利用效率，能源价格下降和进口增多会提高所有能源的利用效率。这个结论和中国实际相符：以工业比重增加为例，2002年开始的重工业重新发展极大地增加了综合能源尤其是电力和原油消费，但在节能减排政策等因素影响下煤炭资源的利用效率在不断提高。

## 六、结　　论

本文在资本偏向性技术进步的框架下研究了产权结构对中国区域能源效率的影响，得到了我国不同区域技术进步偏向方向和偏向程度，基于区域技术进步偏向性差异计算出了产权结构对区域能源效率影响的异质性，得出了如下结论。

第一，区域技术进步偏向方向和程度有很大区别。在28个省级行政区中，除山西、内蒙古和新疆地区的技术进步偏向于能源外，其他地区的技术进步偏向于资本，技术进步资本偏向呈现出自东向西不断增加的空间特征。

第二，产权结构对区域能源效率的影响存在明显的异质性。内资和外资均能提高能源效率，但内资的影响程度要大于外资；非国有资本比重越大越能有效提高能源效率，而国有资本比重与区域能源效率之间是负相关关系且对能源效率的影响大于非国有资本；资本对能源效率的影响自东向西下降。

第三，区域技术进步偏向性与资本节能效应之间呈负相关关系，区域技术进步越偏向于资本，则资本提高区域能源效率的幅度就越小，这和国际普遍经验相反。这种负相关关系形成的原因与中国区域技术进步偏向特征形成的原因基本一致，主要是由于国有资本比重过大、要素市场扭曲、政府干预过多、资源禀赋和产业结构等。

产权结构对区域能源效率的影响与中国区域技术进步资本偏向程度之间之所以表现出与西方国家相反的关系，主要是由于中国技术进步资本偏向性形成原因的差异。综合考虑各种因素，我们认为，现阶段可从两方面提高能源效率。

第一，坚持对外开放政策，积极引进和引导外资。考虑到中国节能技术和发达国家之间依然存在着较为明显的差距，中国有必要坚持对外开放政策，扩大引进外资规模以增加资本总量和引进先进技术。但在扩大引进外资时，要积极引导外资使用方向，使外资投向能提高中国能源行业的效率。

第二，发展混合经济，充分发挥非国有资本节能效应。国有资本对能源效率的负面效应超过了非国有资本的正面效应，且国有资本流动性远低于非公有资本。因此，应进一步完善要素市场，大力发展混合经济，增加非国有经济总量，扩大非国有资本对社会的影响，以提高资本的整体节能效应。值得注意的是，近年来，广东省由于接收了较大数额的FDI而提高了其国有资本节能效应。这为发挥国有资本降低能源强度功能提供了很好的思路。

（张意翔　成金华　汤尚颖　李通屏）

## ◎ 评论

技术进步能有效提高中国能源效率已被多数研究证实。张意翔等的论文《技术进步偏向性、产权结构与中国区域能源效率》，基于包含能源、资本和劳动的标准化嵌套三要素 CES 生产函数供给面系统估计了中国技术进步要素偏向性，运用面板标准误差修正方法比较产权结构对区域能源效率影响的异质性进行了实证。该文在理论上拓展了侧重于从要素替代角度研究技术进步节能效应的成果；在实践上，对改善要素结构、提高能源效率、减缓能源约束、推进能源供给侧结构性改革有重要现实意义。

第一，用经典的柯布-道格拉斯生产函数测度产出或增长。柯布-道格拉斯生产函数最初是美国数学家柯布（C. W. Cobb）和经济学家道格拉斯（Paul H. Douglas）共同探讨投入和产出的关系时创造的生产函数，故得名。该函数在生产函数的一般形式上作出改进，引入了技术这一因素。他们根据有关历史资料，研究了 1899—1922 年美国的资本和劳动对生产的影响，在技术经济条件不变的情况下，得出了产出与投入的劳动力及资本的关系。根据柯布-道格拉斯生产函数，如果有任何一种投入品为零，则产出也为零，因此对于生产来说，每种生产要素都是必需的，没有一种要素可以完全替代另一种要素。柯布-道格拉斯生产函数的基本形式为

$$Y = A\,L^{\alpha}\,K^{\beta} \tag{1}$$

式中，$Y$ 是总产出，$A$ 是技术水平，$L$ 是投入的劳动力，$K$ 是投入的资本；$\alpha$、$\beta$ 分别是劳动力和资本产出的弹性系数。根据 $\alpha$ 和 $\beta$ 的组合情况，它有三种类型：

①$\alpha + \beta > 1$，称为递增报酬型，表明按现有技术扩大生产规模来增加产出是有利的。

②$\alpha + \beta < 1$，称为递减报酬型，表明按现有技术用扩大生产规模来增加产出是不利的。

③$\alpha + \beta = 1$，称为不变报酬型，表明生产效率并不会随着生产规模的扩大而提高，只有提高技术水平，才会提高经济效益。

该生产函数有诸多改进，其中最具有影响的是进行投入要素贡献率的测算。将式 (1) 两边取对数然后求导可得：

$$\frac{1}{Y}\cdot\frac{\mathrm{d}Y}{\mathrm{d}t} = \frac{1}{A}\cdot\frac{\mathrm{d}A}{\mathrm{d}t} + \alpha\frac{1}{L}\cdot\frac{\mathrm{d}L}{\mathrm{d}t} + \beta\frac{1}{K}\cdot\frac{\mathrm{d}K}{\mathrm{d}t}$$

由于实际数据都是离散的，可用差分方程代替微分方程，并令 $\Delta t = 1$，得以下测算效率（全要素生产率）的基本公式：

$$\frac{\Delta Y}{Y} = \frac{\Delta A}{A} + \alpha\frac{\Delta L}{L} + \beta\frac{\Delta K}{K}$$

上述公式可以用来测算主要投入要素对产出增长的贡献。测算各要素贡献率时，对投入要素的产出弹性系数 $\alpha$、$\beta$ 的估计是需要解决的关键问题。

目前关于总体乃至行业生产率及其贡献率的测算方法差异较大。就全要素生产率而言，测算方法有两类：非参数法和参数法两类，其中非参数法估计中主要以 DEA 方法

和 Malmquist 指数方法为主，参数法又可分为索洛残差法、隐性变量法和随机前沿生产函数法(SFA)等。这里，各种方法对技术进步贡献的估计亦存在较大差异。索洛残差法将所有未能被资本和劳动力解释的部分归入技术 $A$，其对全要素生产率增长的贡献达到 70%~80%。然而，全要素生产率不仅仅包括技术进步，它还包括规模经济和效率的改善等因素，此外，索洛残差法也没有剔除测算误差对全要素生产率的影响，因此会导致技术进步的高估。

第二，技术进步的偏向性。技术进步偏向，反映的是技术变革对社会生产过程中不同生产要素生产效率的影响差异，起源于依据技术变革对不同要素影响的不同而对技术进步的分类。由于观察和比较的角度不同，存在着三种不同的技术进步偏向的定义。庇古(Piguo，1920)在其名著《福利经济学》中提出，发明可依据其对资本和劳动影响的不同而划分为劳动节约(labour-saving)、资本节约(capital-saving)和中性(neutral)三种类型。不过，希克斯(Hicks，1932)认为，劳动节约和资本节约两类过窄，而中性一类则过宽。因此，希克斯提出了一个新的分类标准："我们可以依据发明的初始效应是使资本边际产量与劳动边际产量之比增大、保持不变或减小，来对它们进行分类，把这些发明分别称之为劳动节约的、中性的和资本节约的。"21 世纪初，阿西莫格鲁(Acemoglu，2002)对这一问题进行了重新审视，并从要素多用的正向角度进行了重新定义：如果技术变革使得劳动的边际产出相对于其他要素的边际产出的增长幅度更大，那么技术变革就是劳动偏向性的；类似的，如果技术变革使得资本的边际产出相对于其他要素的边际产出的增长幅度更大，那么技术变革就是资本偏向性的。也就是说，"节约劳动的"技术进步也就是多用资本的技术进步，即资本偏向性技术进步；而"节约资本的"技术进步也就是多用劳动的技术进步，即劳动偏向性技术进步。

关于我国的测算结果表明，除了改革开放初期，我国是劳动偏向的技术进步以外，随后几乎都是资本偏向的，即节约劳动而多用资本的，符合庇古和希克斯所论述的规律。而与此同时，我国劳动者报酬在国内生产总值中所占比例经历了从 1980 年代初期的逐年上升转化为 1990 年以后的持续下降的波动，技术进步从劳动偏向到资本偏向的变化无疑是其中的一个重要原因。

(肖建忠)

# 基于交易费用的产业集群发展研究①

## 一、引　　言

在经济全球化的背景下，产业集群迅速成长起来，并且成为全球经济发展中的普遍现象。越来越多的研究揭示了发达国家的产业集群实例，另外也有大量研究发现在发展中国家也存在类似的产业集群现象。事实上，产业集群早在18世纪的英国就已出现，而且一些学者在一个多世纪以前就对这种现象进行了研究。例如，马歇尔(2004)注意到"工业的专门化和地方性"现象，他认为产业集群的原因在于外部经济；韦伯也提出了大致相当的观点，并最早提出了集聚经济的概念。随后对产业集群理论的讨论大多基于马歇尔和韦伯提出的外部经济理论及其相关拓展，20世纪八九十年代以来，产业集群研究得到了更多学科、理论的支持，如社会网络理论、区域创新网络理论、规模报酬递增理论、交易费用理论、产业生态系统理论以及自组织理论等。国内外学者运用这些理论从不同角度对产业集群的形成和发展机制做了较为深入的阐释。然而，现有的研究主要从微观的角度解释单个产业集群的形成和发展，而没有从宏观的角度揭示产业集群现象出现的原因及其发展趋势。

从宏观的角度来看，产业集群是指众多相关企业在某个区域的集中，反过来讲是这个区域专业生产某些产品，所以产业集群现象是区域专业化生产和区际分工贸易的结果，产业集群的规模取决于区域专业化生产水平。从这个角度来说，产业集群现象是社会经济发展的历史性产物，它伴随着工业革命的发生而出现，伴随着区域贸易的繁荣而繁荣。我们不妨回顾一下人类社会经济发展的历程，在工业革命之前，小农经济形态占据主导地位，人类处于自给自足状态，偶有消费"剩余物"的交换，也只是近距离的少量交易活动，人类生产的专业分工尚未形成，此时不可能产生产业集群现象。工业革命之后，随着生产技术的进步，专业化经济凸显，个体只生产出售一种产品而购买其余消费品成为可能。个体在一定地方集聚组成生产社区进行联合生产，专业生产相同产品，形成具有区域特色的产品生产模式，这就是产业集群的雏形。产业集群规模则与交易费用系数有关，即与交易效率和贸易壁垒相关。克鲁格曼和藤田昌久等认为不断推进的全

① 参见杨树旺，易明，王文成，冯兵．基于交易费用的产业集群发展研究[J]．管理世界，2006(11)：154-155.

球化进程提高了地方专业化水平，因为全球化降低了运输成本和贸易壁垒从而有利于相关企业的集聚以获取地方外部规模经济。此外技术(如交通技术、通讯技术)进步促进了交易效率的提高，降低了交易费用，两者的共同作用提高了区域间分工水平，推动了区域专业化生产，从而促进了产业集群的迅速发展。本文通过建立区域分工-贸易模型，论证交易费用水平对产业集群形成和发展的影响。

## 二、理论基础

### (一)分工理论

分工理论的几个代表人物分别是亚当·斯密、马克思、阿林·杨格、杨小凯等。早在几个世纪之前，亚当·斯密(2005)指出，分工是国民财富增进的源泉。阿林·杨格(1996)进一步指出，报酬递增的原因不是单个企业的规模经济，而是产业的不断分工和专业化的结果。他提出，人类的生产活动具有普遍的迂回性，使得产业的生产链节点不断分化和延伸；劳动分工的规模取决于市场规模，而市场规模反过来又决定于劳动分工。杨小凯(2003)认为，分工和交易是生产方式的一个问题的两个方面。分工的深化产生专业化经济，也带来了交易费用，专业化经济和交易费用会陷入两难冲突。在专业化经济不变的条件下，降低交易费用就意味着提高了分工水平。

### (二)交易费用理论

交易费用理论的代表性人物有科斯、威廉姆森、张五常、诺斯等。科斯是学术界公认的第一个引入交易费用思想的人，他发现市场并非如新古典经济学所说的能够无成本地运作，而是“市场上发生的每笔交易的谈判和签约费用必须予以考虑”(Coase，1937)。但科斯并没有进一步对交易费用的性质进行考察，后继的新制度经济学家对交易费用的性质做了更为深入的说明。达尔曼(1979)从契约过程说明交易费用，认为交易费用包括了解信息成本、讨价还价和决策成本以及执行和控制成本。威廉姆森将交易视为经济分析的基本单位，并认为交易具有3个基本维度，即交易发生的频率、交易的不确定性程度和种类以及资产专用性条件，他从上述的交易维度来考察交易费用的性质。张五常采用设定参照系的方法把交易费用定义为所有那些不可能存在于无产权、无交易、无任何经济组织的“鲁宾逊·克鲁索经济”中的成本。诺斯则从生产过程来说明交易费用，在他看来，将生产要素组织起来生产物品或劳务，要受制度和技术两个方面的制约，付出转化费用和交易费用；转化费用与交易费用之和等于生产费用。本文采用诺斯的交易费用定义方式，把交易费用看成除转化费用以外的生产费用，包括信息费用、合约费用、运输费用以及贸易税费等。

## 三、区域分工-贸易模型

### (一) 区域

在这里区域是指由消费-生产者组成的生产、消费社区，假定区域人口规模为 $M$，区域内每个消费-生产者的消费偏好相同，消费品数量有 $m$ 种。关于消费-生产者我们借鉴了杨小凯等人的假设，是指具有相同消费偏好的生产者，他既是物品消费者也是生产者，只有时间禀赋约束。对于每个消费-生产者而言，可选择自给和出售一部分物品而购买其余的消费品，自给、出售品与购买品的比例结构由专业化经济和交易效率决定。本文假定：每个消费者-生产者实行完全的专业化生产，即其生产结构是只生产、出售一种产品；生产、出售同种产品的消费-生产者组成生产社区进行联合生产，从而能够发挥规模经济并能够促进产业内分工而获取专业化经济，用 $a_{ij}$ 表示。

### (二) 区域的产出水平

区域 $i$ 内产品 $j$ 的生产能力为：

$$Y_{ij} = (\varepsilon_{ij}M)^{a_{ij}}L,\ j \in [1,\ m] \tag{1}$$

其中$\varepsilon_{ij}$ 为区域 $i$ 生产产品 $j$ 的劳动力占该区总劳动力的比例，即 $\sum_{i} \varepsilon_{ij} = 1$； $a_{ij} = b^{(\varepsilon_{ij}-\overline{\varepsilon_i})}$，$b > 1$，表示区域 $i$ 生产产品 $j$ 的规模经济和专业化经济；$L$ 表示单位消费 - 生产者在一定时间禀赋约束下的基本生产能力，假定消费 - 生产者的基本生产能力没有先天差异，即对任一消费 - 生产者其 $L$ 是相等的。则该区域的总生产能力为：

$$P_i = L\sum_{i} (\varepsilon_{ij}M)^{a_{ij}} \tag{2}$$

该区域内每个消费 - 生产者的消费偏好相同，消费品数量为 $m$ 种，并假定每种消费品的消费量相等，为$Y_i/m$。超过本区域消费量的产品通过区域间交易销往其他区域，不足部分从其他区域购买，但某一区域不存在同时买卖某一产品的情况。因此，如果不计区域内部交易费用，产品 $j$ 的交易费用为：

$$K_{ij} = k|\varepsilon_{ij} - \overline{\varepsilon_i}|\sum (\varepsilon_{ij}M)^{a_{ij}}L \tag{3}$$

其中，$k$ 为区域间交易费用系数，$k \in (0,\ 1)$。则总交易费用为：

$$K_i = k\sum_{i}\left[|\varepsilon_{ij} - \overline{\varepsilon_i}|\sum_{i} (\varepsilon_{ij}M)^{a_{ij}}L\right] \tag{4}$$

由式(2)、式(3)、式(4) 可得区域 $i$ 的净产出为：

$$Y_i = \left(1 - k\sum_{i}|\varepsilon_{ij} - \overline{\varepsilon_i}|\right)\sum_{i} (\varepsilon_{ij}M)^{a_{ij}}L,\ a_{ij} = b^{(\varepsilon_{ij}-\overline{\varepsilon_i})},\ b > 1 \tag{5}$$

### (三) 区域的生产模式

通过上述分析，我们知道$\varepsilon_{ij}$ 是指在区域 $i$ 中生产产品 $j$ 的人口占该区总人口的比重，同时也可用于表示区域 $i$ 生产产品 $j$ 的专业化水平，则一个区域的生产模式和产品

结构就可由向量 $\varepsilon=\varepsilon_{i1}$，$\varepsilon_{i2}$，…，$\varepsilon_{im}$ 定义，其中 $m$ 是产品的种数，$\varepsilon_{ij}\in[0,1]$，若 $\varepsilon_{ij}\to 0$，则产品 $j$ 的专业化水平较低，相反如果 $\varepsilon_{ij}\to 1$，则表明产品 $j$ 的专业化水平较高，在区域 $i$ 中所占比重较大。区域的生产模式由向量的特征决定。向量的特征可用表示变量与其均值的偏离程度的数量 $E[|\varepsilon_{ij}-\overline{\varepsilon_i}|]$ 表示，如果 $E[|\varepsilon_{ij}-\overline{\varepsilon_i}|]$ 较大，表明区域 $i$ 为专业化的生产模式。由式(5)可知，$\partial Y/\partial\sum_i(\varepsilon_{ij}M)^{a_{ij}}>0,\partial Y/\partial k<0$。因此，在 $\max Y$ 的条件下，$\partial E[|\varepsilon_{ij}-\overline{\varepsilon_i}|]/\partial k<0$，即区域的生产模式和产品结构受交易费用系数的影响。当 $k$ 较大时，生产的专业化水平较低，当 $k$ 变小时，生产的专业化水平不断提高，同时区域净产出 $Y$ 也相应提升。

### (四) 区域间分工水平

区域分工水平是由生产所有产品的所有区域专业化水平和模式决定的。为了简便，我们假定区域个数 $n=m$。由所有区域的生产模式构成的一个区域分工结构可以由矩阵 $R=\{\varepsilon_{ij}\}$ 来表示。区域间的分工水平和模式由矩阵 $R$ 的特征决定。矩阵的特征可以用很多指标来描述，比如 $\varepsilon_{ij}$ 的基尼系数和方差，我们用指标：$D=(R)=\sum_i\sum_j(\varepsilon_{ij}-\overline{\varepsilon_i})^2$ 来表示区域之间的分工水平，其中 $\overline{\varepsilon_i}=\sum_i\varepsilon_{ij}/m$。如果 $\varepsilon_{ij}$ 对任意 $i$ 和 $j$ 都相等，或者如果每个区域都在每种产品上具有同样的劳动力份额，则区域分工水平达到最小值 $D(R)=0$，这种区域生产结构称为自给自足。如果每个区域专业于生产不同于其他所有区域生产的一种产品，则分工水平达到了最大值 $D(R)=m$，这种分工模式就称为完全分工。

我们由上已知区域生产的专业化程度与交易费用系数呈负相关关系，而区域间分工水平是由区域专业化水平决定的，则区域间分工水平亦决定于交易费用的大小。一般地，$\lim_{k\to 1}D(R)=0$，$\lim_{K\to 0}D(R)=m$。

## 四、结论与建议

由上已知区域生产的专业化程度与交易费用系数 $k$ 呈负相关关系。交易费用可以进一步分为固定部分 $K_1$ 和 $K_2$ 可变部分。固定费用表现为消除交易的自然障碍和人为障碍而付出的费用，可以解释为：消除或防范交易过程中的信息不对称和由此产生的机会主义的成本，用系数 $c$ 表示；区域间贸易税收或收费，用系数 $t$ 表示。可变费用是为了消除交易的地理障碍而付出的费用，表现为运输费用，由运输费率($s$)、运输距离($d$)和交易量决定。所以 $k$ 可以进一步细分为 $c$、$t$、$sd$，即：

$$k=c+t+sd$$

不对称的部分原因是“自然”的，比如由交易空间和不可编码信息的存在、通信技术不完备以及区际文化差异所造成；另一部分原因则是“人为”的，是由信息一方有意对另一方加以信息封锁造成的。

区际文化差异越大，区际诚信程度越低，则交易费用越高，从而导致区际分工水平和区域专业化生产水平越低，这是不利于产业集群的形成和发展的。系数 $t$ 表示区际贸易税收或收费，用于衡量区际贸易壁垒的大小。区际贸易壁垒大则 $t$ 较高，从而制约了区际分工水平和区域专业化生产水平；区际贸易壁垒的存在对产业集群的形成和发展具有制约作用。系数 $s$ 表示运输费率，主要受运输条件、运输技术和运输组织的影响。所以交通运输基础设施的改善，交通运输工具、技术的进步，以及交通运输组织程度的提高，如专业物流组织的成立，都在很大程度上促进了区际分工水平和区域专业化生产水平的提高，也促进了产业集群的形成和发展；为了推进产业集群的形成和发展，必须降低区际交易费用，提高区际分工贸易和区域专业化生产水平。

为此，需要通过发展交通、通信技术以消除或降低自然因素造成的交易费用；通过融入经济全球化、贸易自由化进程降低国际交易费用；通过取缔区际贸易壁垒、推进社会诚信建设降低国内交易费用。

（杨树旺　易明　王文成　冯兵）

## ◎ 评论

产业集群这个概念大概从 20 世纪 90 年代开始兴起，它是指“众多相关企业在某个区域的集中，反过来讲是这个区域专业生产某些产品，所以产业集群现象是区域专业化生产和区际分工贸易的结果，产业集群的规模取决于区域专业化生产水平”。《基于交易费用的产业集群发展研究》一文基于分工和交易费用理论，讨论交易费用水平对产业集群形成和发展的影响。这里涉及两个最基本的概念，一个是分工，另一个是交易费用。就二者的关系而言，“分工的深化产生专业化经济，也带来了交易费用”。交易费用越高，越不利于产业集群的形成和发展，因为较高的交易费用会降低社会分工和专业化水平。从这个意义上出发，为了促进产业集群的形成，就需要“促进了区际分工水平和区域专业化生产水平的提高，降低区际交易费用，提高区际分工贸易和区域专业化生产水平”。

在现实中，我国很多工业园区并不具备产业集群的基本特征，也不能算作真正意义上的产业集群，最多可以称之为产业集聚区。要想实现从产业集聚区向产业集群的转变，需要加强产业链上下游企业之间、企业与高校院所和中介服务机构之间的分工与协作，只有这样才能形成基于合作竞争的系统化分工网络，才能真正降低不同组织之间的交易成本，实现“1+1>2”的效果。总之，只有企业之间的分工协作网络广泛形成的时候，产业集群才真正得以形成并能进一步发展，也即，产业集群的形成和发展其实是企业分工协作网络产生和深化的过程。

（易明）

# 论人类行为与制度的关系①

关于人类行为与制度关系的研究有三大视角，即理性假设、有限理性及认知科学。这三个视角从不同的层面揭示了人类行为与制度的关系。

## 一、规则遵循者与理性最大化者之间的关系

在主流经济学的视阈里，经济人(理性人)具有关于他所处环境的完备信息、能对其稳定偏好进行排序、具有无懈可击的逻辑推理和计算能力。但是如果我们仔细地观察现实中的人就会发现，人们在不少的情况下并没有在所谓既定的约束条件下追求最大化，而是做了规则的遵循者。凡伯格和科尔曼指出，有各种各样的方式可以使得个人因遵循规则或规范，而不是尝试根据每一具体情况作出调整来获利。

哈耶克就一直主张人是追求目的的动物，也是遵循规则的动物。人应在多大程度上概念化为"规则遵循者"而不是理性最大化者。前者建立习惯和常规，更重要的是采纳社会规范和惯例；后者则根据其环境和机会的变化调整其行为，以使他的净收益最大化。如何理解规则遵循者与理性最大化之间的关系？

首先，规则遵循者也是一种理性行为。在竞争世界中，人们需要知道大量的价格，以便做出最优决策。所有这些超出了人脑信息处理能力。个人用推测填补了他们的知识空洞。正式制度与非正式制度提供了协调成为可能的习惯和共同预期。预测可以起作用，即使该预测是以错误前提为基础的。阿罗说"我们可以发现一些情形，社会事实本质上是惯例，而不是潜在事实"。

事实上，人们不可能像理性人那样行动，即使像理性人那样行动也是不划算的。弗兰克说：理性选择模型的朴素描述中所隐含的收集信息、进行计算的工作大概要花费超过任何一个人一生的时间和精力。我们大多数人靠习惯和拇指规则来做日常决策。照这个观点看，习惯代表对逐案最大化的偏离。决策的质量下降了，但质量下降的损失可能被信息和决策成本的节约抵消还有多的。

根据哈耶克的观点，标准的理性假定高估了人所具有的"理智力"，低估了他们活动于其中的社会领域的高度复杂性。个人面临普遍的不确定性和无知，而规则是被利用的手段，人们利用规则是"因为我们的理性不足以把握复杂现实的全部细节"(哈耶克，

---

① 参见易杏花，卢现祥．论人类行为与制度的关系[J]．福建论坛(人文社会科学版)，2007(7)：9-13.

1960)。像哈耶克一样，西蒙也想脱离最大化计算概念和最优概念。由于所要求的信息及计算能力的容量大大超出了人们的能力，要对经济行为的所有方面进行完全有意识的理性思考是不可能的。了解到这一点，当事者就获得某种机制，使实际要进行的行为从连续的理性估计中摆脱出来，这就是人所共知的习惯。按照凡勃仑的看法，制度本身就是由“为大多数人普遍接受的固定的思维习惯”。习惯的存在可以大大地节省交易成本和决策成本。

新制度主义通常认为之所以出现规则遵循行为，是因为存在信息和决策成本、认知及信息处理约束、尝试逐案调整而出错的风险及个人由于其行为被规则决定而得到的某种利益等。

其次，规则遵循与理性最大化是相互补充的。人类行为可以既包含理性过程又包括非理性过程。现在的问题是理性与规则遵循如何相关：各自发挥什么作用以及它们如何结合。如艾尔斯特指出的，“行为典型地受理性和规范的双重影响”，结果有时是妥协，有时是理性制约社会规范，有时理性又受规范制约。当然，也不是所有遵循规则行为都可以最大化的。一旦遵循规则，“就不会每换一个环境就重新选择是否继续服从原有规则”，从而特定的规则遵循行为有可能是非最大化的。这方面的例子可能包括：个人或企业遵循某项运作良好但有时达不到最优结果的决策规则；个人保持一种特殊的消费模式，尽管相对价格有所变化；个人以高昂的私人成本追求社会正义目标等。

规则遵循者与理性最大化并不是矛盾的，但是新古典经济学忽略了人们决策除了在既定约束条件下追求最大化一面外，这个过程还包括通过规则遵循而获得最大化。现在问题是，完全理性的假设没有分析制度与人的相互适用性的问题。在完全理性的假设下，人类行为与制度关系的分析还是两张皮，只是在对理性行为分析的基础上增加了一个选择而已，即在什么情况下遵循规则，在什么情况下追求最大化。实际上人类行为与制度并不是一种简单的对应关系，而是一种相互适应、相互促进和相互补充的关系。

与对理性选择理论宗教般的接受形成对照的是，有些主要在认知科学、行为心理学和新近的实验经济学领域工作的社会学家，已经论证了很多人类决策的形成不同于理性选择理论所规定的方式。试验已经表明理性选择模型没有抓住人类决策行为的许多特点。举例说，人们过分重视短期结果，并通常更关心防止损失而不是追求获益。

## 二、制度与人的有限理性的关系

关于个人与制度之间的因果关系问题的争论持续不断，究竟是个人创造制度还是制度塑造个人？借助于认知科学的相关成果，新制度经济学认为，“在社会过程的舞台上，制度与人类行为、互补与对比永远相互塑造”。人类的行为，在本质上，可以用两种方式来规范：一是直接凭借外部权威，它靠指示和指令来计划和建立秩序以实现一个共同目标(组织秩序或计划秩序)；二是间接地以自发自愿的方式进行，因各种主体都服从共同承认的制度(自发秩序或非计划秩序)。

## (一)制度塑造个人，能扩展有限理性

从本质上讲，人与人之间的差异不大，但为什么有的成为“好人”，而有的沦为“坏人”？新制度经济学认为，如果人们在一个地方显得宽宏大量，在另一个地方显得自私并不是他们的本质不同而只是社会组织不同。在制度分析中，意义重大的不是罗列这种或那种动机，而是动机在其中起作用的制度结构，通过明确的制度法令，这种结构促进了一些人类倾向，压抑了另一类人类倾向。

人类行为的社会方面无疑深深地植根于人类的遗传之中。人类通过社会交往训练其各种分化出来的认知能力；人在与他人的协调中获得了演化上的优势并生存得更好。惯例与正式制度，通过建立或多或少是固定化的人类行为的范式，或者设定人类行为的界限，或者订立人类行为的规则，或者约束人类行为，实际上都提供给其他当事者以信息。这种约束告诉每个人其他当事者可能的行为，因而他就可以相应地采取行动。制度不仅塑造个人，而且还具有传递性。它减少了每一代人都要重新学习的成本。例如，家庭中的个人消费方式是通过一套以前形成的惯例而保持下来的，它会受社会文化以及有关人员的性格的影响。所有已经建立起来的社会制度中都有可能发现惯例化行为的广泛影响，包括教育系统、科学联合会、公共服务、贸易联盟，以及地方及中央政府的各个部门。惯例以一种类似的方式在所有制度中充当“基因”。

受客观上的不确定性与主观上的智力资源稀缺的双重约束，人类深受有限理性之苦。如果仅有不确定性，人类的认知能力是无限的，那么人类能通过理性计算实现最大化；或者人类的认知能力虽然受到限制，但人与人的交往都是确定的、无任何风险的，那么人类也能依靠有限的智力资源实现理性选择。因此，在此二者的共同作用下，制度不可或缺。

人类具有自利、机会主义等行为特征。自利的个人经常会满口应承却在后来忘得一干二净或者自食其言，有时还妄图不劳而获地“搭便车”甚至“损人利己”。而制度则有助于为了长期的有效协作而抑制人们的固有本能，能增加逃避义务的风险，增强互利合作的习惯，达到抑制这种本能性机会主义的目的。同时，制度使他人的行为变得更可预见，为社会交往提供一种确定的结构。在行为经济学家眼中，制度是对不确定性的反映，它们节省了稀缺的认知资源。罗伯特·海纳确定了一个能力——困难差距，当不完全和不完善的考虑导致错误时，人们可以依赖标准操作程序。

制度使他人的行为变得更可预见。它们为社会交往提供一种确定的结构。制度促进着可预见性，并防止着混乱和任意的行为。制度协调人们的各种行动，建立起信任，并能减少人们在知识搜寻上的消耗。即使受规则约束的行为并非百分之百地确定，人们仍会觉得它比混乱更恰当、更合理。稳定的及惯例化的行为建立并再造了一套法则与规范，后者由“习惯、习俗固定下来，默契地或合法地支持社会共识或一致性”。它不一定是神圣不可侵犯的，但重要的是它能帮助当事者估计其他人可能的行为。

制度还可以缓解知识的不足。我们对制度经济学的分析并不以“完备知识”假设为基础。知识的不足可以靠恰当的制度安排来缓解。恰当的制度能在一个复杂的、不确定

的世界中引导个人决策者，并能帮助我们减少对信息的需要。对于经济学这一研究如何克服稀缺性的科学来说，人类的无知及其应付无知的办法成了绝对的中心问题。

总而言之，制度有助于约束人类某些有碍于合作的本性，有助于增进可预见性，有利于缓解人类知识的不足，从而扩展人的有限理性。

### (二)个人塑造制度，人性的演变影响着制度变迁的方向

惟理主义建构论者认为立法者的理性意志是法律等制度的起源，个人可以塑造制度。但我们认为，个人塑造制度应该体现在人类行为会影响制度的构建方面，而不是人类对制度的设计。人类行为模式本身对制度的形成就有决定意义。

由于人类本身是不断演变的，这决定了建立在人性基础上的制度必然随人性的演变而变迁。最初的原始人类是蒙昧的、单纯的，不存在理性计算的能力，人与人之间的交往是稀缺的，因而约束人类行为的制度不会产生。随着剩余产品的出现，人们有了交换的需要，“结绳计物”、以物易物等制度开始产生。物物交换的范围与数量的扩大又进一步促进了实物货币的诞生，而贝壳、甚至黏土块等充当实物货币的流通则是建立在人们相互信任的基础上。随着商品经济的日益发展，环境的复杂程度增加了，人性中贪婪自私、损人利己的一面开始凸显。除了包括习惯、禁忌以及信任等非正式制度外，由国家强制执行的法律条例等正式制度开始扮演重要角色。

正如诺思认为的：“在经济变革的长期趋势中，制度或认知模式的变化往往起源于不同个人群体面临的初始条件的改变。正如不同群落因其所处物质环 境的不同而具有不同经验，在此基础上逐渐形成不同语言，并用不同思维模式来解释周围世界。语言和心智模式形成非正式约束力，它们限制了该群体的制度框架，并被当作习俗、禁忌或是神话，世代传承下去，产生了我们所谓的文明，从而形成了路径依赖的关键部分。随着劳动分工和专业化的不断发展，群落演化出不同政治与经济形式。随着在解决稀缺性这一根本经济问题上取得各种不同程度的成功，经验和学习的多样化逐渐产生出差异日益扩大的社会和文明。随着人类变得越来越相互依赖，环境的复杂性增加，为了从交易中获得潜在收益，就需要更加复杂的制度结构。”有限理性的条件下研究制度是一个重大进步，但有局限性。他们的分析离现实的人还有差距；不能解释互惠制度的起源；没有吸收其他学科关于人的研究，等等。

## 三、基于认知科学的制度研究

认知科学或行为经济学是一门试图将心理学的研究成果融入经济学理论的科学，它使人们对理性的认识从有限理性发展到非理性层面。经典理论假定人的行为是理性的、不动感情的、自私的、追求自身效用最大化的，个人是同质的计算机器。到了行为经济学那里，人是充满人性的异质的人，人的行为所追求的远不止经济人追求的范围，他们还关注公平、互惠和社会地位等许多其他方面。20 世纪 80 年代，理查德 · 萨勒等人从进化心理学获得灵感，认为大多数人既非完全理性，也不是凡是皆从自私自利的角度出

发，以此为基础，专门研究人类非理性行为的行为经济学应运而生。

阿兰·斯密德认为，制度经济学是建立在行为科学的基础上的，各种描述大脑工作方式的变量与步骤的有效模型为制度影响与变迁分析奠定了良好的基础。对于经济学来说，下面重点阐述的人脑的四个方面非常重要：第一，有限理性，即大脑及其各模块的有限的信息处理能力；第二，大脑富于感情和感觉，是一个可估价的程序；第三，有几个行为规律将影响制度的绩效；第四，大脑是一个开放系统，人类在不断地学习。上述四个方面都发生在人们进行交易的社会系统中。有学者认为，制度经济学可以被理解为一套连锁理论或模式模型，制度是它的建筑材料，而行为主义则是它的心理学基础。

最新的认知模型把大脑描述成一个非常特殊的设备，即一个不断完善的松散组合，这个设备不断调整以适时解决现实问题。认知科学对人的认知的分析有这样几个特点：(1)人们“追求满意”而不是最优化；(2)认识和思维过程最好看作一种复杂的多层次系统，而行为本身则是根据不同思想水平而发生的；(3)人们的心智处理复杂数据的分层方式与活动本身的分层组织是相对应的；(4)人类的认知构造是长期进化过程的产物，我们面临的主要问题就是人类的基因结构与人类文化环境之间的互动。人类的基因结构是在适应不断变化的环境中演变而来的，而人类的文化环境则是人类为梳理自己的环境而创建的制度架构的结果。

人们的心智模式是如何形成的呢？心智模式被理解为心灵在环境反馈之前对环境所做的预测或期望。心智模式可以被修正、改进或被彻底否定，这要取决于所做出的预期是否得到了环境反馈的检验。学习就是人类依据从环境中得到的反馈对心智模式进行修正的复杂过程。每个人都用自己的心智模式去阐释周围的世界。这些心智模式一部分源于文化，而不同民族的文化又是有差异的。另一部分则是通过经验获得的，这种经验对特殊环境而言有“本地性”，因而不同环境下获得的经验也存在着相当大的差别，由此则导致人们心智模式的巨大差异，形成对世界的不同理解以及不同的“处理”问题的方式。正是基于与预期不一致的结果，人们进行着不断的学习，并改变其心智模型。

认知科学对制度研究的意义是什么？

第一，认知科学为我们研究制度问题提供了一个更完整的视角。

我们必须要区别两种情况：强外在约束下的选择和较弱约束下的个人认知。新古典经济学在强外在约束情形下最管用，而在用于个人弱约束下的认知时，却不那么恰当或干脆失败了。因而，完全成功的经济理论应涵盖这两类情形，而且(这是至关重要的一步)能在某种高度严谨的框架中这样做。

在人类的制度体系中，在大多数情况下，这些强外在约束是人类集体思考和行动的结果。这样，在制度和组织强外在约束的形成和演进过程中，人类心理起根本作用。对认知科学的最新研究可能有助于更好地理解这些外部结构的作用和渐进发展。并且我们看到了相关线索，即个人认知与不同类型的社会结构如何相互作用产生了不同结果。个人认知的差异如何影响制度及制度结构，是新制度经济学需要研究的一个新课题。

新制度经济学认为，人们往往是在不确定状况中做出选择的，那些选择受到制度环境的影响。在把认知科学应用到经济学方面，诺思认为最有前景的方法是假定：和合理性原理及其演绎推理暗示的相比，人有一个相当不同的智能。在他看来，伴有导向认知科学的文化影响路径的制度分析似乎是最有前景的方法。诺思认为，联结说的框架最适宜，这个框架揭示大部分的学习来自吸收、适应微妙的事件，这些事件对我们的生活造成影响，并且逐步修改我们的行为。诺思和杰克·奈特还是相信“认知过程本身是由同外部世界的互动形成的”。

这使他们断言：如果外部因素对理性和认知有优先权，那么对制度在影响认知方面的作用的分析就比对制度在影响经济绩效方面的分析更重要。它从本质上对理解认知和理性很重要。

第二，用认知科学可以更好地解释制度的起源。

从认知科学的角度看，作为一种解决社会问题的共有方式，制度深嵌于人们的意识之中。对于人类认知图景而言，共有心智模式或共有知识的主要作用就是对行为层面上的个体活动进行协调。在漫长的演进的社会化过程中，社会成员建立起了相同的认知结构，并形成了各自的行为规律。

认知科学对人脑描述的词汇有很多，如有限理性、无意识强化、多重自我、情感、社会地位追求、他人的关心、关心他人、想象力与创造力、直觉、暗示与似合、感知约束、采用启发式的方法或技巧、学习、不断演化的综合适应系统。这些不同认知层次可以解释相应制度的产生。有限理性和大脑其他倾向的基本含义意味着世界处于脆弱的均衡状态或非均衡状态、市场必定不完善以及竞争不可能产生预期结果。有序选择、智力账户、经验法则等与大脑的有限信息处理能力是一致的。约束选择的法律、习惯与模块大脑是一致的，偏好逆转和矛盾及模块大脑也是一致的。可选择制度与制度变迁的影响分析必须建立在行为科学的严格基础之上。

第三，用认知结构可以更好地解释制度的多层次性。

根据认知科学的研究，人类行为受大脑认知结构的影响，可以分为意识行为、直觉行为、前意识行为和无意识行为。

人类行为除了新古典的理性行为外，还有许多属于半理性甚至非理性的行为。不同的认知层次导致不同的行为模式，而不同的行为模式又与不同的制度结构相对应。其基本模式是：不同的认知层次—不同的行为模式—不同的制度结构。人类心智的局限性使得在各个决策层次上进行完全有意识的考虑是不可能的。假定所有的行为在有意识和意图的所有层次上是具有同等的理性变得很难让人相信。借助完全理性和最大化行为假设，新古典经济学家没有在这方面区分不同的行为。然而，无论怎么讲，把心智和有意识看成多层次的和结构性的，是建立在科学客观分析基础上的。从认知科学的角度看，人类当事者可以既是理性的，又是次理性的。在有意识和考虑的较高层次上，我们进行的理性计算确实有限。我们正是基于这些计算来计划未来的活动。但是，正如约翰·塞尔指出的那样，“认为所有有意图的行为都是某种深思熟虑的结果，都是经过一连串实际推论的产物”，是人们“常犯的错误”。

认知科学关于理性与非理性的分析可以大大地深化我们对制度及制度结构的认识。完全理性的行为模式适合于市场制度，政府只要界定好私有产权，并对国家和私有产权提供保护，个人在“无形的手”的指引下，出于自利的计算可以实现个人和社会福利的一致最大化。在非完全理性的情况下，个人行为不可能实现最大化，人们倾向于沿用惯例或行使模仿方式以节约心智资源，此时，文化传统、宗教信仰等非正式制度将在引导人们的行为方面发挥重要作用。

制度经济学必须包括本能、习惯、有意识与无意识推理。习惯特征的固有学习在人类和高级动物中无处不在。渐渐地，心态和意识知觉都得到升华，并且能熟练掌握较基本的学习方法。精神、身体和环境是相互依赖的，行动引起反馈和所谓信仰，而信仰提供了行动基础。就人类推理而言，在这种结构与环境中，最为重要的是语言以及社会和经济制度的文化产物。理性决策模型需要对推理手段进行定位，仅仅把它看作具有时间敏感性的复杂反馈机制中的一个要素，并且在此反馈机制中，这种外部结构起重要作用。个人认知和它参与其中的长期环境循环之间具有复杂的相互作用，如何理解这一点至关重要。

## 四、几点思考

新制度经济学的研究应该从现实的人出发，只有从现实的人出发，我们才能揭示制度的起源及其演变规律。我们必须在多学科的合作中研究制度才是出路。诺思指出，经济学是一门关于人们在稀缺的社会如何进行选择的理论，在一个不确定极为普遍的世界，人们需要通过认知科学、经济学、政治学、法学、社会学以及相关的分析来解决不确定问题。通过将认知科学引入制度分析后，我们实际上发现了原来的社会科学有两个致命的缺陷：一个是没有预见性，另一个则是我们不敢回忆。

一方面，大家所理解的历史可能是错的。另一方面，通过认知科学和心理学的研究，诺思发现经济学家也有特定的学习曲线，在很大程度上，经济学家是通过推测和回忆来理解制度过程的。这样就不免在复制历史的过程中，产生了很多有意识的遗漏。诺斯认为，我们必须从认知科学领域和心理学领域再挖掘对制度的理解。这是一个浩大的工程，如果是边际效用学派的兴起使经济学向精确化、模型化及数量化方面发展的话，那么认知科学的发展及其运用于经济学，将使我们经济学对人类行为的研究及其制度的研究更上一个台阶。经过对经济史长期的研究，诺思发现，长期来看，影响社会繁荣与否的，表面上是这个社会的制度矩阵；但是，更根本的因素，其实是社会大众的“思维架构”。然而，如何影响社会大众的思维架构，诺思却没有进一步阐明。对“思维架构”的研究则正是认知科学的主题。可以预计制度矩阵和思维架构之间的关系将成为新制度经济学的前沿课题。

（易杏花　卢现祥）

### ◎ 评论

该文从理性假设、有限理性和认知科学三个视角揭示人类行为与制度的关系，从提出只有从现实的人出发，才能揭示制度的起源及其演变规律，并指出对“思维构架”的研究是认知科学的主题，预计制度矩阵和思维架构之间的关系将成为新制度经济学的前沿课题。该文对探究人类行为与制度的关系有着重要意义。

从人类行为研究来讲，存在着规则遵循者与理性最大化之间的关系问题。古人云，以史为鉴，人们在实际生活中遇到问题时通常会根据历史留下来的相关信息采取行动。演化博弈论也认为，参与人的决策是基于某种惯例而非理性的计算结果，这种常规一般来自基于博弈的历史，因为历史已经包含了对手如何行动的相关信息，同时历史有助于参与人知道什么是成功的策略和不成功的策略。正如文章中指出人们在不少的情况下并没有在所谓既定的约束条件下追求最大化，而是做了规则的遵循者。哈耶克认为规则源于传统，个人理性与人类漫长的实践相比，前者有限，后者无限并逐步形成了当今的各种规则系统，个人遵循抽象规则进行决策也符合理性标准。阿马蒂亚·森也类似地认为不是所有人都是出于自利才行动，公正、公平等伦理价值观同样会影响人类的决策行为。在人类历史的长河中，中华民族的祖先用劳动和智慧创造了光辉灿烂的文化，其中儒家文化占据重要地位。儒家文化倡导血亲人伦、现世事功、修身存养、道德理性，其中心思想是恕、忠、孝、悌、勇、仁、义、礼、智、信，其核心是“仁”，封建统治者利用儒家思想建立起整套治理国家和社会的思想理论体系，形成了传统的责任感思想、节制思想和忠孝思想，为古代人们提供行为准则，其精华部分对当代人们行为仍有重要影响。这进一步证实了在非完全理性的行为模式下，文化传统、宗教信仰等非正式制度在引导人们的行为方面发挥着重要作用。在实际经济生活中，伦理道德的作用已经引起人们日益广泛的关注和思考。在日本经济发展过程中，人们的责任感、忠诚和友善发挥着重要作用，表面上偏离了自利行为，却成就了日本的工业奇迹。正如文章中指出规则遵循者也是一种理性行为，遵循规则与理性最大化是相互补充的。有时候遵循规则虽然可能使最终决策的效益下降但是却减少了选择的成本以及其他交易成本，总的效益并没有减少。

新制度经济学认为，在社会过程的舞台上，制度与人类行为、互补与对比永远相互塑造。制度与个人是相互影响、相互扩展的关系。文章中指出，不同的社会组织、不同的社会状态会有与之相适应的社会制度，从而会对个人产生不同的影响。“人之初，性本善”，本质上人与人之间的差异不大，但最后有的成为“好人”，有的却沦为“坏人”；“昔孟母，择邻处”，同一个人在不同的情景下，会有不同的表现。究其原因，我们可以发现制度能够塑造个人，同一种制度结构能促进一些人类倾向，压抑另一些人类倾向。文章中指出制度不仅会影响个人而且具有传递性。中国是礼仪之邦，五千年的文化传承至今，国人都铭记于心，并通过日常小事体现出来。“途之人见容止，虽不识皆知司马氏之子也”，可见一个家族的人会通过模仿及服从的倾向，把家庭持续已久的惯例持续不断地传递下去。

“齐宣王使人吹竽，必三百人。南郭处士请为王吹竽，宣王说之，廪食以数百人。宣王死，湣王立，好一一听之，处士逃。”人类具有机会主义等行为特征，人们有时会妄图不劳而获地“搭便车”，甚至损人利己。在齐宣王时期，团体利益同分，南郭先生即使不会吹竽，却也在团体中装模作样，获得相同的利益。若“搭便车”的人占据较大比例，总体效率会降低，甚至会损害总体效益，出现“搭便车困境”。齐湣王，安排任务时针对个人，不给“搭便车”者提供机会，南郭先生便无法再浑水摸鱼，只好逃走。可见，一个良好的制度的存在能在一定程度上限制“搭便车”的行为。

最初的原始人类拥有的是以生存为目的，组织松散的群居生活，以血缘为联系，共同劳动的氏族生活，以原始农耕为生存手段，定居的农耕生活。原始社会没有剥削，没有阶级，因而也就没有国家，一切重大问题都由全体成员参加的氏族会议做出决定。随着社会生产力的发展和个别部落的强大，社会生产力的提高必然导致社会生产关系的改变，人类社会由原始社会逐渐演变为奴隶社会，进而发展为封建社会、资本主义社会，最终发展到社会主义社会。随着社会的发展，私有制的确立，人类损人利己的一面开始凸显，因此不论是哪种社会类型，统治阶级总是采取强制力量，制定维护自身利益的政策和制度。经过漫长岁月相互残杀、斗争的切肤之痛，人们逐渐认识到行为的交互性而建立起约束人们行为的制度，知识的不断积累成为制度不断改进的动力。知识和制度促使社会秩序建立，同时推动人类文明的进程。在中国特色社会主义的建设中，强调诚信、公平与正义，为我们国家的市场完善减少了很多的社会摩擦力，形成和谐的社会。其实正是这样的特色制度，才提高了社会生产的效率，缓和了社会的矛盾，进一步使人性能够往更善良的一面发展。由此可以看出，由于人类本身是不断演变的，建立在人性基础上的制度必然随人性的演变而变迁。

中国有句俗话：“没有规矩，不成方圆。”其意思就是说，没有制度的约束，人类的行为就会陷入混乱，这也充分说明了制度的不可或缺，对人类行为产生重要的影响，同时制度是建立在人性的基础上的，会随着人性的演变而变迁。

（陈艳）

# 论制度分析中的“实际的人”及其演变①

科斯提出制度分析应该研究“实际的人”。但是这个“实际的人”是什么样的，它的内含是什么，它是如何演化的？这是我们要探讨的第一个问题。其次，为什么要提出“实际的人”这个假设？换言之，制度对“实际的人”的价值、制度与“实际的人”的关系是我们要重点探讨的问题。

## 一、制度分析中“实际的人”到底是什么样的人

新制度经济学的研究对象是什么？

科斯指出：“当代制度经济学应该从人的实际出发来研究人，实际的人在由现实制度所赋予的制约条件中活动。”新制度经济学的另一代表人物诺思认为：“制度经济学的目标是研究制度演进背景下人们如何在现实世界中作出决定和 这些决定又如何改变世界。”

在科斯看来，经典理性假说要求行为主体具备完全理性，他们完全了解在资源稀缺性和未来不确定性约束下的相互竞争的自利行为所必须遵守的规则。但实际的人是在现实制度的制约下活动的，是有限理性的，人的交易活动也存在交易成本。这样，原来在传统经济学视阈中不重要的制度就变得举足轻重了。

现在的问题是：科斯提出的“实际的人”与新古典经济学理性假设是一种什么关系？新制度经济学放弃了机械理性主义(Instrumental Rationality)的假设——这个假设使新古典经济学成为与制度无关的理论。这种新制度方法是如何适用于新古典理论的呢？它首先从稀缺性以及由这种稀缺而引致的竞争入手，而价格理论是制度分析的重要组成部分，相对价格的变化则是引导制度变革的一种主要强制力。那么，这种分析方法又是怎样修正或扩展新古典理论的呢？除了修正理性主义的假设外，它把制度作为一个极其重要的约束条件，并把交易成本的分析作用作为制度和生产成本之间的联系添加到了新古典经济学理论中。它把观念和思想意识形态引入分析中，并把政治过程的模型作为经济绩效的关键因素，作为经济绩效多变的根源以及“市场失灵”的解释，从而扩展了新古典经济学理论。这里所讲的修正理性主义的假设就引入了“实际的人”这个概念。

“实际的人”到底是什么样的人？科斯和诺思都没有明确地界定其内涵。首先，从质

---

① 参见卢现祥，易杏花．论制度分析中的“实际的人”及其演变[J]．改革与战略，2010(5)：47-55.

上看，科斯所说的“实际的人”不同于新古典经济学所讲的理性的人(或经济人)。那么，他们与新古典经济学理性假设是什么关系呢？修正并不是简单地否定，而是在坚持的基础上有修改或完善。其次，从量上看，这种修改的范围有多大？我们认为，这种范围有从完全理性到有限理性，从理性到非理性。这中间有多种组合。我们必须结合经济学对人的假设认识的变化来理解“实际的人”。

## 二、制度分析中“实际的人”的演变及其特征

关于人类行为与制度关系的研究有三大视角，即理性假设、有限理性及认知科学。这三个视角从不同的层面揭示了人类行为与制度的关系。理性假设是传统经济学的逻辑起点与核心概念。然而，完美理性假设与现实明显相悖，人类行为更多地带有“有限理性”的特征。“有限理性”假说则从现实的人出发，与经典完美假设形成对峙，试图寻找“理性不完全”的潜在因素，极大地丰富了理性的内涵。但是，“有限理性”思想并未阐释人类决策过程中对理性与非理性如何进行配置的内在机制，直到认知科学(行为经济学)的兴起，经济分析开始转向人类行为领域，经济学已经开始从心理学角度现实地描绘人的理性受到的限制和这些限制对人的经济行为的影响，从而取代受环境约束的无所不能的决策者这一过度简单的假设。

### (一)“实际的人”不可能是完全理性的

在主流经济学的视阈里，理性就是每个经济主体都能遵循趋利避害的原则，通过成本-收益的边际分析，经过深思熟虑后对其所面临的所有机会和手段进行最优化选择。经济人(理性人)具有关于他所处环境的完备信息，能对其稳定偏好进行排序，具有无懈可击的逻辑推理和计算能力。具体说来，“理性”的经济学含义包括三个层面：(1)人的自利性假设；(2)极大化原则；(3)每一个人的自利行为与群体内其他人的自利行为之间存在一致性。经济学家们对经典理性概念有着不同的理解，从而也派生出不同的理性形式：价值理性与目标-手段理性；本质理性与程序理性；建构理性与演进理性；适应性理性与创新理性等。

最早关于理性的描述可上溯到英国早期经济学家伯纳德·孟德维尔。他在1714年出版的《蜜蜂的寓言：或个人劣行即公共利益》一书中认为，经济人在追求自己的快乐和利益时，只要是自由地进行利己的活动，其结果就会自然而然地增进全社会的繁荣，其利益要比最初以非利己为目的而进行的活动要大得多。法国哲学家爱尔维修也认为，利己主义是人类的自然特征和社会进步的因素。亚当·斯密吸取了孟德维尔和爱尔维修的思想精华，在其1776年发表的《国民财富的性质和原因的研究》一书中，首次涉及经济人概念。他指出，经济人具有双重本性：自利性(self-interest)和社会性(social affectivity)。斯密意义上的经济人假定是不包括“完全理性”含义的。后来者以斯密的《国富论》为基础，推演出“理性”假定，其实质是单方面突出“自利心”而忽略了斯密的“社会人”(同情心)观点，是对斯密思想的歪曲和误解。在经济学史上，约翰·穆勒是

第一个明确提出经济人概念的经济学家。他在 1844 年发表的《经济学上若干未解决问题》的论文集中，提出应当把人的各种活动的解决方面抽象出来，在此基础上对经济人进行界定，使他与政治经济学的研究对象联系起来。穆勒的经济人概念是从人类诸多行为动机中抽象出来的，以经济动机为出发点，主要指"追求财富最大化"，不包括那些以非经济动机为出发点的行为。

新古典经济学家们信奉理性假说，以均衡分析为特征，在发展中将斯密等人提出的经济人演化成理性人，并使其成为经济学的公理性假说。这个演进过程大致可以划分为三个阶段。第一阶段自马歇尔的局部均衡分析开始，到萨缪尔森为止。萨缪尔森对均衡理论的完善与发展使理性假设变得经典和简约。第二阶段由阿罗的一般均衡分析开始，到 20 世纪 80 年代后期为止。阿罗创建的"一般均衡"理论进一步把理性假设变成了经济学界公认的经济分析的对话平台，在本阶段，经济学家们讨论"效率""福利"以及"国民生产总值"等问题时都默许了理性假设这个前提。第三阶段则从博弈论方法兴起开始一直到 20 世纪末期，经济学开始利用微积分、集合论以及其他数学工具来分析和理解人的行为，并把人的经济行为描述成为最优化的、合理的、运行良好的目标函数，而经济个体则演变成为一部理性的计算机器，其主观心理、伦理道德都被抽象掉了。在此阶段，理性假设作为经济学的基本公理被普遍接受。

理性这个假设从其诞生之日起就一直存在着争论。关于理性人的公开争论有三次：19 世纪晚期历史学派与奥地利学派围绕"利己"和"利他"问题的争论、20 世纪 40 年代围绕"利润最大化"的争论以及 20 世纪 70 年代以心理学实验为基础的"理性行为与非理性行为"的争论。20 世纪下半叶以来，西方经济学家们在前人争论的基础上，重新解释了"理性人"。这些再认识大致可以概括为对理性人的坚持、修补和扬弃。

### 1. 坚持理性人假设，发展新古典经济学体系

其中，大卫·刘易斯(1969)认为，理性以及对理性的认识绝非个别情况，而是一种普遍的社会现象。每一个经济行为主体不仅必须知道其他行为当事人的行为是理性的，而且必须知道每一个其他的当事人也知道每一个其他的当事人是理性的，如此反复下去。他甚至认为，放弃了理性，就失去了一切。詹森和麦克林(1994)亦坚持了理性假设，发展了"足智多谋的、估价性的最大化模型"(resourceful, evaluative and maximizing model，简称为 REMM)。将经典理性假设予以坚持并发挥到极致的要数理性预期学派的代表人物罗伯特·卢卡斯了。他指出，经济分析的基本前提是理性假设，行为主体总能冷静客观地追求自身利益的最大化——他们不仅具有了解完备信息的内在动力，而且还具有理性预期的能力。换句话说，经济人为了避免损失和谋求最大利益，会设法利用一切可利用的信息，对所关心的经济变量在未来的变动可以尽可能地做出准确的估计而不会发生系统性的偏差。

### 2. 对理性人假设进行修补，使经济学更贴近现实

对理性人进行修补的典型代表包括罗纳德·H. 科斯、道格拉斯·C. 诺思、加里·

贝克尔及阿马蒂亚·森等。与科斯不同的是，诺思对经典理性人的修补是建立在考察人的认知过程的基础上的。他认为，人的学习对人的决策产生重大影响。人的学习不仅仅是个人在其一生中的经验产品，而且还包括那些沉淀于文化中的经验积累，不断积累起来的经验知识又被植入个人的学习中，成为路径依赖。历史文化传统、宗教信仰、政治观点等知识都会向个人渗透，潜移默化地影响人们对损益的判断，左右他们的决策，使他们看问题有失客观公正，从而行为变得非理性。比如一个中国人与一个美国人，他们在接触相同事物后的反应是不一样的，根源就在于他们受到的是不同的传统文化的影响。虽然贝克尔是利他主义经济思想的代表人物，认为人不仅有利己的一面，而且还有利他的行为动机，似乎与经典理性人的假设大相径庭。但通过对其《人类行为的经济分析》的研究可以发现，虽然建立了利他主义模型，但实际上贝克尔将人类利他的行为动机归因于行为主体自身的效用最大化——人们通过种种利他行为给自己带来了满足程度的提高。所以，从本质上讲，贝克尔对理性人的认识仍没有跳出经典理性人假设的窠臼。阿马蒂亚·森从伦理道德的角度解释经济人，对经典理性假设提出了新的看法。他认为，经济学与伦理学同宗同源，应当把经济学回归到关注“真实的人”。“现代经济学把亚当·斯密的关于人类行为的看法狭隘化了，从而铸就了当代经济理论上的一个主要缺陷，经济学的贫困化主要由经济学与伦理学的分离造成的。”森承认经济学“自利”的人性假设和追求最大化目标的行为模式，但同时强调人类行为动机具有多样性，应加入伦理道德的内容，使理性模型更加逼近真实的经济实际。他认为：“在伦理学的研究中，人这一概念具有不可约减的‘二元性’。”

### 3. 扬弃理性人假设，将研究延伸到非理性行为领域

实验经济学和行为经济学填补了传统经济学在非理性行为研究方面的空白，对经典理性人假设进行了辩证的扬弃，使经济学对人类行为的研究更加全面，开始包括理性与非理性两个方面。行为经济学等认为经济人不再仅仅自利，而是也会考虑利他，有时也会冲动地采取非理性行为，等等。他们承认理性假设在某些情况下是合适的，但在另一些情况下，非理性更能解释现实。

对理性主义行为观的批评可归结为：首先，它在方法论上是前后矛盾的；其次，它在心理学意义上是拙劣的；再次，它忽视了其他社会科学，特别是社会学和政治学的发展。这些观点所表现的一个突出观点是关于人脑对大量复杂信息的处理过程以及用整体价值观念进行广泛的理性计算的不可能性。与对理性选择理论宗教般的接受形成对照的是，有些主要在认知科学、行为心理学和新近的实验经济学领域工作的社会学家，已经论证了很多人类决策的形成不同于理性选择理论所规定的方式。理论和现实之间的这种不匹配已经使克拉克(1997)将理性选择模型视为“总的来看是心理学上的非现实主义”。试验已经表明，理性选择模型没有抓住人类决策行为的许多特点。举例说，人们过分重视短期结果，并通常更关心防止损失而不是追求获益。总之，科斯的“实际的人”不可能是完全理性的，而是有限理性的。

### (二)“实际的人”是有限理性的

“实际的人”是有限理性的。赫伯特·西蒙最早提出“有限理性”(Bounded Rationality)概念，他认为：“人在主观上追求理性，但只能在有限的程度上做到这一点”(intendedly rational，but only limitedlyso)。他指出：“有限理性是指那种把决策者在认识方面的局限性考虑在内的合理选择——包括知识和计算能力两方面的局限性，它非常关心的是实际的决策过程怎样最终影响作出的决策。”西蒙还认为，有限理性的理论是“考虑限制决策者信息处理能力的约束的理论”，他提议将不完全信息、处理信息的费用和一些非传统的决策者目标函数引入经济分析。

诺思认为，人的有限理性包括两个方面的含义：一是人们因面临的环境的复杂性和不确定性，所获得的信息也就不完全；二是人对环境的计算能力和认识能力是有限的，人不可能无所不知。而阿罗则认为，人的有限理性就是人的行为“既是有意识地理性的，但这种理性又是有限的”。威廉姆森认为，只要或者是不确定性、或者是复杂性的存在达到了必要的程度，有限理性就会产生。威廉姆森由此推论：所有复杂的协议、契约或合同都不可避免地是不完全的。在威廉姆森看来，理性可以分为三个层次：一是强理性，即预期收益最大化；二是弱理性，即有组织的理性；三是中等理性，介于以上二者之间。新古典经济学强调收益最大化，即第一层次的理性。新制度经济学强调的是中等理性，即有限理性。在威廉姆森看来，理性有限是一个无法回避的现实，因此就需要正视为此所付出的各种成本，包括计划成本、适应成本，以及对交易实施监督所付出的成本。威廉姆森认为，有限理性就是关于领悟能力的一个假定，有了这一条，交易成本经济学(或新制度经济学)才能成立。

从根本上讲，造成有限理性的原因可以概括为内在约束和外在约束两个方面。外在约束主要是指人类选择的理性程度受到信息不完全与不确定等外部因素的限制。新古典模型中所描述的完全信息与确定性是不可能存在的。内在约束是指人脑在活动范围与容量方面虽令人叹服，但其处理信息的能力却是有限的。内在约束主要是指人脑有限的信息处理能力这一事实约束着人们的理性水平，这也是西蒙有限理性观的立足点。

根据有限理性产生的原因，可以将有限理性分为成本障碍型、生理局限型和理性节约型三种形式。经济学家们一般解释前两种，即强调由于不确定性和信息成本等引起的有限理性(成本障碍型)，或者强调由于人脑认知能力局限性引起的有限理性(生理局限型)。我们将此二者归为一类——有约束的理性。这样，有限理性可以从两个方面予以考察，一是有约束的理性，二是选择性的理性。

尽管存在种种内在的、外在的约束，人类仍可扩展自身的有限理性。一是眼睛向内，通过资源互补，如非理性对理性的替代，或“开启”潜质资源来解决心智资源的稀缺问题。扩展有限理性的内在机制主要有直感、认知图式与简捷启发式等。二是眼睛向外，通过制度、组织、秩序、技术等节省交易成本与心智成本，降低思维负担。如市场、价格、货币等，都无形中延长了有限理性。再如，技术的人性化使许多物品使用起来更加安全、方便、简单，这节约了人类的思维成本。一项技术越“傻瓜”化，就越有市场。简单的技术是一目了然的，节省了学习操作使用的时间和心智资源。

### （三）“实际的人”是理性与非理性的结合

如威廉姆森所说，有限理性是一种中等理性。它还不是“实际的人”的全部，“实际的人”不仅是有限理性，而且还是非理性的。认知科学或行为经济学是一门试图将心理学的研究成果融入经典经济学理论的科学，它使人们对理性的认识从有限理性发展到非理性层面。经典理论假定人的行为是理性的、不动感情的、自私的、追求自身效用最大化的，个人是同质的计算机器。到了行为经济学那里，人是异质的人，人的行为所追求的远不止经典经济人追求的范围，他们还关注公平、互惠和社会地位等许多其他方面。20 世纪 80 年代，理查德·萨勒（Richard Thaler）等人从进化心理学获得灵感，认为大多数人既非完全理性，也不是凡事皆从自私自利的角度出发。以此为基础，专门研究人类非理性行为的行为经济学应运而生。

在实验经济学的视阈中，经济行为本身并非杂乱无章的任意妄为，而是遵循一定规律的。实验经济学试图在可控的实验环境下，对某一经济现象通过控制某些条件、观察决策者行为和分析实验结果，以检验、比较和完善经济理论并提供政策决策的依据。通过实验可以发现，现实中的许多实验结果与经济理论的预测出现差异，其原因就在于经典理论将经济行为假设为完全理性，而被实验者恰恰是理性和非理性的统一。只有运用诸如期望理论、后悔和认知失谐理论、锚定理论和心理账户理论等行为理论来分析被实验者的非理性行为，才能很好地解释实验结果。

认知科学关于理性与非理性的分析可以大大地深化我们对制度及制度结构的认识。完全理性的行为模式适合市场制度，政府只要界定好私有产权，并对国家和私有产权提供保护，个人在“无形的手”的指引下，出于自利的计算可以实现个人和社会福利的一致最大化。在非完全理性的情况下，个人行为不可能实现最大化，人们倾向于沿用惯例或模仿方式行使以节约心智资源，此时，文化传统、宗教信仰等非正式制度将在引导人们的行为方面发挥重要作用。行为实验表明，许多人类行为是由习惯来协调的，它们在任何一种情况下都不可能由理性的计算来解释：当投票显然对政策的实施毫无可测度效应且与投票者的生命更是相差十万八千里时，人们为什么还要在选举中投票？为什么人们会向其再也不会碰到的侍者付小费？人们常常单纯地因袭习惯模式，模仿他人。

认知科学不仅在理性、行为目标等方面对传统经济学进行了扬弃，还从行为和心理规律角度对现实的人进行了全面的剖析，大大拓宽了经济学的研究思路。诺思指出：“伴有导向认知科学的文化影响路径的制度分析似乎是最有前景的方法。”

## 三、制度对“实际的人”的价值

新制度经济学是建立在“实际的人”的假设基础之上的。在一定程度上是对古典经济学的复归。但这种复归是建立在对制度研究基础之上的。制度对于“实际的人”的价值主要体现在两个方面。

### (一)制度可以平衡"实际的人"的内在冲突

"实际的人"的内在冲突包括追求财富的最大化与非财富的最大化的冲突、完全理性和有限理性的冲突、利他与利己的冲突等。人类行为动机具有多样性，或如行为经济学所说，人是异质的人。经济学为了简化研究对象，把"实际的人"抽象为理性的人或经济人，这是不利于对真实世界的研究的。从"实际的人"出发，我们可以发现制度的价值。

如果我们仔细地观察现实中的人就会发现，人们在不少情况下并没有在所谓既定的约束条件下追求最大化，而是做了规则的遵循者。凡伯格(1988)和科尔曼(1990)指出，有各种各样的方式可以使个人因遵循规则或规范，而不是尝试根据每一具体情况作出调整来获利。凯恩斯曾强调，社会惯例的作用在于为人们提供了构成和实施对未来的期望的基础。我们对付不确定性不仅基于我们自己的主观思想，而且有意识地或习惯地求助于与我们相互影响的规则和惯例。哈耶克就一直主张人是"追求目的的动物，也是遵循规则的动物"(哈耶克，1973)。人应在一定程度上概念化为"规则遵循者"而不是理性最大化者。前者建立习惯和常规，更重要的是采纳社会规范和惯例；后者则根据其环境和机会的变化调整其行为，以使他的净收益最大化。正像个人主义和整体主义常常被置于二元对立的地位一样，关于人的这两个概念也被分为对立的二元。用琼·艾尔斯特(1989)的话来说，社会科学中最持久的分歧之一就是单一经济人与单一社会人的对立。前者适应环境的变化，始终关注改进的机会；后者则对环境无动于衷，即使出现新的、显然是更好的选择，也要坚守规定的行为方式。前者容易被漫画成沉默寡言、离群索居的颗粒；后者则像是没有头脑的社会力量的玩偶或是先定标准的消极执行者。

在许多情况下，人类行为远比传统经济理论中的财富最大化的行为假定更为复杂，非财富最大化动机也常常约束着人们的行为。诺思把诸如利他主义、意识形态和自愿负担约束等其他非财富最大化行为引入个人预期效用函数，从而建立了更加复杂的、更接近于现实的人类行为模型。非财富最大化动机往往具有集体行为偏好，人们往往要在财富与非财富价值之间进行权衡。这种权衡过程实质上就是在这两者之间寻找均衡点的过程。纳尔逊和西尔伯格进一步证明了个人为表达他们自己的价值和偏好所付出的代价越低，这种非财富价值在他们所做的决策中就显得越重要；反之，非财富价值则只能解释人类很少的一部分行为。这表明，实现非财富价值不能总是以牺牲个人财富为代价。制度作为一个重要变量能够改变人们为其偏好所付出的代价，改变财富与非财富价值之间的权衡，进而使理想、意识形态等非财富价值在个人选择中占有重要地位。新制度经济学家揭示了人类行为与制度的内在联系，即如果制度产生于人类行为中的非财富价值所具有的集体行为的倾向，那么这种倾向就会通过制度改变人们为追求非财富价值所付出的代价表现出来。总之，制度是人类行为所要求的。

人类行为动机是双重的，一方面，人们追求财富最大化；另一方面，人们又追求非财富最大化。人类历史上制度创新的过程，实际上就是人类这种双重动机均衡的结果。但制度在塑造人类这双重动机方面又起着至关重要的作用。一个长期困扰历史学家和理论学家们的问题——为什么不同地区之间、不同国家之间、不同民族之间存在重大的差异，将可以通过制度结构的差异得到满意的解释。理性的个人追求自身利益的强大动力，既是经济衰退的主要原因，也是经济增长和繁荣的主要源泉。无论这种结果是好还是坏，均依赖于社会制度结构，这种制度结构指限制人类行为并将他们的努力导入特定渠道的正式和非正式的规则(包括法律和各种社会规范)及其实施效果。在新制度经济学的核心里，到处可以看到制度、交易成本和经济成果之间的相互作用。

新制度经济学关于人的行为第二个假定涉及人与环境的关系，即有限理性。人的有限理性概念的提出，改变了新古典范式的假定。制度通过设定一系列规则能减少环境的不确定性，提高人们认识环境的能力。除此之外，新制度经济学家还认为，由于环境的不确定性、信息的不完全性以及人的认识能力的有限性，使得每个人对环境反应所建立的主观模型大不一样，从而导致人们选择上的差别和制度规则上的差别。这就说明了有限理性假定在制度设立中的作用。外部环境的不确定性与人的智力也是一种有限的稀缺性资源的结合，是制度设立的一个重要原因。威廉姆森认为，只要或者是不确定性、或者是复杂性的存在达到了必要的程度，有限理性就会产生。制度可以扩展人的有限理性，从而接近理性。

新制度经济学关于人的行为第三个假定是人的机会主义倾向(Opportunism)。这是人们对自我利益的考虑和追求，意思是，人具有随机应变、投机取巧、为自己谋取更大利益的行为倾向。换言之，所谓人的机会主义倾向是指在非均衡市场上，人们追求收益内在、成本外化的逃避经济责任的行为。威廉姆森认为：“机会主义是指信息的不完整的或受到歪曲的透露，尤其是指旨在造成信息方面的误导、歪曲、掩盖、搅乱或混淆的蓄意行为。它是造成信息不对称的实际条件或人为条件的原因，这种情况使得经济组织的问题大为复杂化了。”人的机会主义行为倾向也是人类社会各种制度产生的一个重要来源。制度可以在一定程度上约束人的机会主义行为倾向，人的机会主义行为倾向具有二重性：一方面，机会主义动机或行为往往与冒风险、寻找机遇、创新等现象有一定的联系，机会主义的对立面就是保持现状；另一方面，机会主义又会对他人造成一定的危害，如机会主义者有时把自己的成本或费用转嫁给他人，从而对他人造成侵害。从第二个方面看，机会主义行为也就是一种损人利己的行为。损人利己的行为可分为两类。一类是在追求私利的时候，“附带地”损害了他人的利益，如化工厂排出的废气污染了环境。制度的一个基本功能就是将外部性(正、负外部性)内在化。另一类损人利己的行为则纯粹是“人为的”“故意的”，纯粹是以损人利己为手段来为自己谋利，其典型的例子就是偷窃和欺骗。在实际经济生活中，人并没有界限分明地被划为两类：一类是毫不利己者(即利他主义者)，另一类是损人利己者(即机会主义者或自私者)。大多数人实际上这两种动机或行为兼而有之。

威廉姆森假设，人们在经济活动中总是尽最大能力保护和增加自己的利益，自私且不惜损人，只要有机会，就会损人利己，这就是机会主义。斯密只看到人的利己心，市场机制可以巧妙地利用人们的利己心，把人们增加自己利益的行动引导到增加社会福利的方向上来。斯密没有看到人们利己中损人的方面。在损人利己的情况下，市场机制原先会有的“看不见的手”的作用就会受到限制。由此威廉姆森认为，人们的机会主义本性增加了市场交易的复杂性，影响了市场的效率。

如森所说：“在伦理学的研究中，人这一概念具有不可约减的‘二元性’。”在追求财富与非财富、主观与客观、利己与利他等之间，人是具有内在冲突的，制度(正式的和非正式的)具有平衡的功能。制度可以大大地减少人们在“二元”中选择的成本，在有制度规定的情况下，人们不需要事事去决策。也就是讲，人们会做“遵循规则的动物”，如果事事去理性计算，这也会把理性的人累垮。这些规则是人类文明的积累，也是人这个“动物”区别于其他动物的根源所在。正如诺思认为的：“在经济变革的长期趋势中，制度或认知模式的变化往往起源于不同个人群体面临的初始条件的改变。正如不同群落因其所处物质环境的不同而具有不同经验，在此基础上逐渐形成不同语言，并用不同思维模式来解释周围世界。语言和心智模式形成非正式约束力，它们限制了该群体的制度框架，并被当作习俗、禁忌或是神话，世代传承下去，产生了我们所谓的文明，从而形成了路径依赖的关键部分。随着劳动分工和专业化的不断发展，群落演化出不同政治与经济形式。随着在解决稀缺性这一根本经济问题上取得各种不同程度的成功，经验和学习的多样化逐渐产生出差异日益扩大的社会和文明。随着人类变得越来越相互依赖，环境的复杂性增加，为了从交易中获得潜在收益，就需要更加复杂的制度结构。”从这些分析也可以看出，人类社会中长期形成的规则(或文明)使“实际的人”变得理性和文明，制度是人类发展的根源。

### (二)制度可以扩展“实际的人”的能力，并减少交易中的不确定性和交易成本

关于个人与制度之间的因果关系问题的争论持续不断，究竟是个人创造制度还是制度塑造个人？借助于认知科学的相关成果，新制度经济学认为：“在社会过程的舞台上，制度与人类行为、互补与对比永远相互塑造。”人类的行为，在本质上，可以用两种方式来规范：一是直接凭借外部权威，它靠指示和指令来计划和建立秩序以实现一个共同目标(组织秩序或计划秩序)；二是间接地以自发自愿的方式进行，因各种主体都服从共同承认的制度(自发秩序或非计划秩序)。前者就是正式制度，后者是非正式制度。

#### 1. 制度塑造个人，能扩展人的有限理性

首先，制度具有塑造个人的功能。从本质上讲，人与人之间的差异不大，但为什么有的成为“好人”，而有的沦为“坏人”？新制度经济学认为，如果人们在一个地方显得宽宏大量但在另一个地方显得自私，并不是他们的本质不同，而只是社会组织不同。在制度分析中，意义重大的不是罗列这种或那种动机，而是动机在其中起作用的制度结构，通过明确的制度法令，这种结构促进了一些人类倾向，压抑了另一类人类倾向。制度结构影响着人类倾向。

制度是如何塑造个人的呢？其内在机制是什么？我们以英国 1983 年强制实行汽车

安全带法律的情况为例。如今的一些调查表明，在此法律生效以前大批司机不系安全带，但是后来就只有极少数司机不系安全带了。是什么引起了行为的这种变化？当然，可以用违法可能受到的惩罚以及不愿意因与人不同而受人指责等来解释行为的这种变化。关于安全带的安全效能的卓越的宣传运动也起了一定的作用，它使驾车者了解到系安全带的好处以及不这样干的“代价”。但是，这些说明能完全令人信服吗？毕竟，不系安全带而被警察发现的可能性是比较小的。此外，那场宣传运动在1983年以前就开始了，而其独立的影响似乎并没有法律的正式生效那么大。一个更令人信服的解释是：法律本身对驾驶者有一种强有力的合法化影响，结果他们的目标和偏好就偏向于一种更安全的行为过程，法律的权威的影响力不仅在于通过施加惩罚或使人们了解代价与收益从而改变人们的行为，它还改变了那些人本身及其目标，“系带”的实践变成了一种习惯，并且由于人们普遍相信它对于减少伤亡的作用而被广泛接受。

人类行为的社会方面无疑深深地植根于人类的遗传之中。人类通过社会交往训练其各种分化出来的认知能力；人在与他人的协调中获得了演化上的优势并生存得更好。因此，演化有利于具备良好交往能力和协调能力的人。这类人在各类社会群体中都会表现良好。并且，一个部族如果能发展出各种制度，以保证由一个细心、周到的首领在紧密结合的小群体内均等地分配稀缺的食物资源，就会拥有更好的生存机会。惯例与正式制度，通过建立或多或少是固定化的人类行为的范式，或者设定人类行为的界限，或者订立人类行为的规则，或者约束人类行为，实际上都提供给其他当事者以信息。这种不变性或约束告诉每个人其他当事者可能的行为，因而他就可以相应地采取行动。制度不仅塑造个人，而且还具有传递性。它减少了每一代人都要重新学习的成本。例如，家庭中的个人消费方式是通过一套以前形成的惯例而保持下来的，它会受社会文化以及有关人员的性格的影响。儿童通过“和琼斯同步前进”的模仿过程及服从的倾向，把家庭持续已久的消费习惯和惯例不断地传递下去。在所有已经建立起来的社会制度中都有可能发现惯例化行为的广泛影响，包括教育系统、科学联合会、公共服务、贸易联盟以及地方及中央政府的各个部门。惯例以一种类似的方式在所有制度中充当“基因”。大量的历史和现实表明，在制度塑造个人、能扩展人的有限理性方面，非正式制度(习俗、惯例等)比正式制度更普遍、更重要。

其次，制度能扩展人的有限理性。受客观上的不确定性与主观上的智力资源稀缺的双重约束，人类深受有限理性之苦。如果仅有不确定性，人类的认知能力是无限的，那么人类能通过理性计算实现最大化；或者人类的认知能力虽然受到限制，但人与人的交往都是确定的、无任何风险的，那么人类也能依靠有限的智力资源实现理性选择。因此，在此二者的共同作用下，制度不可或缺。

人类具有自利、机会主义等行为特征。自利的个人经常会满口应承却在后来忘得一干二净或者自食其言，有时还妄图不劳而获地“搭便车”甚至“损人利己”。而制度则有助于为了长期的有效协作而抑制人们的固有本能，能增加逃避义务的风险，增强互利合作的习惯，达到抑制这种本能性机会主义的目的。同时，制度使他人的行为变得更可预见，为社会交往提供一种确定的结构。在行为经济学家眼中，制度是对不确定性的反应，它们节省了稀缺的认知资源。罗伯特·海纳确定了一个能力——困难差距（CD Gap），当不完全和不完善的考虑导致错误时，人们可以依赖标准操作程序。

制度使他人的行为变得更可预见，为社会交往提供一种确定的结构。美国的哲学-心理学家安迪·克拉克将制度说成一种为人类选择和学习提供的“外在支架”。的确，制度促进着可预见性，并防止着混乱和任意的行为发生。制度协调人们的各种行动，建立起信任，并能减少人们在知识搜寻上的消耗。即使受规则约束的行为并非百分之百的确定，人们仍会觉得它比混乱更恰当、更合理。稳定的及惯例化的行为建立并再造了一套法则与规范，后者由“习惯、习俗固定下来，默契地或合法地支持社会的共识或一致性”（科尔奈，1982）。它不一定是神圣不可侵犯的，但重要的是它能帮助当事者估计其他人可能的行为。

制度还可以弥补知识的不足。制度分析并不以“完备知识”假设为基础，而是将知识的不足——无知——作为人类存在的必要组成部分。这一点不可能被排除掉，因为它是构造性的。但是，如我们将要看到的那样，知识的不足可以靠恰当的制度安排来弥补。恰当的制度能在一个复杂的、不确定的世界中引导个人决策者，并能帮助我们减少对信息的需要。对于经济学这一研究如何克服稀缺性的科学来讲，人类的无知及其应付无知的办法成了绝对的中心问题。“制度的存在构成了不确定世界中人们之间的相互关系；正如海纳提出的，制度起因于个人在面临不确定性时所做的努力，通过限制人们的有效选择并因此使行为成为可预测，从而减少不确定性。没有制度就没有秩序、没有社会、没有经济、没有国家组织（奈特和诺思，1997）。”概而言之，制度有助于约束人类某些有碍于合作的本性，有助于增进可预见性，有利于弥补人类知识的不足，从而扩展人的有限理性。同时，制度大大地减少了人们所需要的信息和知识。

### 2. 个人塑造制度，人性的演变影响着制度变迁

唯理主义建构论者认为，立法者的理性意志是法律等制度的起源，个人可以塑造制度。但我们认为，个人塑造制度应该体现在人类行为会影响制度的构建方面，而不是人类对制度的设计方面。凡勃仑突出经济生活中习惯行为的重要性，他把制度视为“大多数人的思想中普遍具有的确定的习惯”，从而将社会制度与个人思想意识联系起来了。现代制度主义经济学将社会制度定义为通过传统、习惯或法律约束的作用力图形成固定的、规范的行为模式的一种社会组织。人类行为模式本身对制度的形成具有决定性的意义。

人性是如何影响制度的呢？我们举一个例子说明，为什么社会福利占了欧洲国家 GDP 的 45%，而美国却只有 30%？新制度经济学认为，这和他们对贫穷的价值认知有关。60%的欧洲人认为贫穷是环境所迫的，却只有 29%的美国人这样看。只有 24%的欧洲人同意贫穷是个人懒惰所造成的，却有 60%的美国人认同这种观点。比较多的人认为贫穷是咎由自取，或者比较多的人认为贫穷是社会的责任，决定了一个群体的制度。人类的价值观念、认知特征等决定了欧洲与美国在福利制度上的取舍。类似地，有人对各国足球队引进的外援数量进行了对比研究，以 2003 年各国引进外援所花费的金额占

本国 GNP 的比例排名，依次为：挪威(0.92%)、丹麦(0.84%)、荷兰(0.81%)、卢森堡(0.8%)、瑞典(0.7%)、比利时(0.61%)、爱尔兰(0.41%)、法国(0.41%)、瑞士(0.38%)、英国(0.34%)、芬兰(0.34%)、德国(0.28%)、加拿大 0.26%)、西班牙(0.25%)、澳大利亚(0.25%)、新西兰(0.23%)、葡萄牙(0.21%)、希腊(0.21%)、日本(0.2%)、奥地利(0.2%)、意大利(0.16%)、美国(0.14%)。其中，17 个是欧洲国家，而且，前 12 名全部是欧洲国家。欧洲国家的外援引进制度同样与该地区人们的社会观念有关，个人在塑造制度方面发挥了重要作用。

由于人类本身是不断演变的，这决定了建立在人性基础上的制度必然随人性的演变而变迁。最初的原始人类是蒙昧的、单纯的，不存在理性计算的能力，人与人之间的交往是稀缺的，因而约束人类行为的制度不会产生。随着社会文明的向前推进，开始出现剩余产品，人们有了交换的需要，“结绳计物”、以物易物等制度开始产生。物物交换的范围与数量的扩大又进一步促进了实物货币的诞生，而贝壳甚至黏土块等充当的实物货币的流通则是建立在人们相互信任的基础上。随着商品经济的日益发展，环境的复杂程度增加了，人性中贪婪自私、损人利己的一面开始凸显。除了包括习惯、禁忌以及信任等非正式制度外，由国家强制执行的法律条例等正式制度开始扮演重要角色。到了商品经济高度发达的时代，人们追逐利益的本性开始松懈，重点逐渐转移到爱与利他、诚信合作、社会公平与共同进步、代际公平与可持续发展等方面，社会制度也由侧重约束(惩)功能逐渐转向侧重激励(奖)功能。人们开始重视惯例、学习的功能，各种促进学习制度化、全面提升人类文明程度的制度也应运而生。

在人类的制度体系中，在大多数情况下，这些强外在约束是人类集体思考和行动的结果。这样，在制度和组织强外在约束的形成和演进过程中，人类心理起根本作用。对认知科学的最新研究可能有助于更好地理解这些外部结构的作用和渐进发展。并且我们看到了相关线索，即个人认知与不同类型的社会结构(例如，不同类型的人际交流)如何相互作用产生了不同结果。从这种分析开始，我们可以探讨不同文明和民族的差异，从中还可以探讨有些国家发展得好，而有些国家发展得不好的深层次根源。个人认知的差异如何影响制度及制度结构，是新制度经济学需要研究的一个新课题；人类如何学习，如何把信念和偏好结合起来以做出选择，这个选择是经济理论的基础；再者，在面对纯粹的不确定性时，他们如何和为何发展理论(并据此行事)。制度的起源与人类发展是一种互动关系。不同的制度可以在人类发展的差异中去寻找。

## 四、结论与展望

经济学早期关于人的假设是接近“实际的人”的，但后来(尤其到新古典经济学)却越来越远离“实际的人”，经济学家们就把人类行为界定为追求财富最大化，即人们通常所说的经济人。在一定情况下，这种假定有利于经济学家们对经济问题作深入的分析，即假定或前提越简单，就越有利于绕过复杂的情况对经济问题分析的干扰。这固然有利于经济学向精细化、模型化、公式化方向发展，但也使经济学的解释力下降，沦落为“黑板经济学”(科斯)。新制度经济学举起研究真实世界的经济学旗帜的基础就是建立在研究“实际的人”的基础之上的。这在一定程度上是对古典经济学的一种复归，但这种复归不是一种简单的复归，而是有了对人的精细(经济人)研究后的复归。这种复归是经济学对人研究的一种升华。没有完全理性，就不会产生有限理性；没有理性研究，就没有非理性研究。经济学对人的认识经历了“实际的人”—“理性的人”—“实际的人”之循环，是一个否定之否定的过程。

本文的基本发现是：制度与“实际的人”有着内在联系。或者说，实际的人与制度之间有着一种互动的内在治理机制。一方面，制度可以平衡“实际的人”的内在动机的冲突和矛盾，使人的行为更加理性，从而有利于秩序形成。另一方面，制度(尤其是非正式制度)可以塑造个人，能扩展人的有限理性，制度大大地弥补了人们知识和信息的不足，同时也降低了社会交往中对人们认知的要求。

马歇尔指出：“经济学是一门研究财富的学问，同时也是一门研究人的学问。”“经济学家所研究的根本主题就是社会制度中的人类行为，而不是抽象的人类行为(布坎南)。”冯・米塞斯(1949)认为，经济学是关于人类行为的科学，而不是关于“引致行为的事件”的科学。从完全理性到有限理性，从注重对人类行为理性的分析转变到人类理性与非理性统一及内在机理的分析，是制度分析研究制度的起点和客观要求。如诺思的制度理论是由一个关于人类行为的理论结合一个关于交易费用的理论建立起来的。通过这两者的结合，我们就可以理解制度为什么会存在，以及它们在社会中起怎样的作用。对人的假设的变化是深入分析制度的基础。制度分析的完善取决于我们关于人的假设的变化。

如何进一步探讨人类行为与制度的关系？在一些制度经济学家看来，仅仅凭借经济学研究制度的起源是不够的，在多学科的合作中研究制度才是出路。诺思指出，经济学是一门关于人们在稀缺的社会如何进行选择的理论，在一个不确定极为普遍的世界，人们需要通过认知科学、经济学、哲学、政治学、法学、社会学以及相关的分析来解决不确定问题。

通过认知科学和心理学的研究，诺思发现经济学家也有特定的学习曲线，在很大程度上，经济学家是通过推测和回忆来理解制度过程的。这样就不免在复制历史的过程中，产生了很多有意识的遗漏。诺思认为，我们必须从认知科学领域和心理学领域再挖掘对制度的理解。从诺斯的洞见中可以看出：只有整合政治学、经济学、社会学、历史学、人类学、认知科学，甚至包括社会心理学等众多学科，我们才能真正理解人的行为、理解制度以及制度的变迁。经过对经济史长期的研究，诺思发现，从长期来看，影响社会繁荣与否的，表面上是这个社会的制度矩阵(institutional matrix)，但是，更根本的因素其实是社会大众的思维架构(mental construct)。然而，如何影响社会大众的思维架构，诺思却没有进一步阐明。对思维架构的研究则正是认知科学的主题。认知科学是建立在对“实际的人”的研究基础之上的，而这一点正与科斯提出的“实际的人”不谋而合。可以预计，制度矩阵和思维架构之间的关系将成为新制度经济学的前沿课题。

（卢现祥　易杏花）

## ◎ 评论

经济学对人的研究经历了“实际的人”—“理性的人”—“实际的人”的循环。本文对“实际的人”的内涵及演变过程、制度对“实际的人”的价值、制度与“实际的人”的关系进行了探讨。制度（尤其是非正式制度）可以塑造个人，扩展人的有限理性；制度大大地弥补了人们知识和信息的不足，也降低了社会交往中对人们认知能力的要求。同时，个人塑造制度，人性的演变影响着制度变迁的方向，对人的假设的变化是深入分析制度的基础。

伯纳德·孟德维尔在《蜜蜂的预言：或个人劣行即公共利益》中指出“私人恶德即公共利益”，即私欲的恶之花会结出公共利益的善果。爱尔维修也认为利己主义是人类的自然特征和社会进步的因素。亚当·斯密提出“我们每天所需要的食物和饮料，不是出自屠户、酿酒家和面包师的恩惠，而是出于他们自利的打算”。“经济人”具有双重本性：自利性和社会性。该文中指出，后来者以斯密的《国富论》为基础，推演出“理性”假定，其实质是单方面突出“自利心”而忽略了斯密的“社会人”（同情心）观点，是对斯密思想的歪曲和误解。西尼尔也提出个人利益最大化的观点，他认为政治经济学所依赖的事实一般可以概括为四个“不需要证明”的基本命题，其中之一便是每个人都希望以尽可能少的牺牲去获取更多的财富。约翰·穆勒提出应当把人的各种活动的解决方面抽象出来，在此基础上对“经济人”进行界定，使他与政治经济学的研究对象联系起来。新古典经济学以均衡分析为特征，信奉理性假说，在发展中将“经济人”演化为“理性人”和经济学的公理性假说。这是传统经济学理论大厦的基石，但这块基石并不稳固，一经产生便争议不断。科斯、诺思等经济学家对经济人假设进行修正，使其更贴近现实。在实验经济学中，经济行为不是任意妄为的，而是遵循一定的规律，通过实验发现，人们是理性与非理性的统一，这一结果填补了传统经济学在非理性行为研究方面的空白，对理性人假设进行了辩证的扬弃。

经济学研究通常假设人是理性的，然而完美理性假设与现实相悖，人类行为更多带有“有限理性”特征。从利己心出发，人们应该会选择对自己最有利的行为。当人选择与世俗同流合污时，便可得到高官厚禄，畅享人世繁华，不问人间疾苦，却依旧存在诸如李白的“安能摧眉折腰事权贵，使我不得开心颜”，蔑视权贵，尽显不屈，陶渊明的“不为五斗米折腰”，独善其身，不与世俗同流合污。在现实生活中，人们并非单纯追求财富最大化，非财富目标也出现在人们的视野中。“粉身碎骨都不怕，要留清白在人间”，品德在现实生活中占据着重要的地位，在一定程度上会影响人们的行为。该文首先指出“理性的人”不适合现实的生活，新制度经济学的研究过程中提出“实际的人”，并阐明科斯和诺思等经济学家对“实际的人”的阐述。“实际的人”填补传统经济学在非理性行为研究的空白，对经典的理性人假设进行辩证的扬弃，对人类行为的研究更加全面。

奥德修斯在经过塞壬女仙们居住的海岛时，用蜡把朋友们的耳朵塞了起来，让他们听不到歌声。又让朋友们先把自己的手脚捆住，绑在桅杆上。并吩咐朋友无论他如何表现，他们都必须把他捆得更紧，避免被塞壬女仙的歌声所诱惑。奥德修斯一方面理性地决定不能听塞壬女仙的歌声，否则会情不自禁地将船驶入礁石丛中，另一方面又认为歌声如此美妙，难以充耳不闻。人们的多重自我性为制度存在提供了理由。将分管计划的那个自我绑在桅杆上，以阻止人们考虑其他的行为，强调了制度可以通过建立一套预期和加强预期的机制，使一个自我占据上风，主导人们的行为。正如文章中提出的，制度是人类行为所要求的，人类行为动机有双重性，制度可以拓展人的有限理性，使之接近理性。

制度可以塑造个人，不同地区有不同的制度，因此会塑造不同的人。在日本，一个人受到其他人的侮辱和诽谤，就一定会肆意报复。那些对侮辱和诽谤神经过敏的人，在日本被视为正人君子，然而在中国却被认为是道德水平低下的人。当受到侮辱时，中国人认为清者自清，采取听之任之的态度就会让诽谤者感到愧疚，睚眦必报的人会被认为是错误的。不同的文化传统会对人们的行为产生不同的影响，从而塑造出不同的人，这也是人性本善，却最终有的成为“坏人”，有的成为“好人”的原因之一。不同的文化传统，通过教育，不断传承下去，对人们有着深远持久的影响。正如文章中指出的，制度可以塑造个人并且具有传递性。

经济学是一门研究财富的学问，同时也是一门研究人的学问。在新制度经济学的学习中，我们更要把理论知识与实际相结合，任何问题和解决方法都不可以背离实际。制度可以用来分析问题，可以用来解决问题，但还是要发挥有限理性人的最大能动作用。

（陈艳）

# 当前我国产业发展中的若干重大问题

## ——基于制度和组织层面的视角①

一个好的产业组织系统有利于产业的发展和产业竞争力的提升。我们有200多种产品产量世界第一，但这些产业发展没有核心竞争力，创新不足成为我国产业发展中的普遍现象。这背后的深层次原因是什么？这需要我们从产业组织和制度层面去探讨。

科斯说，阐述政府机关所履行的经济活动，并解释为什么这些经济活动会在私人组织和政府之间按现行的方式分工进行，理应成为产业组织研究任务的一部分。在产业发展上，私人组织和政府之间的"分工"是什么样的？我国企业与政府之间的分工是存在问题的，体现在产业政策上，是政府的权力没有受到限制下的产业政策，而不同于欧美国家政府权力受到限制下的产业政策。这也是我国产业发展的制度环境与市场结构、产业发展导向以及产业发展资金出现问题的重要原因。

## 一、是否有一个好的产业制度环境

当前关于我国产业政策的争论必须首先要搞清楚前提，即如何进行政策分析？在科斯看来，"经济政策的根本问题……就在于考虑替代性社会安排在实践中是如何运行的，并评估它们的执行情况。换句话说，我们应该比较替代性社会安排的综合效果"。科斯的政策分析涉及四个基本要素：(1)它是一个整体方法；(2)它强调真实的或实际的分析；(3)它涉及比较制度分析；(4)收益-成本分析扮演重要角色。

首先，从整体分析来看，科斯认为，政府补贴政策不会像它的倡导者所宣称的那样，能带来一个有效率的解决方案，因为政府补贴将通过扭曲性的税收来筹措资金，从而，在矫正一个市场扭曲的同时会产生或者加剧另一个市场的扭曲。在科斯看来，正确的方法是从整体考察现存情况，并把它和被提议的政策改变的整体效果进行比较。其次，从比较制度分析来看，经济分析的基本任务是获得对生产的制度结构的运行的理解，特别是对企业、市场和法律(包括政府)在协调经济活动中所扮演的角色的理解。他认为，"对经济学家而言，如果离开对交易赖以发生的制度背景来讨论交换过程，这没有多大意义，因为制度背景影响生产和交易成本"。我们强调制度多样性的观点。制度多样化的两大核心问题是：界定制度比较分析的边界，比较不同制度的绩效。我们下

---

① 参见易杏花，卢现祥．当前中国产业发展中的若干重大问题[J]．学习与实践，2017(8)：5-14.

面对产业发展的导向就是采用这种分析思路。最后，经济政策涉及替代性社会制度之间的选择。对市场失灵进行分析的新古典方法的一个主要缺陷就在于它假定一些形式的税收、补贴或管制方案是好的并且是必要的，或者政府供给公共产品是不可避免的。科斯强调解决市场失灵的多重方案，而且进一步指出“所有解决方案都是有成本的”。对此，可以对产业政策进行收益-成本分析。对产业政策的外部性分析，被选择的行为方案应该考虑三个方面：(1)实施产业政策的所得是什么，所失是什么？(2)谁会从给出的行为方案中得益，谁会从被否决的方案中受损？(3)在促进我们希望达到的目标时，被提议的安排在实践中会导致什么样的实际结果？

产业发展的制度环境包括两个方面：产业政策与产业制度。两者的区别表现在，前者易变，后者相对稳定；前者有一定的特殊性，后者有一般性。基于上述科斯的政策分析要素框架，我们重点分析一下我国产业制度和产业政策的关系。

### 1. 产业制度是基础，而产业政策是促进产业发展的有益补充

无论是英国还是美国，在其发生产业革命时，产业制度的创新保障是关键。诺斯(2001)认为，创设一项制度，提高适应性效率比配置效率更重要。配置效率是一套给定制度下的静态概念，而适应性效率的关键则是要有一个灵活的制度机制，它能够根据条件的变化来进行调整。产业政策可以带来配置效率，而产业制度可以提高适应性效率。在人类发展史上，并不缺乏发明与创造，而激发、鼓励和支持人们大规模参与发明的社会变革和制度创新才是历史上的新事物，才是经济起飞的深层次原因。在美国，既有《反托拉斯法》等一系列具有一般性的产业制度安排，也有涉及不同地区、不同产业发展问题的联邦层面甚至宪法层面的立法。在英国，产业发展的制度优势表现为专利制度、自由企业制度及保护私人企业剩余权的普通法等。在此基础上，欧美国家形成了旨在鼓励和促进创新的新制度，例如系统的专利和版权保护体系、有限责任制度等，极大地推动了以创新为内核的产业革命。

我国的现实情况则是：过多地强调产业政策，而不重视产业制度。例如涉及产业发展基本规则方面的，并没有上升到产业制度层面(主要表现为立法)，而是由各部委出台本部门产业发展方面的政策。可以说，我国是在产业发展制度基本构架没有建立起来的情况下被部委过多的所谓产业政策替代。以2007年出台的《反垄断法》为例，其姗姗来迟既有经济体制和观念的原因，更是利益集团博弈的结果，内容的合理性和规制力度都与预期相差甚远。执法机构都没有直接加以明确的《反垄断法》，其反对不公平竞争、促进行业发展的作用难以得到有效发挥。此外，我国平等对待公有制与非公有制的制度规定并没有在产业政策中体现出来。在欧洲国家开始为企业和个人创造产业发展的制度环境时，中国还是习惯于自上而下地配置资源。官本位与寻租的相互强化是中国历史上难以实施好制度的重要原因，并且存在路径依赖，影响着产业制度的变革。对产业制度的不重视带来的另一个后果是：我国企业家的创新理念与西方企业家不一样。因为很多商业机会源于制度空缺，中国企业领导者更多地将注意力放在利用这些空缺上，而不是专注于原材料、生产工艺、或产品的本质创新。只注重技术追赶而不重视制度变革，企

业可以通过复制在其他国家已有的东西和“拿来主义”取得巨大的成功，而无须进行任何创新活动。这一理念被政府产业政策进一步强化。

2. 我国部委制度供给方式使我国产业政策

过多、过泛、过滥，加上政府的有限理性及机会主义行为导致产业政策的低效。我国政府在产业发展中的主导作用超过了当年日本实施产业政策的时候。政府在制定产业政策时囿于自身信息与能力的欠缺，无法对市场做出准确的判断。企业家和企业家精神是在市场竞争中孕育的，因此政府不能通过产业政策的方式来引导创新的发生(熊彼特，1912)。真正的知识是分散在社会每个个体中的，政府自上而下的决策程序使得信息搜集成本很高，而且政治精英主观认知模型中信息不完全性会使回馈机制得不到矫正，从而偏离理性决策。在中国的产业结构政策中，政策部门要想选择扶持、培育与限制、淘汰的对象，需要对上百个细分行业中众多技术、工艺和产品的前景、经济性与市场进行准确的判断和预测，而这是一项政府部门根本不可能完成的工作。客观地讲，2008 年我国一些部委出台的产业支持政策及刺激措施是导致我国产能过剩的重要原因。Blonigen(2011)分析了 1975—2000 年在主要钢铁生产国家实施的钢铁行业产业政策对其他制造行业的出口竞争力的影响，发现产业政策增加一个标准偏差，会导致处于其下游制造行业的出口竞争力下降 3.6%。但是在钢铁作为主要投入品的行业，影响高达 50%。

3. 权力是否受到制约是产业政策效果的关键所在

权力不受制约的产业政策容易导致寻租，并对经济产生较大的负面影响。日本在利用财政补贴发展产业的过程中同样出现了严重的政治联系与寻租现象，但却并没有对经济发展产生严重阻碍。为什么日本的寻租没有对经济发展产生严重阻碍？一是日本拥有一套与中国全然不同的政治制度，腐败多发生于党派组织中，与企业、市场联系密切的行政系统较为廉洁，寻租的负面影响较小。Richard Boyd(2004)认为，日本产业政策的目标是提升生产力以及限制竞争，鼓励规模经济，因此政府的经济管理部门偏好裁定给日本企业卡特尔团体以租金，且以此租金来鼓励垄断与合并，形成卡特尔-租网络。因此，尽管寻租行为普遍，但只有以竞争获取市场地位维持卡特尔的持续性才能产生租金。二是日本产业政策与我国产业政策形成的机制及环境是不一样的。查莫斯·约翰逊(1981)总结了日本奇迹，肯定了日本模式中通过“通产省”及系列产业政策干预经济发展的方式，并使得“政策导向型”发展成为经济发展的典型模式。日本政府权力是受到制约的，因此，政府目标与公共目标趋同，而我国政府权力还缺乏制约，加之晋升压力、财政分权营造更多的自由裁量权等条件，使得地方政府追求的目标可能与公共目标不一致，地方政府对自身目标的追求更为优先，并有可能被特殊利益集团所俘。三是我国“技术官僚”型的发展蒙蔽了根源于制度的缺陷，威权体制下的经济增长是不可持续的，发展的主要障碍是政治企业家们在现有的制度框架中受到的激励和约束，来源于政治、经济利益集团间的博弈决定了经济政策的走向，即经济发展是否以大多数人的利益为导向。因此，在我国不是讨论要不要产业政策的问题，而是要解决权力受到限制的问题。

## 二、产业发展的市场结构是否合理

从产业发展的市场结构来看，是产业竞争还是产业垄断？这其实涉及产业创新及发展的动力机制问题。我国产业发展动力机制主要有两大因素：一是产权保护，二是市场规模。

从我国产业的创新能力或产业发展的动力机制看，有以下几点：

### （一）我国产权结构不利于产业竞争及创新

由于我国真正意义上的市场经济体制还远没有成型，以公有制为主多种所有制形式并存的竞争性产权结构是我国产业创新的微观基础。要把国有企业做大做强，不是要靠垄断国家资源与能源、靠政府政策保护和财政补贴，而是要靠产权保护和市场竞争。从产业的产权结构来看，我们不是通过保护企业的产权（包括知识产权）来促进创新，而是通过政策保护和财政补贴等方式，给一些企业以资源倾斜。这不利于竞争性产业结构的形成，其根源在于产权改革不到位、一些行业国有经济比重过高、政府部门干预经济过多。同时，我国的产权结构也不利于创新，以相机为例，1956 年，日本和中国的照相机生产领域在这个时候同时起步，开始仿造生产德国蔡司相机。十多年后，日本的照相机产品及技术已经领先世界，而我国的相机技术依然处于仿造阶段，整体上没有实现产业升级。为什么会有这么大差距？这与两国产权制度有关，日本引进照相机技术的是私营企业，而我国当时只有公有制企业。在历史上，私营部门比公共部门更有利于创新。为什么政府花很多钱去促进产业的研发与创新而不花钱去实施产权保护、优化市场型的产业发展环境呢？另外，从创新的鼓励方式来看，我国更注重政府奖励，而知识产权保护还需要加强。政府促进产业创新主要有两种模式：一种是英国的专利法制度，另一种是法国的政府奖励科技制度。按照莫基尔和诺思的分析，前者比后者更具有优越性，更有利于创新。这也是英国工业化比法国更早的重要原因。与过多的产业政策相联系，我国也采用了以政府奖励为主的科技制度。这种模式最大的问题只有利于已经进行了创新的创新者，而不利于产生新的创新者。因为决定自由创新者数量的因素主要有三个：一是有生产组织方式的权利，二是获得资源的权利，三是使用它们的权利，而这些权利是建立在产权保护制度基础上的。美国 1978 年的《拜杜法案》规定即使是政府出钱的研究成果，所有产权也归学校。而以前这些产权是归政府所有的。这种规则的改变加快了发明转化为创新的进程，该法案实施以后美国大学申请的专利实现了爆发式的增长。

### （二）市场规模

从我国产业发展的横向市场空间来看，由于地方保护主义及市场分割，使我国产业发展的竞争范围大大缩小。从我国产业发展的纵向市场空间来看，部委制度供给的模式决定了我国产业与产业之间的融通也是受到限制的。我国产业发展的行政门槛太多，管制太多，产业发展缺乏竞争的环境。地方保护和行业垄断使我国市场被分割，不仅制约了产业发展的大国优势和市场规模优势，并且大大提高了产业发展的成本，尤其是制度性交易成本。以信息化为例，由于成本太高，我国上网人数占全国人口的比例正在下降。为什么我国信息化成本高？从技术上讲，一条光纤基干网就可以满足全国人口的需求了，但我国已经有六条，现在某部委还在建另外一条。部委分割了纵向市场，而地方政府则分割了横向市场。再如我国医药行业流通环节交易成本相当于国外的 2~3 倍，主要原因就是地区分割导致我国药品零售环节连锁率较低。

## (三)产业垄断

我国产业垄断并不是市场竞争的结果，它有三大特点：一是政府主导的垄断，如行政许可、行政性合并，行业垄断。二是从产权结构来看，以国有企业垄断为主。2015 年进入世界 500 强的企业中，国企 88 家，民企 6 家；2016 年 103 家上榜的内地企业中，国企接近九成，依然占据绝对优势，而在前 50 强中，清一色都是国有控股企业。我们不是从维护市场的竞争来促进产业的发展，而是通过把企业做大来促进产业的发展。三是从产业来看，我国上游产业(石油、天然气、电力等)基本上是行业垄断。我国供给侧结构性改革的一个重要任务就是要打破产业垄断。各大领域的央企制度究竟是提高了产业的竞争力还是降低了产业的竞争力？这需要经济学家们去做一些实证分析。这种行政式的合并不可避免地会存在不少问题。

我国产业垄断会产生两大后果：

一是推高了我国成本。我国供给侧结构性改革的一个重要方面是降成本。就中美成本比较来看，除了人工成本我国比美国低以外，其他成本，如融资成本、用电成本、天然气价格、物流成本、税费成本、土地成本等我国都比美国高。与美国相比，我国制造业已丧失成本优势。是什么推高了我国的成本？一是产业缺乏竞争从而出现垄断高价。二是政府主导抑制了要素市场的发展。我国这些年成本的上升主要是制度性交易成本的上升，我国降成本也主要是降制度性交易成本。

二是不利于创新。现在我们有多少个行业？按照国际多层分类标准，仅出口产品，两位数编码的行业有 97 个，4 位数编码的行业有 1222 个，6 位数编码的行业有 5053 个，而且还在不断增加。这些新的行业全是过去 300 年里创造的，每一件新产品都可以追溯到它的起源。在这些众多的新产业和新产品中，没有一个新行业或重要产品是中国人发明的！我们现在一些行业缺乏竞争，尤其是一些上游产业被行政垄断。熊彼特所说的大企业有利于创新是指私营企业，并不是指国有企业。越来越多的实证研究证实了地方政府补贴显著地向国有企业倾斜。公司资产规模越大，所获得补贴的额度越高。但在创新等绩效表现方面国有企业普遍低于民营企业。为什么页岩气革命会发生在美国，而不是页岩气藏量比美国还要丰富的中国？一个重要原因是，美国石油、天然气行业大大小小的石油公司有 8000 多家，是产业竞争，而在中国只有 3 家石油公司，是产业垄断。

产业政策的出发点应该是扶持市场而非扶持企业，中国在扶持产业发展的同时却表现出了严重的裙带共产主义倾向①，即没有平等对待非公有制企业。

## 三、以政府为主导的产业发展方式是否符合产业发展规律

从理论上讲，我国改革的目标就是市场决定资源配置，在创新上以企业为主体、市场为导向、产学研结合。但是从实际来看，无论是资源配置（尤其在要素市场上）还是在创新的导向上，政府都还发挥着主导作用，在2008年经济危机后，政府主导产业发展的趋势越来越明显。这可以看出成熟的市场经济体制与不成熟的市场经济体制面对经济危机时的差距。美国更多地由市场主导，政府只是提供有利于产业转型升级和创新的营商环境，不会过多地干预市场和企业的决策行为。而中国完全由政府主导，出台了一系列刺激政策稳增长，大大地削弱了市场的主导作用。产业发展是有规律的，市场主导的国家，产业发展的规律遵守得好，产业发展快。反之，政府主导的国家，产业也发展，但是违背产业发展规律的事也会比较多。市场机制是最有利于产业发展的激励机制。

在我国产业发展的导向上，市场机制的作用不是多了，而是少了。一是只有市场经济体制才能使大众创新自下而上渗透至整个国家。二是市场中配置稀缺资源的选择机制能够决定下一个主导性的技术平台。三是成熟市场中对新企业蓬勃发展的支持被视为优于政府"挑选赢家"或按预先计划增长的能力。缺乏市场需求时，无论发明多么好，都不能转化为创新。来自英国和美国的研究表明，源于市场需求拉动的创新占70%左右。而政府主导的产业和创新很难与这种市场需求对应起来。一方面，创新包含了承认新产品或新工艺的潜在市场。另一方面，创新包括技术知识。试制和设计、试生产和销售正是技术可能性与市场相结合的过程。在市场需求引导下，乔布斯和比尔·盖茨成就了计算机革命，这为上述结论提供了佐证。

政府主导的产业发展就是按政府"挑选赢家"或按预先计划增长的能力来管理产业发展，其前提是专家信息、专家知识的使用。按照哈耶克的分析，这是错误的。在哈耶克看来，经济包括产业的发展取决于分散知识、分散信息的有效率的使用，而不是专家信息、专家知识的使用。在经济活动之中，分散的知识和分散的信息通过人的分散决策、自由选择，并且通过价格信号，就可以达到资源的有效配置。没有价格信号的话，每个人只按照自己的利益去做决策，无法达到有效率的资源配置。市场通常是资源配置的有效方式，其根本原因是市场对分散知识、分散信息的使用是有效率的。为什么我们总是走不出政府管制经济的逻辑？因为我们所说的知识和信息，往往都是专家的专门知识。如果从这个角度入手，那就永远证明不出市场经济会更有效率，而只能证明计划经济更有效率。"早在信息技术革命来临之前，哈耶克（1949年）和冯·米泽斯（1981年）

① Mao, Jie and Tang, Shiping and Zhi, Qiang, China As a "Developmental State" Miracle: Industrial Policy, Technological Change, and Productivity Growth[R]. SSRN, 2017.

就已指出，现代经济不断增长的科技复杂性需要更高程度上的权力下放。”

市场失灵论是产业中政府主导的理论依据。从“二战”后各国的经验来看，那种取代市场的强有力的计划一旦失败，造成的损失会远远超出市场失灵的程度。因而，选择是在市场和较弱的计划之间进行的，其结论是要以民间的活力为主，同时政府也根据需要进行必要的政策性补充。中国面临的其实不是要不要产业政策的问题，而是我国的产业政策太多，已经窒息了市场经济的功能。政府主导的产业发展模式存在以下缺陷：一是缺少制订产业政策和创新发展的各参与方的开放对话机制。二是创新主体企业对市场变化的响应比由政府主导的科技计划快捷得多，政府对市场变化的响应会十分迟钝。因此，政府主导的创新体系适应性效率低。如 2009 年政府花了数千亿补贴农民买过时的家电产品，使得中国家电产品的更新换代推迟了五年。三是政府主导模式将放大“不确定性”的破坏作用。如由于许多地方政府都从政策上支持光伏产业的发展导致光伏产品生产太多而价格被压到了成本以下。

产业发展到底是由政府主导还是市场主导的关键在于是否把权力关进制度的笼子里。政府与市场的边界本来就是模糊的，若行政权力受到制约，那么市场的力量和作用就会显现出来。这可以从美国和苏联两个案例看出来。一个是成功把权力关进制度笼子里的。罗斯福“新政”期间，政府试图大规模干预经济，被许多大公司以自己的“法人”权利受政府侵犯为由抵制，最高法院宣布政府干预经济的活动违宪，从而制约了政府干预经济。另一个是没有把权力关进制度笼子里的。苏联改革中出现了两种不利于产业发展由市场主导的因素，一是抑制国家部门中分权化管理因素，即国家部门支配非排他性拥有的资源，实际上是把租金占为已有。他们通过对财富创造过程的控制而获取租金。各部委的焦点就在于争夺从无效率的经济体制获取更多利益的位置。各部委都想控制更多的资源和掌握更多的规则制定的权力。二是抑制扩大私人部门的因素。从国有部门向私人部门的转移活动减少了经济官员们获取租金的可能性。为什么国企改革阻力重重？产权不清晰会导致人们争相攫取稀缺的经济资源和机会。如国有经济产权不明晰就会产生大量的租金，国有经济在市场中的腐败成为国有资产流失的重要因素。

产业发展中的政府主导与市场主导并不是绝对的。让市场决定资源配置和更好地发挥政府的作用就是对这两者关系的一个准确的定位。但是处理好这两者的关系涉及两点，一是政府与市场的边界是否因权力关进制度的笼子里而确定。二是政府促进产业发展的能力是极为重要的。而这两点又是相互联系的，前者更重要。这从中外新能源产业政策上的差异可以看出能力的高低。新能源汽车产业方面，美国以四档税额抵免政策为主，而直接补贴政策以事后性方式落实到消费端，研发补贴侧重于电池和零部件的生产，对车企的帮扶主要采用贴息贷款的方式；日本政府同样注重税负优惠措施，在新能源汽车的购买环节上给予直接补贴。欧盟注重在汽车保有或使用环节的优惠税收政策，在研发方面主要靠企业对市场的需求与竞争作出反应，而非补贴。而我国则是直接进行成本补贴，以乘用车为例，仅中央政府就可最高补贴 6 万元，有些车型的成本都被政府买单了，最后导致一些生产厂家直接骗补。国外对产业补贴的特点是以不破坏市场机制为前提，并尽量弥补市场的不足。而我国的产业支持政策则是试图替代市场加快产业发展。什么样的产业政策对市场干扰最小？我国的一些产业政策几乎替代了市场机制，扭曲了价格、成本信号，扭曲了激励机制，甚至导致寻租盛行。值得指出的是，欧美国家的产业支持以非人格化交换为前提，即市场导向的惯例。而我国的产业支持则是以人格化交换为前提，即创造关系导向的惯例。在这种体制下，只有与政府搞好关系才有资源。这就使大量的潜在创新者难以转化为现实的创新者。

## 四、产业发展资金使用效率是否高效

这里主要探讨两大问题，一是产业发展的资金是政府出资为主效率高还是民间出资为主效率高；二是为什么我国政府在产业发展上出资较多，对我国产业发展的负面影响是什么，其根源是什么。

中国产业发展的资金从什么地方来决定着钱的使用效率。联合国的课题研究表明，我国一些产业将近70%的研发投入来自不同级政府，而美国、德国、日本产业的研发投入70%主要来自产业自身(企业、个人的投资)。这些年来，尽管我国产业发展的资金来自企业的比例在提高，但我国政府通过各种方式投资的资金比许多国家都要高。从政府那里争取产业发展的资金而不是从市场上获取资金从表面上看仅仅是一个资金来源不同而已，但实际上是一个体制问题。如弗里德曼所说，这世界上用自己的钱为自己买东西是最有效率的(简称模式1)，而政府一般是用张三的钱为李四买东西是最低效的(简称模式2)。总体来看，同样规模的一笔投资，模式1的效率比模式2的效率要高得多。从历史上看，欧美国家的经济发展，多半由模式1来推动，也就是由私有部门为主组成市场决定资源配置的体制，积极性与驱动力都存在于企业家之中，政府只是起支持作用。而在当代的亚洲、非洲与拉丁美洲，经济发展主要由模式2推动，政府对发展道路的考虑和对经济干预较多。

从产业创新投入效果来看，有三种主要的投入方式：

一是美国革命性创新绝大多数产生于风险资本资助的中小企业，而不是大企业。在产生革命性结果之后，这些中小企业逐步成长为大企业。科尔内教授的分析表明，近百年全世界87个革命性的发明绝大多数是从发达的市场经济中产生，而其中超过85%都产生在美国。这就是我们前面讲的模式1。

二是欧盟国家设立政府主导的风险资本，与美国不同的是，欧盟国家风险资本的主体是政府，而美国是民间。它类似于我们前面讲的模式2。投入主体不对，投入再多资金也难以产生预期效果。现在中国各级政府建立了好多个政府资助的投资基金，据统计到2015年底总，共有780多家政府引导基金，管理着2.18万亿元的投资基金，5倍于世界上其他VC基金的总和，中国现在成了最大的VC、PE资金国。政府投资基金(模式2)和私人投资(模式1)不一样，会产生三大问题：(1)没有办法保证政府的投资基金真正投资于值得投资的项目，因为花钱的人的利益与投资亏不亏没多大的关系；(2)政府的投资基金创造了巨大的寻租空间和腐败空间；(3)政府投资也会导致逆向选择，即不具有企业家精神的人会冒充企业家(张维迎，2017)。

三是苏联和东欧集团曾经在相当长的时间里，政府直接投资产业或研发项目，其花费在研发上的费用占 GDP 比例远远高过市场经济占比最高的国家，是全世界最高的。这是典型的模式 2，用张三的钱为李四买东西。我国这些年尽管采取这种方式的比例有所下降，但考虑到上述政府资助的投资资金，我国政府在产业发展上的出资比例仍然偏高。一方面，政府通过税费及各种方式从国民收入这个蛋糕中切得多多的，然后政府有关部门又以各种方式把这些资金分发到各个产业。这也叫资源重新配置追赶型经济。这种产业发展投入模式除了低效以外，还会产生以下问题：

(1)挤占效应。从宏观上看，政府在国民收入分配中切的蛋糕多并用这块蛋糕中的一部分去投资、支持产业发展，必然导致民间用于投资的减少。我国投资主要由三大块构成：其中，基建投资约占 1/4，房地产投资约占 1/4，制造业投资约占 1/3。这些投资中政府和国有企业占比比较高。从财产收入结构来看，美国居民的财产性收入占美国 GDP 大概 1/4；而中国居民的财产性收入占中国 GDP 比重不到 3%。从投入方面看，这些年我国经济增长中资本的比重越来越高，劳动的比重越来越低。关键在于，投资较多的政府及国有企业资本的收入越来越高，而劳动的收入越来越低。结果是收入分配向政府倾斜，向国有大企业倾斜。为什么这些年我国内需上不来，重要的原因之一是我国政府占有较高的投资比重。利率管制放开后，本以为市场机制作用的结果应该是民营企业获得的资金会越来越多，因为民营企业的投资回报率是较高的。但是，实际上国有企业，尤其是城投公司(又叫地方政府融资平台)反而明显地在金融市场中挤出了民营企业，占据了更大份额的金融资源。汇总上千家城投公司的微观财务数据可以发现，其平均总资产回报率(ROA)明显低于其融资成本(城投债的票息率)。换言之，城投公司的投资回报率覆盖不了其融资成本。相比之下，产业公司的 ROA 明显高于城投公司。

从微观上看，政府对产业投资或对产业财政补贴是否会影响产业界自身的投资量？从实证分析来看，有挤进的结果，也有挤出的结果。如基于战略新兴产业 254 家上市公司数据进行实证研究(肖兴志，2017)发现，政府财政补贴挤出企业自身的研发投入。但是无论是挤进或挤出都有一个不容忽视的后果，那就是导致企业寻租行为，只有与政府搞好关系的企业才能获得资源，政府补贴将扭曲企业投资行为。

(2)扭曲效应。政府对产业或企业的投资还会产生扭曲效应。从政府投资产业对创新的影响来看，Hu 等(2017)利用中国 2007—2011 年数据，验证了我国专利数量与企业研发投入以及企业劳动生产率的正向关系较弱，专利涌现这一现象更可能是政府激励政策推动的结果，而非企业生产技术日益成熟的表现，再次反映了政府对激励机制的扭曲。为获取政府补贴，得到上述信号，企业也会向政府发送一些虚假信号，如创新类型和盈利表现。由于信息不完全性，政府在挑选研发类补贴对象时依赖于企业上一阶段创新的成果或者企业申报补贴程序中的“研究队伍”等信息，企业会采取行动掩盖自己二次创新或策略性创新的行为向政府发送创新信号以获取补贴。另外，政府出于自身综合目标考虑，会向盈利差的企业进行补贴扶持，故企业会通过“负向盈余操作”以隐瞒自身良好业绩，骗取补贴。政府投资产业(补贴)的扭曲效应表现为，企业把眼睛不是盯着市场，而是盯着政府，政府的许多补贴扭曲了市场价格信号，如电动车的成本基本是

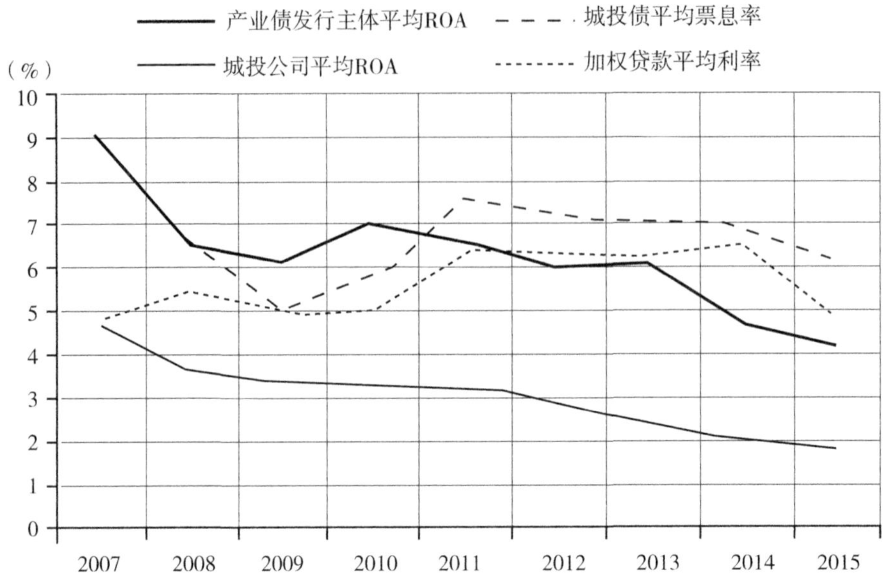

数据来源：Wind

政府买单。

(3)漏损效应。政府投资产业许多以项目形式来进行。漏损效应主要表现在两个方面：一是各个部委分发下去的项目，存在着委托代理问题，这表现为有效产出没有保障的问题。无论是委托方还是代理方，都存在信息不对称的问题。这些项目大多是申报制，一些可能与科技发展及社会需要并不十分吻合，但为了把项目申报下来，这里面虚构的部分是不可避免存在的。这些项目也有验收，但并不是市场价值实现的验收，而是同行或专家的验收，不少是走过场的。项目中的经费使用存在许多漏洞。二是各部委或地方委托下去的项目，可能会出现逆向选择和道德风险问题。会申报的或有关系的人会申报到更多的项目，而这些人并不一定是项目的最佳实施人。这些也被工业革命之后许多政府的实践所证明。很多政府都尝试将创新作为工程项目来做，但大多不尽如人意。

(4)错配效应。所谓错配效应，是指政府在投资产业过程中，由于信息不对称、体制及利益等方面的原因出现了产业投资的理想领域与实际领域的偏差。这主要表现在两个方面：一是在不同行业投入上的错配。如一般来讲，政府投资产业主要支持基础科学发展，而民用产业则主要由企业提供资金。我国基础研究投入占财政科技投入份额约为10%，占 R&D 支出的比重仅为 6%，其他国家在不同发展阶段这一比例大致稳定在10%~20%。在欧美国家，庞大的用于民用产业的 R&D 都是由企业提供资金的。但为什么我国政府不热衷于基础研究的投入？这与我国经济体制和政府管理体制有关。我国政府长期以来有追求 GDP 增长的考核体制。能够马上带来 GDP 增长效应的不是基础研究，而是那些应用型研究。这些产业的科技投资应该由市场和企业来决定，政府投入到产业，不仅不利于产业科技进步，甚至有可能使产业科技进步的内在动力机制被破坏。

政府直接投资产业很难把激励机制搞对。二是同一行业内的错配。政府部门为了平衡各地关系，也会导致产业内投入的错配。如某部搞了一个电动车的十城千辆计划，谁也吃不饱。十城千辆总共就是一万辆轿车，而两三万辆车才达到规模经济的要求。所以我们的资金使用是低效率的。

（易杏花　卢现祥）

## ◎ 评论

该文从制度和组织层面的视角，运用制度经济学中制度供给相关理论研究我国产业发展中的若干重大问题，指出我国产业发展面临的主要问题是政府参与或干预过多，在很多方面用众多的政策来替代了整体的制度安排，导致了企业的注意力不在市场而在于怎么贴合政府的政策和寻找制度的空缺。由于缺乏底层适应性制度，过多过杂的政策之间产生了冲突和负面影响，并提出我国供给侧结构性改革的一个重要任务就是要把政府主导的产业发展体制转向以市场主导的产业发展体制，对我国产业发展有着重要指导意义。

制度是一个含义广泛的概念，从原始部落的社会组织形式和风俗习惯到现代社会的法律和政府制定的管制规则，都可以称之为制度。对于制度的定义，经济学家们各抒己见，康芒斯认为制度是为了控制个体行为，诺思认为制度提供了人类相互影响的框架，构成了一个社会，或者更确切地说一种经济秩序的合作和竞争关系，制度是一个社会的游戏规则，更规范地说，它们是为了规范人们之间的相互关系而设定的一些规则等。归结起来，制度就是约束人类行为的一些规则。关于制度的功能，经济学家们也是智者见智。林毅夫认为，制度提供了安全(对付不确定性)与经济(规模经济和外部效果内部化)两方面的功能服务，张春霖认为资源配置功能和行为动力功能是制度的两个基本功能，刘世锦则将制度的功能分为激励、配置、保险和约束这四个方面。总体来说，制度决定了社会和经济的激励结构。因此看来，制度在社会和经济生活中至关重要，一个适应社会的制度，能够促进经济社会的良好发展，反之，则可能带来无效率的状态。文章中指出，我国在涉及产业发展基本规则方面，并没有上升到产业制度层面(主要表现为立法)，而是由各部委出台本部门产业发展方面的政策。我国部委制度使我国产业政策过多、过泛、过滥，加上政府的有限理性及机会主义行为导致产业政策的低效。由此可见，产业制度的确立是我国目前亟待解决的事情。

经济学要解决因为资源稀缺而引发的利益冲突问题就需要运用相应的规则即产权来解决这样的问题。由于不同的产权学派研究产权问题的出发点和着力点不同，他们对产权的内涵各取所需，无法形成统一的产权定义。结合欧美国家实行的产业制度如专利保护制度、自由企业制度和有限责任制度等来看，这些制度明确了产权保护，有利于降低交易中因双方产权纠纷等导致的巨大交易费用，极大地鼓励和促进了企业的创新和产业的高速度、高质量发展。而我国的现实情况是没有明确的产权界定，不同利益集团为了最大化自身利益进行了多次博弈，并出现了泛滥的产业政策，在一定程度上阻碍我国产业的创新能力。从产权结构来看，我国以国有企业垄断为主。作为国有企业所有者的国家，其所有者职能的行使只能通过各个具体的政府管理部门来实现，但由于部门利益的差异，使得国有企业缺乏真正负责的所有者，形成了事实上的产权“虚置”。政府主导的产权结构抑制了市场要素的发展，产业缺乏竞争从而出现垄断高价，从而进一步促使我国产业发展成本提高，产业发展创新动力不足。同时处于劣势地位的中小企业面临着行政门槛过多、融资难贷款难、缺少专业的技术人才和管理人才等问题，在一定程度上加大其交易费用，使中小企业的发展与创新面对较大的挑战。

寻租是安·克鲁格最先使用的。布坎南认为，租金是指支付给要素所有者的报酬中超过要素在任何可替代用途上所能得到的报酬的一部分。寻租就是在非市场领域，通过政治行动获得比通过市场活动所获更多的报酬。文章《专卖制度演变“寻租”经济学分析——基于明代盐业专卖的案例》中指出，封建制度盐政管理的特点就是政府利用国家垄断的地位将食盐官收销商、切断商灶购销关系，以行政手段创租，控制盐、灶、商以服从王朝的利益。明代盐业专卖制度的变迁充分反映了寻租。明朝的盐政制度基本上沿袭宋代的专卖制度，实行开中法。开中制度是明初最基本的盐政制度。明朝中期，受私盐冲击，盐引难支难销，从而导致明朝的盐政出现三次大壅积，为解决这一问题，明朝决定实行纲运制度，商人持引，到纲册上登记注明的支盐点支盐发卖。纲运制度的确定进一步深化了寻租现象，政府开始公开地进行创租行为，专卖商阶把更多的精力和资源投入到非生产活动来迎合统治者的要求，巩固自己的专卖垄断地位。奥尔森认为寻租过程给社会带来了限制和约束，减慢了社会增长率。寻租的结果是社会资源的浪费，文章中指出，国外产业补贴是在不破坏市场机制的前提下，遵循市场规律，尽量弥补市场不足。而我国产业补贴扭曲了价格、成本信号，扭曲激励机制，在这种体制下，市场活力受到限制，违背了市场发展的规律，政府投资基金创造了巨大的寻租空间和腐败空间。寻租活动与政府在经济系统中的活动范围与区域大小以及国营部门在整个系统中的相对规模成正比例关系。政府权力缺乏制约，财政分权等因素阻碍了我国经济发展，来源于政治、经济利益集团间的博弈决定了经济政策的走向。因此我国在发展社会主义市场经济的过程中，要处理好政府与市场的关系，使市场在资源配置中起决定性作用和更好发挥政府作用，要减少政府对经济的干预，形成以企业为主体，市场为导向，产学研相结合的产业发展模式，减少经济发展中行政审批环节，降低政府官员由于个人投机主义倾向而导致的“寻租”腐败可能，实现市场各要素的优化配置。

（陈艳）

# 基于委托代理模型的企业环境行为研究①

随着经济的高速发展，资源的日趋匮乏和环境的日益恶化等问题开始引起人们的关注，人们越来越重视和谐社会的建设，强调可持续发展，发展绿色经济。本文将重点分析企业的环境行为受哪些因素的影响，如何改善和调整这些因素，使得企业行为更有利于环境保护，同时使企业自身有更好的发展。国内外关于绿色经济的研究有很多，一般分为三类：第一类是概念介绍，第二类是运行机制分析，第三类是企业的实证分析。对于第一类，胡海军(2007)在文章中指出了什么是绿色经济以及它的微观经济基础。刘荣、赵光洲(2008)概括了循环经济的本质，并提出了影响企业发展循环经济的因素分析，他分别从资源、环境与国家政策三个角度分析了对企业行为的影响。对于第二类，孙晓伟(2009)在文章中通过利益比较、博弈分析和委托代理理论分析得出，利益驱动是企业实施循环经济的动力来源。可以通过财政补贴、价格政策、科技投入等方式，降低企业实施循环经济的成本，达到企业行为转变的目的。对于第三类，J. Alberto Arago 和 Correa(2006)通过发放 108 份调查问卷，进行方差分析得出的结论是那些积极发展循环经济的企业往往有较好的财务表现。S. X. Zeng(2011)通过在中国北部的实地调查，运用回归分析，得出的结论是污染程度不同的企业受到的影响因素不同，污染程度较轻的企业环境表现与经济表现拥有较强的相关性；并且，环境效益与财务指标有较强的相关性，而与非财务指标(如市场占有率、公司发展等)有较弱的相关性。

## 一、影响企业行为的因素分析

我们将影响企业环境行为的因素分为两类：一类是来自外界的，另一类是来自企业自身的。其中，外界的包括政府管制、社会公众的参与和市场需求。企业自身的压力来自于经济效益和社会效益。

政府管制：因为只有符合环境检测要求的企业才有权利运营企业，避免来自政府的惩罚，因此，企业必须遵守这些规定，才能避免不必要的损失。由此可见，来自政府的环境管制对企业有着相当重要的作用，并且这种作用是可以推动的。

社会因素：社会的影响来自于一些大众的传媒和行业的协会，这些传媒机构会对企业的声誉带来重要的影响，因此，为了长期的发展，企业会很看重他们的评价，环境友

① 参见邹伟进，裴宏伟，王进．基于委托代理模型的企业环境行为研究[J]．中国人口·资源与环境，2014(S1)：51-54.

好型企业显然会提高他们的声誉。

市场需求：市场的影响因素来自于两个方面，竞争者的表现和消费者的需求。这两种需求会产生两方面的影响——积极的和消极的。积极影响是企业通过实施循环经济，增强自身竞争力，满足消费者需要。但是，市场需求也会产生负面影响。

自身因素：存在两种影响——市场扩张和利润提升。市场扩张要求企业的产品具有更高的品质，更好的声誉，这将成为绿色经济的推动力量，这些因素推动企业有更好的环境表现。而利润提升一方面需要增大销售量，另一方面也要降低成本，这就涉及绿色经济的成本问题，因而其对发展绿色经济的影响也是未知的。

图1中，环境效益是通过减排和其他环境效益来衡量的，减排包括减少污染物的排放、能源消费和选择具有环保标志的产品；经济效益可直接通过财务和非财务指标来衡量。财务指标包括销售额、利润等，而非财务指标包括市场份额、销售区域、消费者的数量等。

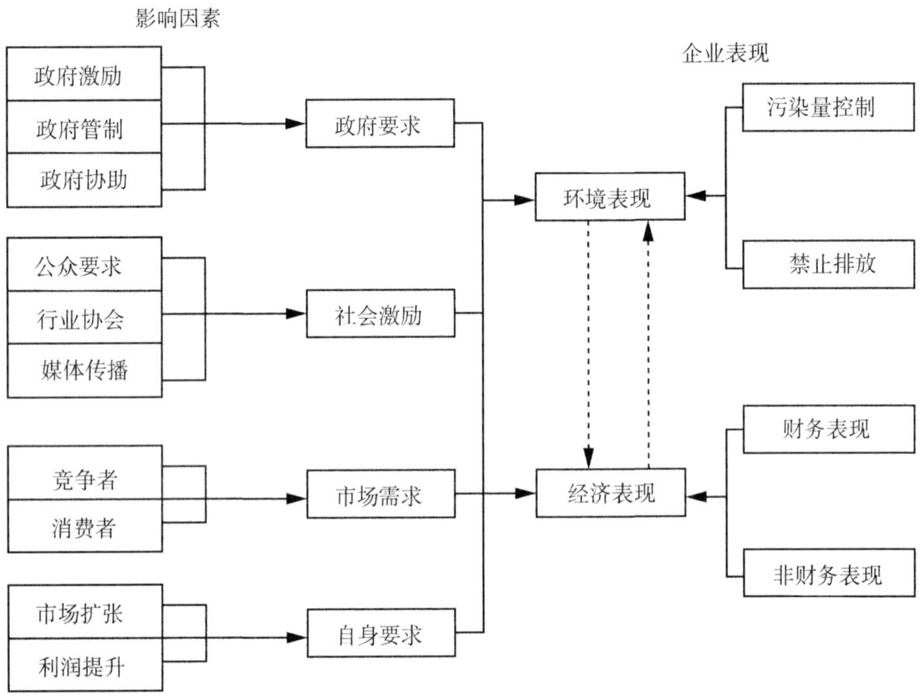


图1　各影响因素与企业行为的传导模型

对于影响因素，政府要求起着主要作用，政府协助是指政府可以给企业提供技术财务等的支持。市场驱动因素包括两个方面：竞争者的要求和消费者的要求，竞争者是指来自同行业实施环保政策的压力。买者也更愿意购买利于环保的产品，尤其是当这些产品与自身利益相关的时候。

## 二、企业行为选择——基于委托代理模型

### (一)政府与企业的相互关系

当政府不能对企业付出的努力进行完全的检验，从而每个企业试图只付出少于它能够付出的努力时，就存在潜在的道德风险。我们一般将有机会施加道德风险的人称为代理人，将另一方称为委托人，因此，企业为代理人，政府、市场和社会为委托人。代理人从可能的行动集 $X$ 中选择一种行动 $x$，$x$ 为企业的努力程度。

#### 1. 模型的基本假设

假设 1：所有的效益均可用货币来度量。

假设 2：根据图 1 的传导模型可知，企业在履行绿色经济职责时，有两个收益：经济效益和环境效益。假设企业经济效益生产函数为 $y = ax + bs + \varepsilon$，其中，$y$ 是经济收入，$x$ 是企业在绿色经济上作出的努力程度，$a$ 是市场为企业带来的边际收益，$b$ 是社会为企业带来的边际收益，$\varepsilon$ 是一个随机变量，$a \in R$，$b > 0$。

环境效益生产函数为 $Y=\lambda x + \varepsilon$，其中，$Y$ 是环境效益，$\lambda$ 为环境改善的边际收益，即增加一个单位投入时环境可改善 $\lambda$ 个单位($\lambda > 0$)，环境改善体现在减排等行为上，$\varepsilon$ 是一个服从均值为零，方差为 $\sigma^2$ 的正态分布的随机变量。

假设 3：企业的努力成本函数为 $c(x) = \frac{1}{2}cx^2$，$c > 0$，$c$ 表示成本系数，$c$ 越大，企业进行一单位努力所花费的成本越大。它与企业发展循环经济的能力呈负相关，企业能力越强，单位成本越小。

假设 4：企业是风险规避的，政府是风险中性的，政府的激励政策分为两部分，一部分是只要企业参与循环经济建设，政府即奖励固定数额资金 $k\alpha$，$0 < k < 1$，$k$ 表现了政府对企业的重视程度，这部分资金与企业的努力程度无关。另一部分是激励补贴，是指企业的努力水平 $Y$ 超出环境标准 $\alpha$ 的超额奖励，假设奖惩因子为 $\beta$，$0 < \beta < 1$ 反映了企业对发展循环经济的风险分担。因此政府与企业签订的契约为：

$$\begin{aligned} S(Y) &= k\alpha + \beta(Y - \alpha) \\ &= k\alpha + \beta(\lambda x + \varepsilon - \alpha) \\ &= \beta(\lambda x + \varepsilon) + (k - \beta)\alpha \end{aligned} \tag{1}$$

#### 2. 企业的最优行动

企业有两类收入和一类支出，一类收入是政府给予的补贴，即签订契约的收入 $S(Y)$，另一类收入是其自身获得的经济效益，支出是它努力的成本 $C(x)$，故其货币收入为：

$$
\begin{aligned}
w &= S(Y) + y - C(x) \\
&= \beta(\lambda x + \varepsilon) + (k - \beta)\alpha + ax + bx + \varepsilon - \frac{1}{2}cx^2
\end{aligned}
$$

企业是风险规避的，企业的效用函数有不变的风险规避度，$u = -e^{-\rho w}$。其中$\rho(\rho > 0)$是阿洛——帕拉特绝对风险规避量，企业面临的风险成本为：

$$\frac{1}{2}\rho \mathrm{Var}(Y) = \frac{1}{2}\rho\beta^2\sigma^2$$

故企业的确定性收入为：

$$CE = (\beta\lambda + a + b)x + (k - \beta)\alpha - \frac{1}{2}cx^2 - \frac{1}{2}\rho(\beta\sigma)^2$$

企业的目标为最大化利润 CE：maxCE。

St：CE $\geqslant \bar{u}$（$\bar{u}$ 为企业参与减排的机会成本）　　(2)

其一阶条件为：

$$\frac{\partial \mathrm{CE}}{\partial x} = 0$$

即：$(\beta\lambda + a + b) - cx = 0$，或 $x = \dfrac{\beta\lambda + a + b}{c}$

所以，一旦给定$(\alpha,\ \beta)$，企业的激励相容约束为 $x = (\beta\lambda + a + b)/c$。即在达到利润最大化的条件下，企业的努力程度为 $x = (\beta\lambda + a + b)/c$。

### 3. 政府的最优行动

政府为风险中性，故其期望效用等于期望收入：

$$
\begin{aligned}
E(V(Y - S(Y))) &= E(Y - S(Y)) \\
&= E\{\lambda x + \varepsilon - \beta(\lambda x + \varepsilon) + (k - \beta)\alpha\} \\
&= (1 - \beta)\lambda x - (k - \beta)\alpha \qquad (3)
\end{aligned}
$$

政府的问题是选择$(\alpha,\ \beta)$，解下列优化问题：

$$\max E(Y - S(Y)) = (1 - \beta)\lambda x - (k - \beta)\alpha$$

$$\text{s.t.}\begin{cases}(\beta\lambda + a)x + (k - \beta)\alpha - \dfrac{1}{2}bx^2 - \dfrac{1}{2}\rho(\beta\sigma)^2 \geqslant \bar{u} \\ x = \dfrac{\beta\lambda + a + b}{c}\end{cases}$$

将约束条件代入目标函数，上述优化问题可重新表述如下：

$$\max z = \frac{\beta\lambda^2}{b} - \frac{(\beta\lambda)^2}{2b}2b - \frac{\rho\beta^2\sigma^2}{2}$$

其一阶条件为：

$$\frac{\partial z}{\partial \beta} = 0 \Rightarrow \beta = \frac{\lambda^2}{\lambda^2 + b\rho\sigma^2}$$

至此，我们得出了激励相容约束下的政府与企业的最优行为：

$$\begin{cases} \beta = \dfrac{\lambda^2}{\lambda^2 + b\rho\sigma^2} \\ x = \dfrac{\beta\lambda + a + b}{c} \end{cases}$$

上述条件意味着，企业必须承担一定的风险，企业承担的风险$\beta$取决于风险规避度$\rho$，随机变量的方差$\sigma^2$、努力成本系数$b$以及环境效益产出系数$\lambda$。极端情况下，如果企业是风险中性($\rho=0$)时，最优激励合同要求企业承担完全的风险($\beta=1$)。另外，承担风险大小$\beta$与风险规避度$\rho$、努力成本系数$b$和随机变量的方差$\sigma^2$呈负相关，与环境效益产出系数$\lambda$呈正相关。由于$b$，$\rho$，$\sigma^2$都是外生变量，由企业和政府控制，故我们可以令$e=b\rho\sigma^2$，固定$e$，令$e$分别等于1，5，10。来观察$\rho$与$\lambda$的关系。从图2中，我们可以发现，随着环境边际产出收益的增大，政府的边际补贴额起初增加的很快，曲线很陡峭，但后来迅速趋于平缓，我们可以通过对$\beta=\lambda^2/(\lambda^2+b\rho\sigma^2)$进行二次求导找出拐点，在这个点上政府的激励作用是最为有效的。从经济意义上来看，政府可以通过企业的环境效益产出系数的大小，确定自己的补偿力度，以达到效率的最优化。

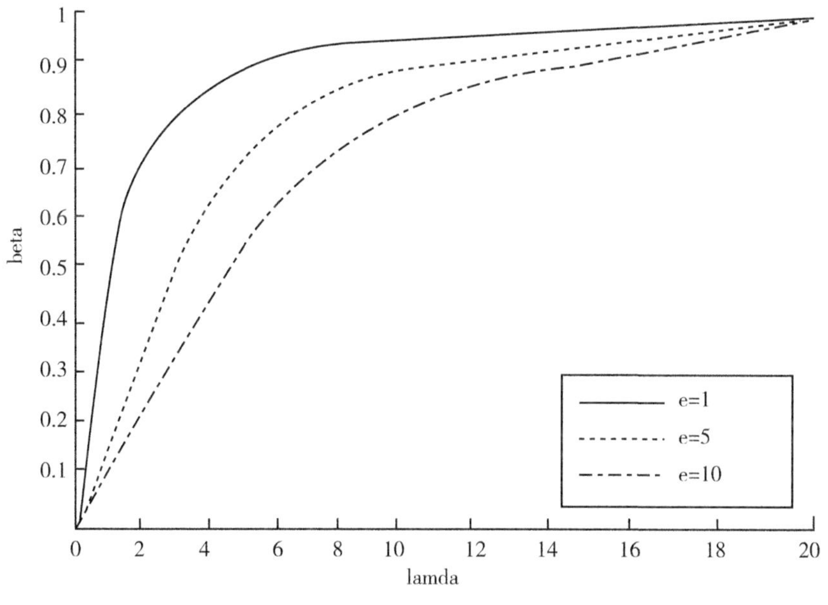


图2　风险规避度与环境改善的边际收益之间的关系

另一方面，随着$e$的增加，曲线的凸度在减小，当$e$趋于无穷时，$\beta$趋于零，这在现实中的含义很明显，对于减排成本小、风险规避度小、不对称信息小的企业，政府应增大补偿力度，激励其承担更高的风险，这样有利于提高发展循环经济的效率。对于企业来讲，由于企业的最优努力水平为$x=(\beta\lambda+a+b)/c$，根据上文定义可知：$\lambda/c$是企业的环境效益投入产出系数，由此可知，企业的最优努力水平与政府的风险补偿成正比，风险补偿越大，企业的努力程度越大；$\lambda/c$是曲线的斜率，又称边际效益。

由此可见，企业的努力水平取决于市场和社会的激励作用与自身实施绿色经济的成本的比值。所以，社会媒体要对实施绿色经济的企业加大宣传力度，行业协会提高环保标准，以此激励企业更好地保护环境。市场要建立更完善的价格机制，增大正面的引导，降低反面的阻力，以此激励企业更好地发展。

### (二)市场对企业的影响

虽然发展绿色经济会在一定程度上增加企业的运行成本，但总体来说会增强企业的竞争力。如果创业能提高劳动生产率，充分利用资源，在一定程度上是可以降低成本、提高生产力的。另一方面，环境保护是企业的一个新的竞争机会，随着环保时代的到来，企业必须把环境战略变成企业管理中的一个重要的问题，引起企业足够的重视。现在，环境法规、环境成本和消费者的需求偏好等竞争要素的改变极大地影响了企业的战略决策依据、方法和过程，并创造了一个崭新的竞争舞台。

## 三、结论与建议

本文试图解决的问题是政府、社会和市场应该如何引导企业，确定风险补偿的激励额度，从而引导企业自主地实施减排措施，发展低碳经济；而企业如何在现有的激励措施下达到最优的努力水平，实现环境效益与经济效益的最优化，从而达到一种多方的和谐。通过上文的阐述，我们可以得出如下结论：

(1)政府在设立激励机制时，首先需要同企业制定一个最低减排标准，然后根据标准完成情况进行补贴或惩罚。对于减排成本小、风险规避度小、不对称信息小的企业，政府应增大补偿力度，激励其承担更高的风险，这样有利于提高发展循环经济的效率。

(2)增加固定的补贴额度对代理人努力工作没有激励作用。通过式(3)可知，企业的努力程度与支付给企业的固定补贴$\alpha$无关，只与风险补偿因子$\beta$有关，但是，固定补贴也不能太低，若固定补贴过低，企业拒绝与政府签订契约，无法达成合作，因而至少要满足式(2)的约束。

(3)由于企业与政府之间存在信息不对称，对于企业的努力程度政府是无法确切地知道的，政府只可以通过观察减排的效果来推断企业的努力程度，但减排效果不仅受到努力程度的影响，还会受到一些随机因素的影响，而减少这种信息不对称有两种方法：一种是增加监督成本，政府可以设立专门的监督机构；另一种是建立长期契约，政府可以通过契约获益来对企业的欺骗行为实施惩罚。

(4)市场要建立更完善的价格机制，增大正面的引导，降低反面的阻力，以此激励企业更好地发展。企业应提高生产效率，公开自身的努力水平，以减少信息不对称。

(5)企业改善环境行为符合企业的长期利益。由于企业的最优努力水平为$x=(\beta\lambda + a + b)/c$，风险补偿系数$\beta$已由政府给定，故企业可以通过引进先进设备，提高生产效率，减小努力成本，从而提高努力水平。从长期来看，企业发展绿色经济可以降低成本，提高可持续性，扩大市场占有率，从而增强市场竞争力。因此企业应积极寻找改善环境的经济增长点，使得环境与经济同步发展。

（邹伟进　裴宏伟　王进）

## ◎ 评论

布坎南(1977)指出："经济学越来越接近于成为一门合同科学而不是一门选择科学……"委托-代理理论，即所谓的合同理论，迅速被现代制度经济学接纳。本文首先从政府管制、社会需求、市场需求和自身需求四个角度分析了影响企业循环经济行为的因素。然后构建了委托代理模型，核心问题就是要解决政府、社会和市场应该如何引导企业，确定风险补偿的激励额度，从而引导企业自主实行绿色发展；而企业如何在现有的激励措施下达到最优的努力水平，实现环境效益与经济效益的最优化，从而实现和谐发展。结果表明，在信息不对称条件下，企业推行绿色管理模式的努力水平，取决于这种努力能够带来的经济效益、环境效益与努力成本之间的比值。

关系密切的人们之间往往目标是一致的，他们彼此了解，相互信任，彼此交流信息，为完成任务都竭尽全力。比如家庭关系，各成员每天生活在一起，彼此了解，并且由于血缘关系而会为他人着想，为了家庭的利益行动时会互相沟通。然而在陌生人之间所建立的委托-代理关系中，委托人和代理人并不经常为完成任务而相互沟通并竭尽全力，更经常地是他们往往出于自身利益的考虑而行动。如果代理人可以采取某种委托人不能察觉到的行动或是拥有某种委托人不能获知的信息的话，为什么不利用它们来提高自身的利益呢？因此，委托人会尽可能地去监督代理人的行为和探知代理人所拥有的私人信息，并以此使代理人为委托人的利益而行事。然而，这一切都不是免费的，要监督和获得代理人的私人信息，委托人必须付出代价，或是在察觉到代理人的行为偏离了委托人的目标时对代理人进行惩罚，目前的问题是委托人对代理人的偏离行为的惩罚手段是有限的。由此，委托-代理问题的存在就在于这两点：第一，委托人与代理人目标函数不一致；第二，由于信息的不对称以及信息的获取、对代理人行为的监督需要花费交易费用。

为了解决委托-代理问题，使代理人为了委托人的目标而努力，有两种方法可以参考。其一，用直接监督和强制命令的办法来控制代理人；其二，委托人制定一种规则，这种规则可以激励代理人出于自身利益的需要而追求委托人的利益，这就是机制设计理论。

（陈艳）

# 企业家精神与绩效：制度研究视角①

## 一、前　　言

在目前的研究中，不论古典与新古典的企业理论，还是契约学派的企业理论，抑或资源基础的企业观，企业的企业家理论和企业的管理者理论，这些理论都试图回答什么是企业？它是怎么产生的？其内部结构和外部关系如何？企业是如何运作的？由于其分析角度和侧重点不同，作出的解释也不一样。然而，上述观点已经受到另外一种分析视角的挑战，研究者认为企业行为更广泛地受到社会、文化、传统、习俗等因素的影响，我们把这种观点称为制度框架派。

在制度框架里分析企业尤其是中小企业的行为在转型经济中具有更现实的意义。在转型国家里，企业家的精神将发挥潜在的重要作用，促使经济体制从计划经济向市场经济的转变。一些经验证明在转型的环境里，当一个地方的市场化改革很慢或者只是部分推进时，社会的制度背景成为了关键因素。企业家精神会呈现出许多不同的表现形式并且企业家们会采取很多种策略(David smallbone，2001a)。企业家的行为，可以反映出对于外部环境和关键稀缺资源的“迎合性”。例如，私人的关系网在帮助企业家们获取资源起到了关键性的作用。

在这种背景下，本文从社会制度和习俗的角度来分析企业家精神和影响因素。在企业家精神的研究方法里，有两种趋势：一种着重企业创业的外部条件，例如对某个行业的预期利润、进入壁垒和融资障碍等；另一方面，采用个体的方法，力图探讨创业与企业家个人的背景、动机及社会环境之间的关系等。在本文的研究中，我们试图将上述两方面结合。尽管对中小企业进行实证研究的难度是学术界所公认，但是通过一定地区一定样本的随机调查与企业家面对面访谈结合的方式获取必要的信息，最后在这些信息的基础上进行一定的统计分析。

## 二、文献综述

在诺斯的理论中，制度是一个社会的激励制度框架，或者是社会中的游戏规则，是

① 参见肖建忠，易杏花，David Smallbove. 企业家精神与绩效：制度研究视角[J]. 科研管理，2005(6).

人们自己制订的约束条件，以此来规范人类社会的活动(North，1990)。诺斯的理论侧重外部的政治、经济、社会舆论、习俗对于个人行为的影响，进而从正式或非正式制度的角度来评价。它们使得交易更加稳定(Dallago，2000)。正式的制度中包括与政治和经济相关的惯例和大众习俗，在非正式的制度中包括行为规范、价值观和道德规范。

非正式制度和正式制度相互依赖，非正式制度从正式制度中得到，并且正式制度又不停地在修改。更重要的是，非正式制度强化正式的制度框架。制度理论将非正式制度理解为一种文化规范，它影响着个人的价值观和企业家行为。并且，消费、储蓄、投资行为的特点也会随着社会的不同而多样化。从某种程度上讲，文化决定了一个社会是否习惯于为将来的生活储蓄，或者更加强调“活着就是要消费，享受生活每一刻”，进而决定了运用于创业的个人储蓄的数量。

在形成企业行为的非正式机制中，信用扮演了十分重要的角色，个人信用无须正式制度便可以存在，当正式制度让人不满意或者当人们对相互的表现不满意时，非正式制度便交替地促使对于制度的不信任的产生。Leipold(1999)定义了在转型经济中的一种“不信任综合征”，这种症状产生于社会主义时期，那时存在着过多的家庭、朋友之间的裙带关系，人们之间的信任可以弥补不完善的正式制度框架，因此继续在企业家的世界里扮演重要的角色，使制度框架更适合于市场经济(Raiser，1999；Smallbone，Welter，2001b)。

非正式制度在正式制度“缺失”的地方会起更大的作用，例如，文化影响了人们的储蓄和消费行为或习惯，从而影响企业创业所需的资金。区域传统对企业家树立在社会中的地位则有特别的作用。文化与传统因素互相作用，并紧密植入经济活动中。在这样的背景下，企业家的典型行为是经常利用社会网络(networking)和个人关系(personal connection)创业和发展。社会网络一定程度上可以作为正式市场营销网络的替代，它在不同的转型国家有不同的表现形式，例如有的国家中小企业与政府部门建立密切的联系；有的国家中小企业依靠个人关系招聘职员。而在企业家不相信法律制度时，他们转而依靠私人之间的信任。

在这样的背景下，我们可以假设，正式和非正式制度可以帮助我们解释企业家精神的特定气质和在转轨经济中企业的特定行为。在中国转型期间，传统经济体制处在不断变革中，而支撑市场机制运行的法律体系还很薄弱，促使企业家作出不同于成熟市场经济条件下的选择。因此，本文提出如下假说，并试图通过实证予以检验：我国正处在转型期，法律体系不完善，社会信用体系尚在建设中，小企业在“不确定”的环境中进入与成长，不得不采取某些替代的行为来最小化交易成本。

## 三、对华中地区的调查研究

我们对上述假说的检验，是通过对中小企业的问卷调查进行的①。课题组于2003

① 中小企业的定义分歧较大，我们采用国际通行标准之一：以从业人数划分，在250人以下的企业称为中小企业。

年组织了企业实地调查，共发放问卷750份，回收问卷600份，回收率80%；其中有效问卷566份，有效率75.5%。在有效样本中，调查企业主要分布在湖北省，其中制造业企业233家，涉及食品、服装、轻工、制药、化工、电子、汽车配件、钢铁等行业，从产品系列来看，绝大部分产品属于劳动密集型产品。

在国外研究中小企业有程序化的做法，但是这些方法不能直接应用在国内，因为以信函或电话调查的方式在中国目前的环境下一般不能获得令人满意的信息反馈，因此，课题组采取的是利用个人社会关系与政府部门联合调查相结合的方式，同时问卷的设计尽量避免涉及企业资产、销售额、员工人数实际数额之类的问题，进而采取折衷方式，例如“企业员工人数”答案分为四个区间，分别是1~9人、10~50人、51~250人以及251人以上。

### (一)样本描述

表1是关于本次社会调查的整体描述，主要反映被调查企业的行业分布、员工人数以及所有制性质。

表1 **小企业的统计描述**

| | 数量(个) | 比例(%) |
|---|---|---|
| 行业 | | |
| 农林牧副渔 | 25 | 4.4 |
| 采掘业 | 27 | 4.8 |
| 建筑业 | 53 | 9.4 |
| 制造业 | 233 | 41.2 |
| 批发零售 | 117 | 20.7 |
| 餐饮宾馆 | 66 | 11.7 |
| 电子产品、IT | 20 | 3.5 |
| 教育卫生服务 | 25 | 4.4 |
| 所有制 | | |
| 个体私营 | 208 | 36.7 |
| 集体 | 135 | 23.9 |
| 公司 | 205 | 36.2 |
| 合资 | 17 | 3.0 |
| 企业规模(以员工人数衡量) | | |
| 1~9 | 114 | 20.1 |
| 10~50 | 214 | 37.8 |
| 51~250 | 237 | 41.9 |
| 251 | 1 | 0.2 |

资料来源：根据中英合作项目(PEK/0992/316)2003年企业调查。

从表 1 可以看出被调查的企业主要集中在制造业、商业、餐饮业等，这种分布与我国小企业的总体分布是一致的。

其中被调查的制造业企业的发展目标见表 2。

表 2　　企业的发展目标：制造业与其他行业的比较(回答数)

| 目标 | 制造业 | 电子产品、IT | 批发零售 |
|---|---|---|---|
| 收入的增长 | 132 | 5 | 67 |
| 企业利润的增长 | 194 | 19 | 90 |
| 员工就业的增长 | 115 | 8 | 55 |
| 资产的增长 | 126 | 13 | 63 |
| 满足个人的兴趣 | 19 | 7 | 10 |
| 发展到一定程度后转手 | 3 | 0 | 5 |

资料来源：同表 1。

企业发展目标是企业的一种追求，从表 2 可以看出，制造业企业的发展以利润最大化为主要目标，在这样的目标下，小企业的行为就是真正意义上的市场化行为。其中被调查的制造业企业的进入动机见表 3。

表 3　　企业家进入动机

| 动机 | 回答数(个) | 比例(%) |
|---|---|---|
| 独立的愿望 | 56 | 12. 3 |
| 获得高收入的愿望 | 92 | 20. 2 |
| 事业上满足的愿望 | 158 | 34. 7 |
| 提高社会地位 | 80 | 17. 6 |
| 不满意以前的工作 | 19 | 4. 2 |
| 失业的压力 | 15 | 3. 3 |
| 抓住市场机会 | 108 | 23. 7 |
| 家庭的继承 | 5 | 1. 1 |
| 上级单位的委派 | 30 | 6. 6 |

资料来源：同表 1。

从表 3 可以看出，进入行为有宽泛的动机，从赚钱到独立、提高社会地位，以及失业的压力，等等，有经济利益因素，也有心理、社会及他人影响等方面的因素。

从上面的统计结果可以看出：小企业在追求利润的背后，创新精神发挥越来越重要的作用，在当前的情况下，创新精神的内涵却表现出多样化的形式，如追求个人财富、个人成就，提高社会地位，追求企业赢利等，这些已经成为中小企业成长的重要推动力。

## （二）研究假设

由于我们的变量相当一部分是有序分类变量，例如受教育程度、对朋友的信任度、技术领先的重要程度，等等，因此我们采用了相关分析来检验构成企业家精神的诸多变量与企业进入后的成长之间的关系。因变量分别是就业的增长和销售收入的增长，关于就业的增长我们获得实际的数值，但是销售收入的增长只能用有序分类变量代替。相关分析的主要目标是对两种有序变量间的关系程度进行的测算，基本计算公式是：

$$\tau = \frac{\sum_{i<j} \mathrm{sgn}(x_i - x_j)\mathrm{sgn}(y_i - y_j)}{\sqrt{(T_0 - T_1)(T_0 - T_2)}}$$

其中，
$$\mathrm{sgn}(z) = \begin{cases} 1, & z > 0 \\ 0, & z = 0 \\ -1, & z < 0 \end{cases}$$

$$T_0 = \frac{n(n-2)}{2};\ T_1 = \sum t_i \frac{t_i - 1}{2};\ T_2 = \sum u_i \frac{u_i - 1}{2}$$

在上面的条件中，$t_i$（或$u_i$）是$x$或$y$的第$i$组结点$x$（或$y$）值的数目，$n$为观测量数。

### 1. 关系网络

中国文化强调社会的优先地位，个人对家庭、群体利益的服从，社会关系在资源配置中发挥着重要作用，这些特征使关系网络在中国能够轻易地找到理论的原型和证明的依据。关系网络这一带有文化特征的资源对于企业的创业行为有深刻的影响，其形成有深刻的历史渊源，尤其在中国转型过程中由于制度环境的不确定，现代中国企业仍然运行在这些无法计量的社会和经济关系网络中。在我们对制造业233个企业的调查数据中试图从两个方面来检验其效应。检验集中在两个层次，一个是纵向层次上与政府官员的关系；另一个是横向层次上与销售商、竞争对手的关系。变量主要有四个：一是商业信誉，二是政企关系，三是战略关系，四是关系销售。

假设1：中小企业的成长绩效与关系网络紧密相关，小规模企业倾向于通过关系销售的方式来避免市场风险。

### 2. 组织资源

企业的组织资源包括管理、技术、人力资源、融资、产品特征，等等。在资源基础的企业观看来，基于自身稀缺的资源企业可以发展起可持续的竞争能力。技术创新能力和管理的专长尤其对企业的进入后成长有利。在没有外部关系网络支撑的中小企业，它们尤其重视企业内部资源的优化和整合，这些组织资源主要有产品与服务质量、技术创新、成长意愿、计算机信息化应用，等等。

假设2：企业家除了战略性地利用其与政府官员、供应商、客户的关系外，注重实事求是地实施企业规划，市场销售、技术创新与计算机信息化的应用也是其关注的组织能力。

3. 制度环境

市场环境可以看作影响创业的制度因素。制度指一系列基础性的政治、社会、法律规则以建立生产、交换与分配的基础，它通过正式的制度与非正式的制度来调节经济活动。例如，文化影响了人们的储蓄和消费行为或习惯，从而影响企业创业所需的资金。区域传统也被证明对企业家树立在社会中的地位有特别的作用。在调查中以企业家对地区基础设施和保障公平交易的市场环境和法律制等方面的评价来反映。评价分5个等级，1代表很不满意，2~4代表满意度逐渐提高，5代表非常满意。

假设3：制度环境的优劣影响企业的绩效，满意程度越高，一般对企业进入后的成长越有利。

4. 企业家特质

企业家个人的特征对企业家精神和企业进入后的绩效历来被证明有影响，例如，英国相当多的实证研究在此方面都有分析。这些个人信息包括企业家的学历层次、工作经验、创业时的年龄，甚至性别。

假设4：企业家的学历层次和以往的工作经验对企业的业绩有重要的影响。

## (三)变量与模型

1. 变量

本次问卷调查关于影响企业创业后成长的内容中，适合作为研究影响企业成长绩效的变量有以下共19个变量，详见表4。

表4　**影响企业绩效的变量**

| 变量 | 变量定义 | 变量属性 |
| --- | --- | --- |
| 商业信誉 V1 | 对商业伙伴的信任 | 5分量度 |
| 政企关系 V2 | 对政府官员的信任度 | 5分量度 |
| 战略关系 V3 | 与客户、供应商的战略关系 | 5分量度 |
| 产品质量 V4 | 产品和服务质量的自我评价 | 5分量度 |
| 技术创新 V5 | 对企业技术研发能力的自我评价 | 5分量度 |

续表

| 变量 | 变量定义 | 变量属性 |
|---|---|---|
| 企业家的教育层次 V6 | 企业家的学历层次 | 有序变量，小学为 1，初中为 2，中专为 3，大专为 4，本科为 5，MBA 为 6 |
| 工作经验 V7 | 以前的工作经验 | 哑变量，有为 1，无为 0 |
| 成长意愿 V8 | 企业对创业后的成长意图 | 5 分量度 |
| 销售协议 V9 | 企业有没有和客户签订销售协议 | 哑变量，有为 1，无为 0 |
| 销售集中度 V10 | 销售给最大的 3 个客户占销售额的比例 | 有序变量，20% 以下为 1，21% ~ 40%为 2，41% ~ 60% 为 3，61% ~ 80%为 4，81%~100%为 5 |
| 计算机信息化 V11 | 企业有没有运用信息化技术 | 哑变量，有为 1，无为 0 |
| 产品创新 V12 | 企业有没有开发新产品 | 哑变量，有为 1，无为 0 |
| 基础设施 V13 | 基础设施的满意度 | 5 分量度 |
| 维权制度 V14 | 对维护企业利益的法律的满意度 | 5 分量度 |
| 引资制度 V15 | 对吸引投资的法律的满意度 | 5 分量度 |
| 市场环境 V16 | 公平交易的市场环境的满意度 | 5 分量度 |
| 劳动力市场 V17 | 对劳动力市场的满意度 | 5 分量度 |
| 公共交通 V18 | 对公共交通的满意度 | 5 分量度 |
| 电讯服务 V19 | 对电讯信息服务的满意度 | 5 分量度 |

## 2. 结果

上述变量的相关系数矩阵见表 5，从表中可以看出，各自变量与因变量之间不存在严重的共线性问题。企业绩效与商业信誉、政企关系、企业家的教育层次、关系销售、产品创新等变量有显著的正相关关系，而且相关性比较显著，由此可以支撑假设 1。

地区环境中企业家对地区基础设施和市场环境的评价均较低，以 5 分制为衡量标准，两者中值分别是 3. 16 和 2. 93。在调查中我们还请企业家对法律环境、交通、通讯、劳动力供给等方面作出评价，相对来说，市场环境的评价最低。

企业家个人的特质(以教育学历层次为代表)与企业组织资源有显著的正相关关系，企业家个人的教育(学历)层次越高，在内部组织、管理方面的重视程度就越高。它与企业进入后销售收入的增长呈显著的正相关关系。但是从企业家个人来说，对地区市场的评价表现出相当程度的负相关水平。这基本上支撑了前面的假设 4。

表 5 企业成长绩效的回归结果(因变量：企业销售收入)

| 变量 | 方程 1 | | | | 方程 2 | | | |
|---|---|---|---|---|---|---|---|---|
| | Beta 系数 | $T$ 值 | VIF | Tolerance | Beta 系数 | $T$ 值 | VIF | Tolerance |
| 常数 | | 2.086 | | | | 4.158 | | |
| 商业信誉 | 0.072(*) | 1.651 | 1.071 | 0.934 | 0.078(*) | 1.846 | 1.023 | 0.977 |
| 政企关系 | 0.091(**) | 2.034 | 1.123 | 0.890 | 0.085(**) | 1.967 | 1.105 | 0.905 |
| 战略关系 | -0.010 | -0.210 | 1.155 | 0.866 | | | | |
| 产品质量 | 0.046 | 0.823 | 1.684 | 0.594 | | | | |
| 技术创新 | 0.063 | 1.059 | 1.562 | 0.640 | | | | |
| 教育层次 | 0.085(**) | 1.863 | 1.197 | 0.835 | 0.081(*) | 1.813 | 1.160 | 0.862 |
| 工作经验 | 0.026 | 0.596 | 1.063 | 0.941 | | | | |
| 成长意愿 | 0.025 | 0.545 | 1.131 | 0.884 | | | | |
| 销售协议 | 0.114(**) | 2.428 | 1.192 | 0.839 | 0.115(***) | 2.641 | 1.146 | 0.873 |
| 销售集中度 | 0.066 | 1.480 | 1.139 | 0.878 | 0.073(*) | 1.65 | 1.116 | 0.896 |
| 产品创新 | 0.090(***) | 2.025 | 1.113 | 0.899 | 0.094(**) | 2.146 | 1.078 | 0.928 |
| 信息化应用 | 0.120(***) | 2.620 | 1.197 | 0.835 | 0.120(***) | 2.661 | 1.163 | 0.860 |
| 基础设施 | 0.077 | 1.447 | 1.585 | 0.631 | | | | |
| 维权制度 | 0.165(***) | 2.899 | 1.861 | 0.537 | 0.129(***) | 2.978 | 1.691 | 0.591 |
| 引资制度 | -0.119(**) | -1.972 | 2.077 | 0.481 | -0.094(*) | -1.7 | 1.723 | 0.580 |
| 市场环境 | -0.04 | -0.075 | 1.536 | 0.651 | | | | |
| 劳动力市场 | 0.038 | 0.841 | 1.144 | 0.874 | | | | |
| 公共交通 | -0.014 | -0.291 | 1.375 | 0.727 | | | | |
| 电讯服务 | -0.060 | -1.331 | 1.162 | 0.860 | | | | |
| $R$ | 0.359 | | | | 0.327 | | | |
| $R^2$ | 0.129 | | | | 0.107 | | | |
| $F$ 值 | 3.656(***) | | | | 8.658(***) | | | |

注：*** 代表 1%水平上显著；** 代表 5%水平上显著；* 代表 10%水平上显著。

方程 1 是全部变量进入回归方程的结果，方程 2 是采用 Backward 方法排除所有不符合判据的自变量后的回归结果。方程各解释变量的容忍度指数显著大于 0.1，VIF 指数均小于 10 大于 1，从而可以拒绝它们之间的共线性问题，不会对结果产生较大影响。

方程 1 表明，商业信誉、对官员的信任、企业家的受教育程度、关系销售、产品创新、计算机信息化以及维护企业权益的法律制度等变量与因变量呈正相关，而吸引投资的法律制度、市场环境、公共交通、电信服务等区域环境因素与因变量呈负相关。在排除所有不符合判据的自变量后，方程2的自变量可以解释因变量含义的70%，表明了类似的结论：在制度环境不完善的情况下，企业家不得不利用更多的“资源”，如对商业伙伴、官员的信任，在产品销售中更多地采用关系销售策略，区域制度环境对中小企业的影响也不容忽视。

## 四、基本结论

经过相关统计分析，我们可以推断：影响企业家进入的最主要的制度环境是非正式制度，包括社会价值观、人们之间的信任、企业(个人)的信用等，日益成为关系网络的组成部分，和其他形式的资本一样，关系网络也成为生产性的，使某些目的的实现成为可能。而在缺少它的时候，这些目的不会实现。企业家在激烈的竞争环境之下以及在追求创新并使其商业化的目标之下，各种组织和各类人员一定的相互协作关系和网络，推动了企业的创业和进入后成长。

但是关系网络在制度环境不完善的情况下，关系网络带有一定的特殊性，由于传统关系网络的局部过密及与政治权力的过度联系，也造成了许多问题。突出地体现为：(1)经济组织形式的家族化，不仅不利于企业规模的扩大，而且损害了现代信用机制的建立。(2)人际关系和政治权力的结合，使得企业不得不千方百计地寻求官员的保护和支持，这样可能加剧了腐败的可能性。

在这样的情况下，一个激励企业家创业的制度创新是今后的工作方向。企业家的成长是一个社会发现的过程，它离不开社会经济的制度环境。可能有人空洞地把完善经理人市场、完善风险投资体制作为灵丹妙药，但是这类观点没有意识到，在一个受现成制度约束的经济里面，也会限制了一部分或很大一部分的经济活动，也就是说，存在于非正式制度下的规则、传统等可以取代正式制度的作用。这些活动可以是地下的经济活动，也可以是公开的和合法的“擦边球”活动。企业家的创新往往就是在这里酝酿和推动的。因此从创新活动的角度看问题的话，承认非正式制度比一味去完善现有的制度更重要。

（肖建忠　易杏花　David Smallbove）

### ◎ 评论

企业家精神(entrepreneurship)中的 entrepreneur 源自拉丁语动词 in prehendo-endi-ensum，意思是去发现、去感知、去认识和去俘获。熊彼特认为，企业家精神是建立一种新的生产函数，是把一种从来没有过的关于生产要素和生产条件的“新组合”引入生产体系。很自然，企业家精神是长期经济增长背后的驱动要素。Baumol 认为一个经济体能否实现持续增长，关键在于企业家精神是配置到创新等生产性活动中还是配置到寻租等非生产性活动中。一个很明显的例子是，就自然资源禀赋和国家的资本投入而言，浙江省并不优越甚至落后于全国平均水平，但是凭借活跃的私营经济，浙江自改革开放以来的经济发展速度远高于其他大多数省份。这表明能否制定有利于发挥企业家精神的制度和政策对于经济的持续发展来说是至关重要的。《企业家精神与绩效：制度研究视角》一文，从制度的角度对于转型经济中的企业家精神进行分析，该文经验性地分析了在湖北省进行的企业调查数据，提出了在转型经济中正式的和非正式的制度，对企业的创新绩效以及经济增长产生重要的、不可忽视的影响。

20世纪30年代以来，随着新古典经济学的兴起，厂商理论作为现代微观经济理论的标准内容占据了主流地位，企业家在经济学中的地位消失了。尽管有时提及企业家，但是企业家在经济中所起的作用和职能已经不存在。企业家只是根据边际成本等于边际收益的原则确定均衡产量和均衡价格，从而生产经营活动只是一个计算的过程，根本不需要企业家的职能作用。

企业家从新古典经济理论中消失与现代企业理论的核心假设有关。等产量线、产出和要素生产三方面的统一需要一系列假设。现代企业理论的核心是生产函数、理性选择和完全信息。这些假设排除了企业家的作用，也难以与企业家共存。从现代企业理论看，企业是一个黑箱，自动地运行，投入进去，通过生产函数转变为产出，没有任何企业家活动的位置。现代微观经济理论，它的最基本和有力的分析，是反复将优化技术应用于广泛的领域。企业家只是负责选择变量的优化值。给定一定条件，优化值立即被确定。企业家不是处于实际活动之中，而是站在经济活动之外，俯瞰并选择机会变量的最好构成。对于消费者，通过效用函数给定了偏好，同时给定了价格和收入，选择一系列商品，以使效用最大化。消费者本身并不重要，重要的是选择的一系列商品。

经济增长理论的发展为将企业家精神引入提供了可能性。这种可能性主要体现在技术进步的内生化。因为企业的技术进步是企业家创新活动的结果，而整个经济的技术进步是全社会所有企业家创新活动的总和，即企业家精神的总效应。20世纪80年代以来，随着新增长理论的兴起，技术进步由外生变量转化为内生变量。新增长理论中垄断竞争条件下的模型为企业家精神的引入提供了有利条件。

一般而言，公众对于制度的概念已经比较熟悉。制度分为正式制度和非正式制度。正式的制度包括与政治和经济相关的法律法规、惯例和大众习俗，非正式的制度指行为规范、价值观和道德规范。制度通过两个方面影响企业家精神进而促进经济增长。一是套利。所谓套利就是在市场当中发现资源配置的错配，发现不均衡，然后通过改进资源配置来赚钱，最后推动了经济增长。二是创新推动技术进步。所谓创新就是引入新的产品、新的技术，甚至新的资源。市场的真正功能或者主要的功能不是配置资源，而是推动技术进步。

因此，完善制度环境，培育企业家精神可以从三个方面着手。

第一，非正式制度。非正式制度体现在企业家的经商理念和价值观上，更体现在全社会对商人和经商活动的认知态度和价值观等方面。加快形成企业家顾问机制，吸收优秀的企业家参与政府的规划、政策的制定，政府和媒体应协同引导、营造全社会的“尊商”文化，给予企业家更高的社会名誉和地位，真正践行习近平总书记所倡导的“理解企业家、尊重企业家、爱护企业家、支持企业家”理念。

第二，营造公平、有序的市场环境是企业家精神迸发和繁荣的关键。市场经济制度环境是激发企业家精神的基本因素，在市场经济制度更为完善的城市或地区，企业家精神在经济活动中扮演着更为重要的角色，反之亦然。建立公平、有序的市场竞争机制和制度，既要从法律地位上进一步提升民营企业的地位，消除在资源获取、市场准入等方面的门槛和差别待遇；又要厘清政府和市场边界，推进政府权力法定化、清单化，给予企业家宽松、自由的营商环境，减少企业家寻租、处理政府关系等非生产性活动，提高企业家创新、创业等生产性活动时间，从而更大地发挥企业家精神的经济绩效。

第三，完善创新创业的制度支撑体系，激活企业家精神。企业家精神的激活需要创造优质的创新创业环境，从制度上推动向民营企业、中小企业开放科技资源，引导金融机构支持企业家创业，完善创业保险、担保和风险分担制度，构建创新创业容错机制，以更好地激发和保护企业家精神。

（肖建忠）

# 中国人口转变与消费制度变迁[①]

## 一、引　言

中国的消费制度正在经历深刻变革。从中华人民共和国成立初期到20世纪90年代中期，特别是改革开放前的30年，抑制消费是中国消费制度的基本特征。从1998年开始，进入刺激消费政策的具体实施阶段。一些偶尔涉及新中国消费制度及其变迁的文章，大多从供求关系改变和市场机制引入的角度分析巨变的成因。本文试图说明，人口转变对中国消费制度变迁的重要作用。

200多年前的马尔萨斯(1798)、19世纪的革命导师马克思、恩格斯已注意到人口与社会制度变革、人口与阶级、私有制和国家产生的关系。20世纪60年代以来，E. 博塞罗普、朱利安·西蒙注意到人口压力与耕作方法、土地租佃制度变化等的关系。新制度经济学的代表人物道格拉斯·诺思和P. 托马斯、舒尔茨、拉坦和速水(Ruttan and Hayami)等著名经济学家从人口与稀缺资源、人力资本等角度论证了相对价格与产权变革、人口压力与耕作制度变迁、人力资本与制度需求的关系。还有很多西方学者注意到人口年龄结构变化对社会保障制度的冲击。中国学者研究发现，西汉时期形成的以土地私有产权制度为核心、精耕细作制度为基础、中央集权制度为保障以及这些要素紧密结合为主要内容的制度矩阵与人口迅速增长的关系。制度矩阵中各制度向量在共同演进中的互相强化所产生的网络效果，是中国2000多年来制度变迁路径依赖关系的核心。我们近来的研究也意识到应对人口压力与消费制度选择的关系，但要详细说明中国消费制度变迁中的人口因素，仍有很大余地。本研究的理论意义和现实意义非常明显。一方面，以新中国为个案，研究人口与消费制度变迁的关系，不仅是制度变迁研究的典型案例，而且也是研究人口与制度变迁关系的一个切入点。另一方面，本研究对中国刺激消费政策实施后的制度创新问题，具有政策方面的含义。

## 二、人口转变影响消费制度变迁的作用机制

### (一)人口状况与消费制度选择

人口数量、质量与结构以及人口与经济、社会和资源、环境等的对比所形成的人口

---

① 参见李通屏，李建民．中国人口转变与消费制度变迁[J]．人口与经济，2006(1)：1-6.

经济状况、人口社会状况、人口和资源环境状况等，这些从根本上制约着一个国家消费制度的走向。人口与经济、社会、资源和环境的配合长期所处的状态不同，蕴含的消费制度也不同。人口压力大、经济发展慢，这种发展的制度含义就是要抑制消费；相反，人口压力小、在一个较长时期里经济发展保持较快速度的国家，不可能把抑制消费作为制度固定下来。

需要指出的是，在一定时期内，一个国家对消费制度的选择取决于多种因素，如生产力状况、所有制结构或产权结构、原有消费制度、制度结构中其他制度安排的改变和发展战略等。人口状况仅是其中的因素之一，而且多种因素相互交织、共同作用。考察人口与消费制度变迁的关系必须同其他因素结合起来。

## (二)人口转变对消费制度变迁的影响

### 1. 人口转变为经济增长带来潜在人口红利

人口转变的特定阶段通过人口年龄结构的改变，为经济增长带来潜在人口红利。譬如，20 世纪 60 年代以来，在整个东亚经济的高速增长中，人口转变的贡献为 1/4～1/3；而在东亚奇迹(超出稳态增长率的部分)中，人口转变因素的贡献更高达 1/3～1/2。经济史学家利用欧洲和北美 17 个国家 1870—1913 年的经济增长和人口结构数据进行分析，得出的结论是，新大陆的人均 GDP 增长比旧大陆高 0. 47 个百分点，这个差别的绝大部分(90%以上)可以归结为新大陆人口结构方面的优势，即通过具有年龄选择特点的大规模人口迁移，相对提高了人口结构的生产性。在中国，人口转变通过高储蓄率、充足的劳动力供给和低抚养比，从 20 世纪 60 年代中期开始享受人口红利。改革以来，总抚养比下降对中国储蓄率的贡献大约在 5%左右，对中国经济增长的贡献在 1/4 左右。到 2015 年，人口转变对经济增长的贡献将达到 1/3 左右。

### 2. 人口转变对消费率的影响

人口转变通过人口增长、人口年龄结构的变化影响经济规模、最终消费和劳动生产率，进而影响消费率。

(1)人口转变与经济规模或总量的关系。

$$\mathrm{GDP}=\frac{L}{N}\times N\times\frac{\mathrm{GDP}}{L}=\frac{L}{N}\times N\times e \tag{1}$$

式中，$L$ 表示劳动力数量，$N$ 表示人口数量，$\frac{L}{N}$ 表示劳动力数量占总人口的比重，$\frac{\mathrm{GDP}}{L}$ 表示每个劳动力人口创造的 GDP，即劳动生产率，用 $e$ 表示。式(1) 表示年龄结构 $\left(\frac{L}{N}\right)$、人口总量($N$) 和劳动生产率 $\left(\frac{\mathrm{GDP}}{L}\right)$ 与 GDP 的关系。不仅如此，人口年龄结构变化会对劳动生产率产生影响①。

(2) 人口和消费需求的关系。

$$C_f = N \times (1 + n) \times \bar{c} \times (1 + \bar{c}') \tag{2}$$

式中，$C_f$ 表示最终消费额，它包括居民消费和政府消费。$\bar{c}$ 表示消费水平，$\bar{c}'$ 表示消费水平提高率，$n$ 表示人口增长率。该式从动态角度描述了消费需求量的决定，即消费水平及其增长速度、人口增长速度和原有的人口规模共同决定消费需求。

(3) 人口转变和消费率。

消费率是最终消费在国内生产总值中的比率。用公式表示为

$$c^r = \frac{C_f}{\text{GDP}} \tag{3}$$

式中，$c^r$ 表示最终消费率，GDP 表示用支出法计算的国内生产总值。

将式(1) 和式(2) 代入式(3) 有

$$c^r = \frac{N \times (1 + n) \times \bar{c} \times (1 + \bar{c}')}{\text{GDP}} \tag{4}$$

式(4) 表示人口规模、人口增长率 $n$、消费水平提高率 $\bar{c}'$、GDP 与消费率的关系。人口规模大、增长速度快以及消费水平高、提高速度快，倾向于提高一个国家或地区的消费率；相反，人口增长速度的下降和经济增长速度的加快对消费率的提高很不利。

#### 3. 人口与可供消费的资源之对比关系的变化引发消费制度的演变

随着人口转变的进行，人口与物质资源、自然资源等的对比关系也在逐步变化。人口与经济、社会、自然资源和环境等的对比所形成的相对价格的变化，将引发消费制度的变化。当某种资源消耗的速度或总量超过一定限度时，资源系统的结构和状态就会发生质的变化，从而使原有的消费制度难以为继，只能加以改变。人口增长由高到低的变化，而经济持续的高速运行造成的生产过剩必然形成不同于人口基数大、增长速度快、经济底子薄的短缺经济背景下的消费制度，前者蕴含着对抑制消费的需求，后者则对抑制消费形成强烈排斥。

## 三、人口转变对中国消费制度变迁影响的实证分析

### (一) 人口消费性下降和生产性的上升

在人口转变的同时，人口年龄结构也发生相应变化，首先是少儿人口比重下降，劳

① 法国著名人口经济学家索维(A. Sauvy) 认为，人口老龄化会降低社会吸收新知识和新观念的速度，技术创新的能力会下降，“老化了的人口将会缺乏创造力”。在日本仍处于高速增长的时候，人口学家直广雄川曾正确预言，由于人口老龄化和劳动力老龄化，20 世纪末期，日本的经济增长可能降为 1% 或接近零增长。

动年龄人口比重上升，并且在很长时期里，老龄化提高的程度并不严重，由此形成了消费性下降、生产性上升的人口结构。表征人口生产性的15~64岁人口的比重从1953年的59.3%提高到1995年的66.6%，2000年后已提高到70%以上。以表征人口消费性的总抚养比则迅速下降，由最高时的79.5%下降到1990年的50%以下，2000年以后下降到42%(见图1)。这种状况的发展，将逐步动摇抑制消费的人口基础。

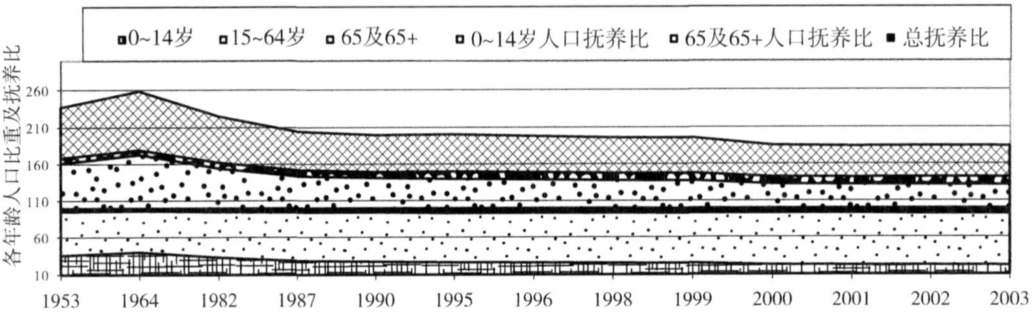


图1　中国人口年龄结构的变化(%)

资料来源：1953、1964、1982、1990、2000年为全国人口普查数据，其他年度的数据来源于国家统计局相应年度的《国民经济和社会发展的统计公报》。

## (二)人口动态和经济动态的比较

人口转变引起人口动态和经济动态的变化，而两种动态的比较决定消费制度的需求。一般说来，抑制消费是对经济基础薄弱、发展速度缓慢而人口多、增长快这种格局的反应，与低下的生产力水平以及在此基础上形成的供不应求相联系。在短缺经济条件下，这种动态使抑制消费的制度进一步强化。当两种动态的比较发生根本变化时，即人口增长率日趋下降，而经济增长率持续保持在高水平，抑制消费就会出现制度非均衡，以至于出现制度变革或制度创新。

根据人口与经济增长速度之比①的变化，可以把50多年来我国人口增长与经济增长的动态过程(见图2)分为两种基本类型：一种是经济高增长而人口低增长；另一种是人口高增长而经济低增长。1952—1976年，我国人口与经济的动态变化主导类型是“人口高增长而经济低增长”。人口从不足6亿增加到9亿以上，年均增长速度为2.06%，GDP年均增速为6.3%，人口与GDP年均增速之比为3.1。1977年后，GDP和人均GDP增长速度快于人口增长速度是这一时期最显著的特征，人口与经济增长之比持续、稳步提高。1990年以来，大多数年份都在10以上，由此使得中国人口经济增长彻底摆脱了“马尔萨斯均衡陷阱”，减少了对消费需求的压力，抑制消费的约束条件放松。

① 人口与经济增长速度之比通常以人口增长速度为1，计算所对应的经济增长速度。其计算公式为GDP增长速度/人口增长速度。详细讨论可参考：李通屏，马秋香．河南省人口增长与经济增长关系的历史演变：走向可持续发展[J]．人口研究，1999(增刊)．

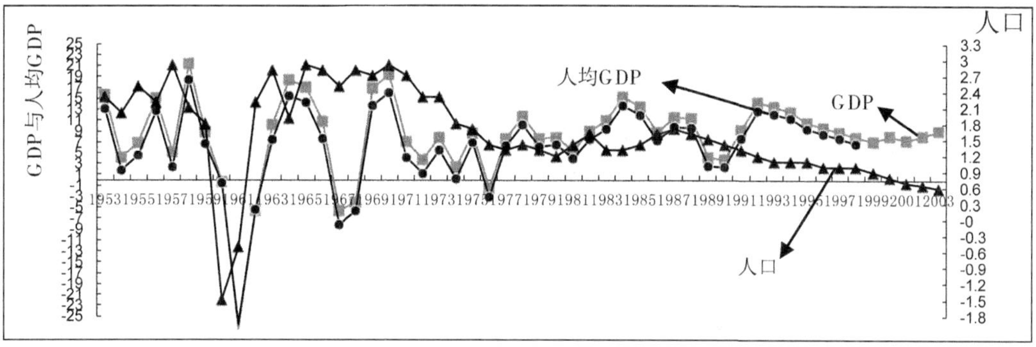


图 2　1953—2003 年中国人口增长与 GDP、人均 GDP 增长比较(%)
资料来源：国家统计局，《中国统计年鉴》，中国统计出版社。

## (三)消费率实证分析的结果

选取主要年份的人口增长率、GDP、消费水平、劳动生产率、劳动年龄人口比重、抚养比等 8 个变量同消费率取对数后进行相关分析。分析结果见表 1。

表 1　**主要年份消费率与中国人口转变、消费水平、劳动生产率和 GDP 相关分析的结果**

| | 消费率 | 人口增长 | GDP | 消费水平 | 劳动生产率 | 15~64 岁人口比重 | 少儿抚养比 | 老年抚养比 | 总抚养比 |
|---|---|---|---|---|---|---|---|---|---|
| 消费率 | 1.000 | 0.831 | −0.956 | −0.888 | −0.943 | −0.914 | 0.906 | −0.931 | 0.905 |
| | | 0.000 | 0.000 | 0.000 | 0.000 | 0.000 | 0.000 | 0.000 | 0.000 |
| 人口增长 | 0.831 | 1.000 | −0.916 | −0.931 | −0.947 | −0.868 | 0.912 | −0.894 | 0.890 |
| | 0.000 | | 0.000 | 0.000 | 0.000 | 0.000 | 0.000 | 0.000 | 0.000 |
| GDP | −0.956 | −0.916 | 1.000 | 0.954 | 0.998 | 0.935 | −0.945 | 0.956 | −0.937 |
| | 0.000 | 0.000 | | 0.000 | 0.000 | 0.000 | 0.000 | 0.000 | 0.000 |
| 消费水平 | −0.888 | −0.931 | 0.954 | 1.000 | 0.965 | 0.937 | −0.957 | 0.981 | −0.943 |
| | 0.000 | 0.000 | 0.000 | | 0.000 | 0.000 | 0.000 | 0.000 | 0.000 |
| 劳动生产率 | −0.943 | −0.947 | 0.998 | 0.965 | 1.000 | 0.927 | −0.944 | 0.963 | −0.931 |
| | 0.000 | 0.000 | 0.000 | 0.000 | | 0.000 | 0.000 | 0.000 | 0.000 |
| 15~64 岁人口比重 | −0.914 | −0.868 | 0.935 | 0.937 | 0.927 | 1.000 | −0.994 | 0.939 | −0.998 |
| | 0.000 | 0.000 | 0.000 | 0.000 | 0.000 | | 0.000 | 0.000 | 0.000 |
| 少儿抚养比 | 0.906 | 0.912 | −0.945 | −0.957 | −0.944 | −0.994 | 1.000 | −0.946 | 0.998 |
| | 0.000 | 0.000 | 0.000 | 0.000 | 0.000 | 0.000 | | 0.000 | 0.000 |
| 老年抚养比 | −0.931 | −0.894 | 0.956 | 0.981 | 0.963 | 0.939 | −0.946 | 1.000 | −0.936 |
| | 0.000 | 0.000 | 0.000 | 0.000 | 0.000 | 0.000 | 0.000 | | 0.000 |

续表

| | 消费率 | 人口增长 | GDP | 消费水平 | 劳动生产率 | 15~64 岁人口比重 | 少儿抚养比 | 老年抚养比 | 总抚养比 |
|---|---|---|---|---|---|---|---|---|---|
| 总抚养比 | 0.905 | 0.890 | -0.937 | -0.943 | -0.931 | -0.998 | 0.998 | -0.936 | 1.000 |
| | 0.000 | 0.000 | 0.000 | 0.000 | 0.000 | 0.000 | 0.000 | 0.000 | |

注：1%的置信水平显著。劳动生产率的样本量为 11，其他变量的样本量为 13。

主要年份即 1953、1964、1982、1987、1990、1995、1996、1998—2003 年，主要是为方便资料获取。

资料来源：人口年龄结构数据同图 1，其他数据来源于国家统计局《中国统计年鉴》相应年份或根据其数据计算。

(1)消费率同人口增长率、少儿抚养比和总抚养比呈正相关，而与 GDP、消费水平、劳动生产率、15~64 岁人口比重、老年人口抚养比这 5 个变量呈负相关。

(2)人口增长率和消费率、总抚养比、特别是少儿抚养比呈正相关，而与 GDP、消费水平、劳动生产率、15~64 岁人口比重、老年人口抚养比这 5 个变量呈负相关。

(3)15~64 岁劳动年龄人口比重同 GDP、消费水平、劳动生产率和老年抚养比呈正相关，而与消费率、人口增长率、少儿抚养比、总抚养比呈负相关。

(4)少儿抚养比的变化与消费率、人口增长率和总抚养比的变化是同方向的，而与 GDP、消费水平、劳动生产率、劳动年龄人口比重和老年抚养比不同向。

(5)老年抚养比的上升与消费率、人口增长率、少儿抚养比和总抚养比反方向变动，但截止到目前，尚未出现老年抚养比对 GDP、消费水平和劳动生产率等造成不利影响的情况。

## 四、结　论

中国人口转变加速了消费制度从抑制消费到刺激消费的转化。但在人口转变的不同阶段，对消费制度的影响不同。在“高出生率—下降的死亡率—上升的自然增长率”阶段，即在死亡率下降主导的人口转变阶段，形成了一个更年轻的人口年龄结构和更高的抚养比。这种特点与短缺经济基础上的较低经济增长速度相叠加，进一步固化了抑制消费的制度。在出生率下降主导的人口转变阶段，即“快速、持续下降的出生率—较低的死亡率—不断下降的人口增长率”阶段，形成了劳动年龄人口比重持续走高、抚养比持续下降而老龄化的程度不是很高这样一种更具生产性的年龄结构。这种人口转变与改革开放条件下的高速经济增长相叠加，加剧了原有消费制度的不均衡，而且把“一高(经济增长)一低(人口增长)”当作不容质疑的理念和政绩考核的标准，使不均衡进一步强化。

在人口转变过程中，消费率下降具有某种程度的必然性。人口转变所形成的人口增长率持续下降、人口结构的消费性下降和生产性上升，虽然产生了“人口红利”，但却具有抵消消费规模扩大、消费率提高的现实可能性，本文的分析证实了这种可能。而随着人口红利的渐趋消失和制度建设的逐步完善，消费率会经历一个上升过程。

中国目前的生育水平之低、自然增长率之低，已出乎许多人的预料。1990年以来，人口增长率由1.4%以上下降到2004年的0.6%以下。按这种趋势推演，大约10年时间，中国人口增长率将降到0.1%以下！比原先预计的零增长提前20~25年。凯恩斯在60多年前发出的警告①、日本50年代中期以后人口增长和经济增长之间关系的案例，值得深思。在需求比预期低且过剩供给不容易改变时，人口增长有助于拉动国内需求，消化高速增长积聚的生产能力。从世界范围看，扩大内需的国家一般不控制人口，控制人口的国家一般不扩大内需。在全面建设小康社会、大力推进现代化建设的新阶段，中国需要适度的人口增长，但不是零增长或负增长。

（李通屏　李建民）

## ◎ 评论

该文运用新制度经济学和人口经济学理论，论证了中国人口转变通过人口增长的迅速下降，人口年龄结构的变化及其带来的人口红利对消费制度变迁的影响，然后通过实证分析揭示出消费率在人口转变过程中下降的必然性和中国保持适度人口增长的必要。文章一方面，以新中国为个案，研究人口与消费制度变迁的关系，不仅是制度变迁研究的典型案例，而且也是研究人口与制度变迁关系的一个切入点。另一方面，本研究针对中国刺激消费政策实施后出现的制度创新问题进行分析，具有政策方面的含义。

中国古代的传统思想是重农抑商，但是宋朝的统治者却鼓励商业的发展。从“今朝半醉归草市，指点青帘上酒楼”，可以看出宋代由于商业发展已经突破了市坊界限，草市也随之有了很大发展。“沿江数万家，廛肆甚盛，列肆如栉”，草市已经发展成为新的商业市区，商业活动范围明显扩大，区域性市场在宋代开始出现。同时，宋朝是中国古代第二个人口高峰，人口数量增长速度较快。社会生产力的巨大发展，社会剩余产品增加，可供消费的奢侈产品也较前代有了很大的增长，从而促使宋朝消费制度发生转变。中国古代消费开始由等级消费阶段逐渐向财富消费阶段转变。正如文章中指出的，考察人口与消费制度变迁的关系必须同其他因素结合起来。生产力状况、所有制结构或产权结构等在一定时期，对一个国家消费制度的选择有着重要的影响。

消费是有历史的，是有文化的，我国传统的消费观念是以节俭为主，如《钱氏家训》讲究“勤俭为本，自必丰亨；忠厚传家，乃能长久”。《朱子家训》则讲“一粥一饭，当思来处不易；半丝半缕，恒念物力维艰”。勤俭不仅是传统文化美德，亦是传统文化持家之方。《颜氏家训》则说“可俭而不可吝也。俭者，省约为礼之谓也；吝者，穷急不

---

① 1937年，凯恩斯英国优生学会上发表了“Some Economic Consequences of A Declining Population”的演说，他发出了这样的忠告：“在需求比预期低且过剩供给不容易改变时，从一个正增长的人口到人口增长下降的转变，其后果很可能是灾难性的。”

恤之谓也”。古人同时也认为，节俭并非吝啬，“俭而不吝”才值得称道。基于传统文化的影响，目前中国积极采取措施扩大内需。

目前全球几乎所有国家，都已经或正将步入老龄化社会，中国也不例外。扩大国内投资、刺激国内消费和扩大外贸出口是拉动经济增长的“三驾马车”。因此当下中国正在与自己赛跑，一方面是要解决人口老龄化带来的负面影响，另一方面是要拉动内需，寻找新的增长点。美国经济学家莫迪利安尼提出生命周期理论。根据生命周期理论，如果社会上年轻人和老年人所占比重较大，那么消费倾向就会提高，如果社会上中年人所占比重较大，那么消费倾向会降低，即总消费需求会部分依赖年龄结构。出生率上升，人口总量会增加，居民消费也会相应增多。劳动年龄人口占据着较高的比重，对消费总量的影响是多方面的，甚至有相互抵消的作用。劳动年龄人口需要承担抚养老人孩子、照料家庭的责任，为自己的老年生活储蓄资金，因此，劳动年龄人口占据较大比重时，居民的消费会减少。老年人口所占比重较大时，由于老年人主要是消费年轻时的储蓄，因此社会消费会增加。但是，由于社会保障制度不完善，遗赠动机等，消费率会降低。给子女多留遗产是传统观念，人总怕晚辈过不好。有的人到晚年还推车摆摊，捡易拉罐，买菜光拣处理的，零钱挤干也要凑上整数存入银行。从而导致我国虽然步入老龄化社会，但我国国内需求仍有较大的释放潜力。

文章中指出，在中国，人口转变通过高储蓄率、充足的劳动力供给和低抚养比，从20世纪60年代中期开始享受人口红利。改革以来，总抚养比下降对中国储蓄率的贡献在5%左右，对中国经济增长的贡献在1/4左右。到2015年，人口转变对经济增长的贡献将达到1/3左右。文章通过实证分析，研究消费率与中国人口转变、消费水平、劳动生产率和GDP相关关系，从而认为中国人口转变加速了消费制度从抑制消费到刺激消费的转化。但在人口转变的不同阶段，对消费制度的影响不同。文章最后指出，在需求比预期低且过剩供给不容易改变时，人口增长有助于拉动国内需求，消化高速增长积聚的生产能力。从世界范围看，扩大内需的国家一般不控制人口，控制人口的国家一般不扩大内需。在全面建设小康社会、大力推进现代化建设的新阶段，中国需要适度的人口增长，而不是零增长或负增长。

（陈艳）

# 可再生能源产业发展路径：基于制度变迁的视角①

人类历史上经历了两次能源结构转型，即从木材时代向煤炭时代的过渡，再经由煤炭时代向石油时代的转变；如今正面临着第三次能源结构转型，即由以石油为主的能源结构向可再生能源时代的演变。从历史的经验看，每一次能源结构转型都经历了一个漫长的时期；而从制度变迁的视角看，一套低效率的制度往往能够长期存在。因此，无论是从历史的经验还是制度变迁的视角，可再生能源产业取代化石能源产业将会是一个长期的过程。从目前常规化石能源日趋枯竭和全球生态环境不断恶化的双重约束背景来看，可再生能源不仅储量丰富，而且可以循环利用，对环境的影响也小，从根本上克服了常规能源存量有限、污染严重的特点，从而有利于能源、经济与环境的可持续发展，同时也是未来经济和技术发展的制高点。尤其是作为世界上第二大能源消费国的中国而言，技术锁定、制度竞争、资源赋存、制度安排、主导价值目标等原因，导致经济和社会发展长期依赖常规化石能源。资料显示：2009 年的能源消费量已达到 $31\times10^8$t 标煤，其中化石能源占 90%以上，煤炭消费占 70%以上。新能源与可再生能源消耗所占比重不足 10%。本文试图运用制度变迁的原理来解释可再生能源产业发展路径，技术锁定、制度竞争、资源赋存、制度安排、主导价值目标等原因综合导致可再生能源产业将会是一个缓慢的过程。

## 一、文献回顾

文献研究表明，不管是从能源安全还是环境要求来看，可再生能源都已成为各国实施可持续发展的重要选择，国内外围绕可再生能源产业如何发展已有相当多的文献。国内对可再生能源产业的研究主要集中在以下几点：一是介绍国外可再生能源产业发展的各个方面。李俊峰、时璟丽(2006)对国内外可再生能源政策进行了综述，并为我国可再生能源发展提出了政策建议。江涛(2005)介绍了欧盟为达到可再生能源技术走向市场的战略目标所依次推行的可再生能源促进计划，非核能技术研究计划和兆卡计划。周良虹、陈志(2010)汇总了国外可再生能源文献信息。二是分析我国可再生能源产业发展战略与政策。史立山(2004)分析了可再生能源产业现状与发展规划。李京京、任东明等(2001)根据可再生能源资源的特性以及它与技术、市场之间的内在联系，从一般

① 参见陈艳，朱雅丽．可再生能源产业发展路径：基于制度变迁的视角[J]．资源科学，2012，34(1)．

系统论的观点出发，对可再生能源资源的系统评价方法进行了研究。张正敏、王革华(2004)分析了我国可再生能源产业发展战略与政策研究。时璟丽(2010)对我国可再生能源电力费用分摊政策进行了研究。李虹、董亮、段红霞(2011)根据自底向上的建模方法构建了中国可再生能源综合评价与结构优化模型(REAO 模型)。刘岩、于渤、洪富艳(2011)论证了可再生能源价值的三个构成要素，并给出了每个要素的计算模型，完善了可再生能源价值与定价理论模型。李虹、谢明华、杜小敏(2011)采用实证分析方法对比分析了中国可再生能源三种补贴措施的有效性。三是分析可再生能源产业发展的技术基础。严陆光(2007)等中国科学院院士及专家对我国大规模可再生能源基地与技术的发展进行了研究。四是可再生能源产业地区发展研究。刘贞、张希良、阎建明(2011)对区域可再生能源规划理论进行了研究。刘威、尚金城(2010)构建了吉林省可再生能源战略环境评价指标体系。

国外对可再生能源的研究比国内早，产业发展也比国内更成熟，鉴于本文研究的需要，只选取了在可再生能源变迁的路径方面的文献。Yuan Xueliang、Zuo Jian(2011)在解读中国十二五规划的基础上，分析了中国的能源政策向低碳方向的转变；Frano Barbir(2009)分析了现有的能源系统如何变迁到以氢为能源载体的可再生能源系统；Binu Parthan，Marianne Osterkorn，Matthew Kennedy et al.，(2010)从可再生能源与能源效率两个角度分析了低碳背景下能源变迁的经验；Olli Tahvonen，Seppo Salo(2001)分析了在经济增长过程中的可再生能源与非可再生能源之间的转变；Bill Eggertson(2002)报道了南非向可再生能源的转变；Moriarty，Patrick(2011)认为可再生能源的转变是欲速则不达；Fronk，Brian M(2010)根据对人口趋势、能源利用率和估算的能源储量的调查表明：全球的能源使用向可再生能源的转变在未来的100年内是必须的，并检查了一个可能的转变方案：即如何实现在这个时间段内向可再生能源时代演变。Matuszewski，Michael(2010)分析了如何把可再生能源与化石能源结合起来向低碳时代过渡。Shukla，P. R.(2010)介绍了印度可再生能源与低碳经济的转变。

综上所述，上述研究对于推动我国可再生能源产业的发展起到了积极作用，但从研究的视角来看，国内文献侧重于介绍国外发展经验、可再生能源产业发展战略、技术以及地区发展状况等方面，很少讨论可再生能源产业发展的路径问题。国外虽有相关文献，但出发点大多是从能源替代与经济发展的角度探讨可再生能源产业的发展路径问题。本文试图从制度变迁的视角，运用技术锁定、制度竞争、资源赋存、制度安排、主导价值目标等原理来讨论可再生能源产业的发展路径。

## 二、制度变迁在能源产业发展中的作用机理

制度是一个含义广泛的概念，国内外学者对制度的理解差异较大。哈耶克认为是一种秩序；科斯则把它看作一种建制结构；诺斯倾向于把它视作一种约束规则；康芒斯则将组织(从家庭、公司、工会、同业协会、直至国家本身)称为制度；与此相应，科斯也将企业称为制度。基于以上认识，我们可以把能源使用形式看作重要的和正式的资源

经济制度形式，那么能源使用形式的变化就是制度变迁，人类历史上能源使用的制度变迁便是木材时代向煤炭时代的过渡，煤炭时代向石油时代的转变，以及即将进行的以石油为主的化石能源向可再生能源的演变。笔者根据历史数据大致勾勒出 1860—2000 年全球能源结构变化趋势图(见图 1)。

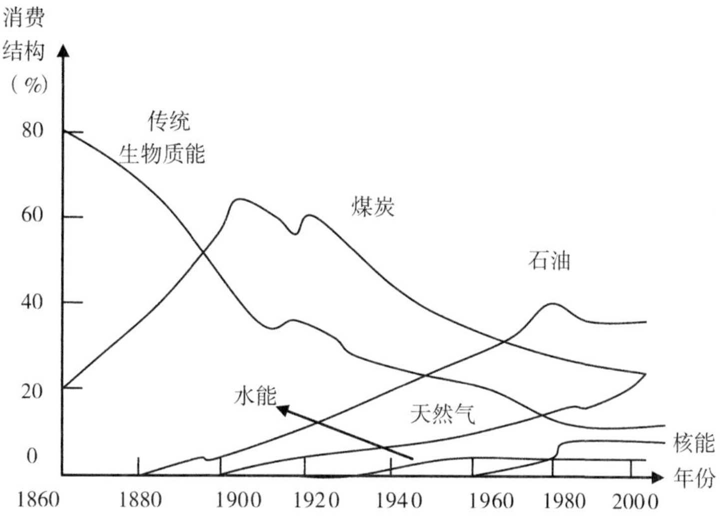


图 1　1860—2000 年全球能源结构变化趋势

任何一种制度要发生变化受多种因素制约，新制度经济学认为制度变迁主要来源于相对价格和偏好的变化。举一个例子来说，在 18 世纪的西欧，人口增长导致相关的要素稀缺性悄然发生了变化：劳动的价值不断下降，土地的价值不断上升。土地价值的上升导致人们为形成排他性的土地所有制和可转让性的土地产权而努力，从而使得日益稀缺的土地资源能得到更为有效的使用。但要素的相对价格和偏好即使发生了变化，也并不意味着必然导致制度变迁。要素的相对价格发生变化只是制度建构的约束条件之一，同时技术条件、主导价值观念、资源赋存以及不同制度之间的竞争同时发生作用才能导致制度变迁的发生和实施。图 2 表明了上述各种制约条件与制度变迁之间的相互关系。

从图 2 中可以得知，资源的相对价格变化、资源赋存、技术条件构成了制度变迁的约束条件，从人类使用能源的历史来看，前两次能源结构的转变就是技术、资源赋存和资源的价格变化所推动的，反过来新的制度安排又进一步促进能源结构转变。如 18 世纪前，人类只限于对风力、水力、畜力、木材等天然能源的直接利用，尤其是木材，在世界一次能源消费结构中长期占据首位。蒸汽机的出现加速了 18 世纪开始的产业革命，促进了煤炭的大规模开采，于是煤炭变得相对便宜。到 19 世纪下半叶，出现了人类历史上第一次能源结构转换。1860 年煤炭在世界一次能源消费结构中占 24%，到了 1920 年就上升为 62%。标志着人类开始进入了“煤炭时代”。19 世纪 70 年代，电力代替了蒸汽机，电器工业迅速发展，煤炭在世界能源消费结构中的比重逐渐下降。1965 年，石油首次取代煤炭占据首位，全球进入了“石油时代”。1979 年，世界能源消费结构的比重是：石油占54%，天然气和煤炭各占18%，油、气之和高达72%。石油取代煤炭完成了能源的第二次结构转换。由此可知，在前两次能源使用形式的制度变迁过程中，技术、资源赋存、资源的价格起主要的推动作用；而能源结构的转变反过来又影响人们的生活方式，形成新的制度安排，学习效应和示范效应又进一步强化了人们对主要能源的依赖，形成当时的价值目标指引下的主流思想观念。

主导价值目标、约束条件、制度安排和制度竞争综合发生作用，导致新的制度建构，当新制度实施以后，如何评价其制度结果，图2给出了两个方面的评价标准：

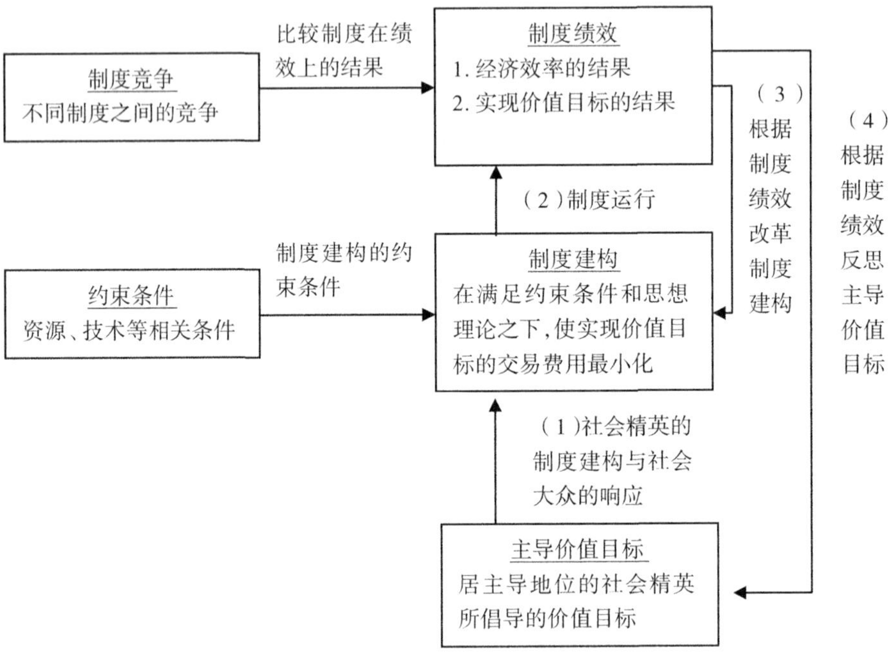


图2　制度建构的形成与变迁过程

(1)制度建构在鼓励人们创造财富方面的效率之高低，即制度在经济效率上的结果，可以用人均收入水平来表示。如煤炭比木材、石油比煤炭能给消费者带来更高的经济效益（评价标准便是最小的投入带来最大的产出）。

(2)制度建构在实现价值目标方面的结果，即是否实现了价值目标。前两次能源使用形式制度变迁发生的时代，经济发展占据主导地位，环境还没有恶化到现在的状况，所以人们的环保意识还刚刚萌芽或根本就没有，在当时的社会，其价值目标就是发展经济，让人们生活得更便捷。从这个角度来看，前两次能源使用形式的制度变迁均实现了社会的价值目标。

## 三、可再生能源产业发展存在路径依赖

传统的化石能源日益稀缺，按目前探明的化石能源资源看，最多可使用上百年的时

间。但能源需求却在不断增加。据国际能源署在《世界能源展望 2009》中的测算，从 2007 年到 2030 年，全球一次能源需求量会以每年 1.5%的速度增长，从 120 亿吨油当量增长到 168 亿吨油当量——总体增幅达 40%。发展中的亚洲国家是这一需求增长的主要驱动因素。随着化石能源的日趋枯竭，可再生能源终将成为化石能源的替代品，但其转变过程受制于制度变迁的路径依赖。

## (一)技术锁定使得可再生能源技术水平在短期内难以获得突破性进展

阿瑟考察了技术演变过程后指出，技术变迁过程中存在着自我强化、自我积累的性质，即技术锁定。这种自我强化机制主要来源于高昂的建立成本、学习效应、合作效应、适应性预期等几个原因。首先，人们对常规化石能源前期已经投入了高昂的建立成本，而人们通过对这项技术的不断投资也得到单位成本不断下降的回报；其次，人们在不断地使用常规化石能源技术的过程中，学会了如何从继续利用中得到更高的回报；再次，每个人的收益因为有更多的人使用化石能源技术而增加；最后，化石能源技术未来还会继续流行的预期，会使个人调整自己的行为，努力使这些预期实现。鉴于此，常规化石能源技术存在的自我强化的机制阻碍了可再生能源技术水平的显著提高。

表 1　**可再生能源电力技术特点**

| 发电技术类型 | | 技术发展水平特征 |
|---|---|---|
| 水力发电 | | 技术成熟，与传统煤电相比，价格竞争力较强 |
| 风力发电 | 并网型 | 技术较为成熟，市场和产业体系初步建立，处于商业化发展初期阶段。目前估算成本略高于传统煤电成本(1~2 倍) |
| | 离网型 | 技术较为成熟，我国已建立国际最大的小风机制造产业市场 |
| 太阳能发电 | 并网光伏 | 技术较为成熟，制造业发达，近几年成本降低较快，目前估算成本仍为传统煤电成本的 3 倍左右 |
| | 离网光伏 | 技术较为成熟，制造业发达，估算成本高于传统煤电成本 |
| | 热电 | 技术不成熟，处于研发和示范阶段。估算成本高于传统煤电成本 5 倍甚至更高 |
| 生物质发电 | | 发电技术类型多样，大部分技术成熟，处于商业化发展初期阶段，估算成本高于传统煤电成本(2 倍左右) |
| 地热能发电 | | 技术成熟度不够，还处于试点示范阶段 |
| 海洋能发电 | | 仍处于技术研发阶段 |

资料来源：中国风能协会，http：//www. cwea. org. cn/main. asp.

技术的可行性以及局限性是决定可再生能源发展的重要因素。纵观人类历史上前两次能源使用形式的制度变迁，科技革命起到了很重要的促进作用，技术进步最终导致能源使用形式的变迁。如煤炭大规模取代薪柴缘于蒸汽机技术、电力技术和煤化工；油气大规模替代煤炭同样也是缘于技术进步，在蒸汽机基础上发明的内燃机、燃气轮机，带动了汽车工业、航天工业的发展，使得煤化工逐渐被石油化工替代。可再生能源发电是新兴、成长中的技术，所以技术水平还不高，而由于技术锁定的缘故，可再生能源技术水平显著提高也不是短期内能够完成的。表 1 详细列举了可再生能源电力技术的特点，表 2 列举了基于可再生能源电力技术特点的电力成本。从表 1 和表 2 中不难发现，可再生能源(除生物质能外)发电与传统火电发电相比，前期成本均很高，需要较高的前期投资，导致资金成本比重高居各类电站之首，但在建成发电后，不需要任何燃料成本。而且在目前的技术水平下，可再生能源发电除了水电外，在经济上与常规能源发电相比仍处于商业化前期阶段，经济竞争力弱。

表 2　　**贴现率为 5%时的各类电力成本的构成(%)**

| | 建设成本 | 运行和维护成本 | 燃料成本 |
|---|---|---|---|
| 煤电 | 35.00 | 20.00 | 45.00 |
| 气电 | <15.00 | <10.00 | 80.00 |
| 核电 | 50.00 | 30.00 | 20.00 |
| 风电 | 95.00 | 5.00 | 0.00 |
| 太阳能光伏 | 99.00 | 1.00 | 0.00 |
| 生物质发电 | 50.00 | 20.00 | 0.00~40.00 |
| 地热发电 | 80.00 | 20.00 | 0.00 |

资料来源：中国风能协会，http：//www.cwea.org.cn/main.asp.

## (二)短期内可再生能源与常规化石能源相比不具有价格优势

实现能源使用形式的制度变迁，除了技术条件外，另一个重要的原因就是制度竞争优势。可再生能源要取代传统的化石能源，就必须满足可再生能源要比传统的化石能源更具竞争力，而竞争力的直接表现形式就是价格。一种能源形式要在社会上占主导地位，必须要有大量企业生产它，同时还要有大量的市场需求，要让普遍的消费者一致性地接纳它，那么降低成本、价格低廉就是基础。这一点在石油替代煤炭的过程中表现突出，特别是中东油田的大规模开采，使得“黑色金子”像水一样便宜。事实上，1970 年以前的近 100 年时间内，国际石油价格基本在 2 美元/桶以下，即使考虑到物价上涨因素，换算成 2006 年美元也只有约 20 美元/桶。特别是在 1920—1970 年这 50 年间，石油价格长期处于低位，这就是石油能够取代煤炭的最直接原因。但是到了 20 世纪 80 年代中东战争、两伊战争爆发以后，石油价格才开始大幅度上涨，其间价格仍有回落，

2005年以后石油价格又开始新一轮的上涨，给可再生能源的发展提供了契机。但即便是在高价位的石油时代，可再生能源的价格仍然远远不具竞争力。图3描绘了可再生能源发电价与传统火电价的对比。

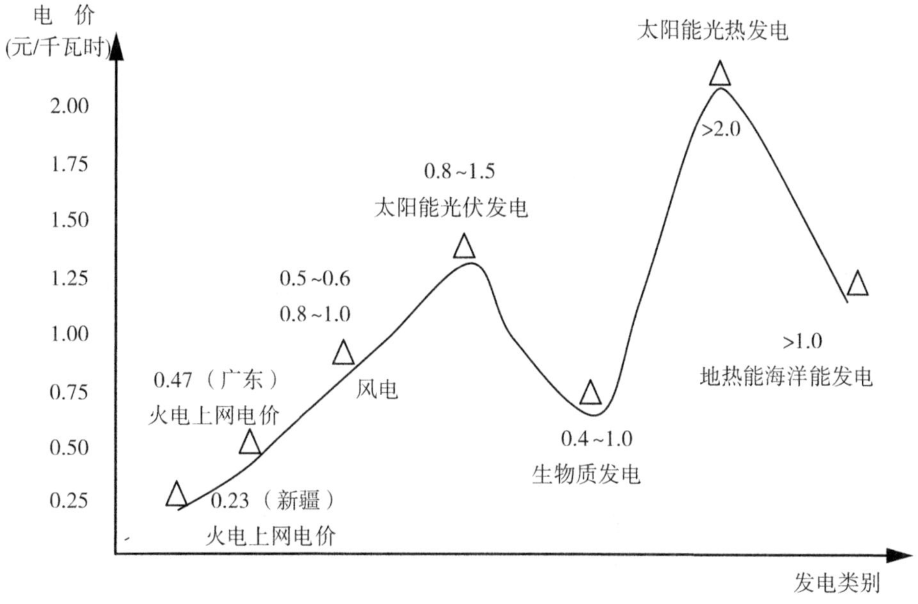


图3　可再生能源发电价与传统火电价的对比

注：根据中国风能协会，http：//www. cwea. org. cn/main. asp 上的数据描绘 .

从图3中很容易发现，如果不考虑传统火电的负外部性，各种可再生能源发电价格远远高于传统的火电价格，即便是在技术条件和资源条件两个方面最具竞争力的风力发电，其价格也远高于传统火电价格。据有关专家的预测，我国风力发电可能在2020年之后超过核电成为第三大主力电源，2050年可能超过水电成为第二大主力电源。至于可再生能源发电完全取代传统的火电就需要更长的时间。

## (三)可再生能源资源赋存与消费空间的矛盾，导致短期内还不能以合理的价格获得廉价的可再生能源

从制度变迁的条件来看，以合理的价格获得廉价的能源(即资源赋存条件)也是很重要的影响因素。纵观前两次能源利用方式的变迁，除了技术、价格两个直接推动原因外，煤炭和石油的大规模开采以及煤炭和石油产品的易运输性质确保了消费者能够以合理的价格及时获得廉价的能源。这一条件也是确保前两次能源利用方式得以顺利变迁的重要原因。

我国可再生能源资源丰富，但利用程度普遍不高。就其资源赋存来看，以风能为例，我国幅员辽阔，海岸线长，风能资源丰富。根据全国900多个气象站陆地上10米

高度资料初步估算，全国平均风功率密度为100瓦/平方米，风能资源总储量约32.26亿千瓦，可开发和利用的陆地上风能储量约2.53亿千瓦，开发潜力世界第一。但我国风能资源的地理分布与电力负荷并不匹配，沿海地区电力负荷大，风能资源丰富的陆地面积却很小；而风能资源丰富的北部地区，电力负荷却很小，使风电的经济开发带来困难。即能源需求多集中在东部沿海地区，而风能富集区是在能源需求不高的“三北”地区(东北、华北、西北地区)。这样就导致资源赋存与消费的空间存在矛盾：由于当前的电力系统技术的特征，风力资源丰富地区的低价风电只能在该地区的电网内销售，而不能输到电能需求大的较发达地区。风能资源的分布特点，决定了我国风电开发的“大规模发展、集中式建设、远距离输送”的发展趋势，进而导致了在当前的技术水平条件下以合理的价格还不能获得廉价的可再生能源。

### (四)与可再生能源制度配套的相关制度安排，短期内很难形成和完善

从图3可以发现：在制度变迁的过程中，由旧制度变迁到新制度，新制度开始运行并产生制度绩效，制度设计者根据制度绩效再来进一步反思主导价值目标进而补充和完善新制度，以确保新制度所要达到的制度绩效。在这一循环过程中，每一步都是不同利益集团博弈的结果，需要长期的过程。这一点在煤炭资源取代木材资源的过程中表现尤为明显，工业革命后，大量的煤炭资源被开采和利用，促使相应的产业结构调整。制度设计者根据煤炭资源取代木材资源的制度绩效，重新设计和制定各种保护煤炭产业发展的财税制度。以煤炭为主导能源的一系列制度的确立才能确保煤炭时代最终取代木材时代。

我国即将出台新的能源发展规划，根据规划目标：2020年非化石能源占一次能源消费15%，可再生能源产业日益重要，其发展目标也将逐步提高。从而进一步实现可再生能源规模化开发利用，培育具有国际竞争力的可再生能源产业。为实现这些目标，就需要科学的规划和监管、协调的价格和财税政策、创新的技术和发达的产业来支撑发展，还需要更进一步的电力市场等关键体制改革来保障发展。从可再生能源产业发展规划来看，可再生能源产业的地位正在逐步提高，但要可再生能源完全取代常规化石能源还需完善可再生能源市场、价格、财税等政策，出台新能源配额制、落实可再生能源发电全额保障性收购制度。从制度建构的过程来看，上述这些制度正是对可再生能源制度的补充和完善，绝不是短期内能完成的。

### (五)目前的技术水平条件下，可再生能源因其供给的波动性不能保证经济持续高速发展，短期内还不能完全替代常规化石能源

评价制度变迁的绩效有两个方面的标准，即经济效率和价值目标。但这两个标准之间又有冲突，经济高速发展必须依靠持续不断的能源供应，很显然用可再生能源完全替代化石能源，虽然实现了保护环境的价值目标，但在目前的技术水平下不能保证经济高速发展。这是任何一个国家都不愿意看到的结果。正如本文前面所言，在经济发展相对比较落后的国家，往往更看重经济效率，并不是特别重视价值目标。即便是在经济高度

发达的国家，他们也总是高度关注经济发展速度很快但并不是那么发达的发展中国家，如中国和印度的环境和能源问题。这样就带来一个问题，经济发展是本国的事情，环境保护是全球的事情，于是各个国家之间关于经济发展与保护环境的问题形成著名的囚徒困境。根据博弈论的观点：该博弈重复一次只存在唯一的纳什均衡，如表3所示，即A、B两国为了自己的利益都选择经济发展；若该博弈重复无穷次，如果参与国有足够的耐心，就会达到一个子博弈精炼纳什均衡结果，即由发展经济走向保护环境，但前提条件是无穷次重复。很显然，无穷次的重复博弈并不是短期内能够完成的。

表3　**A、B两国在发展经济与保护环境之间的博弈**

| A国、B国 | 发展经济 | 保护环境 |
|---|---|---|
| 发展经济 | -1，-1 | 1，-2 |
| 保护环境 | -2，1 | 0，0 |

人类历史上已经实现的经济发展模式："先发展、后治理"，即以牺牲环境为代价的快速工业化以及工业化扩张过程中带来了经济的繁荣，同时也带来了环境的恶化。发达国家基本上都是如此，但这种模式在面临能源与环境双重约束的今天已不能为继。受制于制度变迁的绩效评价标准，各国更注重经济效率，环境保护是全人类共同的价值目标，具有很强的外部性，容易搭便车。

## 四、结论及建议

可再生能源取代化石能源是大势所趋，从制度变迁的角度看，可再生能源产业发展存在路径依赖。其原因是技术锁定使得可再生能源技术水平在短期内难以获得突破性进展；技术原因导致成本居高不下，使得可再生能源与常规化石能源相比，不具有价格优势；可再生能源资源赋存与消费空间的矛盾，又导致了短期内还不能以合理的价格获得廉价的可再生能源；与可再生能源制度配套的制度安排，短期内也很难形成和完善；同时从制度变迁的绩效来看，目前的技术水平条件下，可再生能源因其供给的波动性不能保证经济持续高速发展，短期内还不能完全替代常规化石能源。据此，得出以下建议：

第一，研发可再生能源开发利用技术，降低成本。可再生能源是未来的主流能源，要充分利用这段时间，加强我国的可再生能源开发利用技术的自主研发，为可再生能源的广泛应用奠定基础。

第二，研究并制定可再生能源激励政策。从可再生能源产业发展路径来看，由于其发展受制于强劲的路径依赖，需要外部力量的扶持才能冲破原有的格局，那么制定恰当的激励政策就势在必行。而从世界各国对可再生能源的态度来看，但凡可再生能源发展较好的国家均制定了可再生能源激励政策，以扶持可再生能源向可持续的方向发展。

第三，面临能源与环境双重约束的现实情形，提高化石能源效率是当务之急。可再生能源既能缓解能源压力，也能减轻环境污染，是解决能源与环境问题的最佳选择。但正如本文所言，其发展过程却也非常缓慢。鉴于此，提高化石能源的效率在当前具有非常紧迫的现实意义。

（陈艳　朱雅丽）

### ◎ 评论

该文从能源结构转变的角度，提出了为什么要发展可再生能源产业以及如何发展能源产业的问题。该文提供了制度与制度变迁理论应用于某一个具体问题的中国案例。

## 一、能源形式、能源结构转型与可再生能源产业

人类历史上出现过传统生物质能、煤炭、石油(天然气)、水能、核能和可再生能源。人类能源结构经历了以生物质能为主的木材时代、以煤炭能源为主的煤炭时代、以石油天然气为主的石油时代。目前可再生能源正在蓬勃兴起，由此造就了一个新兴产业——可再生能源产业。可再生能源产业相对于石油、煤炭等产业来讲，具有显著的成本-收益优势，这种优势既包括有形的可用货币衡量的优势，也包括不能完全由货币衡量的在资源节约环境友好方面的比较优势。因此，以石油为主的能源结构向可再生能源时代的演变是一种必然趋势，这种必然趋势蕴含着可再生能源产业发展的巨大机遇。但是，能源结构的转型则是一个漫长过程。本文运用制度和制度变迁的理论，分析了可再生能源产业发展的障碍、困境和制约因素，从技术、制度和效率角度提出促进可再生能源产业发展的路径和对策建议。

## 二、关于制度和制度变迁

“制度”一词在中国历史上久已有之。长期以来特指政治上的规模法度和统治者为被统治者制定的行为规范。① 经济学文献对制度的解释是同凡勃仑(T. B. Veblen)、米契尔(Wesley. C. Mitchell)、康芒斯(J. R. Commons)、哈耶克(F. A. Hayek)、舒尔茨(T. W. Schultz)、科斯(R. H. Coase)、诺斯(D. C. North)以及博弈论的代表人物肖特(Andrew Schotter)、青木昌彦(Aoki)等人的研究工作密切相联的，由此形成了制度的多种分析视角。凡勃仑认为，制度实质上是个人或社会在某些关系或某些作用方面流行的思想习惯(prevalent habits of thoughts)；而生活方式(scheme of life)是一种流行的精神态度或一种流行的生活理论。康芒斯认为制度是集体行动通过所有权关系来实现的对个人行动的控制。T. W. 舒尔茨将制度定义为管束人们行为的一系列规则被广泛接受。制度

① 制度一词在《商君书·壹言》中有“凡将立国，制度不可不察也”，《汉书·元帝记》中有“汉家自有制度，本以霸、王道杂之”，见《辞海》，上海辞书出版社1979年版，第185页。

是某些服务的供给者，它们应经济增长的需求而产生。诺斯、拉坦(V. Ruttan)、布罗姆利(D. W. Bromley)等从制度和人行为的关系出发，也对制度作了与此相近的定义："制度是一系列被制定出来的规则、守法程序和希望的道德伦理规范，它旨在约束追求主体福利或效用最大化利益的个人行为。"并将组织包含在制度概念之中或与组织并列使用①。博弈论的观点是：制度是博弈的参与人、博弈规则和博弈过程中参与人的均衡策略，是行为人的行为均衡(equilibrium of behavior)(肖特，1981；青木昌彦，2000)。从制度安排的多样性和制度变迁的过程理解，可将制度概括为关于博弈重复进行的主要方式的共有理念的自我维系系统，"博弈重复进行的方式"等同于博弈规则，制度作为共有理念的自我维系系统，其实质是对博弈均衡的扼要表征或信息浓缩，它作为许多可能的表征形式之一起着协调参与人理念的作用。"一种社会制度就是社会所有成员都能认可接受的一套社会行为规则。"

基于以上认识，本文把能源使用形式看作资源经济的正式制度，能源使用形式的变化则是制度变迁，人类历史上能源使用的制度变迁便是沿着木材时代—煤炭时代—石油时代这个方向展开的，以及以石油为主的化石能源—可再生能源的演变。本文涉及相对价格、路径依赖、锁定、制度结构与制度变迁，等等。

相对价格原意是指一种商品与另一种商品价格的比率，这里则是解释制度变迁的关键变量，类似于可再生资源产业与其他产业的相对优势和比较优势。诺斯常常讲的是人口相对于其他资源的丰裕程度，从而引起劳动节约型或是资本节约型的制度变迁。路径依赖主要说明历史重要，过去影响现在，现在影响未来，过去的选择影响现在，现在的选择又影响未来。本人喜欢用这个公式表示路径依赖：制度$_t$=$f$(制度$_{t-n}$)。

这一公式表明现在的制度对过去的制度存在历史继承性，过去的选择影响现在的选择或者说制度变迁具有路径依赖特征。路径依赖是指人类社会中的技术演进或制度变迁均有类似于物理学中的惯性，即一旦进入某一路径(无论是"好"还是"坏")就可能对这种路径产生依赖。路径依赖首先由保罗·大卫(Paul David)1985年提出。尔后，阿瑟(W. Brian Arthur)在一篇名为《经济学中的自增强机制》(1988)的论文中，把自然科学中的非线性动力学方法运用于研究经济现象，提出了多态均衡(Multiple Equilibria)、技术演进的轨迹依赖、锁定(lock-in)、路径依赖等重要概念。诺斯(D. C. North)在1990年的《制度、制度变迁与经济绩效》的著作中，做了进一步扩展，从而建立起制度变迁的路径依赖理论。第一，制度变迁如同技术演进一样，也存在着报酬递增和自增强机制。由此使得制度变迁一旦走向了某一路径，它向既定方向发展的动力会在以后的发展中得到自我强化。第二，制度变迁不同于技术演进的地方在于，它除了受报酬递增机制决定外，还受市场中的交易费用(成本)影响。这些因素包括设计成本、学习效应、协同效应和适应性预期。作者对可再生能源取代化石能源的产业发展路径的讨论，是基于技术

① 如舒尔茨把合作社、公司、学校作为制度的形式之一，诺斯在《西方世界的兴起》一书中把制度和组织等同或并列，拉坦在《诱致性制度变迁》中开宗明义地指出：制度概念包括组织的含义，制度变迁即组织行为的变化。

锁定、制度竞争、资源赋存、制度安排、主导价值目标等理论与能源消费结构结合起来展开的，是一种很有价值的探索。研究发现：可再生能源产业发展存在路径依赖。其原因是技术锁定使得可再生能源技术水平在短期内难以获得突破性进展；可再生能源与常规化石能源相比，不具有价格优势；可再生能源资源赋存与消费空间的矛盾，导致短期内还不能以合理的价格获得廉价的可再生能源；与可再生能源制度配套的相关制度安排短期难以建立和完善；目前的技术水平条件下，可再生能源还不能保证经济持续高速发展。

（李通屏）

# 外部性内在化与城镇独生子女父母年老奖励政策①

在西奇威克(Sidgwick，1887)、马歇尔(Marshall，1890)关于外部经济的开创性研究之后，经过庇古(Pigou，1920)、希托夫斯基(Scitovsky，1954)、科斯(Coase，1960)、阿罗(Arrow，1969)和布坎南(Buchanan，1969)②等人的发展，外部性已成为经济学的重要理论和分析工具。随着人口、资源与环境问题的凸显和制度经济学的迅猛发展，20世纪90年代以来，外部性理论迅速引入我国人口、资源与环境问题分析。陈震③、李建民④、吕昭河⑤和李小平⑥等人的工作引发了生育外部性及其政策含义的后续研究。在此基础上，本文拟从外部性内在化的角度，分析我国城镇独生子女父母年老奖励补助政策问题。

## 一、奖励补助政策的现状与特点

### (一)关于奖励与补助的对象

一是仅限于国家机关、企事业单位领取《独生子女父母光荣证》的退休职工，强调退休时如何给予补助，绝大部分地区年老补助的对象属此类。二是针对独生子女意外伤残或死亡的父母年老生活补助的特别规定。如北京、辽宁、黑龙江、上海、湖北、广东、海南。三是独生子女父母是无业人员的年老补助，如江西规定“对终身只生育1个子女或者婚后终身无子女的农民或者无业人员，可给予一次性投保奖励，或者在其年老丧失劳动能力时，由当地人民政府和集体经济组织通过各种形式给予适当的经济补助和生活上的照顾”。四是除对独生子女父母年老进行奖励补助外，还对符合生二孩条件而

---

① 参见李通屏，周美林．外部性内在化与城镇独生子女父母年老奖励补助政策[J]．人口学刊，2008(5)：48-54.

② 约翰·伊特韦尔，默里·米尔盖特，彼得·纽曼．新帕尔格雷夫经济学大辞典[M]．北京：经济科学出版社，1996：280-284.

③ 陈震．农民生育的外部性与文化边际性：现阶段农村人口控制的理论思考[J]．人口与经济，1998(1).

④ 李建民．论社会生育成本及其控制[J]．广东社会科学，2000(1).

⑤ 吕昭河．人口行为外部性及外部性内在化的经济分析[J]．人口与经济，2000(4).

⑥ 李小平．外部性与过度生育：关于过剩人口成因的制度分析[J]．中国人口科学，2006(6).

自愿终身只生育一个子女职工退休时的特别奖励，如广西。五是全部独生子女父母或者领取《独生子女父母光荣证》的夫妻，属于此种类型的仅北京、河北、上海等少数地区。

奖励补助的形式与额度不仅省际之间存在差异，即使省内不同职业的独生子女父母也存在很大差异(见表1)。

表1　**城镇独生子女父母年老奖励补助的形式与额度**

| 形式与额度 | 地区 | 备　注 |
| --- | --- | --- |
| 加发退休金的1% | 黑龙江 | 未实行养老保险的国家机关和事业单位职工 |
| 加发退休金的5% | 江苏、安徽、山东、湖北、湖南、广西、海南、重庆、四川、贵州、云南、陕西、新疆 | 山东、湖北、四川、陕西仅限于机关、事业单位，重庆是未参加城镇基本养老保险的职工 |
| 加发退休金的10% | 湖北、广西、海南 | 湖北限于独生子女死亡不再生育也不收养子女的国家工作人员、海南限于独生子女死亡或无子女的职工、广西限于符合生二孩条件，自愿终身只生育一个子女的职工 |
| 1000元 | 北京、上海 | 上海限于未按规定参加社会保险的男年满60周岁、女年满55周岁的户籍公民 |
| 2000元 | 辽宁、新疆 | |
| 2300元 | 上海 | 按照规定参加社会保险、按规定计发养老待遇后的办理退休手续的人员 |
| 3000元 | 河北、黑龙江、辽宁 | 河北限于国家工作人员、企业事业单位职工，黑龙江对企业和实行养老保险的机关、事业单位职工，2000年2月1日前领取《独生子女父母光荣证》，在本条例实施后退休的人员，辽宁限于独生子女死亡不再生育也不收养的非国家机关、事业单位的退休职工或达到一定年龄的人员 |
| 3500元 | 湖北 | 企业退休职工 |
| 4600元 | 上海 | 《条例》施行前办理结婚登记且婚后未生育又未收养子女的本市户籍公民，按规定参加社会保险并计发养老待遇后办理退休手续的人员 |
| 5000元 | 北京、黑龙江 | 在独生子女死亡后不再生育和收养子女的退休职工，黑龙江规定与其他奖励不冲突 |
| 上年职工平均工资额的30% | 山西、山东、广东 | 山东的奖励补助对象为企业职工的独生子女父母 |

续表

| 形式与额度 | 地区 | 备　注 |
| --- | --- | --- |
| 上年职工平均工资额的100% | 广东 | 无子女或者因独生子女死亡造成无子女的退休职工 |

资料来源：2002年以来各省市自治区《人口与计划生育条例》；上海市人口和计划生育委员会、上海市劳动和社会保障局、上海市财政局关于发布《关于参加本市城镇职工养老保险人员申领年老退休时一次性计划生育奖励费的实施意见》的通知；一些省、市、自治区《人口与计划生育条例实施细则》或《人口与计划生育条例》实施方案。

### (二)奖励补助的经费来源

山西、辽宁、吉林、山东、黑龙江、江苏、安徽、湖北、广东、新疆这10个省(区)规定，由奖励补助对象所在单位按月加发退休金或发放一次性奖励补助。

海南、陕西、上海、河北这4个省(市)授权省或市政府规定奖励补助的承担主体。上海市政府规定，奖励补助的经费由所在单位承担，灵活就业人员或其他城镇居民达到退休年龄的由所在的区县政府承担。河北规定，奖励、补助费的来源，由省人民政府制定。县级以上人民政府可以设立人口与计划生育救助公益金。其经费来源主要是财政投入和社会捐助，主要用于独生子女发生意外伤残、死亡，其父母不再生育或者不再收养子女的，退休或者丧失劳动能力时的补助。河北省人民政府规定的经费来源是，属国家工作人员的，由所在单位从行政事业费中支付；属于企业职工的，由企业支付；一方属于城镇无业居民另一方属于国家工作人员或者企业职工的，由国家工作人员或者企业职工一方单位支付；双方均属于城镇无业居民，由城市街道办事处从人口与计划生育经费中支付。

北京、湖南、广西、重庆、四川、贵州、云南、甘肃这8个省(市、区)没有明确规定谁来承担。但北京市规定"本市各级人民政府和各有关部门应当制定和完善有利于独生子女父母的老年保障制度和措施"。

## 二、现行政策落实难的原因分析

### (一)政策本身的问题

#### 1. 执行和兑现过分依赖于对象所在单位

在有相关规定的22个省市自治区中，有些没有规定明确的经费来源，即使作了当地财政支付规定的，也没有明确由哪级财政负担。在实际操作中，省级做出了由各市制定具体支付办法，市又做出了由县区财政具体支付的规定，导致层层推诿，或者干脆规定由所在单位支付，而单位经费紧张的，只能将此项规定束之高阁。

### 2. 奖励补助的形式和额度存在明显的单位与职业身份歧视

同样是独生子女父母、甚至同属一个单位，奖励与补助的额度则因单位性质、职业身份、是否参加养老保险甚至工资级别的不同而有很大差异。如机关、事业单位与企业，城镇无业居民与其他从单位退休的人员在奖励补助上差别很大，许多地方规定的加发5%退休金，也因退休时工资基数的不同而差别很大。

### 3. 覆盖范围窄、统筹层次低，没有覆盖到全部城镇年老独生子女父母

各地的奖励补助政策以地方性人口与计划生育条例为法律依据，除北京、河北、上海以外，其余有相关规定的19个省市自治区均以“单位人”为奖励补助对象。

### 4. 奖励补助模式与大力发展非公有制经济的政策导向不合拍

大力发展非公有制经济是社会主义市场经济建设的重要组成部分，也是解决就业问题的重大战略，而现行奖励补助政策存在明显的公有制导向，对非公有制单位和灵活就业人员的奖励补助一直缺乏得力措施和行之有效的制约手段。这种状况不利于非公有制经济的发展，不利于所有制结构调整，不适应社会主义市场经济迅猛发展的需要。

### 5. 现行奖励补助政策与劳动、人事和其他社会保障政策协调不够，很难适应统筹解决人口问题的需要

一些地方条例规定的独生子女父母退休时增发5%退休金，由于工资制度改革，在新的工资形式中已无法体现，或者与劳动和社会保障部门的法规有冲突，也无法实施。有效的奖励补助政策是其他社会经济政策的函数，在社会经济转型期，奖励补助政策要发挥应有作用，必须与劳动、人事、工资和其他社会保障政策保持衔接和协调。

## (二)落实难的根本原因：生育外部性内在化存在困难和障碍

外部性的实质在于社会成本与私人成本之间存在某种偏离。生育外部性表现为生育孩子的家庭抚养成本与社会抚养成本不对等，生育孩子的家庭收益和社会收益存在偏离现象。不存在外部性时私人成本是生产或消费一种产品所发生的全部成本，即私人成本也就是社会成本，私人收益也就是社会收益。而存在外部性的情况下，社会成本不仅包含私人成本，而且还包括外部成本，社会收益不仅包括私人收益，也包括外部收益①。用公式可以表示如下：

生育的社会成本=生育的私人成本+生育的外部成本

生育的社会收益=生育的私人收益+生育的外部收益

有关生育的奖励处罚政策实质上是使生育行为外部性内在化的一种努力。但由于机会主义行为的存在，外部性内在化存在困难，这种困难不仅表现在生育成本方面，也表

① 李建民．论社会生育成本及其补偿[J]．广东社会科学，2000(1)．

现在生育收益方面。

生育成本内部化的困难：生育行为造成了哪些个人、组织福利的损失？造成多大损失？要求赔偿的一方就赔偿的形式、额度达成一致，存在明显的交易成本或计量上的困难，因此较为可行的做法是政府作为受损的个人或组织的代表要求当事人为这种损失的福利进行补偿。政府出面具有规模经济效应，也可以解决“白搭车”问题。

生育效益内部化也存在困难：(1)生育行为的效益外溢给哪些人、哪些企业或组织了？(2)这些人或组织或企业是否认为自己获得了外部利益？是否愿意为他获得的利益进行买单？即对生育者进行补助，如为孩子进行出生祝贺、生日祝福、发压岁钱，通过这些形式，生育的溢出效益可以一定程度地内部化。(3)由于机会主义行为的存在，一些受益的个人、组织并不领情，这样，确定受益人很难，让虚拟的受益人对当事人进行补助存在执行的困难。在这种情况下，政府可以向虚拟的受益人征税，然后通过转移支付的形式，奖励效益外溢的生育当事人(独生子女父母)。这种做法比政府单纯命令虚拟的受益人去补偿利益外溢的一方更节省、更有效。

## (三)企业等微观主体在计划生育中的成本与收益不对称

### 1. 独生子女父母生育行为的效益外溢给企业了吗？

由所在单位(或企业)兑现奖励是多数省市自治区奖励补助政策的突出特征。显然，这项政策蕴含的前提条件是，所在单位是独生子女政策最大、最直接的受益人。其潜在逻辑是独生子女越多，单位(或企业)的收益就越多、越大，独生子女越少，企业获得的外部收益就越少。但独生子女父母生育行为的效益外溢给企业了吗？我们具体分析一下。

企业是追求利润最大化的经济单位，市场经济社会里，企业行为①可以表述为：

目标函数：　$v = v(py - qx, m_1)$

生产函数：　$y = f(k, n, x, m_1)$

式中，$p$ 和 $q$ 分别为边际收益和边际成本。$y$ 为企业产量；$m_1$ 为管理耗费的精力；$x$ 为投入的生产要素，包括劳动力和生产资料，$k$ 为资本，$n$ 为劳动力。

在目标函数中，$py$ 是企业的销售收入，销售收入在市场竞争条件下，取决于消费者的数量、消费者的可支配收入和消费者的购买意愿。独生子女父母的生育行为所产生的第一个可能后果就是比其他生育行为减少了消费者和企业的顾客，进而可能减少企业的销售收入。第二个后果是未来劳动力的减少，劳动力减少将使企业获得合格劳动力更难、成本更高，使 $qx$ 变得更大，这两个后果使企业实现经营目标更难。可以证明，在一个竞争的经济中，企业肯定不是少生孩子的最大受益人。由此让企业作为独生子女父母年老奖励的主体，会使它们感到吃亏，而政府的硬性规定只能使它们消极应对。

---

① 邹至庄．中国经济[M]．北京：中国人民大学出版社，2002.

### 2. 企业征收了抚养费吗？拟或征收了，但最后去了什么地方？

《中华人民共和国人口和计划生育法》规定，社会抚养费上缴财政，而不是留在生育主体所在单位。也就是说，解决生育行为负外部性使财政受益，而解决正外部性所需要的补偿直接来源于所在单位或企业，从而形成一种新的不对称或不平衡。

### 3. 企业或所在单位作为奖励的主体会加大企业负担

假设企业为独生子女父母年老奖励的数量为 $c$，由此所导致的管理耗费为 $m_2$，此时，企业的行为可表述如下：

目标函数：　$v = v(py - qx - c,\ m_1,\ m_2)$

生产函数：　$y = f(k,\ n,\ x,\ m_1,\ m_2)$

企业利润：　$\pi = py - qx - c$

管理耗费：　$m = m_1 + m_2$

企业的行为表明，企业奖励补助政策落实得越好，利润空间被压得越小，同时企业领导人要耗费更多的精力。如果企业原本就是困难企业，即 $py - qx \leqslant 0$，再为企业增加一个价值量为 $c$ 的成本，长期下去企业将在市场里不复存在。即使企业生产经营运行正常，也会因此而加重企业的政策性负担，影响其在市场上与其他企业公平竞争。

## (四)政府悖论与政府失灵

在人口和计划生育工作中，国家实行计划生育，提倡一对夫妇只生一个孩子，一方面强调实行计划生育的社会经济效益，强调少生多少孩子、为国家节省若干社会抚养费①；另一方面又要求独生子女父母的所在单位实施奖励。前者实质上是向世人宣告，独生子女父母生育行为产生了正的外部性，其效益外溢给了国家和社会，国家是最大、最直接的受益人，后者则把所在单位或所在企业作为实际上的受益人。由此形成这样一个悖论，效益外溢的受众(国家或社会)不买单，买单的(企业)不是受众。悖论的实质是政府对独生子女父母生育行为的管理存在权利和义务的不对称，只管得到好处，而不愿为此进行相应补偿与奖励。在奖励和处罚的关系上，一软一硬，奖励太软，处罚太硬。独生子女父母年老奖励补助政策的落实存在严重的政府失灵。

## (五)在经济转轨、社会转型、人口转变的背景下出现了非公有化、去单位化和老龄化趋势，兑现奖励补助政策面对的形势更为复杂，支付压力日渐增大

非公有制经济成为最活跃的亮点之一，在社会经济中担负着更大的作用。非公有制经济发展越快的地方，市场机制的作用越显著，企业竞争越激烈，企业之间的分化就越

① 1971—1998 年，由于推行计划生育，全国共少生 3.38 亿人，仅儿童抚养费一项为全社会节约 7.4 万亿元，参见：杨魁孚．计划生育投入与效益研究[M]．北京：人民出版社，2000.

明显，有些富甲一方，有些朝不保夕、经营困难，甚至倒闭破产、关门走人，那些从一而终的就业模式日渐式微，去单位化的灵活就业方式迅速发展，由此使得依赖单位实施的奖励补助面临着更多的不确定性。另一方面，随着独生子女政策在城市的严格实行，人口老龄化的快速发展，要求兑现奖励补助的群体快速增长，支付压力越来越大。在这种背景下，政府只有一般号召，而缺乏相应的财力支持，由此使得情况更加复杂、落实越发困难。

### (六)企业社会责任在奖励补助政策落实上被曲解、夸大

企业社会责任不等于一切责任、不等于无限责任、不等于全部责任。而现行的奖励补助政策实质上曲解了企业社会责任的概念，把企业的社会责任无限放大到全部由企业或所在单位承担奖励补助的费用。当然，从社会责任的角度，可以让企业或所在单位(特别是国有企业和国有经济单位)负担一部分，但不能负担主要部分，更不能负担全部。

## 三、创新的时机基本成熟

创新城镇独生子女父母年老奖励补助政策十分必要。创新后的奖励补助政策应该是在各地奖励优惠与社会保障政策基础上，针对城镇只有一个子女的计划生育家庭，夫妇达到退休或法定年龄以后，通过以中央或省级财政为主的资金分担机制给予独生子女父母年老奖励补助的一项基本的计划生育奖励制度。这一政策的实施有利于化解城镇独生子女家庭的风险、有利于确保计划生育家庭分享改革发展的成果，对解决现行政策中的实际问题，保持社会稳定、和谐具有无比的紧迫性。同时，实施政策创新的条件已经具备以下几点：

(1)城镇独生子女方面年老奖励补助政策在22个省市自治区已有很好的政策基础。尽管这个政策的执行遇到很多困难和问题，但它体现了国情民意。这项政策不是空穴来风，而是国家指导和群众意愿相结合、经过长期探索自下而上形成的，有广泛的群众基础。

(2)城镇独生子女家庭对奖励补助有强烈需求。独生子女父母为国家做出了贡献，随着步入老年和劳动能力的衰减，他们的物质和精神需求同年轻时相比会发生较大变化。与多子女家庭相比，他们在日常生活中面临的困难更大一些，政府的奖励补助会使他们物质上得到帮助，精神上得到慰藉，并因为年轻时的贡献而有成就之感。如果政策得不到落实，将使他们受到严重伤害，甚至形成仇视社会的心理。同时全国农村部分计划生育家庭的奖励扶助制度的全面实施，使得镇独居民的政策需求进一步彰显。

(3)政府具备了相当财力。改革开放以来，我国的综合国力和人民生活水平上了一个大台阶，GDP在不到20年的时间内翻两番之后，接连突破10万亿元和20万亿元大关，由低收入国迈进中低收入国的行列，人均GDP突破2000美元，财政收入大

幅度增加。① 财政收入的大幅度增加，使得从财政渠道解决独生子女父母年老奖励补助问题成为可能。

## 四、结论与思考

独生子女父母是作出牺牲的一方，他们不是独生子女政策最大、最直接的受益人，因此这种补偿只能来源于外部。

要把从独生子女父母生育行为中获得外部收益的对象搞对，谁从独生子女父母那里得到了最大、最直接的好处，谁就最应该奖励独生子女父母。从企业的生产函数和目标函数看，计划生育政策、特别是独生子女政策的推行，可能会从收入和成本两方面压缩企业在市场上的利润空间，改变企业在劳动力市场上的强势地位。追求利润最大化的企业不是这个政策最大、最直接的受益人。

创新城镇独生子女父母年老奖励补助政策十分必要，时机已经成熟。走回头路、拟或废除、搁浅将冒极大的政治风险。解决兑现难的问题，必须进行制度创新。创新后的年老奖励补助政策应该是在各地奖励优惠与社会保障政策基础上，针对城镇只有一个子女的计划生育家庭，夫妇达到退休或法定年龄以后，通过以中央或省级财政为主的资金分担机制给予独生子女父母年老奖励补助的一项基本的计划生育奖励制度。

国家出面，政府(财政)为主是这一政策创新的基本原则。奖励补助政策实际上是国家或政府同独生子女父母之间的一种契约关系(不管这个契约是隐含的或者是显明的)，国家出面、政府参与是这种契约关系的内在要求，而企业不是这种契约关系的主角。同时国家出面进行制度创新，可以解决搭便车问题，弥补制度供给的不足。

## 五、具体建议

按照构建社会主义和谐社会的要求，坚持以人为本的科学发展观，推进体制创新，建立适应社会主义市场经济体制要求、以中央或省级财政为主的资金分担机制，实施国家层面的城镇独生子女父母年老奖励补助政策。

### (一)国家出面，实施自上而下的制度创新

面对经济转轨、社会转型、人口转变的复杂背景，地方性的奖励补助政策面临新的挑战，由于落实困难而陷入进退维谷的窘境。这种背景下，只能进、不能退，必须知难而上，加大创新力度。不然，人口和计划生育的成果将受到威胁，负责任的政府形象将大打折扣，社会和谐稳定的大局将受冲击。因此，在继续鼓励各地积极探索的同时，不

---

① 参见：我国经济效益继续提高，财政收入大幅增长[EB/OL].(2007-08-06). http://www.sina.com.cn.

断总结奖励补助的经验，把各地自下而上的政策进一步升华为国家政策。

### (二)建立统一标准、独立于单位之外的公平、普惠的奖励补助政策

全国统一政策、统一标准，无论发达地区、不发达地区，无论东部、中部、西部，奖励补助的最低标准统一。“独立于单位之外”，就是由单位出资奖励变为由以中央和省市自治区财政为主、区县财政和所在单位为辅的奖励模式，确保最低奖励标准落实到每一个对象，不因单位性质、职业身份、原工资标准的差异而有所不同，充分体现公平、普惠原则。这一原则也符合我国建立和完善社会保障体系的目标和原则。

### (三)注意政策的历时性关联和共时性关联

制度变迁理论认为，制度创新或变迁有两个路径：一是路径依赖，二是制度的移植或引进。因为制度是相互关联的，既有纵向的关联，又有横向的关联。注意制度创新的这两个特征，可以节省创新的成本。路径依赖就是要求我们尊重历史，注意制度的历史继承性，过去的选择影响现在的选择。正如诺斯所述：“你过去是怎样走过来的，你的过渡是怎样进行的。你必须非常了解这一切。这样才能很清楚未来面对的制约因素，选择我们有哪些机会。”根据这一点，新的政策仍可由单位(或企业)象征性地承担部分奖励补助的经费，这样既落实了政策，又大大减轻了单位负担(与原来政策相比)，同时也使单位或企业的社会责任得以体现和强化。制度的可移植性就是在创新过程中要注重学习，善于总结基层的经验和创造，善于学习其他地区的经验，根据实际作出新的安排。比如，我们可以借鉴农村部分计划生育家庭奖励扶助制度的成功经验，比照其具体做法，将其移植到部分城镇居民中去。

### (四)可持续、易操作

“可持续”包含了协调、兼容和可维持之义，有效的制度安排是制度结构中其他制度安排的函数，奖励补助政策与其他社会经济政策不互相扯皮，保持协调性和一致性。不至于因外部环境的变化而不可执行。它不是只管一天、一年，而是要长期坚持下去，不仅现在的财力能保证，将来出现支付高峰时亦能保持连续性；财政盈余时没问题，财政困难时也能奖得起，不随经济的波动而忽高忽低。“易操作”是要尽可能减少中间环节，减少执行中的困难，直接到人，确保目标人群能够享受到。

### (五)奖励关怀，礼轻仁义重

任何政策都有规定性，都有时间、空间局限性。没有哪一项政策是“包容万象”的，没有哪一项工作可以包打天下，承认它的局限性，就是承认它的特色。它局限在城镇独生子女家庭，或者说非农业户口的独生子女家庭，其实质就是计划生育利益导向机制中的一个制度，而不是利益导向机制的全部。不能幻想这个政策把独生子女父母老年后的所有问题统统包下来，必须清楚这个政策是带有人文关怀性质的奖励补助，相对于独生子女父母老年后的各种需求来讲，要保持它的连续性，只能是“千里送鹅毛、礼轻仁义

重”式的奖励补助，仅仅是针对独生子女父母的社会保障体系中的一部分，不能寄希望于解决城镇独生子女父母进入老年后的所有问题。甚至也不能期望它像农村奖励扶助制度那样，在计划生育家庭的养老问题上发挥同等重要的作用。因为城镇或非农业人口还有其他更重要的保障形式，而农村的社会保障最多说刚刚起步，仍然比城镇落后很多。因此说，农村奖励扶助制度的标准代表了城镇奖励补助的上限。

### （六）先行试点、逐步完善、循序推进

根据内生性制度博弈规则论的观点，制度变迁可以理解为从一种均衡（序列）到另一种均衡（序列）的移动过程。演变本身意味着非均衡的出现，这种非均衡要首先被决策者和制度企业家认知，然后发明出一种新的行为规则和制度安排，得到认可后再进行试错（trial and error）或试验，最后实现规则的替代。这是制度产生或制度变迁的一般过程或一般规律。在城镇独生子女父母中普遍实行年老奖励补助政策，事关广大城镇居民的切身利益。根据各地的具体情况，选择有政策基础且落实较好、管理规范、措施得力的省、市、县（区）进行试点，全国选 1~2 个工作基础好、多年实施这一政策的省市，每个省市再选 1~2 地区进行试点。同时鼓励没有相关规定的其他 8 省、市按照国家的统一规定自行试点，并及时总结试点中的经验，不断完善政策执行程序和有关配套措施，取得经验后逐步在全国推开。

### （七）奖励补助的标准

国家机关、企事业单位职工办理退休手续时，按每人不低于 3500 元的标准给予一次性奖励，原来已享受过地方性条例规定的一次性奖励且标准低于 3500 元的，只发放差额部分，达到标准的不再重复奖励。

个体劳动者、无业居民等单位难以确定的城镇独生子女父母，比照农村部分计划生育家庭奖励扶助制度进行奖励。即年满 60 周岁以后，按人年均 600 元发放，直到亡故为止，已超过 60 周岁的，以政策开始执行时的实际年龄为起点发放。

### （八）资金来源遵从中央或省级财政为主，所在单位承担一定份额的原则

奖励补助金可由中央财政、省财政、区县财政和所在单位共同分担，具体比例可依各省市自治区的财政状况、目标人群多少及所在单位的经济效益而定，中央财政要覆盖到所有的省市自治区，而不仅仅是中西部地区，对发达地区，中央财政可象征性地予以支持。奖励补助金要分别纳入当年中央、地方的财政预算和企业单位的生产成本或工资成本。

### （九）敦促各地采取切实措施兑现奖励补助政策

在全国性的政策未全面推开之前或试点过程中，敦促各地加大兑现原有奖励补助政策的步伐，鼓励有条件的地方尽量一次性兑现，条件稍差的也要制定分步兑现的方案，兑现一个是一个，兑现多少是多少，为国家层面政策的实施，扫清障碍，提供平台。另

外，借鉴农村的做法做好奖励补助政策目标人群的资格认定、资金发放、监督检查、运作管理等其他工作。

（李通屏　周美林）

## ◎ 评论

外部性(externality)是西方经济学中四大市场失灵的典型例子之一。从定义上看，强调参与市场交易的买卖双方，其交易行为对第三方(bystander)产生了好(正外部性)或坏(负外部性)的影响，但交易价格并没有体现这种溢出效应(spillover effect)，价格偏低或偏高，从而给市场交易的买方或卖方带来不恰当的激励，使交易量偏离社会最优均衡量(social optimum)，市场规模过小(正外部性)或过大(负外部性)。

这种市场失灵产生的根本原因在于市场价格未能反映真实的交易成本或收益，市场机制不能实现自我恢复，而是需要政府这只“有形的手”来矫正。对于负外部性，一般通行的做法是征收庇古税(Pigouvian Taxes)，以提高具有负外部性产品的市场价格，从而使市场交易量接近社会最优均衡量。对于具有正外部性的产品，由于产品提供者不能获得产品的全部收益而不愿意提供社会合意量，政府通过补贴(subsidy)则可以将正外部性产品的外溢收益补充给产品供应者，因而矫正正外部性产品市场供给不足的问题。

历史地看，计划生育政策缓解了我国物质产品生产能力不足以满足人口增长需要的矛盾。从整个社会的角度看，该项政策的收益大于成本，独生子女政策将从整体上控制人口增长率，直接效应之一就是减少社会个体对各种产品尤其是生活用品的需求，使相关商品的需求曲线由 $D_1$ 向左边移动至 $D_2$ 曲线的位置，在供给能力保持不变的情况下，商品市场实现了新的均衡，$e_2$ 取代 $e_1$，均衡需求量由 $Q_1$ 下降到 $Q_2$，有限生产能力导致的物资短缺压力下降(见图 1)。

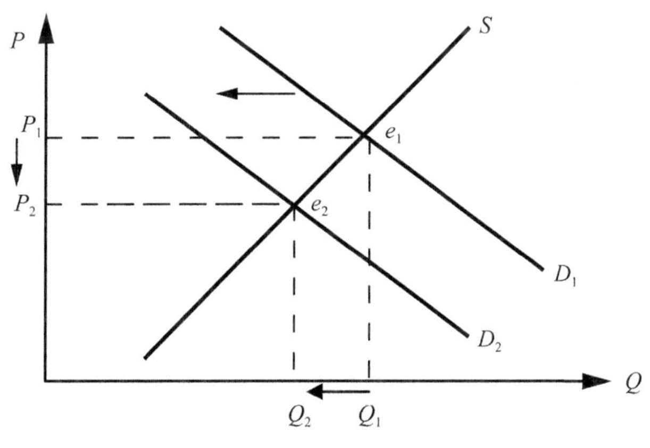


图 1　独生子女政策如何影响商品市场均衡

从单个独生子女家庭看，只生一个孩子的决策存在正外部性问题，家庭不能获得

“只生一个好”的全部政策收益，这将降低家庭遵循计划生育政策的积极性。

按照经济学理论，供给与需求曲线包含了有关成本与收益的信息：需求曲线反映了消费者对商品的评价，也即商品给予消费者的价值，需求曲线的高度代表边际买者的支付意愿(willingness to pay)，交易价格高一点则退出市场，需求量减少一单位。供给曲线是企业的边际成本曲线，供给曲线的高度反映了生产者为多生产一单位产品所增加的机会成本(opportunity cost)，交易价格低一点则退出市场，供给量减少一单位。以上情况都是假设在不存在外部性的市场交易中，私人收益与成本等同于社会收益与成本，市场均衡价格将反映真实的生产者成本和消费者评价。

在存在外部性的世界里，由于收益或成本具有外溢效应，也即私人(消费者或企业)没有得到交易的全部收益或没有承担全部成本，社会收益或成本将偏离私人收益或成本。在独生子女这种存在正外部性的情况下，家庭遵循计划生育政策产生的社会收益超过私人收益，如图2所示，在没有政府干预的情况下，家庭将按照自己的价值判断产生独生子女的私人需求 $D_1$(私人边际收益曲线)，结合家庭子女的生产成本曲线(供给曲线)，可以得到完全由家庭决策产生的市场均衡量点 $E_1$ 及其均衡数量 $Q_1$。如果考虑到独生子女产生的外部收益因素，将溢出的外部收益(独立于买卖双方之外的第三方的获益)计算在内，可以得到高于私人收益、位于私人收益曲线右侧的独生子女社会需求曲线 $D_2$(社会边际收益曲线)。从整个社会来看，家庭应当生产与社会收益曲线相匹配的均衡产量，即供给曲线与社会边际收益曲线 $D_2$ 的交点 $E_2$ 决定的社会最优产量 $Q_2$，显然该社会最优量大于上述产量 $Q_1$。换而言之，由于存在正的外部性，家庭供给独生子女的动力不足，低于社会的最优总产量(fall short of optimum)，资源配置效率低，政策效果不理想，偷生、超生等对其他执行独生子女政策的家庭的“搭便车”行为时有发生。

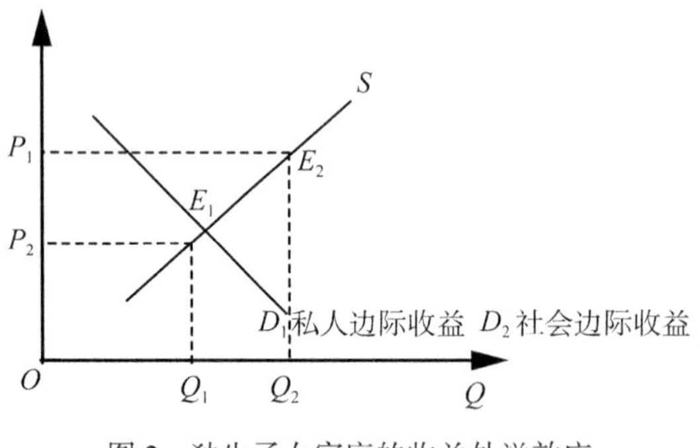


图2 独生子女家庭的收益外溢效应

在独生子女政策环境下，家庭面临是否遵守计划生育政策的决策。在权衡子女数量所带来的收益时，主要考虑一个孩子给自己家庭带来的边际收益大小，因而形成对独生子女的私人需求曲线。但是，当每一个家庭都遵循政策安排，选择只生一个孩子，则整个社会物质生产的压力会得到大大缩减，正如图1所示。然而，现实的情况是总有家庭是超生的，这样一来，遵守独生子女政策的家庭并没有获得遵守政策带来的全部收益，那些超生的家庭以及整个社会搭了便车，享受了独生子女家庭的外溢收益。在超生家庭没有被惩罚，或超生罚款没有被政府补偿给独生子女家庭时，社会均衡将处于 $Q_1$ 水平，资源没有得到有效配置。这也是本文提出奖励独生子女父母政策的根源所在，通过补贴的形式使独生子女私人收益曲线(私人需求)向右移动到与社会收益曲线(社会需求)相重合的位置，愿意遵守独生子女政策的家庭增加，人口政策才能顺利实现高水平均衡。

本文进一步讨论了现行奖励政策悖论，“国家实行计划生育，提倡一对夫妇只生一个孩子，一方面强调实行计划生育的社会经济效益；另一方面又要求独生子女父母的所在单位实施奖励。前者实质上是向世人宣告，独生子女父母生育行为产生了正的外部性，其效益外溢给了国家和社会，国家是最大、最直接的受益人，后者则把所在单位或所在企业作为实际上的受益人。由此形成这样一个悖论，效益外溢的受众(国家或社会)不买单，买单的(企业)不是受众……独生子女父母年老奖励补助政策的落实存在严重的政府失灵”，明确了独生子女家庭外溢收益的获得者是其他家庭和整个社会(1971—1998 年，由于推行计划生育，全国共少生 3.38 亿人，仅儿童抚养费一项为全社会节约 7.4 万亿元)，而非独生子女父母所在企业，进而明确了实施奖励的主体和奖励对象，为当期的政策优化指明了方向。

(易杏花)

# 环境成本的内在化问题[①]

经济活动必然伴随着一定程度的污染问题，我们称之为环境成本。过去我们较少关注环境成本，或者是因为环境成本还不足以影响我们的经济发展，或者是因为我们还没有充分认识到环境成本的危害性，或者是因为我们的生态环境偏好还不够大。但随着经济发展水平的不断提高和人们生活质量的不断改善，人们对环境问题的重视也逐渐增强，要求经济发展的同时环境成本最小化。

## 一、环境成本的经济根源

### (一)外部性和产权是产生环境成本的理论根源

根据西方经济学的主流观点，产生环境成本的经济根源在于外部性和产权问题。外部性的概念是马歇尔首先提出的，他在分析外部环境对企业发展的影响时提出了外部性的概念。后来，马歇尔的学生庇古将外部性的概念发展到企业行为对外部环境的影响，从而形成了外部性理论。庇古在 1920 年出版的《福利经济学》一书中认为，外部性导致私人成本与社会成本的不一致，企业进行经济活动，其收益是企业的，而生产的外部成本并没有进入企业的生产函数。与庇古不同，科斯认为产权是引起环境问题的主要因素。科斯在 1960 年发表的《社会成本问题》一文中用排放废气的工厂与周围居民的故事阐述了产权的重要性。产权是交易的前提，产权不清必然导致效率损失。科斯据此提出用明确产权，通过产权交易的方式来解决环境问题的思路。

哈丁将外部性和产权引入资源环境经济问题，他在"公地的悲剧"中讲述了由于公共牧地的产权不清引起牧民过度放牧、草场退化的故事，说明了公共物品由于产权不清，个体从利益最大化出发进行生产消费，结果造成资源环境的过度利用和退化的事实。现实生活中，环境资源大部分是产权不清的资源，如空气、水、河流等，因此在开发利用这些资源时极易发生过度利用的问题。

### (二)长期低端经济模式导致环境污染加剧

从实践中看，引起环境恶化的重要原因在于我们的低端经济模式，[②] 即低劳动力成

---

① 参见刘江宜，倪琳．环境成本的内在化市场[J]．资源开发与市场，2007(5)．

② 戴星翼．低端经济与环境恶化[M]．武汉：湖北人民出版社，2004.

本、低土地成本、低附加值、低效益的发展模式引起的环境污染问题。这种经济发展模式的理论基础是全球化背景下的比较利益原则。我国是一个发展中国家，经济增长方式还主要是依靠大量消耗环境资源，通过提供大量的初级产品来实现发展的目标。有两个现象可以说明我们对低端经济模式的依赖：一是改革开放 20 多年来，所有经济发展上取得成功的先进典型，无一不是高速低扩张的产物，即使是上海和苏州这样的地区，也用低地价相互竞争。二是我国 1949 年以来历次经济增长高峰或过热都是低端经济的高速扩张造成的，每一次都引起环境质量的迅速退化。正是在这种经济发展模式下，环境资源问题更加突出。事实上，当前我国的环境污染与环境退化问题已经相当严重，每年的经济损失占 GDP 的比重约为 5.5%~9.8%(见表 1)，这些损失表现在森林退化、草原退化、水土流失、湿地减少、生产率下降、人类的健康受损等方面。

表 1　　部分发展中国家环境污染与环境退化的经济损失情况

| 国家 | 中国 | 印度 | 墨西哥 | 印度尼西亚 | 泰国 |
| --- | --- | --- | --- | --- | --- |
| 占 GDP(%) | 5.5~9.8 | 4.5 | 3.3 | 2 | 2 |

注：转引自曾献印．新型工业化道路的环境管理对策[J]．资源环境经济学进展，2004(2)．

## 二、环境成本内在化的手段比较

治理环境污染的实质是用治理成本替代环境成本，也就是用劳动和资本替代已经损失了的生态环境服务的价值，因此从经济学的角度看，环境污染不是越大越好，但也不是等于零，理想的环境污染水平是治理成本与环境成本的均衡。不同的治理手段具有不同的成本，因此选择什么样的治理手段也就有了相应的治理成本。目前环境污染治理手段大致可以分为三类：一是直接管制手段，即主要依靠行政手段、法律手段进行管制；二是经济激励手段，其中又可分为庇古手段与科斯手段两大类；三是劝说教育手段等。本文主要讨论管制手段与经济手段。

### (一)管制手段与经济手段的比较

环境污染由于具有公共物品的性质，不能依靠私人市场进行解决，必须由政府进行干预，环境管制手段由此产生。政府直接管制的主要形式是制定排污标准和法规政策。直接管制手段作为政府干预环境问题的一种手段，在处理环境问题方面发挥了重要作用，特别是在市场体系不发达的环境下，在处理历史遗留环境问题和突发性重大环境问题时，政府直接管制手段具有较强的针对性和较好的效果。但从经济成本的角度看，直接管制手段面临的主要困难在于：第一，政府制定的排污标准是否是最优的。第二，执行成本较高。环境措施出台后需要政府进行监督执行，因为市场本身没有机制来执行这种措施，而政府在监督管理过程中需要大量的执行成本。第三，地方政府或部门之间的博弈行为。因为管制手段是利益的再分配，它直接涉及一些企业和部门的实际利益，因此容易遭到地方政府或企业的反对。第四，没有发挥企业的积极作用。企业在污染治理中具有相当重要的作用，而管制手段忽视了企业间的差异或企业的技术创新能力，结果容易使环境治理成本增大。

从实践中看，政府直接进行管制曾是许多国家治理环境污染的主要手段，也曾被政府视为当然的责任。以我国的淮河污染为例，1994 年制定的《淮河流域水污染防治条例》(以下简称《条例》)是我国在环境保护方面针对某一地区环境问题的第一部法规。随后，我国又采取了“零点行动”，关闭“十五小”企业等措施。应该说，10 年来我国在淮河污染治理上主要是行政推动型，采取的更多的是行政管制手段，但从实践中来看，还存在许多问题，如《条例》的实施不到位，一些地方政府为了保护本地企业而采取保护措施，企业中存在“守法成本高、违法成本低”等现象。根据国家环保总局于 2004 年进行的抽查结果显示，严重超标排污企业 52 家，占检查总数的 31. 5%，17 座污水处理厂未正常运行或处于停运状态，占检查总数的 56. 7%，在体制、法制、能力上都成为环境执法的重要制约因素。①

环境污染治理的经济手段是指主要通过经济措施，如收费、排污权交易等方式使企业有更多的选择，从而达到削减污染的行为。理论上，经济手段有更大的灵活性，更能发挥企业的积极性。鲍莫尔-奥茨定理已经证明，为达到同样的削减目标，收费比统一削减有更高的经济效率。② 与管制手段不同，经济手段的思路认为，治理污染的主体是企业，而不应是政府，因此政府的主要职责不是替企业“买单”，而是通过制定一系列的可供选择的方式，使企业进行成本收益的比较，从而选择有利于环境的行为。在世界银行提出的新污染控制模式中，环境管理的信息量和透明度比以前大得多，因为环境部门可以通过多渠道施加影响，这使环保部门更像一个仲裁者，而不是一个独裁者。③ 其次，丰富的经济手段使企业有了更多的选择。在传统的直接管制下，企业的选择是被动的，只能根据行政命令安排生产，而一些小企业可能直接面临“关、停、并、转”的风险。采取经济手段，则使企业可以在关闭、减产、自行治理、交费、购买排污权等多种方式中进行选择，不同的企业可根据自身的技术水平、生产规模、资金实力、产品需求弹性等情况选择适合自己的污染控制政策，从而既保证环境质量达到标准，又使治理成本最小化。

经济手段也存在一些不足。第一，经济手段要求市场体系比较健全，而在我国目前发展阶段，环境资源的市场体系还没有完全建立起来，排污许可证交易还无法得到广泛运用。第二，一些经济手段同样需要政府的配合，经济手段并不意味着排斥政府。在存在公共物品和外部性的情况下，政府干预始终是必要的，甚至即使为了环境公平的原因

① 陆新元．体制、法制、能力——环境执法困难重重[N]．人民日报，2004-08-19.

② 严旭阳．环境经济理论与政策设计[M]．北京：经济科学出版社，2002.

③ 世界银行．绿色工业——社区、市场和政府的新智能[M]．北京：中国财政经济出版社，2001.

政府也可以进行干预，只是政府干预的形式发生了变化，不再是直接管制，而是通过经济手段的不断创新，引导企业向环境友好型方面不断发展。

### (二)庇古手段与科斯手段的比较

围绕将环境成本内部化，庇古与科斯先后提出了两种不同的思路。庇古认为，外部性导致私人成本与社会成本的不一致，因此要将外部成本内部化，其方法就是征收相当于外部成本的费，这种费率也被称为“庇古税”或“排污费”。科斯则依据产权理论，认为产权不清是导致环境问题的根本所在，因此解决环境问题的出路是明确产权，由此产生的交易行为称为“科斯交易”。庇古手段的核心是通过收费使环境成本内部化，因此其费率的确定非常关键。而要准确知道收费水平，理论上应该知道边际环境成本曲线和企业边际收益曲线。但政府要准确知道边际环境成本是非常困难的，因为环境成本本身受众多因素的影响，如经济发展水平、个人偏好、时间因素等。而企业的边际收益曲线更不容易获得，因为企业不会主动提供这方面的数据。此外，庇古手段还存在对收费的管理、使用、监督执行等问题。

与庇古手段相比，科斯手段更多地是借助市场机制。科斯定理表明只要交易费用为零，无论初始产权界定给哪一方，都能实现帕累托最优。污染权交易主要是由政府实行总量控制和排污许可证制度，让排污许可证在不同的企业之间进行交易，从而让治理成本较高的企业通过多购买排污权而少治理，而成本较低的企业多治理而卖出排污权，从而在达到污染总量控制的前提下，使削减成本最小化。与这种企业之间的排污权交易不同，还有一些政策是在企业与居民之间进行的，如补偿政策，通过明确一定范围内的环境产权，从而使企业和居民之间进行谈判协商，达到环境成本内在化的目的。

这种依靠市场机制来解决环境问题的思路也是有条件的。首先，它是以产权界定为前提的，而产权的界定是有成本的，有的环境产权界定成本非常高，如空气、河流的产权归属较难确定。其次，“科斯交易”的实行是以交易成本非常小为前提的，但在实际生活中，交易成本可能较大，如谈判成本、执行成本、监督成本、履约成本等。

从理论上分析，庇古手段与科斯手段具有内在的一致性，但两者的适用条件和实施成本有所不同，庇古手段更多地借助政府的力量，而科斯手段则更多地是依靠市场机制。就目前各国的实际来看，对科斯手段的偏好更强一些。在我国，目前仅在大气污染治理方面开展了一些排污权交易的案例，在河流污染方面还需要进一步探索。

## 三、环境成本治理途径及对策

### (一)树立生态经济协调发展模式

西方主流经济学提出的各种环境经济手段虽然具有不同程度的效果，但从根本上讲并不能彻底解决环境成本的发生。正如有学者指出的：无论是“庇古税”还是“科斯定理”，无论是“环境库兹涅茨曲线”还是“环境资源的最大最小”理论，都是“人类中心主义”伦理观在不同时期的理论抽象，在一定程度上对环境恶化、资源枯竭起到了推波助澜的作用。① 要真正实现生态经济协调可持续发展的目标，我们必须转变低端经济发展模式，树立生态经济协调发展模式。第一，认识并尊重生态经济规律。我们重视经济发展而忽视生态环境保护的一个重要原因在于我们没有真正认识到生态经济规律，没有认识到生态经济价值。美国学者戴利在《超越增长——可持续发展经济学》一书中提出了经济是环境的子系统的前分析观点，认为经济发展正在从“空的世界”向“满的世界”发展，生态资本(自然资本)正在取代人造资本成为经济发展的稀缺资本。② 第二，转取代人造资本成为经济发展的稀缺资本变经济发展模式。导致我国环境污染日益加剧的重要原因在于长期的低端经济发展模式，随着我国科学发展观的提出，转变经济增长模式成为必然。美国著名学者布朗在《B 模式》一书中强调我们必须转变经济发展模式，由 A 模式向 B 模式转变，即生态经济协调发展的模式，才能实现经济社会的可持续发展。③ 第三，发展循环经济，推行清洁生产，提倡绿色消费。循环经济本质上是一种生态经济，它要求运用生态学规律而不是机械论规律来指导人类社会的经济活动，循环经济通过物质和能量重复利用从而减少资源消耗和废弃物的排放。而在企业中推行清洁生产，将从源头上控制环境成本的发生。同时要提倡“绿色消费”，让环境保护观念深入人心。

### (二)让企业成为环境保护的主体

首先，企业是环境污染的主要制造者。一般来讲，企业的经济活动是产生环境污染的主要来源。例如，在淮河流域调查发现大量的造纸、化工、制革、酿酒等企业是环境污染的主要制造者，工业污染仍然是环境污染的重要来源。其次，根据“谁污染、谁治理”的原则，企业应该成为环境污染治理的主体。首先，“谁污染，谁治理”是一个经济原则，而不是技术原则，因为污染问题不是单个企业能够从技术上治理的，而是一种经济上的补偿。其次，小企业由于规模小、资金少，难以购买成本较高的污染处理设备，即使购买也难以承担其昂贵的运行费用，因此政府对小企业提供帮助是必要的。根据调查，墨西哥只有 5%的大工厂没有能力监测自己的空气污染或有害的废弃物，40%的小工厂没有能力监测自己的水污染。第三，企业技术创新能力强。企业不仅是生产者，还是技术创新的主要力量，在环境技术方面同样如此，但企业没有积极性主动进行环境保护技术或资源节约技术创新，只有当企业意识到这种创新所带来的利益超过其成本时才是合理的。因此，政府应该通过适当的措施鼓励企业进行环境保护或资源节约技术创新，也可以通过适当提高产品环境标准迫使企业进行技术创新。

### (三)合理运用管制手段与经济手段

环境成本内在化要求合理运用管制手段与经济手段。首先，要完善落实排污收费制

---

① 冯之浚．循环经济与末端治理的范式比较研究[N]．光明日报，2003-09-22.
② 戴利．超载增长——可持续发展的经济学[M]．上海：上海译文出版社，2003.
③ 林自新．B 模式——拯救地球、延续文明[M]．北京：东方出版社，2003.

度。排污收费制度作为一项实施较早、运用较广的环境经济政策，在实践中积累了丰富的经验，特别是2003年我国新的《排污费征收管理条例》出台以后，必将使排污费产生更积极的效果。其次，积极开展排污权交易试点。排污权交易作为一种主要依靠市场机制的环境经济手段，在大气污染治理中已经得到了较好的运用，但在河流污染治理中还需要进一步试点。早有学者提出过在淮河治理中采用排污权交易的思路，① 并提出了实施意见，但直到现在，成熟的排污权交易体系还没有建立。再次，积极利用经济手段又不否定政府管制手段。事实上，经济手段的制定和实施也需要政府的干预和支持，如排污收费的制定，排污权交易的出台等都是和政府分不开的。问题的关键是政府应该把握直接管制的时间和范围，因为毕竟政府调动的资金是财政，政府的主要职责是建立市场并维护其正常运行。

### (四)适时开征环境税

国外一些国家已经通过开征环境税来促使企业将环境外部成本内在化，从而“给市场经济这只看不见的手添上一个绿色的大拇指”。在我国，由于企业的负担较重、技术水平相对较低，因此一直没有开征环境税，但由于环境问题日益严重，政府也可考虑适时开征环境税，迫使企业将环境成本内在化；同时调整现有的部分税种，使之体现环境保护的理念。

### (五)积极探索生态环境补偿机制

#### 1. 逐步建立环境经济赔偿制度

环境经济赔偿是由于企业污染环境而赔偿受害者费用的一种政策。日本企业曾为环境污染付出过沉重的代价，四日市石油联合生产工厂由于排放二氧化硫严重危害当地居民的健康，迫使企业每年投入147.95亿日元用于治理大气污染，使污染程度减轻。同样，水俣地区有机汞造成的水质污染使水俣工厂遭受了重大经济损失，从而迫使其停止有机汞的生产。因此，必须尽快建立适当的环境经济赔偿制度，使污染者不能得到半点经济利益。

#### 2. 探索流域生态环境污染补偿机制

流域涉及的污染源很多，而且相互影响，特别是上游、中游和下游的关系较为复杂，污染下泄事故一旦发生，上游、中游和下游之间就开始了“由谁承担责任”的争论。譬如在淮河污染中，安徽省向河南省讨损失，江苏省又向安徽省要说法，在相互推诿扯皮中，使真正的肇事者逃离了惩罚。

---

① 戴星翼．走向绿色的发展[M]．上海：复旦大学出版社，1998.

### 3. 加快生态环境补偿理论研究

目前，生态环境补偿机制正在逐步探索和建立过程中。国家环保局和世界银行于2004年举办了“生态保护与建设补偿机制及政策国际研讨会”；2005年，中国环境与发展国际合作委员会成立了生态补偿机制与政策研究课题组，对中国的生态补偿机制开始进行了深入研究。但关于生态补偿的主体、补偿标准、补偿方式、补偿资金等诸多问题还有待于我们进一步深入研究。

（刘江宜　倪琳）

## ◎ 评论

改革开放四十多年来，中国经济增长取得举世瞩目的成就，2010年取代日本成为世界第二大经济体，2020年将实现全面小康社会目标，人均GDP将超过1万美元。然而，经济的快速增长不可避免地带来了环境污染和生态恶化，山水林田湖草以及空气质量下降、人类健康受损等问题突出。中国特色社会主义建设进入新时代，我国社会的主要矛盾是人民日益增长的美好生活需要和不平衡不充分的发展之间的矛盾，美好生活需要就包括对青山绿水、蓝天白云的需要，经济增长不等同于经济发展，如何在经济增长与环境保护之间寻求平衡点，秉持科学发展观，走可持续发展道路一直都是党和国家重要治理目标之一，也是理论界和实践层面研究的热点问题。

该文从外部性和产权理论出发，分析了环境成本产生的理论根源，结合低端经济发展模式分析了环境污染加剧的现实根源。本文从两个层面重点比较了环境污染成本内在化的手段，一是对比直接管制和经济手段在治理环境污染时各自的优势和劣势，二是比较庇古税和科斯定理有效实现环境成本内在化的前提与效果。本文最后从生态经济协调增长模式、环境保护的主体、综合运用不同内在化手段、适时开征环境税、探索生态环境补偿制度等方面，对我国内在化环境成本进行了对策探讨。

曼昆在其风靡全球的《微观经济学原理》(*Principles of Microeconomics*)里将环境污染等负外部性行为归结为四大典型(外部性、公共物品、垄断、信息不对称)的市场失灵之一，并且将外部性内在化手段总结为政府主导(public sectors)和私人主导(private solutions)两大类。前者主要包括行政命令型(command and control)和市场手段，后者则主要有道德约束及社会准则、慈善机构捐款(charitable organizations)、纵向一体化(integrating different types of businesses)以及私人谈判合约(contracting between parties)。

该文首先对比了政府主导的两大类外部性内在化手段，其中，直接管制归属于行政命令型，经济手段归属于基于市场型。在传统、简单粗暴的直接管制方式下，企业只能被动服从减排命令，而经济手段则使企业可以在关闭、减产、自行治理、交费、购买排污权等多种方式中进行选择，不同的企业可根据自身的技术水平、生产规模、资金实力、产品需求弹性等情况选择适合自己的污染控制政策，从而既保证环境质量达到标准，又使治理成本最小化。经济手段有更大的灵活性，更能发挥企业的积极性。但在该文所处时代背景下，由于我国环境资源的市场体系还没有完全建立起来，排污许可证等基于市场的经济激励还无法得到广泛运用，环境污染成本的内在化主要依靠制定排污标准、法律法规、运动式检查、污染罚款等方式进行。该文以淮河污染治理为例，既分析了直接管制政策的成效，更验证了西方经济学理论指出的行政指令方法的低效率性，包括政府制定的排污标准并非最优、执行成本较高、地方政府部门之间的博弈行为、没有发挥企业的积极作用等，管制效率不理想。

其次，该文将通过私人谈判的方法解决外部性问题归类为市场机制("与庇古手段相比，科斯手段更多地是借助市场机制")，与曼昆的界定有一定出入。从理论上讲，市场机制强调利用价格机制反映交易的成本和收益，从而为行为个体提供激励，以内在化外部性。而科斯定理强调私人部门在解决外部性问题方面的自主性，只要产权界定明晰，产权执行有力，交易成本为零，则无需政府介入。从此来看，科斯定理并不涉及利用价格变动给行为个体提供调整需求或供给的激励，应当归属于私人办法，即使产权的界定与维护需要政府的强力介入。当然，科斯定理强调私人可以自行解决外部性的前提相当严苛，"只要交易费用为零，无论初始产权界定给哪一方，都能实现帕累托最优即交易成本为零"，在现实生活中这是不可能实现的，产权界定成本、谈判成本、执行成本、监督成本、履约成本等比比皆是。因此，即使在产权制度和市场机制比较完备的西方发达国家，科斯定理被广泛运用于环境成本的内在化，在中国仍以行政命令型手段为主。即使是基于市场的排污权交易行为，主导者和推动方也往往是地方政府，这也是"科斯第二定理"的精髓所在。其实，主流的两类基于市场的环境成本内在化手段——庇古税和可交易排污权，也存在不同的减排机制和绩效，这是本文所忽略的方面。

如图1(a)所示，在庇古税下，政府决定每单位污染的排放价格(也即无穷弹性的污染物供给曲线，任何愿意以庇古税率为代价的污染物排放都是被允许的)，企业对污染物排放的需求曲线与庇古税率共同决定均衡污染量。庇古税的核心是通过税收使环境成本内部化，因而其费率的确定非常关键，理论上应该等于企业转嫁给社会的污染成本，在图形上等于社会边际成本曲线与私人边际成本曲线的水平距离。事实上，政府不仅很难准确获得企业污染的边际环境成本，而且庇古手段同样存在税收管理、使用、监督执行等问题。

戴尔斯于1968年最先提出了排污权交易的理论，并首先被美国国家环保局(EPA)用于大气污染源及河流污染源管理。如图1(b)所示，在排污许可证制度下，政府决定可供使用的排污权总量(也即零弹性的污染物供给曲线，由区域环境容量决定)，企业对污染的需求曲线与供给共同决定均衡污染量以及每单位污染物所应支付的价格。相较庇古税而言，可交易排污权制度在市场机制的加持下，更容易推行，且效率更高。由政府根据区域环境容量，核算可以发行可交易的排污许可证总量(也即垂直的污染物总供给曲线)，让企业根据自己的减排技术和成本自主决定是否通过市场购进排污权(需求曲线)，形成的市场均衡排污权价格就是不同时点的企业排污代价。可交易排污许可证在不同的企业之间进行交易，治理成本较高的企业通过多购买排污权而少治理，而成本较低的企业多治理而卖出排污权，在达到污染总量控制的前提下，使削减污染物的成本

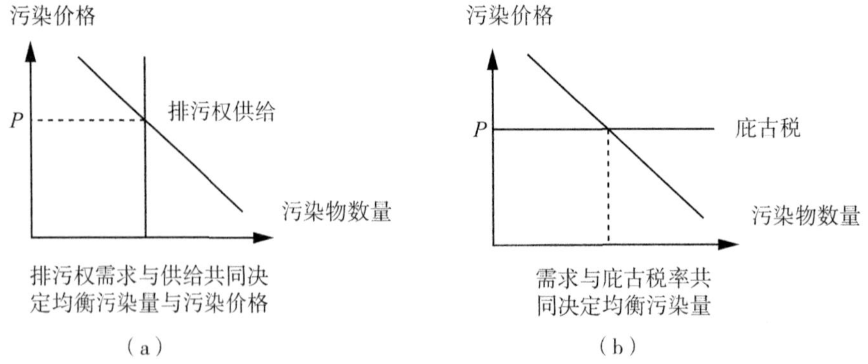


图1 庇古税与排污权的减排机制比较

最小化。

在美国环保协会的协作下，我国自20世纪初开始在大气污染领域从单一“浓度控制”办法向二氧化硫排污权交易领域探索，在南通与本溪两个城市试点成功后，山东、陕西、江苏、河南、上海、天津、湖南等地也相继展开，污染物也拓展到水污染中的COD，以及温室气体中的二氧化碳，2017年构建了全国统一的碳排放权市场，利用市场机制进行节能减排得到了大力推进。

（易杏花）

# 家庭发展、企业运行与市场中的政府①

中国共产党十八届三中全会关于《全面深化改革若干重大问题的决定》指出，经济体制改革是全面深化改革的重点，核心问题是处理好政府和市场的关系，使市场在资源配置中起决定性作用和更好发挥政府作用。其目的在于推动经济更有效率、更加公平、更可持续发展，进一步解放和发展社会生产力、解放和增强社会活力。改革开放以来，处理好政府和市场的关系、推动市场化改革始终处于核心地位。家庭、企业对于市场和政府是什么关系？市场对资源配置和家庭、企业之间存在什么样的关系？处理好政府和市场的关系是否就是处理好家庭、企业与政府的关系？或者在忽视家庭利益、家庭发展的环境中能否处理好政府与市场的关系进而激发各经济主体的活力？从经济运行的角度思考，家庭仅仅是一个利他主义(altruism)驱动的社会细胞吗？家庭发展和经济主体是何种关系？基于这种背景，本文试图从经济系统循环的视角，探讨家庭、企业和市场中的政府如何协调、互动，分析家庭、企业和政府的功能及可能的边界。希望有助于深化对政府与市场关系的认识，有助于新常态的中国经济进一步激发活力、保持经济发展的持久动力。本文的创新在于，拓展了家庭效用函数，将主流经济学忽视的家庭因素纳入经济运行系统，并提炼其政策含义。

## 一、家庭、企业、政府与经济运行

在最简单的经济模型里，经济运行是这样的：家庭向企业提供各种生产要素，同时从企业那里得到相应的货币收入；家庭向企业购买物品与服务(称之为消费)，相应地用于消费的货币支出流向企业；如果家庭不把所有的收入用于消费，就会发生储蓄。这些储蓄流入金融市场。企业则从金融市场得到贷款，进行投资。与货币投资相应的实物资本的流动则发生在企业内部。在这个经济中，当家庭从企业购买物品和劳务时，这些物品通过劳务市场流动。当企业反过来用从销售中得到的钱来支付工人工资、土地租金和企业所有者的利润时，这些要素又通过生产要素市场流动。货币不断地从家庭流向企业，然后又流回家庭②。现实的经济虽然复杂得多，但资源由非政府组织(企业、家庭

---

① 参见李通屏．家庭发展、企业运行与市场中的政府[J]．社会科学，2015(9)：63-71.

② 参见曼昆．经济学原理(宏观经济学分册)[M]．北京：北京大学出版社，2012：4.

和市场)所有和配置仍然是资本主义的标志①。家庭的收入要分为消费、政府税收和储蓄三部分，企业的全部产品和劳务通常也有三个流向：家庭购买、政府购买和企业购买。家庭通过市场向企业购买市场品用于家庭生产，生孩子并把孩子培养成市场所需要的劳动力，家庭和企业通过购买政府生产的公共产品(如建立家庭和企业的许可、避免冲突和有效合作的规则和秩序)和准公共物品(如学校、医院、公共场所等)，从而政府得到收入(税收)，但基本经验是相同的：家庭、企业和政府总有买者与卖者(如图1所示)。三者在市场上的合作互动形成完美的经济运行。

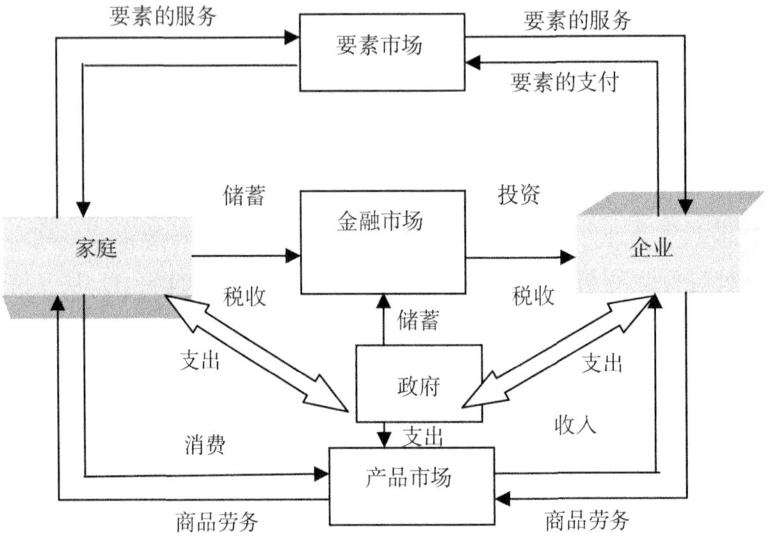


图1　家庭、企业、政府与经济运行

## 二、一个拓展的家庭效用函数

### (一)贝克尔的家庭生产函数

从传统意义上说，家庭问题似乎是社会学研究的范围。但被誉为“经济帝国主义”(economic imperialism)推广人的著名经济学家、诺贝尔经济学奖得主贝克尔(G. S. Becker，1977；1981)认为，家庭类似于一种小微企业——生产一种不能在市场上购买而是被家庭生产出来的“商品”，包括孩子、声望和尊严、健康、利他主义、嫉妒以及精神享受。如同家庭消费一样，在这个单位内，利用市场品，自有时间以及各种环境投入品进行生产。他将家庭效用函数表示如下：

---

① Alchain，Armen A.，and Harold Demsetz. Production，Information Costs and Economic Organization [J]. American Economic Review，1972，65(5)：777-795.

$$U = U(Z_1,\ Z_2,\ \cdots,\ Z_n) = u(Z_i)$$
$$Z_i = f_i(t_i,\ x_i,\ E)$$
$$T = t_w + \sum_i t_i$$
$$I = \sum_{i=1}^{n} p_i x_i$$
$$s = wT + V = \sum_i (wt_i + p_i x_i)$$

式中，$s$ 表示家庭的时间和货币收入限制，$V$ 表示家庭的非货币收入，$Z_1$，…，$Z_n$ 可以用 $Z_i$ 表示，每个商品 $Z_i$ 都是在家庭生产出来的，既表示商品又表示这种商品提供的服务，$x_i$ 为生产 $Z_i$ 所需的市场物品，$t_i$ 为家庭成员消费 $x_i$ 所需时间，$E$ 表示生产所处的环境变量，这些环境变量反映生产工艺状态或生产过程的技术水平。家庭效用函数的极大化受 $Z_i$ 限制，也受家庭时间和收入限制，也就是说，家庭的效用函数是把市场商品与家庭的时间相结合，经由家庭生产实现的。

### (二)家庭效用函数的拓展

贝克尔关于家庭生产概念的提出有重要意义。但在上述效用函数中，孩子在家庭中的地位没有凸显出来。在分析对孩子需求的时候，进一步提出了附加孩子数量、质量及其相互作用的家庭效用函数

$$U = (N,\ Q,\ Z) \tag{1}$$
①

预算方程为 $P_nN + P_qQ + P_zZ = I$，此处的 $N$ 表示家庭的孩子数量，$Q$ 表示孩子质量，$Z$ 表示其他物品给家庭带来的满足。$P_n$、$P_q$ 和 $P_z$ 分别表示家庭这个企业生产出来的“商品”的价格，$I$ 表示收入。

贝克尔把孩子数量、质量加进家庭生产函数的努力有重要意义，但忽略了一个很重要的因素——家长，一个完整的家庭是由家长和孩子共同组成的，同时又似乎轻易地放弃了主流经济学的效用函数假定，即 $U=U(x)$，这里的 x 表示家庭的消费。因此有必要构建一个新的家庭效用函数。

### (三)贝克尔效用函数的进一步改进——一个新的家庭效用函数

基于贝克尔的分析和传统的效用函数假定，家庭效用函数可进一步拓展为

$$U = U(N,\ Q,\ x_i,\ O)$$

约束条件仍然是收入和时间。这个公式里面，$N$、$Q$ 和 $x_i$ 含义与前相同，$O$ 表示这三个因素以外的给家庭带来满足的物品或服务，其最接近的含义是家长。这个新的效用

① 参见威利斯．生育行为的经济理论．载 T. W. Shultz 主编．家庭经济学[M]．芝加哥：芝加哥大学出版社，1974：29-32. 参见李竞能．现代西方人口理论[M]．上海：复旦大学出版社，2004：43. 本文认为，家庭效用与家庭从市场里购买的市场品有密切关系。这里的家庭效用函数实际上是对威利斯效用函数的拓展。

函数包含了孩子、家长、消费这样一些因素，既符合经济学的一般假定，也涵盖了贝克尔的分析。从而有助于开展隐含于家庭内部的物质行为与非物质行为的经济分析。

按照这个模型，家庭效用依赖于孩子的数量(相当于家庭规模)、孩子的质量(如孩子的受教育程度、孩子的性别，等等)、购买的市场品(相当于消费水平)和其他物品之间(家长与孩子无直接关系的偏好，如家长的事业，等等)的配置，但要受到时间和收入约束。同时家庭效用还有一个硬约束，即家庭效用函数中的每个变量都必须为正，否则，家庭效用将下降到最低。

如 $N=0$，$Q$ 将不复存在，因为有孩子才有孩子的质量，$N=0$ 意味着长期里的家庭是不复存在的。所以家庭的效用特别依赖于孩子数量和质量的相互作用，孩子是家庭效用的核心。

$x_i=0$，意味着从家庭以外的市场里得不到任何资源，没有购买任何市场物品的能力，即消费水平等于0，这样就生产不出 $Z_i$，从而家庭效用最低，这类似于最贫困的家庭。

$Q=0$，意味着孩子质量为0，孩子没有成长为社会所需要的劳动力，如残疾、生理和心理方面的缺陷、培养孩子的失败，等等。

$O=0$，意味着没有家长的家庭，或者说没有事业的家长，如失业者和那些灰心丧气的人(discouraged worker)；$O$ 和 $x_i$ 紧密相联，前者决定获取市场品的能力，后者是前者的表征。

## 三、政府干预对家庭效用和企业利润的影响

### (一)政府干预下的家庭行为

在家庭完全自主的社会，约束仅仅是来自货币和非货币的约束，也就是说，家庭把时间和收入分别用在孩子数量、孩子质量、从市场购买更多的物品和家长的事业上。现在考虑政府对家庭规模进行限制背景下的家庭效用函数。假定政府要求每个家庭只生一个孩子，则家庭效用函数可表示如下

$$U=U(1,\ Q,\ x_i,\ O),\ 0<N\leqslant 1,\ Q>0,\ x_i>0,\ O>0$$

在政府限制家庭规模 $N$ 的情况下，即在 $0<N\leqslant 1$ 时，家庭最多只能有1个孩子，家庭的时间和收入分别用在孩子数量(其值为1)、孩子质量 $Q$、市场品的购买 $x_i$ 和家长事业 $O$ 上，即表现为对孩子质量、家庭消费水平和家长事业的追求上，但长期效用依赖于这个孩子的质量 $Q$，孩子质量对家庭的长期效用最重要，也是家庭消费水平或家庭购买市场品和家长事业指向的核心，而且也是家长事业长期的激励因素。在这种情况下，孩子就是一切。为了孩子质量不惜一切代价，家长能力决定家庭从市场上获取物品与服务的能力，而 $x$ 在较长时期里指向孩子质量。也就是说，在孩子数量的取值范围是 $(0,1]$ 时，对孩子数量的替代已经达到极限。孩子不仅是家庭效用的核心，而且影响效用函数中的其他变量，孩子将对家长的事业产生极大的激励，而且这个激励是其他任何激

励所不可比拟的(如产权)。如果没有孩子，通过家长事业所获得的家庭效用将失去最终的激励因素。家庭效用最大化在长期中也就是孩子质量最大化，家庭的时间和收入将花费在与孩子质量有关的物品和服务上，如搜寻更好的学校、学区房、提供培训孩子的服务、对孩子更严格的监管。如果认为孩子性别是孩子质量的函数，那么也将把收入和时间花费在性别选择上。这将对家庭的消费结构产生重要影响，家庭从企业购买的市场品集中在所谓的“人力资本品”上。

## (二)政府限制家庭规模对企业的影响

### 1. 企业行为假定

在新古典企业模型中，利润被假定为企业目标函数的唯一维度，即在给定的市场或技术条件下进行利润的最大化。企业行为表示如下：

$$\max \pi = p^0 q - \sum_{i=1}^{n} r^0 x_i$$

$$\text{s.t.}\quad q = f(x_1,\ x_2,\ \cdots,\ x_n)$$

式中，$\pi$ 是利润，$p^0$ 是市场价格，$x$ 表示投入，其价格为 $r$，企业家根据体现在生产函数中的工程或技术条件追求利润最大化。这里假定企业的投入是从家庭购买的，而且购买的只是一种劳动力要素。当家庭是自主的情况下，家庭能够根据企业的需求提供企业所需的生产要素，如企业家、企业的普通人力资本和资产-消费选择。

### 2. 政府干预家庭生产对企业的影响

如家庭规模受限制，家庭规模的选择范围为(0，1]，这会通过三个渠道影响企业运行：影响企业家产生和市场活动时间的提供。企业家的创新能力不是天生的，而是特定环境的产物，在某种程度上是逼出来的。1 个孩子的家庭或无孩子的家长尽管有时间，但会减少家长市场劳动供给的时间①，还可能降低对企业家的产权激励(如在男性继承权的情况下或在孩子夭折的情况下)。从历史上看，企业是企业家创建的②，影响企业生产要素的投入成本。家庭向企业提供的生产要素如劳动力数量、质量(能够满足企业需求的因素)也都受到限制。在长期中，企业可供选择的生产要素劳动力数量减少，由此造成企业的投入价格上升；影响企业产品价值的最终实现。企业产品和服务价值的最终实现极大地依赖于家庭购买，家庭规模受限制将影响家庭从企业购买的数量和结构，进而影响企业产品价值的最终实现。在很多发达国家，来自家庭的总消费占 GDP 的绝大部分，如美国 2009 年为 70.8%，其他欧美国家在 65%以上，世界总体水平也都在 60%以上。奖励与处罚是政府干预家庭规模的两条途径。一是处罚孩子数量大

---

① 参见朱利安·西蒙．人口增长经济学[M]．北京：北京大学出版社，1984. 他发现孩子多、生育率高的家庭，提供给劳动力市场的时间要多于孩子少、生育率低的家庭。

② 参见张维迎．企业理论与中国企业改革[M]．北京：北京大学出版社，1999.

于1的家庭。如对多子女家庭的孩子在受教育、工作方面给予歧视，直接或间接增加他们受教育的成本，直接或间接提高他们从事高收入工作的门槛，或者直接进行经济处罚，减少多子女家庭应得的收入。二是给独生子女家庭以各种优惠，把1个孩子家庭的孩子当成“宠儿”享受教育、工作机会、升迁提拔等方面的优先，或者直接给以货币激励，使其收入高于市场水平或本人劳动能力应得的水平。这样的结果是处罚造成购买力下降，从而消费减少和企业销售下降；后者增加独生子女的优越感、降低创新激励和努力工作的激励，或者把一个企业不需要的人员压给企业或者人员高配、岗位高配，其结果损失可能更大。所以政府干预不当，会造成激励的扭曲和企业活力的下降。

### 3. 政府行为与政府作用

任何政府都面临着权威和自由的永恒冲突，没有任何一方能够绝对战胜另一方①。温加斯特(B. Weingast)认为，强大到足以保护产权和实施合同的政府也同样强大到足以剥夺公民的财产②。诺斯(D. C. North)的国家理论认识到政府既有生产性亦有潜在的掠夺性③。青木昌彦(Aoki)将国家概括为政治域中一般政治交换博弈的多重稳定均衡，其中政府和私人之间达成某种秩序。同时国家也是约束政府本身的秩序。最一般的民主型国家，对产权的自发秩序侵犯最少。勾结型国家是指政府与特定私人集团为了自身利益相互勾结。他认为，既不把国家视为仁慈的社会福利最大化者或潜在的万能的社会工程师，又不把国家看作本性上对个人利益侵犯的超自由主义者，而是把政府看成一个追求自身目标但又受到私人策略行为制约的策略性参与人④。姚洋(2011，2013)与青木昌彦有相似的观点。他认为，发展主义国家(the developmental state)在自主性国家的基础上为国家制定了经济发展目标，假定政府都会采取好的经济政策以加速经济增长的速度，即“好人”政府，而且这个“好人”政府如何会把国家搞好。需要注意的是，好人政府的确在一些国家和地区存在过，但只不过是对特定时期政府行为的描述和总结而已，不具有一般性。进而提出了不长期偏向某个(些)社会群体的中性政府(disinterested government)的假定。中性政府不是对社会群体毫无兴趣，也不是在制定政策的时候不掺杂自己的利益诉求。相反，中性政府是自利的，它采取中性的态度，是策略选择的结果。由于它的中性选择，政府在制定政策的时候才可以不受社会利益集团的限制，放开手脚把资源分配给那些最具生产力的群体，从而促进经济增长⑤。由于中性政府既不同

---

① David Hume，Essays，Moral，Political and Literary(1777：Part I)．转引自青山昌彦．比较制度分析[M]．上海：上海远东出版社，2001：155.

② Weingast，B. The Economic Role of Political Institutions：Market-Preserving Federalism and Economic Development[J]. The Journal of Law，Economics and Organization，1993：1.

③ 参见斯拉恩．恩格特森．经济行为与制度[M]．吴经邦，等，译．北京：商务印书馆，2004：280.

④ 参见青木昌彦．比较制度分析[M]．周黎安，译．上海：上海远东出版社，2001：156-157.

⑤ 贺大兴、姚洋．社会平等、中性政府与中国经济增长[J]．经济研究，2011(1)：4-17；姚洋．发展经济学[M]．北京：北京大学出版社，2013：368-375.

于发展主义国家，也不同于自主性国家。发展主义国家要求政府主动地以经济发展为政策导向，而中性政府只对政府施加一个禁止性限制，要求它不得和社会集团结盟，发展性政府类似于主动自由，中性政府类似于被动自由，只要求政府免于被利益集团俘获。这显然超出了本文的主题，但仍然对以下分析提供指导和借鉴。

在完全竞争性的劳动力市场上，政府部门和私人部门的工资(分别用 WG 和 WL 表示)取决于劳动的边际产量，即 WG=WL=VMPL。政府部门支付的工资水平为边际劳动产品的价值，即 VMPL，而从中获得的税收为 VMPL · $t^*$，因此政府的行为表示如下：

支出函数：VMPL-VMPL · $t^*$ = (1-$t^*$) VMPL

收益函数：$t^* y(G)$

生产函数：$P(G)$

式中，$t^*$ 表示最优税率，该税率恰好能使政府偿付其工资账单，并且平衡预算，即保持收支平衡(见图 2)，$G^*$ 表示能够保证社会共有收入最大化的政府雇员数量，$y(G)$ 表示某个经济的总产出和政府部门雇员数量的关系，$P(G)$ 表示政府部门提供的公共秩序或其生产函数，它由唯一的投入品——政府工作人员数量 $G$ 生产出来。而经济的总产出和政府雇员数量存在非线性关系，总产出随着政府雇员数量的增加而增加，但增加到一定程度后，将使得总产出下降。当公共部门的就业水平为 $G^*$ 时，公共部门和私人部门的劳动者边际产量相等，产量达到最大 $Y^*$ (见图 3)。

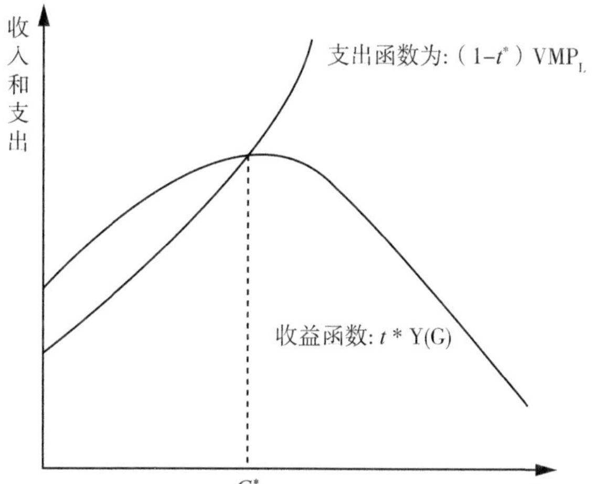


图 2　最优税率与政府的收支平衡图

假定政府是为企业和家庭服务的①，企业和家庭作为委托人，政府作为家庭和企业

① 在制度经济学文献中，这个假定并不视为当然。但根据为人民服务的宗旨和中国国情，笔者接受这个假定，同时这个假定非常接近“中性政府假定”。由于篇幅所限、问题的复杂性和本文目标，详细论述拟不展开。

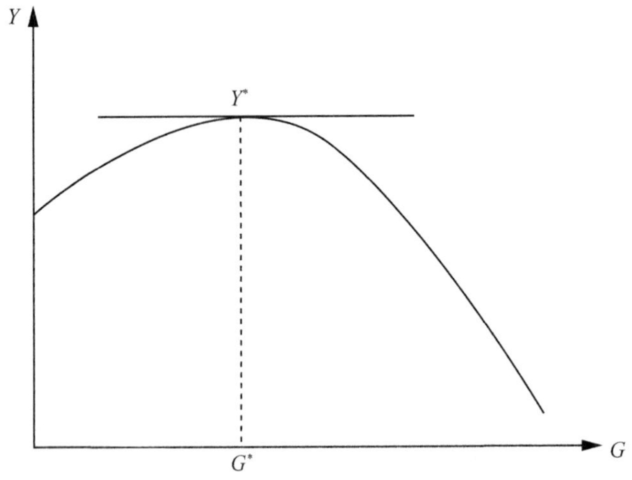


图 3　政府部门扩张与总产出变化

的代理人，并形成长期的委托-代理关系或契约关系，这种关系规定公共服务和与税收之间的交换关系：从委托人角度看，可能关注两个方面：一是企业和居民需要什么样的公共服务(种类与范围、数量与质量)？二是委托人花费的成本，也就是需要付出什么样的代价获得这种服务(如税率高低、自由或选择域的收缩)。从代理人的立场看，代理人的干预(或行动)同时产生收益和费用。我能提供什么样的公共服务，提供或生产出这些公共服务需要什么样的条件，是否存在对代理人提供公共服务效率的激励？如何保证每个政府工作人员或大部分工作人员努力为委托人的利益服务而不采取机会主义行为？或者怎样保证每个政府工作人员都是利他主义者，忠诚地服务、服从于委托人的利益，而不计较个人的利益。因此，在委托人和代理人之间取得平衡非常重要。在尊重委托人——代理人核心利益的前提下，保持家庭、企业和政府之间的互动和协调，政府为家庭和企业服务，家庭和企业也要尊重代理人的权威，考虑代理人的利益。

政府如何为作为委托人的家庭和企业服务呢？保证家庭效用、企业效用的实现这是委托人的利益所在。而保证这个效用实现的前提就是保证家庭和企业之间的不断循环，保持他们之间的交易能够正常进行。因此，一个真正代表委托人利益的有效率的政府，最应该在以下方面有所作为：

(1)促进家庭效用的实现与提高。

如前所述，家庭效用函数有四大要素 $N$、$Q$、$x$ 和 $O$，而且这四大要素都是大于 0 的，其中的一个要素是 0，整个家庭的效用值就是 0。所以政府对家庭的职能就是使这些要素都大于 0。对无力保证这四个要素都为正的家庭提供帮助。帮助的渠道可以是：让家庭在宽松的环境下选择四大要素的自主组合。在 *Development as Freedom* 一书中，著名经济学家森(Amartya Sen)首先指出，发展是人民享有的真实自由的扩展过程①，经

① Amartya Sen. Development as Freedom [M]. New York: Anchor Books A Division of Random House, Inc, 2000: 3.

济政策应该追求自由、宽容和福利的增加①。即使在中性政府或“好人政府”假定下，政府的干预也可能出现好心办不成好事的结局。中国政府在过去三十多年是一个中性政府，采纳了有利于经济长期发展的政策，但中性政府却不是发展中国家的常态。中国在今后的发展中能否保持这种独特性，恐怕越来越难②。基于这种担忧，保持家庭的高度自主性非常重要。需要规避家庭风险。所谓家庭风险即是威胁家庭存续和运行的因素，即造成家庭效用函数中的任一因素降到最低。因此在促进家庭效用方面，政府的职责就是对其中任一个要素可能是 0 的家庭提供直接补助，最基本的保证是让家庭 $N$ 和 $O$ 显著大于 0，极大地避免 $N=0$、$O=0$ 的可能风险。有了 $N$ 和 $O$ 显著大于 0，那么 $Q$ 和 $x$ 的出现就是自然而然的事情。如果人为地制造 $N=0$ 或者加大这个风险，将极大损害家庭的利益。避免 $O=0$，主要表现是政府在促进就业、发展家庭的事业上，让家长有从事市场活动的机会和时间，使这个值显著为正，这样家庭才有能力从市场上购买商品和服务，对获取市场品能力低的家庭提供适当补助。

(2)创造有利于企业获利的环境。

一是企业的产品有销路，二是企业能够在有利的环境中获得生产要素，即创造一个企业正常交易的环境，保证企业与家庭的交易、企业之间的交易顺畅、不中断。

如果把政府看作代理人的话，那么从代理人的角度讲，如何使代理人受到激励从而为委托人的利益服务呢？

政府的收入取决于最大化的社会产出和税率，但税率的高低要受到委托人的制约，或者取决于委托人-代理人之间的协商，因此高税率的成本极大。所以在这种情况下，社会产出最大化是委托人-代理人利益均衡点之一。达成这个均衡，最终还是要企业能够正常运行，保持企业与企业、企业与家庭、企业与政府之间的正常交易。

让政府雇员能够得到高于社会平均利润的工资水平。因为代理人掌握委托人不具备的知识和信息，代理人具有某种优势，代理人是委托人中的精英、优秀分子、杰出人才。“学而优则仕”，但代理人的利益高出委托人多少，取决于市场供求关系和协商。

(3)尊重家庭至高无上的自主权。

家庭是一种契约型组织，是人类生存、生活和生产的一种比企业更为基本的契约组织形式，在人类历史上几乎是一种永恒的组织形式。现代企业是在家庭—工场—家庭企业—工厂—个体工商户—家族企业这样一个逻辑链条中逐步发展起来的。家庭自主权至高无上基于这样一些理由：家庭生产的特殊性。家庭的主要功能是“家庭品”的生产，孩子是在家庭里生产出来的，家庭品的生产和市场品的生产既有联系也有区别，譬如，它们都需要投入和场所。家庭生产的场所相对于市场品来讲相对封闭，具有极高的私密性，而市场品的生产是相对公开的；家庭品的生产是父母在自主的时间、自主的场所投入大量时间和精力的结果，尽管这种生产需要对市场品的购买。家庭是个人自主活动的

① 参见鲍尔斯，爱德华兹和罗斯福．理解资本主义：竞争、统制和变革(第三版)[M]．孟捷，等，译．北京：中国人民大学出版社，2013：102.

② 参见贺大兴，姚洋．社会平等、中性政府与中国经济增长[J]．经济研究，2011(1)：4-17.

领域，我家即我的城堡(my home is my castle)：人们在其家中拥有一个自治的空间，它受到被遵守的、可强制执行的制度的保护。风可以进、雨可以进，但天王老子不经允许不能进①。所以家庭的自主权远远高于企业自主权。也就是说，企业拥有的自主权，家庭都可以有，企业没有的自主权，家庭也可以有。企业自主权表现在企业可以生产什么、生产多少、为谁生产、怎样生产，家庭在进行家庭品的生产时起码也应该有生产什么、生产多少、怎样生产的权利。从这个角度讲，家庭的自主权几乎是无穷大，几乎不受外界限制。

## 四、总结与思考

本文基于一个扩展的家庭效用函数，把家庭、企业和政府的关系看作事实上的委托-代理关系，基于为家庭和企业服务、追求经济效率的中性政府假定，分析了家庭发展、企业行为、经济运行和政府作用的关系。本文要表达的核心观点和得出的基本结论是市场效率高度依赖于家庭与企业之间的协同互动，家庭、企业具有资源配置的自主权是市场充分发挥作用的基础。政府的过度干预实质上是对市场作用的限制。需要说明的是，本文把家庭、企业和政府的关系看成委托-代理关系还有进一步深化的余地，中性政府假定尚需进一步展开。尽管这样，这些分析也足以说明笔者的观点和结论。由此引发出以下思考：

### (一)充分认识家庭发展的重要性

家庭对人们的生存质量和发展机遇都具有决定意义，任何在家庭以外建立起来的正规的社会保护制度都不能取代家庭的功能和责任②。在《家庭、私有制和国家的起源》一书中，恩格斯对家庭的重要性给予高度肯定，提出了“直接生活的生产和再生产”为历史中的决定性因素的著名论断。恩格斯说，生产有两种，“一方面是生活资料即食物、衣服、住房以及为此所必需的工具的生产；另一方面是人类自身的生产，即种的蕃衍。一定历史时代和一定地区内的人们生活于其下的社会制度，受着两种生产的制约：一方面受劳动的发展阶段的制约，另一方面受家庭的发展阶段的制约”③。也就是说，种的繁衍是家庭的基本功能，这种功能也制约和影响人们生活的社会制度和社会发展，家庭的这种功能不会随时代的发展而发生根本变化。习近平在2015年春节团拜会上强调：“家庭是社会的基本细胞，是人生的第一所学校。不论时代发生多大变化，不论生

---

① 在古罗马法中，家的主人拥有很大的权力。在家中，他可以自由行事；在家中，不允许外部干预。参见柯武刚，史漫飞．制度经济学——社会秩序与公共政策[M]．韩朝华，译．北京：商务印书馆，2000：144.

② 张秀兰，徐月宾．构建中国的发展型家庭政策[J]．中国社会科学，2003(6).

③ 马克思恩格斯选集(第四卷)[M]．北京：人民出版社，1972.

活格局发生多大变化，我们都要重视家庭建设，注重家庭、注重家教、注重家风。”①

家庭发展是家庭效用不断提高的过程，也是家庭享有的实际自由不断拓展的过程。而家庭效用依赖于孩子数量、质量、从家庭外获得市场品以及家长能力的提高，这些变量都为正，既是家庭效用的基本保证，也是家庭发展的基本前提，一损俱损、一零皆零，家庭效用不是由这四个变量的平均值决定的，也不是其中的最大值决定的，而是由这四个变量中最小的值决定的。家庭由孩子和家长组成，即家庭效用函数中的 $N$ 和 $O$ 最为重要，当 $N=1$ 时，孩子质量替代孩子数量达到临界。

### (二)对家庭规模的高度限制，最终将打破家庭、企业和政府之间的行为均衡和利益均衡

当不能保证 $N>0$ 时，长期来看，家庭存续面临威胁，家庭效用将下降到0，家庭发展无从谈起。企业家将失去最终激励，企业产品价值的最终实现愈加困难，社会总产出最大化的目标难以达成。鉴于中国妇女的生育率已经下降到超低生育水平，大幅度减少政府干预，特别是减少对家庭的行政干预、最大幅度简政放权、大幅度减少行政审批，让家庭拥有比小微企业更多、更高的自主权，不仅是家庭的幸事，也是企业的福音，更是政府的当务之急。

### (三)一个真正为委托人利益服务的政府一是为家庭效用作贡献，二是为企业效用作贡献

鉴于家庭生产的隐秘性、鉴于家庭在人口再生产方面的独特功能，政府的作用不是对家庭事务大包大揽，而是要拿捏好干预的分寸，让家庭享有最高的自主权，在充分宽松、自由、愉悦的环境中完成“种的蕃衍”。如果把自由看作发展，那么家庭发展就是家庭选择权、选择范围的扩大，如家庭规模的选择、家庭投资(包括人力投资和物质投资)和消费的选择，等等。政府的家庭发展政策应该追求家庭自由、宽容和福利的增加，有所为、有所不为，像曾经对待企业改革一样，大道至简、大胆放权。

(李通屏)

## ◎ 评论

政府与市场的边界问题一直是经济学的主题。亚当·斯密在其举世闻名的《国民财富的性质和原因的研究》中提到，政府的角色在于“守夜人”，政府的职能有三个：一是保护本国社会的安全，使之不受其他独立社会的暴行与侵略，也即保护人民，防止外侮；二是不使社会中任何人受其他人的欺负或压迫，也即保护个体，防止侵权；三是建

① 习近平在2015年春节团拜会上的讲话[EB/OL].(2015-02-17).http://news.xinhuanet.com/politics/2015-02/17/c_1114401712.htm.

立并维持某些公共机关和公共工程①。换而言之，就是政府的职责应当控制在国防、司法以及提供某些公共物品这三个领域，其他的事务应当交与市场，也即后人归纳的“小政府、大市场”②。

文章《家庭发展、企业运行与市场中的政府》将政府的边界问题引入人口控制政策的经济效应分析中，指出政府对家庭生育选择的过度干预，既伤害家庭功能，又压缩企业利润，实质上是限制市场机制作用的有效发挥。在我国尚未放开“二孩”政策的时代背景下，论文的结论和建议颇具前瞻性。十八届三中全会关于《全面深化改革若干重大问题的决定》指出，经济体制改革是我国全面深化改革的重点，核心问题是处理好政府和市场的关系，使市场在资源配置中起决定性作用和更好发挥政府作用。该文的现实背景则是我国人口红利趋于消弭，独生子女政策是否应该松绑已引起广泛议论。该文从三部门(家庭、企业、政府)三市场(要素市场、金融市场、产品市场)模型出发，分析了家庭、企业和政府之间的互动及其所构成的经济循环。紧接着从贝克尔家庭生产函数引出家庭效用函数，介绍了贝克尔家庭养育模型里的中心议题：孩子是家庭通过将自己的时间与生育孩子所需的市场商品结合在一起而“生产”出来的一种特殊商品，同时，家庭效用的高低取决于孩子数量、质量以及其他消费品等三大因素。

该文的贡献当然并不在于对贝克尔家庭效用模型的解读，而在于创新性地引入一个新的解释变量——家长的事业，使家庭效用的来源更加完整。而这一变量的加入，也使论文更加接近研究目的——在时间和收入约束的情况下，家庭如何在孩子数量、孩子质量、其他消费品以及父母事业上分配资源，在有生育数量严格受限的情况下，家庭选择行为将发生什么变化，这些变化又将如何影响家庭效用和企业效益。父母既是孩子的生产者和需求者，同时也是各个企业生产产品或提供劳务的主要投入要素。通过父母这一中间变量，该文指出政府对孩子数量设置人为限制(例如独生子女)时，家庭效用水平最终取决于孩子质量，同时，由于孩子数量受限制，家庭规模偏小，企业劳动力来源减少，劳动力投入成本上升，产品销售收入的最终实现也将受到限制。更为重要的是，由于独生子女质量在家庭效用中的绝对重要性，将影响到家长时间的市场供给，从而进一步影响企业的生产效率。政府对家庭生育决策的不当干预，造成激励扭曲和企业活力下降。这种分析为我国不断涌现的诸如“不让孩子输在起跑线”“天价幼儿园”“海淀学区房”“家长作业辅导综合征”“家长军备竞赛”“衡水高中”“毛坦厂”和“陪读”等以孩子质量为中心的新说法、新概念提供了理论解释。

最后该文把家庭、企业和政府的关系看作事实上的委托-代理关系，分析了政府所应扮演的角色，回答了政府应当在经济发展和社会管理中发挥什么作用的问题。将委托

① 亚当·斯密．国民财富的性质和原因的研究[M]．郭大力、王亚南，译．北京：商务印书馆，1972：254，272，284.

② 周其仁等经济学家质疑这一说法，认为斯密并非规范经济学家，他的这番论调并非强调政府“应当”充当“守夜人”角色，在政府与市场的关系问题上，斯密仅仅是为了说明市场机制如何能够使这些公共决策能够做得更优。参见周其仁．真实世界的经济学．守夜人的经济学说[M]．北京：北京大学出版社，2006.

代理理论运用到家庭与政府的关系上，乍一看似乎不妥，但是如果回溯到该文分析的起点——贝克尔家庭生产函数则非常恰当。在该文中，家庭被赋予双重身份，既是微小生产单位，又是单个消费单位，既是孩子的需求方，又是孩子的供给方。既然家庭是类似于企业的生产单位，在决定生多少个孩子问题上可以跟政府展开博弈，而委托代理理论又是建立在非对称信息博弈论基础上的，那么家庭自然可以跟我国国有企业一样，与政府之间形成一种委托代理关系。基于为家庭和企业服务、追求经济效率的中性政府假定，该文最后指出，一个真正代表委托人利益的有效率的政府最应该做的事，是为家庭效用和企业效益作贡献。换而言之，是创造企业合理获利的环境，并最大化支持家庭福利的提升。因而，家庭发展政策应该有所为、有所不为，大胆放权，赋予家庭自由选择权，并为家庭自主和自治提供制度性保护。

（易杏花）

# 下篇

# 宏观经济学

# 导　论

一般认为，1936年，凯恩斯(John Maynard Keynes，1883—1946)的《就业、利息与货币通论》，是宏观经济学诞生的标志。20世纪40年代末，美国经济学家萨缪尔森(Paul A. Samulson，1913—2006)将新古典经济理论体系与凯恩斯经济理论体系加以综合，形成“新古典综合”，又称“后凯恩斯主流经济学”。20世纪70年代又加入了新古典主义和新凯恩主义宏观经济理论。

## 一、宏观经济学与微观经济学的“同”与“不同”

宏观经济学是经济学的两大分支之一，另一个分支是微观经济学。也就是说，它与微观经济学一起，共同构成现代经济学的理论基础。宏观经济学与微观经济学有许多经济思想及方法上的共同点。它们的差别主要是经济研究的层级不同。微观经济学家聚焦于个体消费者、工人和厂商，其中的每一个都是微小的，不足以影响整个国民经济。宏观经济学忽略了许多不同种类商品、厂商和现实经济中市场的细微差别而专注于国家总体。他们把消费者对所有商品和服务的支出加总得到一个总体的变量，称之为总消费(aggregate consumption)。加总(aggregation)是指为得到一个总体的变量而把单个经济变量加起来求和的过程。所以宏观经济学通常强调诸如总消费、总投资、总产量(出)一类的总量问题，这是宏观经济学和微观经济学的一个显著区别。宏观经济学和微观经济学的区别见图1。

宏观经济学以整个国民经济活动为考察对象，研究国民经济中各个有关的经济总量及其相互关系和变化，与现实经济问题和国家实践的联系更为紧密。所以凯恩斯说，经济学家有时更像一个政治学家(as near the earth as a politician)，这种表述特别适用于宏观经济学。

## 二、宏观经济学研究什么?

为什么有些国家经历了持续的增长而有些国家深陷贫困？为什么通货膨胀率居高不下而有些国家保持了物价的稳定？为什么所有国家都会经历衰退和萧条——收入不断下降而失业上升的现象以及政府政策如何应对以减轻衰退的频率和严重性。当前，世界处于百年未有之大变局，宏观经济学的重要性不言而喻。不断升级的中美贸易摩擦对中国经济会产生怎样的影响？对世界经济会产生怎样的影响？中国如何应对？全球如何应

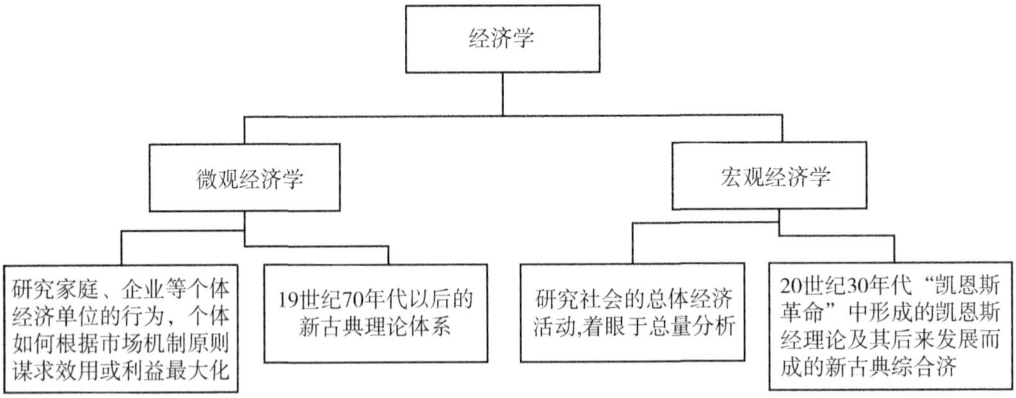


图 1 宏观经济学与微观经济学的关系

对？世界银行、国际货币基金不断下调全球增长预期，美联储(FED)加息降息吸引着全世界的眼球。改革开放 40 年来，中国为什么能够保持 9%以上的年均增长率，中国为什么会从世界上人均收入最低的国家跃入上中等收入国家行列，经济总量由全球第 10 位到稳居世界第 2 位。宏观经济学试图回答这些问题及其相关的许多问题，或者说给你提供一个思考这些问题的工具。宏观经济学研究什么？可以从以下方面说明：

## (一)从封闭到开放，从两部门到四部门

宏观经济学研究社会的总体经济活动，着眼于国民经济的总量分析。宏观经济学分析的国民经济总量包括总产量(或总收入)、总就业量、物价水平等经济总量。宏观经济学分析的总体经济活动从最简单的、封闭经济中的两部门(居民和企业)模型到复杂的更贴近当代社会的开放的四部门模型，其收支活动或买卖行为构成的经济循环形成了国民经济运行的全貌(见图 2)。

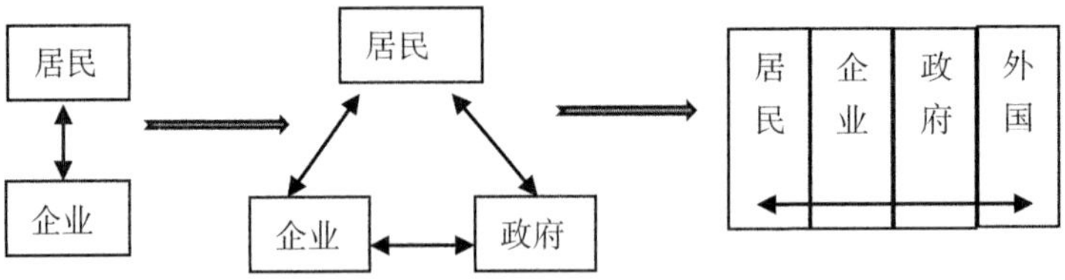


图 2 从两部门到四部门示意图

一定时期内一国生产的各种最终产品和服务(final goods and services)，构成总供给(aggregate supply，简称 AS)。居民消费支出、企业投资支出、政府采购以及产品和服务的净出口，构成总需求(aggregate demand，简称 AD)。宏观经济学研究国民经济的运行，最核心的关切是总供给和总需求的平衡(AS=AD)。当 AD<AS 时，出现一部分供给不能实现的产能过剩，可能引起经济衰退、失业增加；当 AD>AS 时，出现短缺和不

足，可能引起社会资源供给紧张和产品、服务价格的普遍上涨，从而导致通货膨胀。

## (二)从四大市场到四大问题

宏观经济学的一个主要研究任务，就是要探索引起 AS-AD 不平衡的原因及实现两者平衡的条件，为稳定经济提供理论指导。大致来说，影响总供给总需求不平衡的主要因素是四大市场-产品市场、货币市场、劳动力市场和外国市场(或全球市场)，四大市场的均衡是如何达成的？什么因素造成了不平衡？均衡如何达成构成宏观经济学更具体的内容。另一方面，是否掌握或理解宏观经济学，涉及四大问题：认识宏观经济学家、掌握宏观经济理论或模型、分析由上述不均衡所引起的宏观经济问题，进而制定相应的宏观经济政策。宏观经济政策就是政府用来干预总体经济运行的政策，主要包括财政政策、货币政策和收入政策等，由于这些政策重点是对总体经济运行中的总需求进行调节，因此又称需求管理政策。政府通过扩张性财政政策和货币政策，增大总需求，以缓和衰退、减轻失业；通过紧缩性财政政策和货币政策压缩总需求，以降低物价消除通货膨胀(见图 3)。

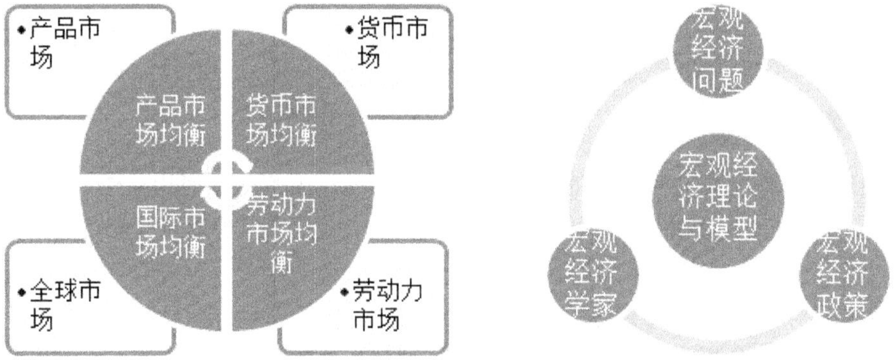


图 3　从四大市场到四大问题示意图

## (三)宏观经济学的时间轴：短期和长期

短期主要关注需求侧和经济波动，长期主要关注供给侧和经济增长(见图 4)。

为了理解经济，经济学家要使用模型。模型实际上是理论的精炼，反映和说明变量之间的关系。由于没有一个模型能回答所有问题，宏观经济学用不同模型来研究不同的问题。宏观经济模型的一个关键特征是价格是粘性的还是弹性可变的。具有灵活可变的价格的宏观经济模型描述长期中的经济，而具有粘性价格的宏观经济模型描述短期中的经济。短期和长期的区分有意义但并没有公认的一致的标准。凯恩斯认为，在长期我们都不在了(in the long run，we are all dead)，因此我们实际上只是生活在短期。国际货币基金(IMF)原首席经济学家布兰查德(Blanchard)做了大胆的界定：经济年际之间的

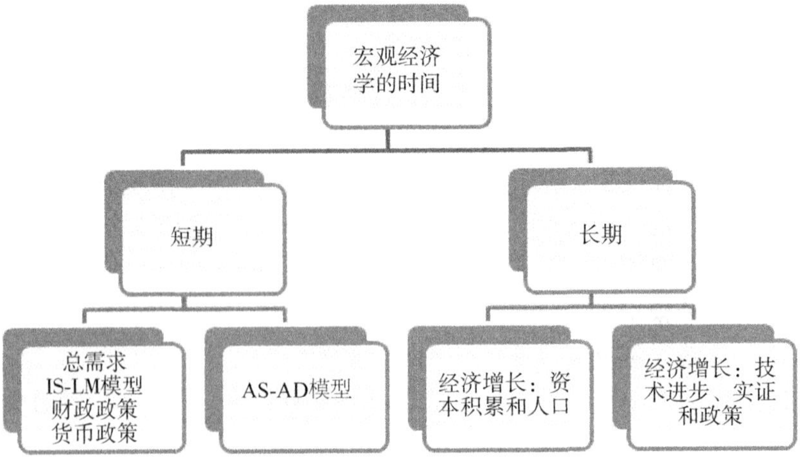


图4　宏观经济学时间轴示意图

变化(from year to year)为短期，长期则是指持续半个世纪(over half century)或至少是20年以上(over decades)，短期和长期之间则为中期，一般是5年或10年以上(Blanchard, 2004)。

## (四)宏观经济分析要使用诸多微观经济的分析方法

微观经济学研究企业和个人如何做决策，以及这些决策者如何相互作用。由于宏观经济事件产生于许多微观经济的相互作用，所以，宏观经济学家运用了许多微观经济学的分析工具。

宏观经济学的主要内容包括：国民收入决定理论、产品市场与货币市场的一般均衡、宏观经济政策分析与实践、总需求-总供给模型、失业与通货膨胀理论、经济增长理论和开放经济，等等。改革开放40多年来，中国的面貌发生了天翻地覆的变化，主流报刊、电影电视、新媒体、人民生活、政府政策等都与宏观经济的话题紧密联系。这是宏观经济研究的肥沃土壤，宏观经济管理政策不断创新，应该说极大丰富了宏观经济学的理论宝库，为宏观经济学的发展做出了重要贡献。讲好中国故事、阐释中国梦，离不开趣味盎然的宏观经济学。

(李通屏)

# 中国人口增长、结构变迁对扩大内需的影响研究①

## 一、引　　言

从中国的发展历程看，人口过快增长曾经为国民经济带来许多困难，人口增长的下降也带来了国民福利的显著增加。这是否意味着延续人口增长的下降对中国未来的发展仍然是个福音？随着中国经济进入新的发展阶段，1998 年，中央政府明确提出把扩大内需作为经济发展的长期战略和基本立足点。特别是 2008 年全球金融危机爆发以来，中国政府出台了扩内需、调结构、保增长的一揽子措施，遏制了经济持续下滑的趋势。那么，内需永久、持续增长的动力是什么？人口因素及其变化蕴含着什么样的机遇和挑战？十几年以来中国已采取多种措施扩大内需，下一步还有什么选项？本研究对寻找进一步扩大内需的可能路径和持久动力、保持经济增长的可持续性有政策意义和应用价值。

从理论意义上说，著名经济学家刘易斯(W. A. Lewis，1954)在 20 世纪 50 年代提出“二元结构”理论以后，劳动力无限供给成为研究发展中国家经济发展问题的一个经典的、几乎不受质疑的假定，然而这个假定在世界最大的发展中国家开始遭受前所未有的挑战。2004 年以后出现的“用工荒”，在时间和空间上迅速蔓延，大学生就业也由 20 世纪 90 年代以前的抢手变为近年来的烫手，“用工荒”和“大学生就业难”的交叠成为中国劳动力市场的独特风景。由此，基于人口增长、结构变迁的视角分析中国的内需和长期经济发展问题，对经济发展理论的创新有重要意义。本研究将人口增长界定为人口数量的增减变化。鉴于人口结构的丰富内容②和篇幅所限，本文将人口结构仅限定在人口的自然结构和城乡结构。

## 二、我国内需及其结构的国际比较

### (一)内需及其度量

用支出法考察国内生产总值及其增长，它的基本动力可分内需和外需。内需包括投

---

① 参见李通屏，郭熙保．中国人口增长、结构变迁对扩大内需的影响研究[J]．中国地质大学学报(社会科学版)，2011(1)：1-8.

② 人口结构，又称人口构成，根据人口总体内部不同的属性，一般可分为人口自然结构、人口经济结构、人口社会结构、人口质量结构和人口地域结构等，而每一种结构又有很多内容。

资和消费，投资也就是资本形成，消费包括个人消费和政府消费，外需也就是出口。人们熟知的拉动经济增长的三驾马车——消费、投资和净出口，前两项为内需，净出口为外需。如图 1 所示。

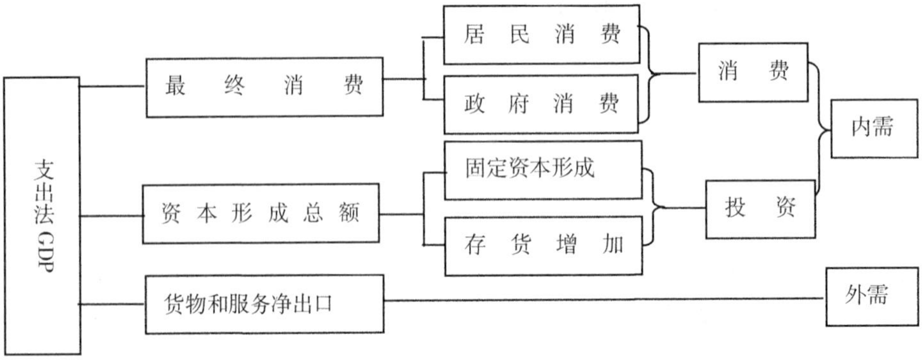


图 1　国内生产总值中的内需和外需

本文又经常使用消费率和投资率的概念。最终消费率、居民消费率、投资率，三个指标对应的经济学含义分别为最终消费、居民消费、资本形成在国内生产总值中所占的比重，居民消费率与政府消费率(政府消费支出与 GDP 的比值)构成了一国的最终消费率。有时还使用内需率这个概念，本文将其界定为投资率与消费率的和，即内需占支出法计算的 GDP 的比率。

## (二)对我国内需及其结构的基本判断

1978—2007 年，我国的内需总量由 3617 亿元增加到 239862 亿元，按当年价格计算，内需增加 65.3 倍，而内需占 GDP 的比重由 1978 年的 100.3%下降到 2007 年的 91.1%，内需率最高的年份是 1985 年的 104%。在 30 年里，内需率在 100%以上的有 9 年，其他年份都在 100%以下。1993 年以后，我国内需率开始明显下降，其中下降最快的是 2004 年以后，最近几年都在 95%以下(见图 2)。基于国际比较，对我国内需及其结构有以下判断。

(1)1990 年以来，中国的投资率世界最高，至今无人企及。印度、伊朗等发展中国家近年来虽然提高很快，但它们仍比中国低 6 个百分点。

(2)中国的消费率除文莱以外，世界最低，比新加坡低 1~2 个百分点，比伊朗、委内瑞拉低 10 个百分点左右，与其他国家和地区的差距更大。

(3)1994 年以来，中国的内需率一直在 100%以下。由于消费率的下降，进入 21 世纪以来仍然保持持续下降之势。中国是世界上内需率最低的国家之一，但不是世界最低。

(4)中国内需结构存在严重失衡。投资率高、消费率低是我国投资、消费关系的基本格局，也是国民经济中内需结构失衡、投资消费比例关系不协调的基本表现。与其说中国内需不足，不如说消费不足。

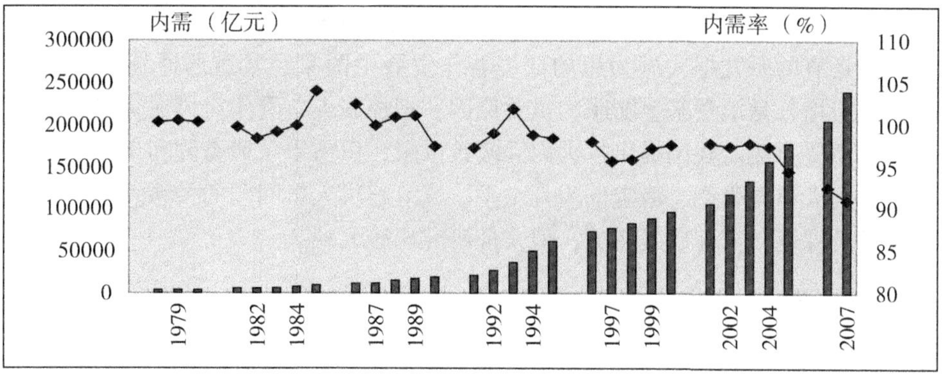


图 2　1978—2007 年我国内需与内需率的变化

资料来源：《中国统计年鉴 2008 年》，中国统计出版社。

## 三、人口因素对内需的影响

### (一)人口因素影响内需的理论回顾

人口因素对内需的影响，可以追溯到古典经济学关于人口与生活资料的论述。魁奈、马尔萨斯论述了人口增长和消费资料的关系。马尔萨斯把人口增长看作魔鬼并反对人口增长，主要是基于人口法则使资本积累和摆脱低水平陷阱变得更加困难。马尔萨斯还强调只消费不生产的集团必须保持足够大的规模，才能保证社会总产品被全部销售，以此避免经济危机①。凯恩斯主义者把人口增长看作有效需求增加的原因，认为人口增长能够扩大消费，为企业家提供乐观预期，打开投资通路，人口增长的下降则关闭了投资通路。而人口增长的衰减和边际消费倾向递减引起消费需求不足。第二次世界大战后，斯威齐把人口增长看作抵消消费不足的力量，尼奥(Neal，1978)研究了人口增长率下降和投资需求、经济衰退的关系。另外一些模型也涉及人口因素对投资和消费的影响，比较著名的如“生命周期模型”(Modigliani)、家庭储蓄模型、稳定状态与黄金分割律模型、最优储蓄模型、钱纳里发展型式模型都从不同侧面涉及诸如年龄结构、人口增长、城市化等人口因素对投资和消费的影响。20 世纪 90 年代以来出现的定量研究，将人口转变成功地引入经济增长模型，如 Bloom 和 Williamson 对东亚奇迹的解释。克鲁格曼在考察日本泡沫经济破灭时发现，当前日本经济之所以面临普遍的需求不足完全可由人口学的角度解释。Nir Jaimovich，Henry E. Siu(2009)研究发现，劳动力年龄结构的变化对 G7 国家“二战”以后的周期波动有很强的解释力。反消费主义者也把人口增长归结

① 马尔萨斯在 1820 年出版的《政治经济学原理》和与李嘉图的通信中阐述了关于经济危机必然性及避免经济危机的观点。

为过度消费的原因之一。1949年以来，马寅初的《新人口论》最早注意到人口增长对积累和消费的影响，张纯元、吴忠观等出版的《人口经济学》也曾论述了人口与积累和消费的关系，还有的研究把人满为患的环境看作发展中国家经常遭遇通货膨胀之苦的温床。认为人口增长是消费基金膨胀的重要原因，把控制人口看作对付通货膨胀、控制社会总需求的重要方法。我国提出扩大内需政策以来，田雪原、彭秀健和于学军曾经注意到扩大内需与人口再生产、稳定低生育水平、统筹解决人口问题的关系。这些研究虽然提出了很好的课题，富有启发意义，但实证研究比较欠缺。

### （二）人口增长、结构变化与消费率的基本模型

消费率是最终消费在国内生产总值中的比率。而最终消费和人口、消费水平有如下关系：

$$C_f = N \times (1 + n) \times \bar{c} \times (1 + \bar{c}') \tag{1}$$

式中，$\bar{c}$表示消费水平，$\bar{c}'$表示消费水平提高率，$N$表示人口总量，$n$表示人口增长率。该式描述了消费需求量的决定，即消费水平及其增长速度、人口增长速度和原有的人口规模共同决定消费需求。由此得到最终消费率的公式为

$$\mathrm{WCON} = \frac{N \times (1 + n) \times \bar{c}' \times (1 + \bar{c}')}{\mathrm{GDP}} \tag{2}$$

式中，WCON表示最终消费率，公式表明，人口规模大、增长速度快以及消费水平高、提高速度快，倾向于提高一个国家或地区的消费率；相反，人口增长速度的下降和经济增长速度的加快对消费率的提高很不利。

由于一个国家的GDP通常由劳动年龄人口创造，因此，我们可以建立起如下关系：

$$\mathrm{GDP} = \frac{L}{N} \times \frac{\mathrm{GDP}}{L} \times N \tag{3}$$

式中，$L$表示劳动力数量，$\frac{L}{N}$表示劳动力数量占总人口的比重，即人口结构；$\frac{\mathrm{GDP}}{L}$表示每个劳动力人口创造的GDP，即劳动生产率。公式表示年龄结构$\left(\frac{L}{N}\right)$、人口总量$(N)$和劳动生产率$\left(\frac{\mathrm{GDP}}{L}\right)$与GDP的关系。将式(3)代入式(2)，消费率的函数关系可表示为：

$$\mathrm{WCON} = \frac{N \times (1 + n) \times \bar{c}' \times (1 + \bar{c}')}{\frac{L}{N} \times N \times \frac{\mathrm{GDP}}{L}} = \frac{(1 + n) \times \bar{c}' \times (1 + \bar{c}')}{\frac{L}{N} \times \frac{\mathrm{GDP}}{L}}$$

$$= \frac{(1 + n) \times \bar{c}' \times (1 + \bar{c}')}{\frac{\mathrm{GDP}}{N}} \tag{4}$$

上述分析表明，劳动力在总人口中的比重、劳动生产率和人均GDP的提高有拉动

消费率下降的势能，而人口增长率提高和消费水平的提高对消费率的提高有拉动作用。

### (三)中国经验的实证分析：1978—2007

投资率、消费率、人口规模和人口城市化水平直接从各年统计年鉴获得。人均GDP、城镇居民家庭人均可支配收入、农村居民家庭人均纯收入的实际值按1978年不变价格计算得到。利用年龄移算法，得到1978—1982年、1982—1990年以及1990—1994年历年的分年龄组人口数，1995年以后可从统计年鉴直接获取。由于关于城乡居民家庭收入的数据在统计年鉴上只有1978年、1980年以及1985—2007年的时间序列数据，所以本文的时间数据点也是这几年。具体各变量的定义见表1。

表1 **各变量的定义**

| 指标 | 含义 | 计算依据 | 单位 |
|---|---|---|---|
| WCON | 消费率 | 最终消费支出占GDP的比重 | % |
| WINV | 投资率 | 资本形成占GDP的比重 | % |
| PGDP | 人均GDP | 按1978年的不变价计算，取对数 | 元/人 |
| UDI | 城镇居民家庭人均可支配收入 | 按1978年不变价计算 | 元/人 |
| RNI | 农村居民家庭人均纯收入 | 按1978年不变价计算 | 元/人 |
| UR | 人口城市化水平 | 用城镇人口占总人口的比重来表示 | % |
| UDI/RNI | 收入差距 | 城乡居民人均纯收入之比 | 农村居民为1 |
| POP | 人口规模 | 取对数，表示人口增长率 | 万人 |
| CHR | 少年儿童抚养比 | 0~14岁人口占15~64岁人口的比重 | % |
| ELR | 老年人口抚养比 | 65岁以上人口占15~64岁人口的比重 | % |
| dr | 抚养比 | (0~14岁+65岁及以上)人口/(15~64岁)人口之比 | 1 |
| Urchange | 人口城市化水平变动 | 2006年和2000年城市化水平之差 | % |
| Lr | 劳动参与率 | | % |
| Gr | GDP增长率 | | % |
| PI | 人均国民收入 | 按2006年当年价格计算，取对数 | 美元 |

将最终消费率、投资率和内需率作为被解释变量，进行回归分析，结果表明，除老年抚养比以外，人口规模及增长、人均GDP、城市化水平以及少儿抚养比的变化等人口因素变化对中国投资消费关系有很强的解释力，另外城乡收入差距对消费率和投资率的影响都很明显。人均GDP和城乡差距的扩大具有抬高投资率、抑制消费率的作用，而人口增长、人口城市化水平的提高以及少年儿童抚养比的增加都会促进消费率的提

高，城市化对投资率有负作用。如果以内需率为被解释变量，各因素的影响都不再显著，但是我们从各因素的系数可以隐约看出人口增长、人口城市化水平的提高以及少年儿童抚养系数的提高对扩大内需没有负作用，而城乡收入差距的扩大都会抑制内需。回归分析结果见表 2、表 3 和表 4。

表 2　**1978—2007 年中国人口因素对最终消费率的影响**

| Dependent Variable：WCON | | | | Sample：125 |
|---|---|---|---|---|
| Method：Least Squares | | | | Included observations：25 |
| Variable | Coefficient | Std. Error | t-Statistic | Prob. |
| C | -1092. 1900 | 524. 0080 | -2. 0843 | 0. 0517 |
| LOG(PGDP) | -29. 2307 | 8. 5726 | -3. 4098 | 0. 0031 |
| LOG(POP) | 112. 1514 | 48. 1246 | 2. 3304 | 0. 0316 |
| UR | 1. 6053 | 0. 4808 | 3. 3390 | 0. 0037 |
| UDI/RNI | -9. 3385 | 3. 0522 | -3. 0596 | 0. 0068 |
| CHR | 0. 5706 | 0. 2760 | 2. 0678 | 0. 0533 |
| ELR | 0. 0039 | 0. 9945 | 0. 0039 | 0. 9969 |
| $R^2$ | 0. 8798 | Mean dependent var | | 59. 8880 |
| $AR^2$ | 0. 8398 | S. D. dependent var | | 4. 6356 |
| Sum squaredresid | 61. 9780 | Schwarz criterion | | 4. 6471 |
| Log likelihood | -46. 8223 | F-statistic | | 21. 9634 |
| Durbin-Watson stat | 0. 9298 | Prob(F-statistic) | | 0. 0000 |

表 3　**1978—2007 年中国人口因素对投资率的影响**

| Dependent Variable：WINV | | | | Sample：125 |
|---|---|---|---|---|
| Method：Least Squares | | | | Included observations：25 |
| Variable | Coefficient | Std. Error | t-Statistic | Prob. |
| C | 915. 2296 | 513. 2552 | 1. 7832 | 0. 0914 |
| LOG(PGDP) | 25. 1061 | 8. 3967 | 2. 9900 | 0. 0079 |
| LOG(POP) | -85. 7940 | 47. 1371 | -1. 8201 | 0. 0854 |
| UR | -1. 4078 | 0. 4709 | -2. 9896 | 0. 0079 |
| CHR | -0. 4191 | 0. 2703 | -1. 5507 | 0. 1384 |
| ELR | -1. 3207 | 0. 9741 | -1. 3559 | 0. 1919 |
| UDI/RNI | 7. 8235 | 2. 9896 | 2. 6169 | 0. 0175 |

续表

| | | | |
|---|---|---|---|
| $R^2$ | 0.6781 | Mean dependent var | 38.3040 |
| $AR^2$ | 0.5708 | S. D. dependent var | 2.7744 |
| Sum squaredresid | 59.4605 | Schwarz criterion | 4.6056 |
| Log likelihood | -46.3039 | F-statistic | 6.3203 |
| Durbin-Watson stat | 1.6722 | Prob(F-statistic) | 0.0010 |

表 4　**1978—2007 年中国人口因素对内需率的影响**

| Dependent Variable: WCON+WINV | | | | Sample: 125 |
|---|---|---|---|---|
| Method: Least Squares | | | | Included observations: 25 |
| Variable | Coefficient | Std. Error | t-Statistic | Prob. |
| C | -176.9599 | 535.9295 | -0.3302 | 0.7451 |
| LOG(PGDP) | -4.1247 | 8.7676 | -0.4704 | 0.6437 |
| LOG(POP) | 26.3574 | 49.2195 | 0.5355 | 0.5989 |
| UR | 0.1975 | 0.4917 | 0.4017 | 0.6926 |
| CHR | 0.1515 | 0.2822 | 0.5368 | 0.5980 |
| ELR | -1.3168 | 1.0171 | -1.2947 | 0.2118 |
| UDI/RNI | -1.5150 | 3.1217 | -0.4853 | 0.6333 |
| $R^2$ | 0.6871 | Mean dependent var | | 98.1920 |
| $AR^2$ | 0.5827 | S. D. dependent var | | 2.9380 |
| Sum squaredresid | 64.8301 | Schwarz criterion | | 4.6921 |
| Log likelihood | -47.3846 | F-statistic | | 6.5862 |
| Durbin-Watson stat | 1.2578 | Prob(F-statistic) | | 0.0008 |

## 四、人口因素影响内需的实证分析——国际经验

根据 2006 年 39 个国家的截面数据(世界银行数据库，2008)，利用 SPSS17.0 进行分析。结果如下：

(1)2006 年，中国的内需率为 92.1%，低于 39 个国家的平均值，但在标准误差范围内，但消费率和投资率均显著偏离平均值，且不在标准误差之内。不包括中国，消费率平均值上升 0.7 个百分点，投资率下降 0.5 个百分点(见表 5)。

表 5　　变量描述统计

| | Mean | | Std. Deviation | | N | |
|---|---|---|---|---|---|---|
| | 包括中国 | 不包括中国 | 包括中国 | 不包括中国 | 包括中国 | 不包括中国 |
| WCON | 74.495 | 75.200 | 9.6185 | 8.6661 | 39 | 38 |
| WIN | 24.013 | 23.476 | 5.9321 | 4.9610 | 39 | 38 |
| DDr | 98.508 | 98.676 | 8.0259 | 8.0633 | 39 | 38 |

(2)人口因素仅是影响内需的因素之一，对中国内需有一定解释力。包括中国在内的投资率和消费率方程明显优于不包含中国的回归方程。而且经济增长率、抚养比、城市化的影响程度明显大于不包括中国的情形(表 6)。需要指出的是，这种解释是不充分的，人口因素的作用要和其他因素相互配合，如只着重人口规模和增长的变化，而不进行其他方面的改革或只强调其他方面的工作而忽略人口因素的作用都很难有效扩大内需。

表 6　　消费率与投资率的回归方程

| | 不包括中国 | 包括中国 |
|---|---|---|
| 消费率方程 | 106.792-1.539r+0.477LnPOP +32.017dr-0.892Urchange-0.216Lr -2.302Gr-2.372LnPI | 117.298-1.540r+0.034LnPOP +33.984dr-1.057Urchange-0.256Lr -2.619Gr-2.720LnPI |
| $R^2$ | 0.427 | 0.602 |
| $AR^2$ | 0.336 | 0.512 |
| F 值 | 2.085 | 6.706 |
| P 值 | 0.058 | 0.00 |
| 投资率方程 | 43.533-0.709r-0.511LnPOP -12.661dr-0.158Urchange+0.087Lr +0.24Gr-1.746LnPI | 24.747-0.707r+0.281LnPOP -16.177dr+0.137Urchange+0.158Lr +0.807Gr-1.125LnPI |
| $R^2$ | 0.531 | 0.416 |
| $AR^2$ | 0.422 | 0.284 |
| F 值 | 4.856 | 3.154 |
| P 值 | 0.01 | 0.012 |

(3)如果试图根据解释投资率与消费率的模型给出与人口关系的结论，那么一般性的结论可以这样说，投资率与经济增长率同方向变化，而投资率与人口增长率、人口规模、抚养比和人均国民收入呈反方向变化，即高人口增长、人口规模、抚养比和人均收

入可抑制高投资率；对消费率而言，人均收入、经济增长率、劳动参与率、人口增长率和城市化水平提高会抑制消费率，而较高的抚养比和较大的人口规模可能推高消费率。

(4)高投资率、低消费率与高经济增长有密切关系。经济增长率与投资率、消费率在1%置信水平显著相关，在回归模型中均通过检验。与高增长率伴随的是高投资率、低消费率；低增长率通常与高消费率、低投资率相伴。经济增长率高的国家，内需率通常低，39个国家的截面分析表明，经济增长率每提高1%，内需率下降1.8%。

(5)城市化的内需效应尚未找到足够的国际证据。38个国家的经验表明，城市化变动和消费率是负关系，和投资率也是负关系，两者的系数分别是-0.892和-0.158，但是包括中国，投资率就由负转正，而对消费率的负作用进一步上升。

## 五、实施以人为本的扩大内需战略，保持经济平稳快速增长

### (一)用以人为本指导和规范扩大内需

中国13亿多人口的巨大市场是扩大内需的源泉和长期动力，也是扩大内需的基本立足点和出发点。扩大内需必须坚持以人为本的发展战略。

#### 1. 把握人口增长、结构变迁内涵的发展机遇，引领扩大内需方向

人口增长下降、少子老龄化、人口城市化、家庭规模小型化等趋势是当前和今后一段时期我国人口发展的基本动向。积极培育适应人口结构变化的消费热点和新兴产业，围绕汽车、家用电器、家政服务、社区服务、体育保健来培育消费热点，制定和完善相关政策服务，把需求引导供给和供给创造需求紧密结合起来。对孩子或年轻消费者市场萎缩的趋势要制定预案，有序转型，防止资源闲置和浪费。随着人口增长、人口城市化和家庭规模小型化的发展，要进一步增加城市的住房投资、特别是增加保障性住房的供给，同时加强宏观调控，遏制投机，努力化解房地产市场不可持续的风险。

#### 2. 把扩大居民消费作为扩大内需的根本

满足人民群众日益增长的消费需求是社会生产的根本目的，也是以人为本科学发展观的根本体现。中国的内需不足、内需率不高，不是投资需求不足，更不是投资率不高，而是消费需求不足，尤其是居民消费不足。因此，扩大内需首先要关注居民消费。多年来，我们越扩大内需，投资率越高而消费率越低。其直接原因是具体落实在投资方面较多，而针对居民收入和消费的则少至又少。这固然与投资启动快、效果有形、投资于物看得到而消费启动慢、效果无形、投资于心、藏富于民有关，但深层的原因在于我们实际上奉行的是一种以物为本、紧盯经济增长的扩大内需战略，而不是以人为本的扩大内需战略。

#### 3. 提高普通劳动者收入，扩大居民收入在国民收入中的比重

普通劳动者收入过低、增长速度过慢，国民收入分配格局严重失衡已成为制约居民

消费需求提高的关键。按照藏富于民、向劳动者倾斜国民收入分配的原则，调整国家、企业、居民个人三者之间的分配关系，规范收入分配秩序。通过初次分配和减税、转移支付等再分配手段，通过有关收入分配的一系列改革，大幅度提高农村居民和普通劳动者收入，形成“两头小、中间大”的国民收入分配格局。

#### 4. 树立就业优先原则，充分挖掘人口红利

“十二五”期间，中国仍处于人口红利期，劳动力人口比重及规模仍在高位运行。另一方面，“用工荒”和“大学生就业难”仍将在时空上继续蔓延，由此提出了转变经济发展方式的新课题。树立就业优先原则，不仅关乎民生，也关乎最大发挥资源比较优势，推行正确的经济发展战略。在一切有利于就业的政策环境下，加快调整结构和经济发展方式转变，大力培育适合大学生就业的经济增长点，采取切实措施缓解民工荒，同时通过教育结构、布局的战略性调整，通过倡导新的教育理念和就业观念，解决劳动力市场上存在的“供非所需”和“需非所供”问题。

#### 5. 追求温和增长，将近期经济增长目标适度降低

短期经济增长和长期经济增长有根本区别，短期的高增长并不意味着长期的高增长，短期的适度、温和增长也并不意味着长期的低增长。实证分析表明，国内需求结构的不协调、不平衡与一定时期的经济增长速度有密切关系，调结构、扩内需、提高消费在国民经济中的比重，必须预留增长空间，把过高的增长速度、特别是依靠高投资、高成本拉动的增长速度降下来。

### （二）以落实城镇独生子女父母年老奖励补助政策、完善“三项制度”为突破口，实现统筹解决人口问题与扩大内需的有机统一

中国人口和计划生育已由严格控制人口增长发展到统筹解决人口问题的新阶段。从2004年开始试点、实施的“三项制度”，虽然使许多计划生育家庭享受到实实在在的好处，但仍存在覆盖不到位、制度不完善等问题。如城镇独生子女父母年老奖励补助政策，仍停留在省一级层面，有些地方还没有政策，有政策的地方兑现也成问题。从已实行的地区看，城镇非公有制单位、特别是非国有经济单位的独生子女父母年老奖励补助基本处于政策真空。

中国经济已由短缺经济进入到扩大内需为主的新发展阶段。2008年全球金融危机以后，增加低收入户收入、关心低收入群众生活成为社会各界应对危机的共同主张。我们建议，抓住扩大内需的战略机遇，按照应保尽保原则，把无确定工作单位、无落实主体的非农业居民中的独生子女父母尽早、尽快、尽量纳入农村年老奖励扶助制度，进一步完善人口与计划生育利益导向“三项制度”，实现统筹解决人口问题与扩大内需的有机统一。

## (三)实现由严格控制人口增长的扩大内需向允许人口增长的扩大内需转变

### 1. 人口适度增长不会破坏扩大内需的长期战略

中国人口增长的迅速下降，对消除短缺经济贡献很大，加速了扩大内需经济发展新阶段的到来。在经济发展的新阶段，消费应成为经济增长的首要驱动因素，但消费能力则成了稀缺资源。人口增长的下降对培育更为稀缺性的消费能力意味着减少了消费者人数，使得以满足儿童少年为主要对象的投资变得不再必要，随着这种趋势的加剧，长期中的投资通路也将因人口增长下降而关闭。中国1978—2007年的实证分析表明，人口增长可以对内需提供正的支持，尽管这种支持是有限的，但最起码不会破坏扩大内需的长期战略，人口增长是扩大内需的“药引子”“催化剂”。从国际经验看，人口低增长很难支持高内需率。如2000—2006年，俄罗斯、日本的人口分别增长了-3%和1%，俄罗斯的内需率则仅为87.3%，日本2005年仅为98.6%。

### 2.“高经济增长、低人口增长”不是长期经济增长的永恒模式

经济发展阶段不同，人口增长对经济增长的作用不同。在短缺经济下，社会总供给小于社会总需求是经济失衡的基本表现形式。而在过剩经济下，需求低于预期是一种常态，实现经济均衡的途径就是扩大需求，特别是扩大消费需求。而消费需求又由人口增长和生活水平提高共同决定。因此，面对经济复苏的不确定性和中国长期积聚的生产能力，人口增长的意义不同寻常。人口适度增长，有利于企业家对未来的乐观预期和经济长期处于准繁荣状态，而人口增长的持续下降，并非长期经济增长的福音。研究表明，人口增长对提高消费在国民经济中的比重关系很大。人口增长还可以调节劳动力供需的短期效应和增加长期中的劳动力供给。中国近20年来形成的“低人口增长、高经济增长”的人口经济格局对生产能力过剩、消费能力稀缺形成推波助澜之势。

### 3. 严格控制人口增长是内生于短缺经济和计划经济的制度安排

在计划经济条件下，资源配置的主要方式是自上而下，从宏观出发，最后才是微观的企业、家庭和个人。由此派生出自上而下的严格控制人口增长的政策，以“聪明”“理性”的政府约束“愚昧”“非理性”的个人。在短缺经济下，社会总供给小于社会总需求是经济失衡的基本形式。严格人口控制对实现国民经济的平衡作用很大。显然，中国30多年改革开放取得的巨大成就，动摇了严格控制人口增长的制度环境。中国资源配置的基本方式发生了革命性变化，经济结束了停滞状态，经过30多年的高速增长，集聚了巨大生产能力和社会财富。根据制度变迁的一般规律，这种环境将引发一种全新的制度需求——允许人口增长。

### 4. 允许人口适度增长，可以弥补其他扩大内需政策的不足

扩大内需政策提出以来，我国采取的多种措施虽然取得了一些成效，但这些政策在

启动消费方面都不尽如意。如：收入分配虽然早被注意，但调整起来复杂而漫长，收入差距仍在扩大；迫使居民大幅度增加人力资本投资以扩大内需的做法遇到支出预期放大、高考生源减少和大学生就业难等诸多限制；城市化的内需效应虽然呼声很高，但国际和国内经验证明，城市化的投资效应明显、消费效应滞后，并非一化就灵。退一步讲，即使城市化能扩大内需、拉动消费，但面对农业比较效益的提高和农民工市民化的制度性障碍，维持了30多年的快速城市化还能持续多久，存在很大悬念①。在这种情况下，扩大内需的生意在哪里？如何扩大内需？需要冷静思考、认真梳理。生意即生生不息之意，没有生生不息，最终也就没有了生意。1998年以来，我国人口增长率一直在1%以下，2005年以后一直在0.6%以下，每年出生人口由2000多万，减少到近年的1600万左右，而每年的死亡人口接近950万，比扩大内需提出之前增加近200万人。显然，对旨在提高消费能力的扩大内需来讲，人口增长的下降和严格控制人口增长的政策很难保证我们的增长是有市场、有效益的。

向允许人口适度增长的扩大内需转变，是对国际社会经验的借鉴。在短缺经济下，日本在战争的废墟上很快恢复，创造了高速增长的神话，而在过剩经济下，虽然积累了雄厚的物质资本和人力资本，虽然倾其所能扩大内需，但已辉煌不再，只能深陷衰退。为什么？因为少子老龄化的加速，使得人口不再增长，曾经拉动经济增长的汽车、电子通信、房地产等支柱产业很难在老年人众多的国度找到市场。从20世纪90年代开始，日本及东南亚一些国家和地区，相继改变严格控制人口增长为鼓励人口增长，以此应对急剧变化的人口经济形势。从世界各国的经验实践看，扩大内需的国家一般不控制人口，控制人口的国家一般不扩大内需。既控制人口，又扩大内需，世界上没有先例，更没有成功的案例。没有人口增长或不容忍人口增长的扩大内需短期可能有效，但长期很难奏效。实现从严格控制人口增长到允许人口适度增长的扩大内需转变，应是一项审时度势、与时俱进的选择。

（李通屏　郭熙保）

## ◎ 评论

中国是世界上人口最多的发展中国家。人口众多、资源相对不足、环境承载能力较弱是中国现阶段的基本国情，短时间内难以改变。人口是中国在社会主义初级阶段长期面临的问题，是关系中国经济社会发展的关键性因素。

统筹解决人口问题始终是中国实现经济发展、社会进步和可持续发展的重大而紧迫的战略任务。20世纪70年代以来，中国政府坚持不懈地在全国范围内推行计划生育基本国策，鼓励晚婚晚育，提倡一对夫妻生育一个孩子，依照法律法规合理安排生育第二个子女，以及后来全面放开二孩政策。经过40多年的艰苦努力，中国在经济还不发达

---

① 中国社会科学院刘霞辉领导的课题组研究表明，预计在2011—2016年之间将结束高速城市化过程，城市化率将在47.93%~53.37%，此后中国的城市化增长逐步放缓。

的情况下，有效地控制了人口过快增长。通过把生育水平降到更替水平以下，实现了人口再生产类型由高出生率、低死亡率、高自然增长率向低出生率、低死亡率、低自然增长率的历史性转变，成功地探索了一条具有中国特色综合治理人口问题的道路，有力地促进了中国综合国力的提高、社会的进步和人民生活的改善，对稳定世界人口作出了积极的贡献。

中国政府坚持人口与发展综合决策。将人口发展纳入国民经济和社会发展总体规划，努力使人口发展与经济社会发展相协调，与资源利用和环境保护相适应。这篇文章对理解人口因素与经济增长之间的关系有参考价值。本文涉及的主要概念和理论有：

# 一、人　口

人口包括未成年人、成年人和老年人。根据《中华人民共和国民法典》第十七条、第十八条规定：十八周岁以上的自然人为成年人；不满十八周岁的自然人为未成年人(在美国，年满16周岁即为成年)。按照就业状况，成年人被归入三种类型之一。第一类，就业者。这一类包括那些在调查时作为有报酬的雇员在工作、在自有企业中工作或在家庭成员的企业中从事无报酬工作的人。它还包括当时没有工作但实际上有工作只是由于假期、疾病或坏天气等原因而临时缺勤的人。第二类，失业者。这一类包括那些愿意工作但没有工作，并在此前4个星期中力图寻找工作的人。它还包括被解雇的正在等候召回的人。在我国，通过城镇登记失业率进行统计，也就是说，农村失业人口是隐蔽失业者。第三类，不属于劳动力者。这一类包括那些不属于前两类的人，例如全职学生、料理家务者或退休者。值得注意的是，一个想工作但放弃寻找工作的人——丧失信心的人(discouraged worker)——不被计入劳动力。

# 二、人口增长

与人口增长密切相关的是人口转型。人口转型一般经历四个阶段(见表7)。中国人口已经完成了转型。现在中国人口已经从高出生率、低死亡率、高自然增长率的人口增长模式转变为低出生率、低死亡率、低自然增长率的"三低"人口增长模式。这一模式到现在已经维持了十多年，基本稳定下来。这是中国政府和人民经过几十年不懈而艰辛的努力才实现的。正是这些努力，才有效地减轻了中国和世界的人口压力。

表7　　**人口转型的四个阶段**

| | | 时间 | 人口发展模式特点 | 原因 |
|---|---|---|---|---|
| 第一阶段 | 发生之前 | 传统农业发展占统治地位 | 高出生率、高死亡、极慢的增长或无增长 | |

续表

| | | 时间 | 人口发展模式特点 | 原因 |
|---|---|---|---|---|
| 第二阶段 | 起步 | 工业化的起步阶段 | 高出生率、下降的死亡率=高增长 | 内因：社会生产力的发展、劳动生产率提高、生活水平提高、降低饥饿死亡率<br>外因：科技发展、医疗卫生水平提高，降低饥饿死亡率和婴儿死亡率 |
| 第三阶段 | 关键 | 工业化的后期 | 下降的出生率、相对低的死亡率=低增长 | 生育观念发生重大改变，自觉控制生育 |
| 第四阶段 | 完成 | 在此之后 | 低出生率、低死亡率=极低的人口增长 | |

## 三、扩大内需与人口增长及城镇化的关系

本文将人口增长界定为人口数量的增减变化。人口结构一般可分为人口自然结构、人口经济结构、人口社会结构、人口质量结构和人口地域结构等。本文将人口结构仅限定在人口的自然结构和城乡结构。

人口增长对经济的影响。人口增长在一定的范围内是有利于经济增长的，会对经济的发展产生积极的影响，但是人口增长超过了一定的范围就会阻碍经济的发展，产生消极的影响。因此，人口的增长有一个最适度的问题。例如，在经济学中有“人口红利”“人口负担”“人力资本”等各种概念。

城镇化对经济的影响。城镇化为扩大内需提供了广阔的增长空间。一是城镇化能带来大规模的消费需求。每年千万级别的农民转为市民，必然会带来消费方式的转变和消费规模的提升。二是城镇化能促进消费升级。随着城镇化的深入推进，文化、旅游、休闲、家政、美容等行业的需求将不断提升。三是城镇化能引领投资需求。推进城镇化必然要加快城镇建设，这必将促进冶金、建材、机械和批发零售、教育、医疗等一系列行业加大投入。

总的来说，城镇化是扩大内需的着力点和推进器，但在实际推进中，要释放这一最大潜力，使“潜在”需求变为“现实”需求，尚需科学的方法和务实的政策。这其中重点是解决人的城镇化问题，即城市落户问题。要充分考虑进城务工人员的现实需求，解决好进城务工人员医疗、子女教育等一系列问题，推动进城务工人员真正融入城市。

（彭武元）

# 我国扩大内需政策的回顾与展望①

## 一、中国经济发展新阶段是扩大内需的基础

扩大内需是中国摆脱短缺经济困扰、市场经济体制框架基本形成的产物，是经济进入新发展阶段的重要标志。1992 年提出建立社会主义市场经济体制的目标后，中国经济的市场化范围不断扩大(商品市场开放、劳动力市场开放、房地产市场开放)，市场化程度不断加深(各类市场化指数不断提高)，1997 年，中国经济的总体市场化程度已达 60%。与此同时，结束了长期困扰中国经济发展的短缺经济，经济生活中出现了"生产能力过剩—富余人员下岗—消费需求下降—生产能力进一步过剩"的新问题。据国家经贸委 1998 年上半年对 601 种主要商品的测算，供不应求的商品为 0。在此之前的 1996 年，供过于求的商品只占 7.6%，1997 年扩大到 31.8%，1998 年为 33.8%，而 1999 年供过于求商品所占比重飚升至 80%。经济增长从 1992 年的 14.2% 逐年回落到 8%以下②。失业问题逐步突出，1995 年以来国有和集体经济单位的职工逐年减少，失业和下岗人数呈递增趋势。1997 年城市登记失业人员 570 万，企业下岗人数 1200 万，城镇真实失业率达到 7%~8%。1996 年、1997 年发生了"信贷萎缩"，银行贷款的增长率从过去的 20%以上降到 10%及其以下。物价水平由 1994 年的 21.7%迅速下降，1998 年、1999 年连续两年负增长。中国经济进入了以通货紧缩为起点的经济周期。

在内需不足的同时，亚洲金融危机的爆发使得中国经济面临诸多困难和不确定性，1978 年我国进出口总额占 GDP 比重不足 10%，1994 年达 43.5%，但 1997 年亚洲金融危机的爆发，外需增长急剧减少(见图 1)，1997 年和 1998 年占 GDP 的比重下降到不足 36%。在中国经济增长难以持续、风险急剧扩大的背景下，1998 年中央经济工作会议提出把扩大内需作为经济发展的长期战略和基本立足点。

---

① 原文以《扩大内需政策的实际操作与体系重构》发表于《改革》2010 年第 1 期，复印报刊资料《国民经济管理》2010 年第 6 期全文转载。

② 国外一些经济学家按 20 世纪 90 年代初期的投入产出和劳动力就业状况估算，中国 1998 年、1999 年的经济增长只有 3%左右，一些更为悲观的估计，甚至认为中国经济增长接近于零或已经出现了负增长。

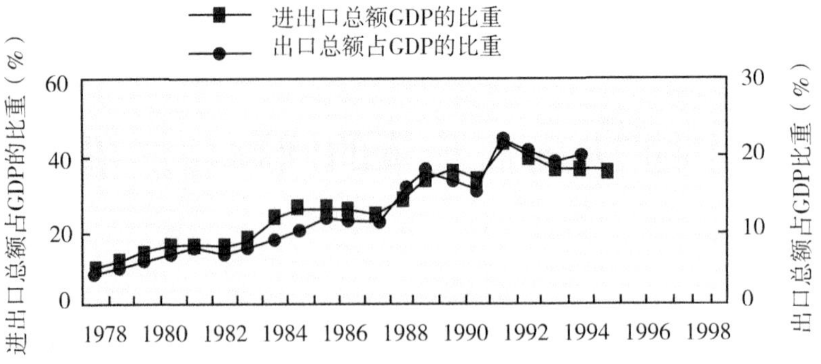


图1　1978—1998年中国对外贸易占GDP比重变化(%)

资料来源：相应各年《中国统计年鉴》，中国统计出版社

## 二、扩大内需的主要做法

### (一)通过分配制度改革、收入分配政策调整培育中等收入群体，通过扩大就业战略提高居民收入

党的“十四大”以来，收入分配制度经历了“以按劳分配为主体、多种分配方式并存”—“把按劳分配和按生产要素分配结合起来”“劳动、资本、技术和管理等生产要素按贡献参与分配的原则”—“初次分配注重效率，再分配注重公平”以及“扩大中等收入者比重，提高低收入者收入水平”以实现共同富裕的变迁。“十七大”进一步指出，要坚持和完善按劳分配为主体、多种分配方式并存的分配制度，健全劳动、资本、技术、管理等生产要素按贡献参与分配的制度，初次分配和再分配都要处理好效率和公平的关系，再分配更加注重公平。逐步提高居民收入在国民收入分配中的比重，提高劳动报酬在初次分配中的比重。着力提高低收入者收入，逐步提高扶贫标准和最低工资标准，建立企业职工工资正常增长机制和支付保障机制。创造条件让更多群众拥有财产性收入。创造机会公平，整顿分配秩序，逐步扭转收入分配差距扩大趋势。

扩大就业采取的主要措施是：通过发行长期国债、兴办公共工程，大力发展增长性强、就业容量大的服务业，拉动劳动力需求；加强就业服务，引导全社会转变就业观念。发展非公有制就业、非正规就业和社区就业等灵活多样的就业形式，鼓励自谋职业和自主创业。把国有企业下岗职工基本生活保障和再就业工作列入党和政府的重要议事日程，实行“一把手”负责制。“十七大”进一步强调实施扩大就业的发展战略，促进以创业带动就业。通过上述措施，避免了转型过程中失业规模的急剧扩大和失业率的迅速攀升，从业人员由1998年的69957万人增加到2008年的77480万人，增加了7523万人，其中城镇增加了9532万人。由此使得居民的收入稳步提高。2008年，农村居民人均纯收入达 4761 元，城镇居民人均可支配收入 15781 元，比 1998 年分别增加 1.2 倍和 1.9 倍。

## (二)反周期的货币政策

(1)调整存款准备金率。1998 年 3 月 25 日—2008 年 12 月 25 日，央行先后 27 次调整存款准备金率。1998 年和 1999 年两次下调，由 13%下调到 6%；而 2003—2008 年 6 月 25 日，又经过 21 次上调，由 6%上调到 2008 年 9 月 25 日的 17.5%；尔后又经过 4 次下调，逐渐下调到 12 月 25 日的 13.5%。(2)调整金融机构存贷款利率。从 1996 年到 2002 年，存款利率比 1996 年减低了 78%以上，除开征利息所得税外，1998 年 3 月到 2008 年 12 月共调整 17 次，一年期存款利率由 5.67%调整到 2.25%。人民币贷款基准利率经过 18 次调整，2004 年 10 月 29 日之前为下降阶段，一年期贷款利率下降到 5.31%，之后上升到 2008 年 9 月 16 日前的 7.47%，金融危机爆发后，大幅度降息和增强银行体系的流动性，出台了一系列金融措施。(3)及时出台消费信贷的相关政策。1999 年 3 月中国人民银行发布了《关于开展个人消费信贷的意见》，要求各地积极稳妥地开展消费信贷业务，并决定从 1999 年起，允许各有关金融机构开办消费信贷业务。消费信贷规模由 1998 年的 456 亿元增加到 2008 年的 3.7 万亿元，增加了 80.1 倍。个人住房贷款由 426 亿元增加到 2008 年的 33000 亿元，增加了 76 倍，住房贷款占消费信贷的 80%以上。

## (三)积极的财政政策

积极的财政政策主要体现为大力增加用于基础设施建设政府支出，如铁路、高速公路、农业水土保持工程设施、市政建设和环境保护方面增加投资。增加高科技企业和现存企业技术更新改造的投资。另一个增加支出的因素是应对自然灾害。1998—2002 共发行了 6600 亿元的长期建设国债，2006 年和 2007 年国债和企业债发行额已达 12000 多亿元。积极的财政政策还体现在税收政策的调整。如提高出口退税率、暂停固定资产投资方向调节税、对西部地区采取一系列税收优惠政策、开征利息所得税以及逐步改革农村税费政策，直至全面免除农业税、种植税和特产税等。

全球金融危机爆发后，央行对货币政策首先作了根本方向的调整，中国政府也推出了以财政支出带动社会投资、总额达 4 万亿元的两年计划。主要投向保障性安居工程、农村民生工程、铁路交通等基础设施、社会事业、生态环保建设和地震灾后恢复重建。中国政府还推出了大规模的减税计划，一年可减轻企业和居民负担约 5000 亿元。

## (四)大幅度提高社会保障水平

1998 年以来，社会保障制度逐渐成为一项基本的社会制度。1998 年 3 月新一届中央政府在保留民政部的同时，组建劳动与社会保障部，统一了社会保险的管理体制；2008 年 3 月，在原人事部、劳动和社会保障部的基础上组建人力资源与社会保障部。

社会保障全面走向社会化和去单位化，独立于企事业单位之外、筹资渠道多元化、管理服务社会化成为改革旧的社会保障制度和建设新型社会保障制度的明确目标，超越了片面为国有企业改革配套和单纯为市场经济服务的观念。推行了退休费用的社会统筹，缩小企事业单位养老金差距，实行国家、企业、职工三方合理分担，社保资金改为部分积累式。为筹集和积累社会保障资金，2000 年国务院成立了全国保障基金，并建立社会保障基金理事会。2008 年末全国参加城镇基本养老保险人数 21890 万人。其中参保职工 16597 万人，参保离退休人员 5293 万人分别比 1998 年增加 8100 万人和 2500 多万人。参加失业保险的人数由 1998 年的 7928 万人增加到 2008 年的 12400 万人。在医疗保险领域，改变过去的公费医疗、劳保医疗由国家包揽的办法，提出职工医疗保险基金由国家、单位、个人共同筹集的办法，探讨社会统筹与个人账户相结合的医疗保险改革方式，强化医疗服务和基金支出管理，不断扩大基本医疗保险的范围。2008 年参加城镇基本医疗保险的人数为 31698 万，其中，参加城镇职工基本医疗保险人数为 20048 万，参加城镇居民基本医疗保险人数为 11650 万。城市医疗救助 513 万人次，比上年增长 16. 0%。农村医疗救助 936 万人次，增长 148. 0%。民政部门资助农村合作医疗的人数达 2780 万人次。在社会救济领域，建立了多元化的最低收入保障，将低于最低生活保障线的城乡居民实行应保尽保。2002 年城镇低保对象 2000 万人，2008 年，2334 万城市居民得到政府最低生活保障，4291 万农村居民得到政府最低生活保障。

为应对全球金融危机，我国政府强调，继续提高企业退休人员基本养老金，提高失业保险金和工伤保险金标准，提高城乡低保、农村五保等保障水平。积极推进医药卫生体制改革，力争用三年时间基本建成覆盖全国城乡的基本医疗卫生制度，初步实现人人享有基本医疗卫生服务。同时实施更加积极的就业政策，重点解决高校毕业生和农民工就业问题。

### (五)增加闲暇时间，拉动假日消费

时间是家庭的稀缺资源，人们一方面在市场上出售时间，另一方面还以某种消费品和劳务的形式购买时间。新消费者行为理论认为，闲暇是效用函数中的重要变量，也是消费的约束条件。增加闲暇有利于家庭品的生产，而家庭品的生产，就必须投入更多的市场品，在其他条件既定时，增加闲暇有利于扩大市场品的购买。20 世纪 90 年代以来，我国先后将周工作时间由 6 天缩短为 5. 5 天和 5 天。在此基础上，1999 年 9 月又修订了《全国年节及纪念日放假办法》，增加了“五一”和“国庆”两个长假，2008 年又增加“清明节”“端午节”“中秋节”为全体公民放假的节日。为促进消费提供时间上的保证，从而满足那些有收入而没有足够时间的人满足自身需求。

### (六)发展非义务教育，引导居民大幅度增加人力资本投资

扩大普通高等教育和普通高中的招生规模。1998—2008 年，研究生招生人数由 7. 3 万人增加到 44. 6 万人；普通高等教育由 108 万人增加到 607. 7 万人；普通高中由 360

万人增加到837万人(见表1)。与此同时开办教育消费信贷、新建高校教育基础设施、改善高校办学条件和教职工居住条件、实行教师资格证制度和教职工津贴制度。

表1　**1998—2002年各类教育招生/毕业情况**　(单位：万人)

| | 1998 | 1999 | 2000 | 2001 | 2002 | 2008 |
|---|---|---|---|---|---|---|
| 研究生 | 7.3/4.7 | 9.2/5.5 | 12.8/5.9 | 16.5/6.8 | 20.3/8.1 | 44.6/34.5 |
| 普通高等教育 | 108/83 | 160/85 | 221/95 | 268/104 | 321/134 | 607.7/512.0 |
| 普通高中 | 360/252 | 396/263 | 473/302 | 558/341 | 677/384 | 837/836.1 |

资料来源：国家统计局，相应各年《中华人民共和国国民经济和社会发展的统计公报》。

通过教育收费、医疗体制等方面的改革，强化了居民家庭作为人力资本投资的主体地位，由此使得以教育、医疗等形式表现的人力资本投资占居民消费支出的比例大幅度上升。居民人力资本投资表现出“虚假繁荣”，由于政府人力资本投资主体地位削弱和人力资本品价格上涨，导致个人医疗和教育经费负担显著增加，如农民个人直接支付的医疗费用从1991年的80.73%上升到2000年的90.15%。1993—2003年学杂费由87.15亿元增加1121.49亿元，增加了11.90倍，占全部教育经费的比例由8.2%上升到2003年的18.10%。而国家财政性教育经费占全部教育经费的比例由1992年的84.05%下降到2003年的62.02%。所谓的医疗保健投资，主要是用于看病治病，保健仅占20%；文教用品及娱乐服务的支出，也主要是应付高涨的学杂费①。

### (七)清理抑制消费的不合理规定，积极培育消费热点

(1)深化住房分配、投资、供应、管理体制改革，发育房地产市场体系，发展住房金融，打破旧的住房体制，建立市场配置资源的新机制。从1998年底开始，实行住房分配货币化，开放住房二级市场，多次下调住房交易和租赁税率，鼓励居民卖旧房买新房。同时，大力发展并规范房地产中介服务业，加速市场流通。通过降低贷款利率，延长还款期限，鼓励居民贷款买房；发挥住房公积金制度的互助作用，允许符合条件的地区建立住房补贴制度，向职工发放住房补贴，支持职工到市场上买房。住房投资和供应改变了由国家和单位投入资金建设住房的做法，推进“统一规划、合理布局、综合开发、配套建设”的房地产开发模式，管理体制由单位自建自管的旧体制改变为企业经营型的物业管理新体制。(2)从1999年3月1日起，对邮政电信资费进行结构性调整，调整后的电话初装费、互联网资费、长话附加费等大幅度下调，邮政资费普遍提高。(3)制定和完善汽车产业发展政策和汽车消费政策，积极推动汽车产业结构调整，改善汽车

① 专家：国人消费在疾病预防上仅二成，治疗达八成[EB/OL].(2006-05-18). http://www.cpirc.org.cn/news/rkxw-gn-detail.asp?id=68442006/05/19.

消费条件，促进汽车产业健康稳定发展①。

### (八)改善消费条件，开拓农村市场

1998年10月，十五届三中全会通过了《中共中央关于农业和农村工作若干重大问题的决定》，强调努力开拓国内市场特别是农村市场，是我国经济发展的基本立足点。1998年底，原国家内贸局选择潍坊、苏州、保定、绵阳、漯河5个地级市进行开拓农村市场试点，此后试点范围不断扩大。2000年1月，中共中央、国务院在《关于做好2000年农业和农村工作的意见》中指出，要切实加强农村电、路、水、通信等基础设施建设，为扩大农民消费，开拓农村市场创造条件。另外一项带有战略意义的是推进农村费税改革，农业税、种植税和特产税等已全部免除。面对突如其来的全球金融危机，政府新近推出了“家电下乡’优惠政策。主要内容是：顺应农民消费升级的新趋势，运用财政、贸易政策，引导和组织工商联手，开发、生产适合农村消费特点、性能可靠、质量保证、物美价廉的家电产品，并提供满足农民需求的流通和售后服务；对农民购买纳入补贴范围的家电产品给予一定比例的财政补贴，以激活农民购买能力，扩大农村消费，促进内需和外需协调发展。

### (九)转变城市化发展战略，大力推进城市化进程

中国城市化经过了曲折的发展历程，自20世纪80年代初开始，实施的是一种散布式的城市化战略。1998年以来，城市化的重点转向发展中心城市。2000年中央关于“十五”计划的建议中，提出了大中小城市和小城镇协调发展的城镇化战略。“十七大”进一步强调，走中国特色城镇化道路，按照统筹城乡、布局合理、节约土地、功能完善、以大带小的原则，促进大中小城市和小城镇协调发展。以增强综合承载能力为重点，以特大城市为依托，形成辐射作用大的城市群，培育新的经济增长极。同时注重城市化内在质量的提高，把变农民为市民作为城市化的核心任务。1998—2008年，中国城市化水平由30.4%提高到45.7%，城市人口达到6.07亿。除原来的长三角城市群、珠三角城市群、京津冀城市群继续发展外，一批新的城市群不断涌现，2008年中国100万人口以上的特大城市增加到118座。科学合理的城市化战略大大加快了城市化的进程，对中国扩大内需提供了有力支撑。

### (十)推进自主创新，加快科技进步

把提高自主创新能力、建设创新型国家作为国家发展战略的核心和提高综合国力的关键。实践证明，每一场大的危机常常伴随一场新的科技革命；每一次经济的复苏，都离不开技术创新。自亚洲金融危机以来，中国在推进自主创新、建设创新型国家方面做

---

① 把握六大问题 曾培炎称要制定汽车发展消费政策[EB/OL].(2003-09-12). http://www.chinanews.com/n/2003-09-12/26/345691.html.

出了许多努力。如制定国家中长期科学和技术发展规划纲要，加大自主创新投入。1999年，我国 R&D 投入总额仅 1460.6 亿元，占 GDP 的比例仅 0.83%，2008 年，增加到 4570 亿元，占 GDP 的 1.52%。全球金融危机爆发后，中国政府强调，把科学技术的重大突破作为创造新的社会需求和催生新经济繁荣的重要手段。特别是核心电子器件、核能开发利用、高档数控机床等 16 个重大专项，突破一批核心技术和关键共性技术，为中国经济在更高水平上实现可持续发展提供科技支撑。鼓励和支持企业广泛应用新技术、新工艺、新设备、新材料，开发适销对路产品。推动发展高新技术产业群，培育新的经济增长点。

### (十一)实施大开发和振兴区域经济战略

世界经济危机的经验表明，伴随新领土发现的区域开发是抵御消费不足、经济衰退的力量。1998 年以来，国家相继推出了西部大开发、滨海新区开发、东北振兴和中部崛起战略，以推动区域协调发展。党的十七大强调，要继续实施区域发展总体战略，深入推进西部大开发，全面振兴东北地区等老工业基地，大力促进中部地区崛起，积极支持东部地区率先发展。按照形成主体功能区的要求，加强国土规划，完善区域政策，调整经济布局。遵循市场经济规律，突破行政区划界限，形成若干带动力强、联系紧密的经济圈和经济带。重大项目布局要充分考虑支持中西部发展，鼓励东部地区带动和帮助中西部地区的发展，加大对革命老区、民族地区、边疆地区、贫困地区的发展扶持力度，帮助资源枯竭地区实现经济转型，更好发挥经济特区、上海浦东新区、天津滨海新区在改革开放和自主创新中的重要作用。大开发和区域经济振兴战略对经济长期保持准繁荣状态，对反衰退、保增长、调结构意义重大。

## 三、扩大内需取得显著成效，但仍然存在制约因素

扩大内需取得显著成效，突出表现在经济持续平稳快速增长、物价水平稳定、人民生活水平明显提高等方面。名义上国内生产总值增长 2.56 倍，但 CPI 增加不足 20%，实际 GDP(以 1998 年为 100)增长 2.14 倍；农村居民人均纯收入和城镇居民人均可支配收入分别增加 1.2 倍和 1.9 倍，消费结构升级加快，城乡居民的恩格尔系数分别下降 7.6%和 9.7%，汽车和住房成为新一轮消费热点和新的经济增长点。但是扩大内需的源泉和持久动力存在萎缩趋势，主要表现在：

### (一)经济增长的成果偏向于政府和企业，居民收入增加速度慢于政府和企业

财政收入由不足 1 万亿元增加到 6 万亿元，而居民收入的增长则慢得多。1998 年各项存款 95697.9 亿元。其中，城乡存款占 55.8%，企业、财政和机关团体占 37.6%。2007 年，各项存款总额达到 389371.2 亿元。其中，城乡占 44.3%，下降 11.5 个百分

点，而企业、财政和机关团体存款所占比重上升 7.5 个百分点，呈现出居民降、企业、财政和机关团体比重上升的特点。

### (二)人口增长下降和严格的人口控制政策

马尔萨斯把人口增长看作魔鬼并反对人口增长，是因为人口增长有使经济发展的努力集中在生活资料的发展方面，从而使资本积累和摆脱低水平陷阱变得更加困难。凯恩斯主义者欢呼人口增长，是因为人口增长是有效需求增加的原因，能够扩大消费，为企业家提供乐观预期，打开投资通路，人口增长的下降则关闭了投资通路。马寅初主张控制人口，主要是控制“口”，因为“口”吞噬了国民收入增长的绝大部分，从而恶化积累消费关系，使生产扩大变得不可持续。中国控制人口增长，其原因之一是增加社会总供给、控制总需求过快增长，实现国民经济的平衡。中国已经摆脱短缺经济，进入以买方市场和主要依靠内需拉动经济发展的新阶段。在经济发展的新阶段，消费应成为经济增长的首要驱动因素，但消费能力则成了稀缺资源，人口增长的迅速下降对走出短缺困扰特别有利，而对消化吸收过剩生产能力、扩张消费能力不再是一个利好因素，严格控制人口增长变得不太需要。但严格的人口政策进一步固化了人口增长的下降趋势。10 年来，出生人口数由 2000 多万减少到近年来的 1500 多万，净增人口数由 1200 万减少到 600 多万，自然增长率由 1%减少到 0.52%，人口增长的下降对培育更为稀缺性的消费能力意味着减少了消费者人数，使得以满足儿童少年为主要对象的投资变得不再必要，随着这种趋势的加剧，长期中的投资通路也将因人口增长的迅速下降而关闭。在短缺经济下，日本在战争的废墟上很快恢复，创造了高速增长的神话，而在过剩经济下，虽然积累了雄厚的物质资本和人力资本、虽然倾其所能扩大内需，但已辉煌不再，只能深陷衰退、难以自拔。为什么？因为少子老龄化的加速，使得人口不再增长，曾经拉动经济增长的汽车、电子通讯、房地产等支柱产业很难在老年人众多的国度找到市场。

### (三)大幅度增加居民人力资本投资以扩大内需的做法遇到诸多限制

1998 年来通过非义务教育的发展，虽然使得居民支出不得不增加，短期内对扩大内需产生了正的效应，但这种效应很快就被支出预期扩大所带来的负效应抵消。实践证明，在通货紧缩期，人力资本投资试图要居民取代政府或者是政府或社会少花费而让居民多花费的做法对扩大内需是适得其反的。另一方面，高考生源的逐年减少、大学生就业难问题的突出也对通过非义务教育实现扩大内需的做法提出了巨大挑战。

### (四)在全球金融危机背景下，城市化进程遇到周期性的调整，对扩大内需的积极效应可能出现边际收益递减

中国城市化尽管仍然处于中期阶段，但经过十多年的高速发展，迟早会进入调整周

期。十年来城市化率提高了13%，每年约1.3%，但2008年比往年的平均水平几乎下降过半，遇到外部环境冲击和国外需求的下降，城市化的调整会更剧烈。国内外的经验表明，城市化具有驱动投资和消费的效应，经济的每一次高涨，都伴随着城市化的推动。由于农业比较效益的提高和农民工市民化的制度性障碍，农民变农民工、农民工市民化虽然仍在继续，但伴随着全球金融危机的发展和世界经济的回调，农民工回流问题有突出之势。随着这种趋势的发展，城市化的内需效应将出现边际收益递减趋势。

## 四、下一步的做法

1998年以来实施的扩大内需政策是中国经济转型过程中的重大制度变迁。立足内需推动发展是中国经济发展的长期战略方针和转变经济发展方式的重要内容。十年来，扩大内需政策除适时采取积极的财政政策、宽松的货币政策等多项措施以外，从人口经济学的视角考察，积极推进城市化、大力提升人力资本也是我国扩大内需的重大战略措施。但从近期的形势和未来的发展看，城市化的推进、居民人力资本投资遇到农民工回流、大学生就业难等诸多瓶颈，因此，继续扩大内需必须寻找新的源泉和动力支持。

### (一)扩大内需必须坚持以人为本的发展战略

中国有13多亿人口，年均净增人口600多万人，虽然比印度少一半，但仍是世界第二人口增长大国。13多亿人口的巨大市场是扩大内需的源泉和长期动力，也是扩大内需的基本立足点和出发点。从人的需要、人的发展和经济发展的总体联系出发，扩大内需必须着眼于人的需要和人的全面发展，着眼于全国人民的根本利益。坚持以人为本的扩大内需战略要注意两点：一是关注中国人口动向、生产适销对路产品。中国正在经历急剧的人口经济转变，少子老龄化趋势快速发展，年出生人口稳中有降，而死亡人口逐年增加。2008年死亡人口达940万人，比10年前增加了100多万，“十二五”期间将超过1000万人，由此将对消费结构、产品结构和产业结构产生深远影响，为不同企业、行业和产业带来不同的机遇或挑战。因此，把握人口发展动向，生产适销对路产品，把需求引导供给和供给创造需求紧密结合起来，适时培育适合老年人发展的产业。二是注重藏富于民、国民收入应适当向劳动者倾斜，使居民收入增长与经济增长相适应，特别是通过初次分配和减税、转移支付等再分配手段，提高居民收入，扩大居民收入在国民收入中的比重。

### (二)通过财政支持，兑现向人民承诺的奖励补助和优惠政策

在扩大内需的过程中，中国社会保障体系建设成绩很大，在养老保险、医疗保险等方面力度很大，职工参保人数大幅度增加，农村居民也从中受益不少，但覆盖范围仍有待进一步扩大。比如，全国有2/3的省市自治区曾经规定对城镇独生子女父母给予年老奖励补助，但由于种种原因，这项政策并没有得到很好的落实，由此产生

了很多社会问题①。很多部门有类似规定，不同程度地存在类似问题。出台这些规定出发点是好的，但不能落实副作用很大。建议各部门尽可能落实已经出台的规定，审慎出台新的奖励措施。经费有困难且合理的，应考虑纳入财政和社会保障建设统一解决。独生子女父母的奖励补助应纳入财政渠道。站在贯彻以人为本科学发展观的高度、扩大内需保持经济平稳较快增长的高度加快解决步伐，注重兑现、少说多做。

### （三）实现由严格控制人口增长的扩大内需向允许人口适度增长的扩大内需转变

从世界各国的经验看，扩大内需的国家一般不控制人口，控制人口的国家一般不扩大内需。既控制人口，又扩大内需，在世界上没有先例，更没有成功的案例。日本扩大内需战略比中国至少早了10年，但从20世纪90年代开始，经济始终在衰退的深渊中难以自拔。日本扩大内需不能说不卖力，采取了包括鼓励人口增长、0利率等多种措施，但扩大内需并未成为走出衰退的救命稻草。相对于其他国家来讲，经济衰退来得早、走得晚。20世纪50—70年代，日本是创造东亚奇迹的最大功臣，而到90年代以后其衰退之程度，也是世界领先的。为什么呢？原因尽管很多，但人口增长的持续低迷、从发达国家最年轻的人口结构到老龄化程度最严重国家的急剧转变，是对其陷于深层次衰退的最好诠释。正如克鲁格曼所述，日本的衰退完全可以从人口学的角度解释。在没有人口增长的情况下怎么能使内需得以扩大呢？在内需驱动的模式下，只有经济的增长，而要求人口不增长或负增长，那么从长远和更广泛的角度考察，这样的经济增长怎么可能有市场有效益呢？凯恩斯曾经警告，在需求比预期低，且过剩供给不容易改变时，人口增长趋势改变对繁荣的影响可能是大灾难（凯恩斯，1937）。人口增长的快慢影响衰退时期的长短，从人口渐增时期进入渐减时期，则衰退时期将延长。应该说除人口增长外，国外采取的做法、其他可以扩大内需的办法我们都已经采用或正在采用，唯一没有采用的可能就是放松人口控制、允许人口增长了。在教育产业化、高等教育大众化对内需的影响日渐式微、城市化对内需的影响边际效应递减以及中国人口经济转型接近日本20世纪80年代的转折关头，日本的经验值得借鉴，内需枯萎的教训值得深思。实施由严格控制人口增长的扩大内需向允许人口适度增长的扩大内需转变，应该成为未来扩大内需的重要选项。

### （四）增加人力资本和社会资本的政府性投入，提振居民信心

应对全球金融危机，不仅要解决就业岗位不足、失业率上升的现实问题，也要解决居民对前景的担忧问题，要为今后长期的发展奠定必要的基础。公路、铁路、机场、港口等物质资本投入十分必要，但就我国国情讲，教育、文化、医疗、社会保障等人力资

① Keynes, J. M. Some Economic Consequences of A Population Declining [J]. Eugenics Review, 1937.

本和社会资本投入更是亟待加大。应对危机的关键地方、经济社会发展的薄弱环节正在于此。增加人力资本和社会资本的政府性投入，不仅能增加现实的需求，在很大程度上稳定居民的收支预期，提升未来边际消费倾向，更重要的是为今后长期持续稳定的发展提供必需的人力资本和社会资本储备。内需不足不是商品不足，而是收入不足，收入不足的症结在于对创造物质财富的人的投入不足所致。投资于人力资本和社会资本就是投资于消费者信心，进而也是对投资者信心的投资。我国扩大内需的实践证明，在通货紧缩或反衰退的时期，试图通过居民增加教育、医疗卫生方面的花费而政府尽可能少花费以达到扩大消费的做法是无效的。社会性人力资本作为主体之一的地位，只能加强，不能削弱。

### （五）把扩大居民的最终消费作为扩张内需政策的重中之重

经济危机的根本表现是消费不足、需求不足，而不是生产不足、供给不足，扩大内需、特别是扩大消费虽然是我们不断强调的，但具体落实在投资方面似乎更多，而针对居民收入和消费的较少，从上至下这种倾向更突出。因为培育消费需求效果较漫长，而投资需求虽然是中间需求，但效果容易看得到，如基础设施、道路、交通通迅能迅速彰显地方政绩。而扩大居民消费需求，需要工作很细，需要多予少取、还富于民和藏富于民，要让百姓能消费、敢消费、通过释放手中储蓄愿意消费，这就需要把钱投资于人力资本和社会资本而不是物质资本。这也就是越扩大内需，投资率越高而消费率越低的原因之一。如果不消除这个原因，消费率还会继续下降、投资率还会继续升高，生产能力过剩、消费能力不足的问题还会愈演愈烈，扩大消费只能停留在口号上。因此要大幅度增加人心工程的福利性、保障性投资，从根本上杜绝面子工程、政绩工程的投资。当然消费的启动离不开收入和社会保障，包括对城市低收入居民和农民的直接补助等。就目前的情况讲，能否启动最终消费，房地产市场至关重要。在国际金融危机尚未见底、出口仍在下滑的情况下，进一步加大保障性住房的投资力度，增加保障性住房的供给，将对房价回归和住房消费增加产生积极影响，并拉动其他消费需求，达到保增长、调结构和改善民生的效果。

（李通屏　倪琳）

### ◎ 评论

扩大内需是中国在世纪之交采取的最重要的宏观经济政策之一，也是经济生活中的重大制度变迁。我们欣喜地看到，该文章提出的“扩大内需亟需寻找新的源泉和动力支持。坚持以人为本的发展战略，实现从严格控制人口增长到适度人口增长的转变，应纳入下一步扩大内需的政策体系”的建议已经成为中国近年来的重大实践。2013 年中共中央十八届三中全会提出实施“单独两孩”政策，2015 年十八届五中全会进一步将“单独两孩”升级为“全面两孩”政策——鼓励每对夫妇生两个孩子。应该说这是中国实现了由严格控制人口增长的扩大内需向允许人口增长扩大内需转变的重要标志。“十九大”后，抢人大战风起云涌，不断升级。不仅越来越多的城市降低了落户门槛，甚至许多大城市、特大城市直接取消了学历、户籍等方面的落户限制。

在总结1998年以来扩内需、保增长再到调结构、转方式经验的基础上，2016年中央提出供给侧结构性改革，2017年党的十九大强调要以供给侧结构性改革为主线，建立现代经济体系，指出中国特色社会主义进入新时代，中国经济也由高速增长阶段转入高质量发展阶段。2018年提出要进一步激发居民消费潜力，部署以消费提质升级助推高质量发展，形成强大的国内市场。现在看来，这篇文章对理解宏观经济政策及其作用机制仍有参考价值。本文涉及的主要概念和理论有：

## 一、内　需

用支出法考察国内生产总值及其增长，它的基本动力可分内需和外需。内需包括投资和消费，投资也就是资本形成，消费包括个人消费和政府消费，外需也就是出口。人们熟知的拉动经济增长的三架马车—消费、投资和净出口，前两项为内需，净出口为外需。根据图1，用支出法计算GDP的公式可表示如下：

$$\mathrm{GDP} = C + I + G + (X - M) \tag{1}$$

在式(1)中，$C + I + G$即为内需。

式(1)两边同时除GDP有：

$$\frac{C}{\mathrm{GDP}} + \frac{I}{\mathrm{GDP}} + \frac{G}{\mathrm{GDP}} + \frac{X - M}{\mathrm{GDP}} = 1 \tag{2}$$

式中，左边第一、二、三和四项对应的分别为居民个人消费、投资、政府消费、货物和服务的净出口占支出法GDP的比率，即四项分别为居民消费率、投资率(资本形成率)、政府消费率和外需率。

内需(Domestic Demand，DD)用公式表示为：

$$\mathrm{DD} = C + I + G$$

$$\mathrm{DD} = \mathrm{GDP} - (X - M)$$

居民消费率与政府消费率(政府消费支出与GDP的比值，即$\frac{C}{\mathrm{GDP}} + \frac{G}{\mathrm{GDP}}$构成了一国的最终消费率(Final Consumption Ratio)。

根据上述分析，内需率可界定为投资率与消费率的和，即内需占支出法计算的GDP的比率，即$\frac{C}{\mathrm{GDP}} + \frac{G}{\mathrm{GDP}} + \frac{I}{\mathrm{GDP}}$。

## 二、消费及其作用

消费是内需的重要组成部分，也是由生产、交换、分配和消费四个环节构成的社会再生产过程的重要内容。生产和消费构成社会再生产的起点和终点，分配和交换是联系生产和消费的中介环节。消费在经济发展中的作用主要表现为消费与生产、消费与分配和消费与交换三层关系。马克思提出了消费与生产同一性的原理。后来“供给创造需求”的萨伊定律与“需求创造供给”的凯恩斯定律都与马克思的生产与消费理论不谋而合。基于对内需的理解，文章强调扩大内需的关键是扩大消费，扩大消费的关键则是扩大居民消费。要把扩大居民消费作为扩大内需的根本。从内需构成看，中国的资本形成率世界最高、消费率世界最低，虽然内需率也是世界最低的国家之一，但不是世界最低。中国的内需不足、内需率不高，不是投资需求不足，更不是投资率不高，而是消费需求不足。最终消费里面，最重要的是居民消费。多年来，我们越扩大内需，投资率越高而消费率越低。深层的原因在于我们实际上奉行的是一种以物为本、紧盯经济增长的扩大内需战略，而不是以人为本的扩大内需战略。

## 三、宏观经济政策

一般说来，宏观经济政策是国家或政府为了增进整个社会的经济福利、改进国民经济运行状况、达到一定的政策目标而有意识、有计划地运用的政策工具。宏观经济政策可分为需求管理政策和供给管理政策。其中，需求管理政策包括财政政策和货币政策，供给管理政策包括人力政策和收入政策等。从西方国家的实践看，国家宏观调控政策的目标一般包括充分就业、物价稳定、经济增长和国际收支平衡四项。需求管理政策偏重于短期需求侧的因素，供给管理政策偏重于长期供给侧的因素。需求管理政策的核心是财政政策和货币政策，财政政策着力于产品市场的均衡，货币政策着力于货币市场的均衡，其理论基础是IS-LM模型。宏观经济政策应该“逆风而上”，即当经济萧条时刺激经济，经济过热时，减缓经济。

## 四、如何扩大消费

本文涉及消费函数理论，同时也在某种程度上超越了消费函数。本文提出了扩大内需的五个建议。一是坚持以人为本的发展战略强调消费是如何发生的，人和人口是消费的主体；二是财政支持方面，强调问题导向和针对性。增加补助相当于增加了消费者的收入，收入增加会导致消费增加；三是实现从严格控制人口的扩大内需向允许人口增长的扩大内需转变。中国人口总量长期居世界首位，在今后数年间仍然居世界首位，这是强大国内市场的基础性条件。20世纪70年代开始中国实行严格的人口控制政策，这对消除短缺经济、快速摆脱贫困非常重要。随着社会经济的发展，人口的重要性不仅体现在“人手”方面，也体现在巨大人口规模的市场贡献和消费贡献。随着我国从普遍的短缺经济向过剩经济转型，人口经济关系已经摆脱马尔萨斯陷阱，出现了重大转折。扩大内需必须要有新思路，人口经济关系也不是索罗模型所描述的悲观关系。扩大消费必须增加收入，另外依据持久收入假说和生命周期假说、消费与不确定性预期之间的关系，提出增加就业、扩大社会保障体系的覆盖面、增加人力资本的社会投资以稳定预期。四是增加人力资本的政府性投入，提振居民信心。信心重要，预期重要，这也是宏观经济经学的重要理论。政府性人力资本投资不足，也是我们进入21世纪以来暴露出来的公共服务短板，看病贵、上学贵严重影响居民的支出预期，对扩大消费形成严重制约。五是把扩大居民消费作为扩大内需的重中之重是符合我国现实的。从全球主要经济体来看，居民消费占60%左右，而我国有相当一段时期，这个比率在40%及其以下。这些建议虽然有很强的现实针对性，但仍然不够。激发居民消费潜力，还必须完善促进消费的体制机制，提高供给体系质量，同时加强消费者权益保护，建立放心消费环境。

（汤尚颖）

# 蛛网理论与我国的粮食安全①

粮食问题是事关国计民生的重大问题，“九五”以来，我国农业发展进入了一个新阶段，粮食供求由长期短缺变成相对过剩。这一变化给粮食生产、销售和储备带来很大影响，使粮食安全问题面临很多新情况。在目前粮食相对过剩条件下，粮食安全问题往往被忽视。利用蛛网理论分析对于防止放松粮食生产，确保粮食安全具有十分重要的意义。

## 一、蛛网理论的基本内容及在粮食安全中的应用

西方经济学中的蛛网理论是用于市场均衡动态分析的一种理论。蛛网理论的基本内容基于以下几个假设。(1)所生产的产品需要一定的生产周期，生产计划一旦确定之后，不到下一周期是不能改变的；(2) $S$ 代表供给曲线，$D$ 代表需求曲线，$t$ 代表本期，$t-1$ 代表上期，从需求函数来看，本期的产量决定本期的价格。以 $P_t$ 和 $Q_t$ 分别代表本期的价格和本期的产量，则本期价格是本期产量的函数，公式为：$P_t=f(Q_t)$；(3) 从供给函数看，本期的产量是上一期价格的函数，即：$Q_t=f(P_{t-1})$；(4) $Q_0$、$P_0$ 分别为均衡产量和价格；$Q_1$ 和 $P_1$ 表示本期(第1期) 的供给量和价格；$Q_2$ 和 $P_2$ 表示下期(第2期) 的供给量和价格；$Q_3$ 和 $P_3$ 表示第3期的供给量和价格，以此类推。蛛网模型导入动态的时间分析，并根据弹性原理，指出产量和价格的波动会出现3种类型见图1。

第1种类型如图1(a)所示 。需求曲线比较平坦，供给曲线比较陡峭。供给弹性小于需求弹性，意味着市场价格变动对供给量的影响小于它对需求量的影响，则价格和产量波动会逐渐减弱，越来越小，形成一个向内收缩的蛛网，最后恢复均衡价格和均衡产量。如实际产量 $Q$，小于均衡产量 $Q_0$，从需求曲线上看出，$Q_1$ 产量卖出去的价格为 $P_1$。$P_1$高于均衡价格 $P_0$，下一个生产周期生产者将会增加该商品供给量 $Q_2$。供给增加将使价格下降到低于均衡价格的 $P_2$，导致第3期生产者的产量降至 $Q_3$，$Q_3$ 的价格为 $P_3$，而 $P_3$ 决定 $Q_4$……如此波动下去，直到均衡价格和均衡产量为止，这被称为收敛型波动。

第2种类型如图1(b)所示。供给弹性大于需求弹性，这意味着市场价格变动对供给量的影响大于对需求量的影响，则价格和产量波动越来越离开均衡水平，这被称为发散型波动。

---

① 参见刘星彦．蛛网理论与我国的粮食安全[J]．粮食流通技术，2002(5)：5-8.

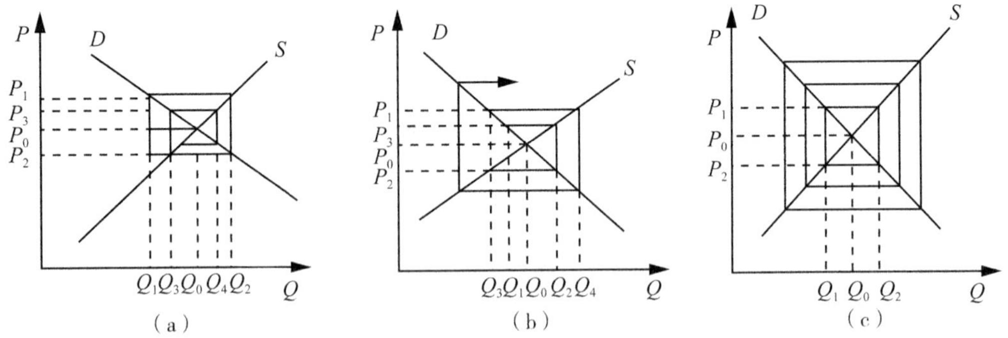


图 1　蛛网的 3 种类型

第 3 种类型如图 1(c)所示。供给弹性等于需求弹性，意味着市场价格变动对供给量的影响与对需求量的影响相同。价格与产量的波动始终如一，循环往复，称为循环波动。

由上述分析可知，逐年成交价格和交易量将环绕价格和产销量的均衡值上下波动，沿着图示的途径变动下去，变动轨迹像一个蜘蛛网的形状，“蛛网理论”由此得名。价格和产销量在市场上变动的途径具有蛛网理论及特点的实例，一般出现在农产品市场上，因为农产品的生产从开始投产到产出上市，一般要滞后半年或 1 年。

改革开放以前，我国农业一直以解决温饱问题为主，其目标是想尽办法提高农产品产量，特别是粮食产量，因而农业生产结构比较单一，农业生产以种植业为主，种植业生产又以粮食生产为主，此时蛛网理论在中国根本派不上用场。1978 年中国实行了改革开放，计划经济体制逐步向社会主义市场经济过渡，农业方面也发生了很大变化。(1)建立起适应市场经济发展的农业经营体制，实行了以家庭联产承包为主的生产责任制，将家庭分散经营与集体统一经营相结合的双层经营体制作为我国农村的基本经营制度，使农民获得了一定的生产资料所有权以及生产经营的自主权，成为相对独立的商品生产经营者和市场经济的主体。(2)初步形成了我国农村市场经济体系，基本上改变了我国农村自给自足的自然经济状况，市场体系初步形成。农产品的定价由过去的多为国家定价改为市场形成价格；同时，农产品经营、加工、消费单位都可以直接与农民签订收购合同；农产品经营不再受过去分工的限制，实行了多渠道流通；提倡国家、集体、个人参与流通，进入市场，国营商业和供销社独家垄断流通的局面被打破。通过改革，改变了我国农村过去单一从事农业，即主要经营粮食生产的局面，多种产业、多种经营得到迅速发展。至此，蛛网理论在我国有了用武之地。一般情况下，粮食的需求价格弹性小于供给价格弹性，其需求曲线比供给曲线陡峭，应属于发散型波动，如图 1(b)。目前我国农户的粮食生产决策也主要是农户根据农产品价格的过期信息和当期的市场价格自主决定的，而不是根据市场的预期价格，也就是以上年的价格调节当年的生产，又以当年的价格调节明年的生产，粮食价格对生产和供给的调节总是“慢半拍或慢一拍”，这使得粮食市场的供求波动呈现出典型的“蛛网效应”。说明中国粮食生产和供给不稳定，仍存在粮食安全问题。

## 二、中国粮食安全现状及面临的问题

1983年4月，粮农组织提出粮食安全新概念，指出粮食安全的目标为“确保所有的人在任何时候既能买得到又能买得起所需要的基本食品”。这一新概念包括三项具体要求：确保生产足够多的粮食；最大限度地稳定粮食供应；确保所有需要粮食的人们获得粮食。这一粮食安全新概念既要求发展生产，提高粮食供给能力，又要求增加收入，提高购买力的粮食供求策略。从表面看我国已不存在粮食安全问题，但根据粮食安全概念从长远看，粮食安全中仍存在很多问题。

### 1. 粮食赖以生长的土地资源数量减少，质量下降

具体表现为：(1)据统计年鉴数据计算，我国人均耕地面积在逐年减少。这主要是由于可垦荒地数量有限，而城市面积不断向郊外扩展，城市房地产开发，兴建开发区、旅游区的发展大量占用耕地；农村结构调整挤占耕地，城郊和农村毁田造砖占用大量优质耕地；农村建房、修公路、造坟墓又占大量耕地等。耕地面积减少的趋势在相当长一段时间内不可逆转。(2)森林资源屡遭破坏，水土流失严重，土地大面积沙漠化。滥伐森林，土地和水资源的不合理利用，使植被遭到破坏，造成大量水土流失和土地荒漠化。建国初期，我国水土流失面积为11万平方米，80年代中期扩大到150万平方米，目前高达178万平方米，约占全国土地面积的18.6%。沙漠正在扩大，沙漠化也在加速扩展，目前有荒漠化土地2.6亿公顷，占全国土地面积的27.3%。同时全国盐碱地总面积超过3340万公顷。(3)土地资源所受污染日益严重。由于工业“三废”和生活垃圾处理不当以及农药化肥施用不合理，特别是农业利用未经处理的工业污水，致使酚、镉、汞、铬、锌、铅、砷等有毒物长期沉积在农田土壤中，使土壤受到严重污染，土质退化。这些都会影响粮食产量和质量的提高。

### 2. 农业自然灾害频繁，影响粮食生产

我国农业自然灾害种类繁多，发生频率越来越高，危害程度也越来越大。建国以来，我国共发生7次大洪水，仅90年代，就有3次。1998年，我国长江、松花江流域又遇到百年不遇的特大洪灾，农作物受灾面积2135万公顷，成灾面积1304万公顷，绝收面积478万公顷，受灾人口2.23亿，直接经济损失达2000亿元。一些地方的洪涝伴随着一些地方的严重干旱，再加上河水断流，酸雨从天而降，对农业生产造成巨大损失。

### 3. 粮食播种面积和产量减少

近几年，为了提高农民的收入，全国都在进行农业结构调整，普遍减少粮食种植面积。2000年全国粮食播种面积比上年减少约600万公顷，2001年继续调减，2002年趋

于稳定。受调减播种面积和严重干旱的影响，2000年粮食产量4.6亿吨，比上年减产9%，2001年全年粮食产量4.5亿吨，比上年减产2.1%。

4. 农民生产粮食的积极性受到挫伤

1996年下半年以来，粮食生产成本没有降低，农产品价格却持续低迷，加上一些地区没有认真执行收购政策，农民卖粮非常困难。一些私营粮贩趁机低价从农民手中收购粮食，农民种粮收益明显减少，甚至赔本。于是全国各地普遍出现减少粮食生产投入，放松田间管理，出现弃耕撂荒现象。年富力强的青壮男性靠外出打工增加收入，而粮食生产仅靠妇女、儿童、老人来完成。

5. 以利益为导向的农业结构调整也会影响粮食供给

一些地方为追求眼前利益，不顾自身生产条件，盲目种植那些自认为具有优势的经济作物，这在客观上形成了不利于稳定粮食生产的因素。

6. 我国人口数量持续增加，维持粮食供需平衡压力扩大

我国已进入世界低出生率国家的行列，妇女总和生育率已降到更替水平，但目前年净增人口量仍在1300万左右，人口总量仍有近半个世纪的增长历程。2000年底已达12.6亿，2010年接近14亿，21世纪中叶总人口控制在不超过16亿的水平才稳定下来。要想解决这么多食物结构不断高级化的人们的吃饭问题，难度相当大。对于我们这样一个泱泱大国，吃粮问题必须坚持“国内生产自给为主，国际进口调节为辅”的原则，如果主要依靠进口，世界范围之内有很多不确定因素随时会发生，万一国外使用提高关税等措施，那么我们就会受制于人，到时国民经济会遭受不可估量的损失。

## 三、应用蛛网理论来保证中国的粮食安全

农业和粮食的生产过程是生命繁衍的过程，因而面临与其他产业不同的约束和风险，具有生产周期长、受自然条件和市场需求影响大、不确定因素多等特点。根据蛛网理论和现实分析，产量和价格容易波动，这就提醒政府部门要永远关注粮食问题，采取各种各样的政策措施调动农民生产粮食的积极性，确保我国粮食安全。

1. 采取切实可行办法，下大力气扭转农业利益过低的局面

(1)在国家宏观调控下，充分发挥价格、税收、利率、地租信贷等经济手段的杠杆作用，建立农业发展的利益激励机制和风险补偿机制。在完善家庭联产承包责任制的基础上，鼓励土地使用权依法转让，采用适度规模经营，提高劳动生产率。根据WTO允许的原则，通过国民收入的再分配，对粮食生产进行适当扶持。加大农业科学研究、农业病虫害防治、农业技术培训和教育、农业基础设施建设投资力度，给受自然灾害、农业结构调整致使资源闲置的农民以补助。切实减轻农民负担，增加农民收入。(2)发挥

我国的政治优势，开展保护农业、救助农业的“希望工程”，这对我们这样一个人口占世界总人口的22%，耕地仅占7%的国家来说尤为必要。在市场经济条件下，农业的脆弱性更为突出，解决农业问题，并非纯经济手段所能为，各部门、单位要结合自身实际和农业发展的特点，有人出人，有物出物，有技术出技术，对农业给予不同形式的支援，与农业直接有关的机关、学校、科研院所、企事业单位或部门更要面向农村、农民、农业，提供便捷服务，解决实际问题。(3)下功夫对农民进行技术培训，逐步改变由老弱病残支撑农业的局面，以增强他们接受和吸纳先进适用技术的能力，确保有一支稳定的、质比较高的农业劳动力队伍，力争使农业从自身发展中提高比较效益。

### 2. 依法保护耕地，开垦宜农荒地，提高复种指数，保持粮食播种面积长期稳定

(1)切实保护耕地，使耕地减少达到尽可能小的程度。一方面改革传统的陈规陋习，逐步废除土葬制度，对修土地庙、盖神仙亭等坚决予以取缔；另一方面对非农建设用地要从严审批，不仅要科学地计算它的经济代价，同时也要把社会代价和生态代价作为成本因素加以考虑，对土地开发过程中的浪费行为坚决予以制止。(2)提高耕地利用率。一方面通过耕作技术的改进，不断提高复种指数；另一方面要严格制止耕地撂荒，对耕地撂荒的可比照各地城镇房地产价格或租金予以严厉处罚。(3)开发耕地资源。一方面在保持生态平衡下有计划地开垦宜农荒地，另一方面重视土地复垦。

### 3. 强化科教兴农，走资源节约型发展农业的路子，努力提高单位面积产量

(1)突出抓好“种子工程”，通过农业科研的方式培育出对地理、环境、土壤、气候、病虫草害等因素的抗性、耐性和适应性更强的新品种，并逐步完善优良品种的繁育、引进、加工、销售、推广体系。(2)大力植树造林、种草，从而防风固沙，改造中低产田。(3)大力推广节水措施，扩大灌溉面积。水田须推广地下暗管、防渗漏渠道与地面软灌、滴灌、喷灌等节水技术，旱地可通过深耕、秸秆覆盖和培肥等措施来实现。(4)科学合理施肥，持续提高单产。在增加化肥投入的基础上，全面推广配方施肥和化肥深施技术，氮磷钾肥比例结构调整为1∶0.5∶0.2，提高化肥利用率。重视农家肥的施用，这有利于改良土壤性状，减轻环境污染，更有利于粮食单产的持续提高。

### 4. 完善和发展粮食期货市场

目前我国粮食价格是由现货批发市场，而不是由期货市场的“预期价格”来完成。依照发达国家的经验，粮食期货市场在形成与发现粮食市场价格、使企业与农民规避经营风险、套期保值、调节粮食市场与价格方面都具有现货市场无可比拟的作用，所以要完善和发展我国粮食期货市场。首先要增加新的粮食交易品种如大米、玉米等，这几种产品在我国已有很好的现货市场基础。其次要培养和增加期货市场主体，特别是要允许各类粮食企业进入期货市场。国有粮食企业应通过粮食期货市场的套期保值运作，有效规避价格波动给其带来的风险，农户也可通过建立自己的合作社或找可靠的中介机构作

为代理人进入期货市场避险。最后要放宽进入期货市场的资金限制。目前农产品期货市场资金大约只有15亿元，这么少的资金，使得期货市场不能发挥其自身作用。

### 5. 进一步完善粮食流通体制

要坚决贯彻落实中央关于粮改的各项政策措施，国有粮食企业要严格按保护价敞开收购农民余粮，不准限收、拒收和压级压价收购。粮食收购实行优质优价，用价格政策引导农民提高粮食品质。各地要加大对敞开收购的检查力度，保护价不能定得太低。地方财政要积极筹措资金，确保粮食风险基金和财政补贴及时、定额到位。适当拓宽粮食收购渠道，允许用粮企业和粮食经销企业按政策规定到农村收购农民余粮。农村集贸市场要常年开放。完善粮食储备调节体系，中央和地方两级粮食储备要互相配合，做到规模适度、布局合理、高效灵活，发挥好吞吐调节作用。各级政府要努力建立农业“信息高速公路”，给农民及时发布市场、价格、政策、新品种、新技术等信息，促使农产品在国内区域甚至国际区域内流动。

（刘星彦）

## ◎ 评论

## 一、粮食安全的重要性

“民以食为天”。古往今来，粮食安全都是治国安邦之本。然而，由于人多地少、人口增长以及耕地消耗等原因，中国的粮食安全问题引起西方国家极大关注，曾有西方经济学家如此发问：“谁来养活中国？”

党的“十八大”以来，习近平总书记始终把粮食安全作为治国理政的头等大事。他高屋建瓴地提出了“确保谷物基本自给、口粮绝对安全”的新粮食安全观，确立了“以我为主、立足国内、确保产能、适度进口、科技支撑”的国家粮食安全战略，“饭碗论”“底线论”“红线论”……形成了一系列具有重要意义的粮食安全理论创新与实践创新，为国家长治久安奠定了重要的物质基础，对维护世界粮食安全作出了重要贡献。

习近平总书记始终把解决人民吃饭问题作为治国安邦的首要任务。我国有14亿人口，如果粮食出了问题谁也救不了我们，只有把饭碗牢牢端在自己手中才能保持社会大局稳定。习近平总书记的重要论述，深刻阐明了作为世界上人口第一大国，保障国家粮食安全的极端重要性。

粮食安全是国家安全的重要基础。马克思在《资本论》中指出：“最文明的民族也同最不发达的未开化的民族一样，必须保证自己现有食物，然后才能去照顾其他事情。”习近平总书记指出要确保重要农产品特别是粮食供给，这是实施乡村振兴战略的首要前提。

粮食安全是国家富强的保障。一个国家只有实现粮食基本自给，才有能力掌控和维护好经济社会发展大局。习近平总书记通过对比国际上的强国发展规律，深刻认识到新时代粮食安全是建设社会主义现代化强国必须要解决的首要问题，在2013年中央农村工作会议上指出："看看世界上真正强大的国家、没有软肋的国家，都有能力解决自己的吃饭问题。"粮食安全是维护国家安全的重要支撑，是我们国家立足于世界民族之林的重要保障。

## 二、粮食安全出现问题的原因

该文列出了引发粮食安全的若干原因，主要有以下几个方面。一是粮食安全问题与粮食供求的特点有关。粮食生产周期长且生产决策易受现行价格的影响。粮食的生产需要一定的生产周期，一般长达半年到一年，并且生产计划一旦确定之后，不到下一周期是不能改变的。需求缺乏弹性而供给富有弹性。供给弹性大于需求弹性，意味着市场价格变动对供给量的影响大于它对需求量的影响，导致发散型波动。农业自然灾害频繁，影响粮食生产。我国人口数量持续增加，维持粮食供需平衡压力扩大。二是工业化、城镇化快速推进，粮食安全面临许多新情况、新问题、新挑战。粮食赖以生长的土地资源数量减少，质量下降。粮食播种面积和产量减少。三是粮食价格的持续走低抑制了生产者的积极性。"九五"以来，我国农业发展进入了一个新阶段，粮食供求由长期短缺变成相对过剩。农民生产粮食的积极性受到挫伤。以利益为导向的农业结构调整也会影响粮食供给。

## 三、解决粮食安全问题的途径

一是必须居安思危，增强忧患意识。当前我国粮食产能稳定、库存充裕、供给充足、市场稳定、安全形势持续向好，在此背景下，习近平总书记强调要汲取历史经验教训，居安思危，对粮食安全始终保持警醒，任何时候都不能忽视粮食安全。

二是准确把握我国粮食安全面临的突出问题，始终强调守牢耕地保护红线。保障国家粮食安全的根本在耕地，耕地是粮食生产的命根子。

三是解决好"谁来种地"问题。确保粮食安全，首先要有人种地，农民是粮食生产的主体。随着我国农村劳动力向非农产业和城镇转移，农业兼业化、农民老龄化、农村空心化日益严重，外出农民工特别是新生代农民工不愿回乡务农，农业生产面临着后继乏人的现状。充分调动人的积极性，把加快培育新型农业经营主体作为一项重大战略，正是破解种地困局的关键所在。要解决好"谁来种地"问题，就要培养造就新型农民队伍，确保农业后继有人；要以解决好地怎么种为导向，加快构建新型农业经营体系。

四是抓好粮食主产区的粮食生产。主产区是粮食生产的"压舱石"，粮食主产区承担保障国家粮食安全的重大责任，为国家粮食安全作出了重大贡献。然而，长期以来的责任过大与利益流失问题严重制约了主产区产粮积极性。种种境遇使主产区无法摆脱"粮食大省，经济弱省，财政穷省"的尴尬困境。粮食主产区成为突破国家粮食安全的重要瓶颈。粮食主产区的选择关乎国家粮食安全命运。面对粮食生产比较效益低下、粮农收入过低、政府财政艰难的现状，粮食主产区没有动力发展粮食生产，转而开始调整产业结构，发展非农产业，甚至每一乡镇都设立工业园区，发展加工业，一些地区出现了农业生产兼业化、基本农田工业化的趋势，对国家粮食安全产生不利影响，解决粮食主产利益流失问题迫在眉睫。

五是调动和保护好广大农民务农种粮及粮食主产区重农抓粮的“两个积极性”。要加大强农惠农富农政策力度，要让农民种粮有利可图，让主产区抓粮有积极性。通过人和地的合理要素配置，通过适度规模、技术进步、生产服务、提质增效等方式提高农民种粮积极性，让农业收入有保障，农民工作有体面。

（彭武元）

# 长期经济增长中的人口、制度与技术：武汉的经验①

## 一、引　　言

保持经济持续增长是宏观经济政策的重要目标，也是地方经济长期发展的必由之路。自改革开放以来，中国经济保持着持续、高速增长，从一度濒于崩溃边缘发展到经济总量跃居世界第三，人均 GDP 超过两千美元，并已开始步入中等收入国家行列②。在中国经济保持 30 年高速增长的同时，人口增长速度自 20 世纪 70 年代以来也经历迅速下降，连续十多年总和生育率保持在更替水平下。由此产生这样一些问题：中国奇迹能否延续？什么因素创造了中国奇迹？创造奇迹的因素在地区之间、城乡之间以及同一地区的不同发展阶段是否存在差异？人口增长速度下降是否还将继续释放有利于经济增长的红利？在新的历史条件下，怎样的人口经济政策有利于中国经济增长的可持续？人口增长、经济增长之间的负(正)反馈关系虽然有过长期没有结果的争论，但在经济转轨、社会转型、人口转变的时期，本文以武汉为个案，运用 1950—2006 年的资料，立足现代经济增长与发展理论，分析长期经济增长的决定因素，不仅提供了一个特大城市长期经济增长的案例，对城市经济的长期繁荣、制定城市乃至国家的发展战略，创造有利于经济长期增长的环境，仍然具有理论价值和现实意义。

## 二、增长秘密、增长源泉与增长的可持续性：一个模型

什么因素造成了经济增长是经济学最迷人的领域，经济学家存在着不同看法。在 1940 年代和 1950 年代，强调聚集资本对长期增长的重要性。但很快出现了不满于以资本聚集来解释经济增长的研究，如从强调资本、劳动和技术一类投入要素的生产函数到 1960 年代强调更好的教育和技能培训的重要影响，要保证不断增多的存量资本有不断上升的资本生产率，必须具备较好的技能，“发展的软件”能保证“硬件”(劳动力、资

---

① 原载《武汉大学学报》(社会科学版)，2010 年第 1 期，原题是《长期经济增长中的人口因素：武汉的经验》，这里有所调整。

② 安格斯·麦迪森按购买力评价估算，2003 年中国的 GDP 占世界的 15.1%，居欧盟和美国之后，人均 GDP 为 4800 美元。参见：中国经济的长期表现公元 960—2030 年[M]. 上海：上海人民出版社，2008：19，36.

本）变得更有效率。到了1970年代，自然资源的重要性被强烈关注，结构变化因素也受到经济学家重视。1980年代和1990年代，企业、知识和制度受到进一步重视（柯武刚、史漫飞，2000）。尽管这些成果反映了现代主流经济增长理论的演进，但没有取得令人满意的结果。因为这些理论成果主要从总供给增长的角度关注经济的持续增长问题，把储蓄、投资和资本形成看作增长的福音，把生产能力的积累看成决定经济增长路径的主要因素。以罗默、卢卡斯等为代表的新增长理论把技术进步引入新古典增长模型，并把资本概念从物拓展到人，虽然被认为找到了克服资本边际收益递减、实现经济长期持续增长的答案，但仍没有摆脱供给的窠臼。实际上，自20世纪50—70年代，现代剑桥学派的学者们对经济增长的主流研究范式进行了卓有成效的批评。批评的焦点之一就是市场经济中的经济增长是否由生产能力决定。自凯恩斯的《通论》描述了市场经济由需求决定产出的过程后，新古典综合声称，宏观经济的短期波动确实是由需求决定的，但其长期增长仍由“生产能力”决定。卡尔多程式化事实（1978）清楚地指出生产能力决定经济增长的观点与统计数据是极不相符的（张楷弛、柳欣，2007）。J. Madrick（2002）在坚持经济增长是多因素共同作用结果的基础上，强调最接近经济增长的首要动力是市场规模和信息传播，特别是国内市场膨胀所导致的市场成长。W. Easterly（2002）尖锐地批评了一系列所谓启动经济增长的灵丹妙药，诸如援助、增加投资、教育、避孕套工程、减免外债等在发展中国家的失败，指出，没有“把激励搞对”是发展中国家经济增长的最大障碍。E. Helpamn（2004）试图回答为什么会出现持续的经济增长、为什么各国之间的经济增长绩效会差异巨大。指出物质资本和人力资本积累、全要素生产率的重要性之外，强调各国之间的相互依赖（即知识跨国流动、国际贸易和投资），经济和政治制度以及内生人口增长等因素对持续的增长非常重要。诺斯（2005）把经济变迁看成人口、知识存量和制度各种变化的结果，强调完整的经济变迁理论需要整合人口学、知识存量和制度变迁的理论。

对中国经济奇迹的解释，国内的研究主要有以下特点：（1）制度说（中国社科院经济所宏观课题组，2000；王小鲁，2000），重视制度和政府行为变迁在经济增长中的作用；（2）要素驱动说（施炳展、李坤望，2009），认为主要依靠要素投入引致的粗放型快速增长实现了赶超；（3）从其他因素角度（赵志君，2002；张皓，2001；国务院发展中心课题组，2000；解三明，2000；沈坤荣，1999；孙焱林，2000），强调外资外贸和货币的作用。特别是由北京国民经济研究所组织的“中国经济增长的可持续性与制度变迁”课题研究，就中国经济中长期增长的特征和要素进行了全方位的探讨；（4）人口红利说（蔡昉，2004；2009），认为人口转变、人口红利等人口因素对中国奇迹贡献很大；（5）后发优势说（林毅夫，2005；郭熙保，2008），即后发优势是驱动中国经济高速增长背后的动力。资本、劳动、技术、制度和结构等方面的后发优势的同时发挥，汇合成了一股巨大的推动力，促进中国经济的持续高速增长；（6）二元经济转换说，认为中国经济增长是一种典型的二元经济转换现象。改革以来的二元结构转换效应和经济体制转轨效应促使中国经济的综合效率持续提高，由此使得我国经济实力快速增长，城乡居民收入持续提高，创造了一个中国奇迹（陈宗胜，2009）。但是，上述研究存在两方面的缺陷：一是只在实证分析的外推和简单的要素归纳或套用已有模型，没有一个合理的分析框架和理论平台，使人弄不清是什么东西在决定着长期增长；二是多限于全国等宏观层面，而未具体到区域和某个城市层面。

综上所述，我们可以假设：经济增长是由多种因素共同作用的结果，其中资本、技术(包括知识)、人口的数量与质量和制度最为重要。新古典增长模型是最接近这种假设的模型。

该模型的第一个等式为：

$$Y_t = AK_t^{\alpha}L_t^{\beta}e^{rT} \tag{1}$$

对式(1)取对数有

$$\ln Y = \ln A + \alpha\ln K + \beta\ln L + \gamma T \tag{2}$$

式中，$Y$ 表示实际产出或以不变价格计算的 GDP，$I$ 表示投资，$K_t$ 表示期末的资本存量，$L$ 表示劳动力，$\alpha$ 和 $\beta$ 分别表示资本、劳动的产出弹性，$\gamma$ 表示技术进步率，$T$ 表示存在技术进步的时期，$A$ 表示资本、劳动、技术以外的影响经济增长的因素，即制度因素。

增长模型中的第二个等式描述了资本的增长，即

$$K_t = K_{t-1}(1 - \delta) + I_t \tag{3}$$

式中，$I$ 表示净投资，下标分别表示期末和期初，其对应的含义是全社会固定资产投资数据，$\delta$ 表示折旧率。

## 三、变量界定、数据来源及实证结果

### (一)数据及变量选择

从统计年鉴中可直接获取的仅是人口和劳动力数据，而资本存量、技术进步，统计年鉴中没有直接的官方数据，由此需要依据相关公式，将统计年鉴中的一些数据进行变换，如将固定资本投资转换为资本存量，技术进步可依据前人的研究予以设定。基年资本存量的估算用全社会固定资产投资除以 10%作为初始资本存量①，折旧率采用 9.6%的水平②，技术进步参考邹至庄(2005)方法并做了改进。

邹至庄假设改革之前中国不存在技术进步，即 1978 年前 T=0，1979 年 T=1，并且 T 随年份的增加而增大。在邹至庄研究的基础上，根据武汉市的情况，我们假定在 1951 年之前不存在技术进步，1952—1978 年间存在缓慢的技术进步，“文化大革命”结束后技术进步速度加快，20 世纪 80 年代以后，技术进步速度最快，因此对 T 赋值，1951 年前为 0，1952—1956 年为 1，1957—1961 年为 2，1962—1966 年为 3，1967—1976 年为 4，1977—1979 年为 5，1980—1982 年为 6，此后每 2 年增加 1，直到 2005 和 2006 年赋

① 基年固定资本存量的计算问题没有统一的标准，如张军扩(1991)、毕吉耀(1994)、李建民和王金营(2000)假定中国初始的固定资本存量 1952 年全部形成，且相当于当年 GDP 的 3 倍，而张军以 10 倍的固定资产投资作为初始的固定资本存量，至于各种方法的弊端我们不予讨论，我们这里采用张军的方法。

② 参见张军．中国省际物质资本存量估算：1952—2000[J]．经济研究，2004(10)．9.6%折旧率采用了该文的成果。回归中使用的 GDP 和固定资产投资数据按 1950 年不变价格计算。

予 T=18。经处理后，资本存量、技术进步和社会劳动者的具体数值见表 1。

表 1　**1950—2006 年武汉市 GDP、资本、劳动力和技术进步**　（单位：亿元；万人）

| 年份 | GDP | $K$ | $L$ | $T$ | 年份 | GDP | $K$ | $L$ | $T$ |
|---|---|---|---|---|---|---|---|---|---|
| 1950 | 4. 07 | 1. 17 | 97. 05 | 0 | 1979 | 29. 24 | 47. 48 | 280. 17 | 5 |
| 1951 | 4. 22 | 1. 35 | 102. 73 | 0 | 1980 | 33. 86 | 49. 30 | 293. 25 | 6 |
| 1952 | 5. 34 | 1. 83 | 105. 21 | 1 | 1981 | 35. 99 | 50. 67 | 305. 64 | 6 |
| 1953 | 6. 10 | 2. 97 | 114. 86 | 1 | 1982 | 38. 76 | 52. 67 | 313. 18 | 6 |
| 1954 | 6. 22 | 4. 36 | 118. 28 | 1 | 1983 | 40. 43 | 54. 45 | 319. 77 | 7 |
| 1955 | 7. 12 | 6. 22 | 125. 19 | 1 | 1984 | 47. 42 | 59. 38 | 325. 97 | 7 |
| 1956 | 8. 62 | 8. 97 | 150. 61 | 1 | 1985 | 54. 53 | 66. 79 | 335. 81 | 8 |
| 1957 | 9. 03 | 11. 49 | 152. 7 | 2 | 1986 | 56. 28 | 74. 73 | 340. 9 | 8 |
| 1958 | 10. 66 | 15. 05 | 175. 41 | 2 | 1987 | 61. 23 | 83. 64 | 348. 3 | 9 |
| 1959 | 11. 85 | 18. 88 | 170. 54 | 2 | 1988 | 68. 03 | 91. 40 | 351. 25 | 9 |
| 1960 | 12. 04 | 21. 51 | 176. 85 | 2 | 1989 | 69. 19 | 95. 75 | 355. 15 | 10 |
| 1961 | 7. 24 | 20. 37 | 166. 35 | 2 | 1990 | 67. 46 | 101. 43 | 357. 8 | 10 |
| 1962 | 7. 53 | 18. 84 | 159. 03 | 3 | 1991 | 74. 74 | 107. 43 | 360. 24 | 11 |
| 1963 | 9. 12 | 17. 61 | 165. 49 | 3 | 1992 | 84. 46 | 119. 72 | 360. 61 | 11 |
| 1964 | 10. 44 | 17. 01 | 172. 96 | 3 | 1993 | 100. 76 | 141. 79 | 374. 92 | 12 |
| 1965 | 12. 78 | 16. 89 | 178. 3 | 3 | 1994 | 120. 71 | 179. 37 | 386. 83 | 12 |
| 1966 | 13. 64 | 17. 29 | 180. 13 | 3 | 1995 | 140. 87 | 236. 94 | 398. 64 | 13 |
| 1967 | 12. 47 | 16. 96 | 182. 83 | 4 | 1996 | 163. 40 | 295. 05 | 406. 42 | 13 |
| 1968 | 10. 71 | 16. 22 | 188. 38 | 4 | 1997 | 187. 26 | 350. 51 | 411. 83 | 14 |
| 1969 | 11. 49 | 15. 90 | 197. 27 | 4 | 1998 | 208. 23 | 404. 24 | 415. 2 | 14 |
| 1970 | 15. 12 | 16. 91 | 206. 58 | 4 | 1999 | 231. 14 | 457. 25 | 417. 78 | 15 |
| 1971 | 16. 83 | 18. 26 | 218. 55 | 4 | 2000 | 258. 88 | 512. 44 | 417. 8 | 15 |
| 1972 | 17. 19 | 19. 33 | 225. 18 | 4 | 2001 | 289. 94 | 573. 64 | 406. 12 | 16 |
| 1973 | 18. 30 | 19. 72 | 230. 56 | 4 | 2002 | 324. 16 | 644. 54 | 407. 3 | 16 |
| 1974 | 16. 34 | 20. 56 | 235. 3 | 4 | 2003 | 363. 38 | 727. 16 | 412 | 17 |
| 1975 | 19. 55 | 23. 12 | 246. 41 | 4 | 2004 | 416. 07 | 839. 10 | 417. 5 | 17 |
| 1976 | 18. 45 | 30. 81 | 252. 31 | 4 | 2005 | 477. 23 | 983. 53 | 421. 8 | 18 |
| 1977 | 21. 96 | 42. 89 | 257. 91 | 5 | 2006 | 547. 86 | 1169. 37 | 429. 6 | 18 |
| 1978 | 25. 69 | 46. 33 | 271. 92 | 5 | | | | | |

资料来源：《武汉市统计年鉴 2007》，中国统计出版社，2007. GDP 按 1950 年不变价格计算，$K$ 根据公式(3)和历年固定资产投资计算。

### (二)实证结果

利用 Eviews5，根据公式(2)，对表 1 进行回归，结果如表 2 所示：

表 2　**1950—2006 年武汉市生产函数的变化**

| | 1950—2006 年 | | 1950—1978 年 | | 1978—2006 年 | |
|---|---|---|---|---|---|---|
| | 系数 | 显著性水平 | 系数 | 显著性水平 | 系数 | 显著性水平 |
| ln*A* | -1.397 | 0.018 | -6.355 | 0.000 | -3.341 | 0.076 |
| ln*K* | 0.099 | 0.057 | -0.049 | 0.444 | 0.576 | 0.000 |
| ln*L* | 0.593 | 0.000 | 1.711 | 0.000 | 0.759 | 0.023 |
| *T* | 0.181 | 0.000 | 0.014 | 0.756 | 0.050 | 0.041 |
| $R^2$ | 0.991 | | 0.944 | | 0.996 | |
| S. E. | 0.134 | | 0.121 | | 0.061 | |
| *F* | 1984.401 | | 141.383 | | 2115.357 | |
| Prob(*F*) | 0.000 | | 0.000 | | 0.000 | |

(1)1950—2006 年的长期生产函数表明，资本投资、劳动投入、技术进步对长期经济增长具有正的影响，制度因素对经济增长起了阻碍作用。但资本的产出弹性最低，资本每增加 1%，产出增加不足 0.1%，劳动的产出弹性最高，劳动每增加 1%，产出增加 0.593%，劳动的产出弹性大于资本的产出弹性；每年的技术进步可带动经济增长 5.82%(即 18.1%乘以 18 再除以 56)。

(2)改革开放前，资本投资和技术进步因素在 10%的显著性水平上都没有通过检验，而劳动有着很强的解释力，也就是说资本投资和产出增加之间没有正的关系或者资本投资和产出无关，不符合新古典增长理论所揭示的规律。而制度因素对经济增长起了明显的减损作用。

(3)改革开放后，制度因素对经济增长仍然是减损作用，但同改革开放前比较，其减损程度已显著下降。资本投资、劳动投入、技术进步都是对经济增长有利的因素。其结果符合新古典模型揭示的增长理论。

## 四、人口增长对长期经济增长影响的实证分析

为对武汉市人口增长对经济增长的影响进行实证分析，可借助生产函数来分析。对公式(1)中的社会劳动者 *L* 用总人口 *N* 来代替，*N* 分成三部分，$N_1$ 表示 0~14 岁的人口，$N_2$ 表示 15~64 岁的人口，$N_3$表示 65 岁以上的人口，相应的(2)可以变为

$$\ln\text{GDP}=\ln A+\alpha\ln K+\beta\ln(N_1+N_2+N_3)+\gamma T \tag{4}$$

GDP、资本和技术进步的数据同表 1，1950—2006 年以来的总人口数据来自历年《武汉统计年鉴》。经过 ADF 单位根检验，结果表明，时间序列数据 lnGDP、ln$K$、ln$N$ 一阶差分平稳，是一阶单整序列。因此，可以利用这些数据建立协整和误差修正模型。

## (一)协整模型

协整模型的估计结果表明(见表 3)，从 1950—2006 年，资本投资、人口和技术状况对长期经济增长起了正的作用，人口的产出弹性大于资本的产出弹性，而资本投资在长期经济增长中的作用在 26%的显著性水平上仍然是不明显的，制度因素对经济增长明显为负。分阶段看，1950—1978 年，制度、资本投资和技术进步的作用为负，制度的减损作用非常明显，只有人口的作用是正的；改革开放以后，制度的作用虽然为负，但已显著弱化，其他因素都为正，与 1950 年以来的整个时期趋势一致，资本投资、技术进步、人口增长都对经济增长产生了正作用，但资本投资已经成为诸因素中，积极作用最大、最显著的因素。

表 3　　**武汉市人口增长和经济增长的协整模型(以地区 GDP 为被解释变量)**

| | 1950—2006 年 | | 1950—1978 年 | | 1979—2006 年 | |
|---|---|---|---|---|---|---|
| | 系数 | 显著性水平 | 系数 | 显著性水平 | 系数 | 显著性水平 |
| ln$A$ | -6.3324 | 0.0060 | -26.9843 | 0.0001 | -1.3027 | 0.4556 |
| ln$K$ | 0.0791 | 0.2609 | -0.2315 | 0.0350 | 0.6039 | 0.0000 |
| ln$N$ | 1.3251 | 0.0011 | 4.9468 | 0.0001 | 0.3868 | 0.2100 |
| $T$ | 0.1709 | 0.0000 | -0.0653 | 0.3060 | 0.0520 | 0.0172 |
| $R^2$ | 0.9883 | | 0.9272 | | 0.9969 | |
| S. E. | 0.1528 | | 0.1378 | | 0.0532 | |
| DW | 0.7223 | | 1.3770 | | 0.7330 | |
| $F$ | 1493.277 | | 106.0568 | | 2536.286 | |
| Prob($F$) | 0.0000 | | 0.0000 | | 0.0000 | |

## (二)误差修正模型

对上述回归方程的残差 UT(-1)进行 ADF 检验后，发现各方程的残差是水平平稳的，因此，以回归方程的残差作为误差修正项，可建立短期模型，以考察资本增加、人口增长和技术进步在短期内对经济增长有何影响。在忽略了常数项 lnA(制度因素)后，模型结果见表 4。

表 4　　武汉市人口增长和经济增长的误差修正模型结果

| | 1950—2006 年 | | 1950—1978 年 | | 1979—2006 年 | |
|---|---|---|---|---|---|---|
| | 系数 | 显著性水平 | 系数 | 显著性水平 | 系数 | 显著性水平 |
| $\Delta\ln K$ | 0. 2633 | 0. 0352 | 0. 1117 | 0. 5179 | 0. 4319 | 0. 0068 |
| $\Delta\ln N$ | 1. 7165 | 0. 0283 | 2. 8713 | 0. 0192 | 1. 2195 | 0. 0074 |
| $T$ | 0. 0042 | 0. 0197 | -0. 0013 | 0. 8846 | 0. 0031 | 0. 0446 |
| UT(-1) | -0. 3157 | 0. 0009 | -0. 6527 | 0. 0041 | -0. 3138 | 0. 0365 |
| $R^2$ | 0. 3583 | | 0. 4312 | | 0. 5548 | |
| S. E. | 0. 0949 | | 0. 1232 | | 0. 0349 | |
| DW | 1. 7883 | | 1. 6370 | | 1. 7139 | |

注：Δ 表示变量的一阶差分；UT(-1)表示对应协整模型的滞后一阶的残差项。

由表 4 可以看出，1950—2006 年，在 5%的显著性水平下，资本投资、人口增长和技术进步与 GDP 正相关，但技术进步的作用在误差修正模型中表现不明显。分期看，1978 年之前，资本投资和技术进步在 50%的显著性水平下仍然通不过检验，说明两个因素对经济增长的短期影响不显著。而 1979 年以来的结果表明，在 5%的显著性水平下，各个变量都通过了检验，说明改革开放后，短期的经济增长是由人口增长、资本投资和技术进步共同推动的。

### (三)人口增长、年龄结构变化对经济增长的影响

鉴于人口年龄结构数据的可得性，本部分仅采用 1982 年、1990 年以及 1993—2006 年的数据。由此回归的结果如表 5 所示。

回归结果表明，改革开放以来，武汉市人口结构因素对经济增长有重要影响。虽然地区生产总值和人口总量仍然有正的关系，但在人口结构的作用下，回归结果有所改变。如技术进步因素的重要性下降，并且变为较弱的负关系，资本的作用有所下降，劳动年龄人口增长、老年人口增长具有明显的正关系，而少年儿童人口和地区生产总值间存在明显的负关系，说明在武汉的经济增长中，人口年龄结构变化所带来的人口红利发挥了重要作用。

表 5　　人口增长对经济增长的影响

| | 系数 | S. E | T-Statistic | Prob. |
|---|---|---|---|---|
| Ln(A0) | -3. 3751 | 6. 8217 | -0. 4948 | 0. 6297 |
| Ln(A1) | -3. 7828 | 3. 4043 | -1. 1112 | 0. 2925 |
| Ln(K0) | 0. 6579 | 0. 0662 | 9. 9451 | 0. 0000 |
| Ln(K1) | 0. 4959 | 0. 0502 | 9. 8830 | 0. 0000 |

续表

| | 系数 | S. E | T-Statistic | Prob. |
|---|---|---|---|---|
| Ln(N) | 0.6566 | 1.0915 | 0.6016 | 0.5586 |
| Ln(N1) | -0.2312 | 0.0933 | -2.4781 | 0.0326 |
| Ln(N2) | 0.6482 | 0.5426 | 1.1947 | 0.2598 |
| Ln(N3) | 0.8125 | 0.3107 | 2.6154 | 0.0258 |
| | 不考虑年龄结构 | | 考虑年龄结构 | |
| T | 0.0331 | | -0.0031 | |
| $R^2$ | 0.9978 | | 0.9994 | |
| $AR^2$ | 0.9972 | | 0.9991 | |
| S. E. of regression | 0.0382 | | 0.0217 | |
| Sum squared resid | 0.0175 | | 0.0047 | |
| Log likelihood | 31.8209 | | 42.3576 | |
| Durbin-Watson stat | 1.5570 | | 1.9612 | |

### (四)有关结果的简单讨论

由上述回归结果可以发现：

(1)1950—2006年，资本、人口和技术进步在长期中存在正关系，但制度因素(lnA)对经济增长的减损作用较大；如不考虑制度因素，资本、人口和技术进步的短期影响也为正。

(2)改革开放之前的29年，资本、人口及其他因素对经济增长的影响非常显著，但人口以外的因素(包括资本投资、技术进步和制度等因素)都对经济增长起了减损作用，抽象掉制度因素，资本投资、技术进步对经济增长的短期影响不显著，但人口的长期和短期影响都非常显著。

(3)改革开放以后，制度的减损作用明显减弱，但和经济增长之间仍然存在负关系，而资本投资和技术进步同经济增长的正关系紧密起来了，人口增长对经济增长的作用仍然保持正关系，但对长期经济增长的解释力有所下降。

(4)近60年的发展中，人口的正作用是自始至终的，改革开放以来，人口红利对经济增长作用很大。但并不意味着少年儿童人口增长对经济增长有正作用。通过改革前后的比较发现，无论制度怎么变化，对特大城市的武汉而言，人口对经济增长的积极作用是一贯的，而投资和技术进步因素还要受制于特定的制度条件，比如在改革之前，投资、技术进步和经济增长之间没有正关系，也就是说，投资增加带来经济增长并不是必然的。但投资对经济增长的作用仍不容忽视，投资的增加会带来劳动力需求和人口增长，投资是因，劳动力或人口增长是果；人口或劳动力增加也会带动投资需求或投资增加，人口或劳动力增加成为当局要求增加投资的筹码或动因，前一种情况更多体现的是市场经济的规律，而后一种情况经常发生在计划经济条件下。从以上分析还可以看出，以索罗模型为代表的新古典经济增长理论无法解释改革开放前武汉的情况，而能够很好解释改革以后的情形。

## 五、结论与政策含义

### (一)结论

(1)1950—2006年，作为特大城市，武汉的经济增长是制度、人口、技术和资本等多种因素共同作用的结果，人口增长的作用是一贯的，而资本和技术的积极作用要依赖于特定的制度条件，人口增长不仅不是阻滞经济增长的因素，而且对长期增长和人均收入提高具有正的影响。该结论符合库兹涅茨(1971)揭示的现代经济增长的一般规律：人口增长是与稳定的或相对提高的人均产品一同实现的，也与经济史学家发现的长期经济增长的经验事实相吻合(约翰逊，2000；麦迪森，2001)，在“二战”后的一些国家(如日本)或地区(如香港)也能发现同样的经验事实或政策实践。人口增长快和较快的时期，经济增长也保持较快增长；人口增长缓慢的时期，经济呈现出停滞甚至出现倒退。武汉人口增长最快的时期是建国初期的10年，同时也是人均收入增加最快的时期之一；20世纪60年代是人口增长最慢的时期，也是经济增长和社会福利最糟糕的时期；改革开放以来是武汉经济发展最好的时期之一，但并不是人口增长最慢的时期。人口增长对经济增长的作用也是正的。改革开放前后比较，资本、人口(或劳动力)、技术进步三个变量对GDP的影响程度虽然发生了一些变化，如资本的作用由1978年前的负值或极弱的正关系变为1978年以后显著的正关系，但人口(或社会劳动力)始终是正关系。

(2)制度对解释武汉50多年的经济变迁是重要的。改革开放虽然未能消除制度对经济增长的负作用，但已使其减损作用大大弱化，并使要素效率、特别是资本效率得到有效提高。改革开放以后，人口转变、结构变迁所带来的人口红利因素对经济增长发挥了积极作用，但技术进步、制度创新对经济增长的积极作用仍有待进一步挖掘。

(3)以索罗模型为代表的经济增长理论无法解释改革开放前武汉的情况，而能够很好解释改革以后的情形。改革开放前，武汉市GDP和各解释变量的关系，不符合新古典经济增长理论所揭示的规律，即经济增长并不必然与资本投资同方向变动。

### (二)政策含义

本研究关于长期经济增长中制度重要、人口增长重要的结论蕴含着以下政策含义：

#### 1. 不失时机地推进体制和机制创新，积极推进城市化进程

作为特大城市，人口增长与城市化进程是相互推动、一同实现的。从有利于经济增长的角度讲，武汉人口仍然存在较大增长空间。比较1978年前国内其他初始条件相同

或相近的特大城市，1978年以来，其经济增长速度、人口增长速度不算很快，人口密度也不是很高，如1982年人口普查，广州人口略少于武汉，但到2000年，已超出武汉160万人，两个城市的经济总量从改革初期的很接近到差距扩大到武汉的2倍以上。武汉市区人口比重尚不足70%，低于广州目前的水平。因此，引导人口合理流动、加快城市化步伐有利于武汉的发展。分析发现，1978年以后的经济体制改革，提高了资本投资的效率，资本投资和经济增长的关系经历了从不显著到显著的变化，说明制度非常重要，制度创新对提高要素效率特别是资本效率非常重要。

2. 把扩大就业和容忍人口增长结合起来，大力开发人口红利

武汉的经验表明，人口增长是城市扩张、城市化进程中的必然现象，社会劳动者增加、人口增长和地区生产总值存在正向关系。扩大就业就是增加社会劳动者，增加社会劳动者有利于经济增长，因此扩大就业不仅是开发人口红利的需要，也是保持经济快速平稳增长的需要。市场经济条件下，人口增长具有消费效应、需求效应和调节劳动力供求的效应，这些效应并不必然对扩大就业产生不利影响，可以把扩大就业和容忍人口增长进行统筹考虑。目前，武汉人口自然增长率已经下降到比较低的水平，妇女总和生育率1981年降到1.33(谭崇台，1988)，长期以来已处于超低生育水平(湖北省人口普查办公室，2000)。2006年少年儿童人口比例已降到11%，15～64岁的人口比例接近80%。要保持经济增长的可持续性和在地区竞争中的优势，必须大力开发人口红利。

3. 对城市特别是大城市来讲，促就业、保增长可以采取灵活开放的人口政策

分析表明，不仅劳动力对经济增长有正的作用，劳动年龄人口对经济增长也有正的作用。就迁移政策而言，人口迁移的主体是社会劳动者和劳动年龄人口，开放的迁移政策就是要广纳四方人才，放宽对人口机械增长的严厉控制，只要对武汉社会经济发展有利、只要能满足社会需要，无论从事什么职业都不应拒绝。另一方面，武汉是我国最大的人力资本生产基地之一，普通高校在校大学生人数多年来位居全国各城市之首。大学生不仅是劳动年龄人口，也是高层次的人力资本和内需持续扩大的重要源泉。因此，采取切实措施，把高层次人力资本的基地做大做强，对扩大内需、保增长和提高地区竞争力将发挥重要作用。近60年来，武汉人口增长没有拖累经济增长，将来一段时期也不会成为经济增长和地区竞争力的拖累。作为特大城市，其经验是否可以推广到更大范围，仍然值得研究。

(李通屏　才亚丽)

## ◎ 评论

基于1950—2006年的数据，通过实证分析所得结论是人口增长没有拖累经济增长，而资本和技术的积极作用要依赖于特定的制度条件，人口增长不仅不是阻滞经济增长的

因素，而且对长期增长和人均收入提高具有正的影响。人口增长快和较快的时期，经济增长也保持较快增长；人口增长缓慢的时期，经济呈现出停滞甚至出现倒退。武汉人口增长最快的时期是建国初期的10年，同时也是人均收入增加最快的时期之一；20世纪60年代是人口增长最慢的时期，也是经济增长和社会福利最糟糕的时期；改革开放以来是武汉经济发展最好的时期之一，但并不是人口增长最慢的时期。该文从发展的视角解析了人的重要性，对理解许多城市不断升级的“抢人大战”有很多启迪，更加契合当代现实。

## 一、2007—2018年武汉发生了什么？

2018年，武汉市地区生产总值为14827.29亿元，比2007年增加了11637.82亿元(按当年价格算)，在省会城市和计划单列市中由2007年的第13位上升到第8位，先后超越沈阳、南京、青岛、宁波和杭州，常住人口由891万人增加到1108.1万人，增加217.1万人，年均增加近20万人，11年间人口增加了24.4%。人口增长量除低于杭州的308万人以外，远高于南京、沈阳、青岛和宁波。武汉的地区生产总值能够超越这些城市，得益于巨大的人口规模优势。2017年实施“百万大学生留汉创业就业”“百万校友资智回汉”“高校科研成果转化对接”“海外科创人才来汉发展”这四大资智聚汉工程，放松落户条件，吹响新时代“抢人大战”的号角。

## 二、结论与政策建议

该文的基本观点是从长期增长来看，人口规模及其增长非常重要。人口增长不仅不是阻滞经济增长的因素，而且对长期增长和人均收入提高具有持续的正作用。主要结论是：(1)1950—2006年，武汉的经济增长是制度、人口、技术和资本等多种因素共同作用的结果，人口、社会劳动力和GDP始终存在正向关系。(2)制度创新对解释武汉50多年的经济变迁非常重要。改革开放虽然未能消除制度对经济增长的负作用，但已使其减损作用大大弱化，并使要素效率、特别是资本效率得到有效提高。改革开放以后，人口转变、结构变迁所带来的人口红利因素对经济增长发挥了积极作用，但技术进步、制度创新对经济增长的积极作用仍有待进一步挖掘。(3)以索罗模型为代表的经济增长理论很好地解释了改革以后武汉市GDP和各解释变量的关系，但新古典经济增长理论不能解释改革开放前武汉市的发展，即经济增长并不必然与资本投资同方向变动。据此提出了3条对策建议：一是不失时机地推进体制和机制创新，积极推进城市化进程。1978年以后的经济体制改革，提高了资本投资的效率，资本投资和经济增长的关系经历了从不显著到显著的变化，说明制度非常重要，制度创新对提高要素效率特别是资本效率非常重要。二是把扩大就业和容忍人口增长结合起来，大力开发人口红利。武汉的经验表明，人口增长是城市扩张、城市化进程中的必然现象，社会劳动者增加、人口增长和地区生产总值存在正向关系。扩大就业就是增加社会劳动者，增加社会劳动者有利于经济增长，扩大就业不仅是开发人口红利的需要，也是保持经济快速平稳增长的需要。市场经济条件下，人口增长具有消费效应、需求效应和调节劳动力供求的效应，这些效应并不必然对扩大就业产生不利影响，可以把扩大就业和容忍人口增长进行统筹考虑。三是对城市特别是大城市来讲，促就业、保增长可以采取灵活开放的人口政策。就迁移政策而言，人口迁移的主体是社会劳动者和劳动年龄人口，开放的迁移政策就是要广纳四方人才，放宽对人口机械增长的严厉控制。另一方面，武汉是我国最大的人力资本生产基地之一，大学生不仅是劳动年龄人口，也是高层次的人力资本和内需持续扩大的重要源泉。采取切实措施，把高层次人力资本的基地做大做强，对扩大内需、保增长和提高地区竞争力将发挥重要作用。

## 三、本文利用了哪些经济理论和经济模型

很明显，论文使用了主流的经济增长模型——新古典经济增长理论或索罗模型。这个模型主要包括以下几个方程：

第一个等式，包括技术进步的一个扩展的索罗模型

$$Y_t = AK_t^{\alpha}L_t^{\beta}e^{rT} \tag{1}$$

增长模型中的第二个等式描述了资本的增长，即

$$K_t = K_{t-1}(1-\delta) + I_t \tag{2}$$

式中，$I$ 表示净投资，下标分别表示期末和期初，其对应的含义是全社会固定资产投资数据，$\delta$ 表示折旧率。

按照索罗模型，一个经济体的人口增长率是长期中人均收入(或生活水平)的决定因素。高人口增长率尽管降低了稳态时的人均收入增长率，但提高了稳态时的总产出的增长率。在稳态，人均资本的增长率是0，即 $\Delta k = 0$，$\Delta y = 0$，由于 $y = \frac{Y}{L}$，$\frac{\mathrm{d}y}{y} = \frac{\mathrm{d}Y}{Y} - \frac{\mathrm{d}L}{L} = 0$，

$$\frac{\mathrm{d}Y}{Y} - \frac{\mathrm{d}L}{L} = 0,\quad \frac{\mathrm{d}Y}{Y} = \frac{\mathrm{d}L}{L} = n$$

也就是说，稳态时尽管人均资本和人均收入都不增加，但总收入和总产出则以人口增长率 $n$ 的速度增加。

（汤尚颖）

# 附录一：中国经济大事记(1978—2018年)

## 1978年[①]

3月6日，国务院在北京召开第3次全国城市工作会议。会议指出：一，控制大城市规模、多搞小城镇；二，认真抓好城市规划工作；三，加速住宅和市政公用设施建设。

5月11日，光明日报发表特约评论员文章：《实践是检验真理的唯一标准》。

12月9日，我国钢铁产量突破3000万吨。30日，我国煤炭产量突破6亿吨。

12月18—22日，党的十一届三中全会在北京举行。此前召开的中央工作会议上，邓小平作了题为"解放思想，实事求是，团结一致向前看"的重要讲话，提出了十一届三中全会的基本指导思想。全会果断停止了"以阶级斗争为纲"的错误口号，决定从1978年起，全党工作的重点转移到社会主义现代化建设上来。

## 1979年

1月11日，十一届三中全会原则通过的《关于加快农业发展若干问题的决定(草案)》下发各地讨论和试行。1979年粮食统购价格提高20%，超购部分在这个基础上再加价50%。其他农副产品的收购价格也逐步提高。

3月8日，陈云在讲话中谈计划与市场问题。

4月5日，中共中央召开工作会议，决定从1979年起，用3年时间对国民经济实行"调整、改革、整顿、提高"的方针。

7月9日，《中华人民共和国中外合资经营企业法》颁布。

7月13日，国务院颁布扩大国营企业自主权的五个文件。

7月15日，中共中央国务院决定在深圳、珠海、汕头和厦门试办特区。

---

① 1978—1998年的大事记主要参考了曾培炎《新中国经济50年(1949—1999)》一书，中国计划出版社，1999年版。1999—2018年大事记参考了人民网、新华网历年的经济新闻和中国共产党新闻网整理。

## 1980 年

1月16日，中共中央干部会议召开，邓小平在《目前的形势和任务》的报告中指出，到本世纪末，要争取国民生产总值人均达到1000美元，成为一个小康社会。

5月31日，邓小平同志同中央负责人员谈话时，肯定了安徽农村包产到户的改革。

9月2日，国务院批准从1980年起把扩大企业自主权的工作在国营工业企业中全面推广。

1980年9月，中共中央《关于控制我国人口增长问题致全体共产党员、共青团员的公开信》呼吁一个家庭只生一个孩子。1982年9月，计划生育国策被写入中共十二大报告，并在同年12月落实到宪法，“国家推行计划生育”，“夫妻双方有实行计划生育的义务”。

12月30日，中华人民共和国外汇管理条例颁布。

## 1981 年

1月16日，国务院通过国库券条例，决定从1981年起，发行国库券。

6月27日，中共十一届六中全会通过《关于建国以来党的若干历史问题的决议》。标志着党在指导思想上拨乱反正的胜利完成。

12月13日，五届人大四次会议通过《中华人民共和国经济合同法》。

## 1982 年

1月1日，《全国农村工作会议纪要》指出：目前农村实行的各种责任制都是社会主义集体经济的生产责任制。

9月1日，中共十二大召开。胡耀邦作《全面开创社会主义现代化建设的新局面》的报告。邓小平致开幕词，提出“建设有中国特色的社会主义”是新的历史时期改革开放和现代化建设的指导思想。

## 1983 年

3月1日，《中华人民共和国商标法》实施。

12月8日，六届全国人大常委会三次会议正式通过《中华人民共和国统计法》。

## 1984 年

2月10—13日，国务院召开全国经济工作会议，会议强调把全部经济工作转移到以提高经济效益为中心的轨道上来。

3 月 12 日，六届人大常委会第四次会议通过《中华人民共和国专利法》。

4 月 6 日，中央书记处和国务院召开的沿海部分城市座谈会建议进一步开放 14 个沿海港口城市——大连、秦皇岛、天津、烟台、青岛、连云港、南通、上海、宁波、温州、福州、广州、湛江、北海。14 个港口城市同深圳、珠海、厦门、汕头四个经济特区，是我国对外开放的前沿地带。

10 月 20 日，《中共中央关于经济体制改革的决定》提出社会主义经济是公有制为基础的有计划的商品经济。

12 月 7 日，国务院批准设立国家环保局。15 日国务院决定从 1985 年 1 月 1 日起，国营企业的厂长(经理)实现任期制度。

## 1985 年

1 月 1 日，中共中央、国务院发出《关于进一步活跃农村经济的十项政策》，实行合同订购和市场收购。

## 1986 年

12 月 2 日，六届人大常务委员会第十八次会议通过《中华人民共和国企业破产法(试行)》。

## 1987 年

4 月 30 日，邓小平在《吸取历史经验，防止错误倾向》中明确提出分三步走，基本实现现代化的目标。80 年代末人均国民生产总值 500 美元，本世纪末 1000 美元，进入小康社会，下世纪用 30 到 50 年，人均 4000 美元，达到中等发达水平。

10 月 25—11 月 1 日，党的十三大召开，系统地阐述我国社会主义初级阶段的理论，明确概括和全面阐发了党的“一个中心，两个基本点”的基本路线。要围绕转变企业经营机制这个中心，逐步建立起有计划商品经济新体制的基本框架。

## 1988 年

4 月 16 日，中共中央和国务院决定建立海南省。

4 月 23 日，国务院批准厦门市在国家计划中实行单列。

## 1989年

2月18日，国务院决定，南京、成都、长春三市在国家计划中实行单列，至此国务院批准的计划单列市已达14个。

## 1992年

1月18日—2月21日，邓小平发表南方谈话。

10月12—18日，中共十四大召开，明确提出我国经济体制改革的目标是要建立社会主义市场经济。

12月31日，降低3371个税目商品的进口关税税率。

## 1993年

2月11日，首家内地企业在港上市股票。广州汽车集团通过其香港控股公司——骏威投资公司，在香港招股集资4.02亿港元。

4月1日，上海、天津全面放开粮油购销价格，敞开粮油供应，取消凭本定量供应的办法。

11月7日，国务院同意《北京市城市总体规划(1991—2010年)》。批复指出要促进高新技术和第三产业小发展。重申北京不要再发展重工业，特别不要再发展那些耗能多、用水多、占地多、运输量大、污染扰民的工业。北京要严格控制人口和占地规模。

11月11日，十四届三中全会通过《中共中央关于建立社会主义市场经济体制若干问题的决定》，提出为本世纪末初步建立社会主义市场经济体制而奋斗。

12月15日，实行分税制财政管理体制。

12月29日，《中华人民共和国公司法》公布。

## 1994年

3月6日，国务院制定并颁布“八七”扶贫攻坚计划，要求本世纪最后7年内基本解决8000万贫困人口温饱问题，使衣食住基本需求得到满足。

3月25日，国务院通过《中国21世纪议程》，同时通过了《90年代产业政策纲要》。

7月5日，公布施行《中华人民共和国劳动法》。

## 1995年

9月25日—28日，十四届五中全会通过《中共中央关于制定国民经济和社会发展

“九五”计划和2010年远景目标的建议》。《建议》提出，实行两个具有全局意义的根本性转变：一是经济体制从传统的计划经济体制向社会主义市场经济体制转变；二是经济增长方式从粗放型向集约型转变。

10月10日，推出了社会发展科技计划，包括“社会发展科技计划纲要”、“若干优先项目”和“新药开发、环境保护、小康住宅、海洋开发、资源再生、社会发展”六大行动。

12月28日，国务院决定，我国关税的总水平将逐步降低到一般发展中国家的平均水平，1996年4月1日起，将我国进口关税总水平降至23%。

## 1996年

3月5日，八届人大四次会议举行。会议通过了《国民经济和社会发展“九五”计划和2010年远景目标纲要》。未来15年的目标是：“九五”时期，全面完成现代化建设第二步战略部署，2000年在人口将比1980年增长3亿左右的情况下，实现人均国民生产总值比1980年翻两番；基本消除贫困现象，人民生活达到小康水平；加快现代企业制度建设，初步建立社会主义市场经济体制。2010年，实现国民生产总值比2000年翻一番，使人们的小康生活更加宽裕，形成比较完善的社会主义市场经济体制。

6月28日，中国人民银行颁布《贷款通则》，决定8月1日起在全国实施。这是我国建国以来第一步系统、全面的信贷管理行政规章。

## 1997年

3月14日，八届人大五次会议批准设立重庆直辖市。

7月1日，中国政府对香港恢复行使主权。

9月12日，中国共产党第十五次全国代表大会开幕。十五大报告提出，公有制实现形式可以而且应当多样化。非公有制经济是我国社会主义市场经济的重要组成部分。允许和鼓励资本、技术等生产要素参与收益分配。

11月8日，三峡工程大江截流胜利实现。

## 1998年

7月3日，国务院发布《关于进一步深化城镇住房制度改革加快住房建设的通知》(国发〔1998〕23号)，宣布从同年下半年开始全面停止住房实物分配，实行住房分配货币化，首次提出建立和完善以经济适用住房为主的多层次城镇住房供应体系。

12月7—9日，中央经济工作会议在北京举行。会议提出扩大国内需求、开拓国内市场是我国经济发展的基本立足点和长期战略方针。

## 1999年

6月17日，江泽民主持召开西北五省区国有企业改革和发展座谈会，指出，加快开发西部地区是全国发展的一个大战略、大思维。2000年12月27日，《国务院关于实施西部大开发若干政策措施》正式出台，实施西部大开发战略迈出实质性步伐。

## 2000年

12月11日，全国经贸工作会议透露，国有企业改革与脱困三年目标基本实现。

全年国内生产总值为89404亿元，按可比价格计算，比上年增长8.0%，按年末1美元兑8.2781元人民币的汇率计算，国内生产总值突破1万亿美元。

## 2001年

11月11日，世界贸易组织在卡塔尔首都多哈审议并通过了中国加入世贸组织的决定。中国正式"入世"，加入WTO。

## 2002年

11月8日，中国共产党十六次全国代表大会在北京举行。大会通过江泽民所作的《全面建设小康社会，开创中国特色社会主义事业新局面》的报告。确定全面建设小康社会的奋斗目标。

## 2003年

1月8日，中央农村工作会议在北京闭幕。会议指出，全面建设小康社会，必须统筹城乡经济社会发展，更多地关注农村，关心农民，支持农业，把解决好农业、农村和农民问题作为全党工作的重中之重，放在更加突出的位置，努力开创农业和农村工作的新局面。

10月，中共中央、国务院发布《关于实施东北地区等老工业基地振兴战略的若干意见》，明确了实施振兴战略的指导思想、方针任务和政策措施。

10月15日，我国自主研发的"神舟"五号载人航天发射升空，飞船准确进入预定轨道，将中国第一名航天员成功送上太空。

## 2004年

2月1日，为规范企业国有产权转让行为，促进企业国有资产的合理流动，防止企业国有资产流失，2003年12月31日国务院国有资产监督管理委员会、财政部联合颁布的《企业国有产权转让管理暂行办法》开始执行。

2月25日，财政部印发《资产评估准则——基本准则》和《资产评估职业道德准则——基本准则》。准则于2004年5月1日起执行。

3月14日，第十届全国人民代表大会第二次会议通过了宪法修正案，首次明确规定“国家尊重和保障人权”。“国家保护合法的私有财产”，这标志着市场经济中财产权私有基本原则在中国社会得到确认，也标志着中国公民维护自己的私有财产权从此有了最高的宪法权威。

## 2005年

2月1日，从春季学期开始，592个国家贫困县为约1600万农村义务教育阶段的家庭贫困的中小学生，全部免费提供教科书，免收杂费。

3月12日，中央人口资源环境工作座谈会召开，胡锦涛强调，要扎扎实实地做好人口资源环境工作，推动经济社会的发展实现良性循环。

5月19日，国务院振兴东北地区等老工业基地领导小组第二次会议召开。会议强调，要解放思想，以创新的观念、创新的思路、创新的精神推进振兴东北地区等老工业基地的各项工作，努力走出振兴东北工业基地的新路子。

7月21日，人民币放弃挂钩美元，并参考一篮子货币实行有管理的浮动汇率制度。

8月14日，温家宝总理在长沙主持召开中部地区崛起座谈会，强调全面落实科学发展观，充分发挥比较优势，促进中部地区崛起。

10月27日，十届全国人大常委会第十八次会议表决通过个税法修正案，起征点由800元调至1600元，并将于2006年1月1日起施行。

12月，十届全国人大常委会第十九次会议通过决定，自2006年1月1日起废止《农业税条例》。

## 2006年

3月14日，十届人大四次会议通过《中华人民共和国国民经济和社会发展第十一个五年规划纲要》。《纲要》将“建设社会主义新农村”放在突出位置，指出，要按照生产发展、生活宽裕、乡风文明、村容整洁、管理民主的要求，扎实稳定推进新农村建设。“十一五”规划纲要提出节能降耗约束性指标，使得节能降耗不仅成为实现五年单位GDP能耗下降20%左右的硬任务，也成为宏观调控新的切入点。

## 2007年

3月19日，国务院发布《关于加快发展服务业的若干意见》。意见指出，要加快发展服务业，提高服务业在三次产业结构中的比重，尽快使服务业成为国民经济的主导产业。

7月11日，国务院发出《关于在全国建立农村最低生活保障制度的通知》。要求将符合条件的农村贫困人口全部纳入保障范围，稳定、持久、有效地解决全国农村贫困人口的温饱问题。

8月7日，国务院发出《关于解决城市低收入家庭住房困难的若干意见》。要求以城市低收入家庭为对象，进一步建立健全城市廉租住房制度，改进和规范经济适用住房制度，加大棚户区、旧住宅区改造力度，力争到“十一五”期末，使低收入家庭住房条件得到明显改善，农民工等其他城市住房困难群体的居住条件得到逐步改善。

8月30日，十届全国人大常委会第二十九次会议通过《中华人民共和国反垄断法》和《中华人民共和国就业促进法》。

9月18日，国家统计局发布《从十六大到十七大经济社会发展回顾系列报告》。报告指出：2002年我国人均国民总收入首次超过1000美元，2006年又超过2000美元。按照世界银行的划分标准，我国已经由低收入国家步入了中等收入国家的行列。

9月24日，中国互联网大会在北京开幕。大会以“和谐网络、品质服务”为主题，倡导互联网服务商提高服务质量，弘扬绿色网络文化，营造和谐、健康的网络环境，共建人人受益的互联网。

12月24日，中国政府网发布《国务院关于促进资源型城市可持续发展的若干意见》，提出了促进资源型城市可持续发展的工作目标。

## 2008年

8月8—24日、9月6—17日，北京成功举办第二十九届奥运会、第十三届残奥会。

11月5日，国务院常务会议召开。针对由美国次贷危机引发的国际金融危机，会议决定实行积极的财政政策和适度宽松的货币政策，确定了进一步扩大内需促进经济平稳较快增长的十项措施，到2010年底约投资4万亿元人民币。

## 2009年

3月5日，十一届全国人大二次会议召开，温家宝作政府工作报告，提出2009年政府工作的主要任务是以应对国际金融危机、促进经济平稳较快发展为主线，统筹兼顾，突出重点，全面实施促进经济平稳较快发展的一揽子计划。

3月17日，中共中央、国务院发布《关于深化医药卫生体制改革的意见》，提出了切实缓解看病难、看病贵的五项重点改革措施和建立健全覆盖城乡居民的基本医疗卫生制度的长远目标。

4月17日，国务院发出《关于坚决遏制部分城市房价过快上涨的通知》，提出遏制部分城市房价过快上涨。

## 2010年

1月31日，中央一号文件把扩大农村需求作为拉动内需的关键举措，继续加大对农业农村的投入及补贴力度。

4月6日，国务院发布《关于进一步加强淘汰落后产能工作的通知》。

10月18日，国务院发布《关于加快培育和发展战略性新兴产业的决定》，决定现阶段重点培育和发展节能环保、新一代信息技术、生物、高端装备制造、新能源、新材料、新能源汽车等产业。

## 2011年

1月，国务院常务会议同意在部分城市进行对个人住房征收房产税改革试点，具体征收办法由试点省份人民政府制定。1月27日，上海、重庆房产税试点细则出台。

2月8日，中国人民银行先后宣布，上调金融机构人民币存贷款基准利率、对部分中小商业银行实施差别准备金率和人民币存款准备金率。

3月1日，国务院常务会议讨论并原则通过了《成渝经济区区域规划》。

3月16日，《中华人民共和国国民经济和社会发展第十二个五年规划纲要》全文播发。

8月23日，就完善我国土地管理制度问题，胡锦涛在主持中共中央政治局第三十一次集体学习时强调，要落实节约优先战略，进一步完善符合我国国情的最严格的土地管理制度，提出三个坚持。

10月7日，国务院出台《关于支持河南省加快建设中原经济区的指导意见》；10月8日，发布支持新疆两大经济特区建设的“10项措施”。

11月9日，美国商务部针对中国光伏产品的“双反”正式进入立案程序。

12月20日，国务院公布《国家环境保护“十二五”规划》。为推进“十二五”期间环保事业发展，“十二五”全社会环保投资需求约3.4万亿元。

10月，发改委批复五个试点城市云计算应用示范工程的首批资金支持。2011年被业界认为是云计算元年，这一年云计算产业发生了大事，涌现出来众多重要人物和产品。智能手机加速普及，移动互联网成为创业蓝海。

## 2012年

1月，全国金融工作会议上指出，要坚持金融服务实体经济的本质要求，牢牢把握发展实体经济这一坚实基础。

7月，国务院批转交通运输部等部门重大节假日免收小型客车通行费实施方案。同时将营业税改征增值税试点范围，由上海市分批扩大至北京等10个省（直辖市、计划单列市）。

8月，国务院常务会议决定，在以往工作基础上，再取消和调整314项部门行政审批项目。

12月，中央经济工作会议明确提出改革总体方案、路线图、时间表。

## 2013年

6月13日，余额宝上线开创了国内互联网金融的先河。

9月6日，在关闭国债期货18年后，国债期货以全新的面貌出现在投资者面前。

9月和10月，中国国家主席习近平在出访中亚和东南亚国家期间，先后提出共建“丝绸之路经济带”和“21世纪海上丝绸之路”的重大倡议。

11月9—12日，中共十八届三中全会在北京举行，全会通过了《中共中央关于全面深化改革若干重大问题的决定》（以下简称《决定》）。《决定》历史性地明确了使市场在资源配置中起决定性作用。《决定》涵盖16个领域、60条具体任务，目标是通过一系列重大的体制改革让中国社会全面地向“市场化”转型，并建立起有中国特色现代化的国家治理体系。全会提出“必须更加注重改革的系统性、整体性、协同性，加快发展社会主义市场经济、民主政治、先进文化、和谐社会、生态文明”，“让一切劳动、知识、技术、管理、资本的活力竞相迸发，让一切创造社会财富的源泉充分涌流，让发展成果更多更公平惠及全体人民”。《决定》在放开准入、对外开放、金融、公共财政、养老金、放开二胎等领域做出了具有里程碑意义的突破。

12月4日，工信部正式向三大运营商发布4G牌照，中国移动、中国电信和中国联通均获得TD-LTE牌照。

## 2014年

2月13日，国务院常务会议提出，在大气污染防治方面，要发挥价格、税收、补贴等激励和导向作用。中央财政设立专项资金，今年安排100亿元，对重点区域大气污染防治实行“以奖代补”。

9月19日，阿里巴巴在美国纽交所正式挂牌上市，开盘价92.7美元，收盘价93.89美元，总市值约为2400亿美元，成为仅次于谷歌公司的全球第二大互联网公司。

12月9—11日，中央经济工作会议在北京举行。会议认为，科学认识当前形势，准确研判未来走势，必须历史地、辩证地认识我国经济发展的阶段性特征，准确把握经济发展新常态。

## 2015年

3月5日，十二届全国人大三次会议上，李克强总理在政府工作报告中首次提出“互联网+”行动计划。

3月，习近平在出席博鳌亚洲论坛时详细阐述了“一带一路”倡议构想，其间多部委联合公布《推动共建丝绸之路经济带和21世纪海上丝绸之路的愿景与行动》。此后，“一带一路”建设进入务实推进阶段。

2015年以来，国务院常务会议对促进创业创新做出部署。将“大众创新、万众创业”写进政府工作报告。

5月，《中国制造2025》正式对外公布。

2015年中国A股之跌宕起伏多年少有。年初A股加速上扬，上证指数仅三个月便从3000点左右一路飙升至5178点，创近七年新高。但从6月中旬开始，受美联储加息预期等因素影响，上证综指掉头向下，一度跌破3000点大关，创年内新低。

10月29日，中共十八届五中全会决定：坚持计划生育的基本国策，完善人口发展战略，全面实施一对夫妇可生育两个孩子政策，积极开展应对人口老龄化行动。

11月30日，IMF执行董事会批准人民币加入特别提款权(SDR)货币篮子，新的货币篮子将于2016年10月1日起生效。

12月，国务院《关于加快实施自由贸易区战略的若干意见》正式公布。

12月18—21日，中央经济工作会议强调，推进供给侧结构性改革，是适应和引领经济发展新常态的重大创新，是适应国际金融危机发生后综合国力竞争新形势的主动选择，是适应我国经济发展新常态的必然要求。

12月25日，全球首个由中国倡导设立的区域多边开发机构，亚洲基础设施投资银行(AIIB)正式宣告成立。

## 2016年

2016年5月1日起，中国在全国范围内全面推开营业税改征增值税试点，将建筑业、房地产业、金融业、生活服务业全部纳入试点范围。

8月，决定在上海、广东、天津、福建自贸试验区建设取得成效的基础上，在辽宁省、浙江省、河南省、湖北省、重庆市、四川省、陕西省新设立7个自贸试验区。

10月1日起，人民币被正式纳入国际货币基金组织特别提款权(SDR)货币篮子，成为国际货币基金组织的官方储备货币之一。

10月8日，商务部发布《外商投资企业设立及变更备案管理暂行办法》。凡不涉及

2015年版《外商投资产业指导目录》中禁止类、限制类，以及鼓励类中有股权、高管要求的规定等准入特别管理措施的，企业设立及变更一律由审批改为备案，且备案不作为办理工商、外汇登记等手续的前置条件。

11月，《中共中央国务院关于完善产权保护制度依法保护产权的意见》正式印发。《意见》从加强各种所有制经济产权保护、完善平等保护产权的法律制度、妥善处理历史形成的产权案件、严格规范涉案财产处置的法律程序等多个方面做出了“顶层设计”。

12月，中央经济工作会议明确指出，要坚持“房子是用来住的、不是用来炒的”的定位。

## 2017年

11月，党的十九大召开。习近平在十九大报告中指出，中国特色社会主义进入新时代，中国社会的主要矛盾已经转化为人民日益增长的美好生活需要和发展的不平衡、不充分之间的矛盾，但中国仍然处于社会主义初级阶段、仍然是发展中国家的基本国情没有变。

十九大报告首次提出建设“现代化经济体系”，指出我国经济已由高速增长阶段转向高质量发展阶段，必须坚持质量第一、效益优先。

4月1日，中共中央国务院决定设立雄安新区。这是继深圳经济特区和上海浦东新区之后，又一国家级新区，被誉为千年大计、国家大事。

从单车、汽车、充电宝，再到雨伞、健身仓等，共享项目纷纷诞生，共享经济也经成为2017年的资本风口。根据国家信息中心分享经济研究中心预测，未来几年我国共享经济仍将保持年均40%左右的高速增长，到2020年，共享经济规模会占到GDP的10%，2025年预计达到20%。

12月18—20日，中央经济工作会议在北京举行。会议决定，按照党的十九大的要求，今后3年要重点抓好防范化解重大风险、精准脱贫、污染防治三大攻坚战。要围绕推动高质量发展，做好深化供给侧结构性改革、激发各类市场主体活力和实施乡村振兴战略等8项重点工作。

## 2018年

1月2日，中共中央、国务院印发《关于实施乡村振兴战略的意见》。6月26日，中共中央、国务院印发《乡村振兴战略规划(2018—2022年)》。

3月5—20日，十三届全国人大一次会议举行。会议通过《中华人民共和国宪法修正案》，确立科学发展观、习近平新时代中国特色社会主义思想在国家政治和社会生活中的指导地位。

4月1日，针对美国政府单方面挑起的中美经贸摩擦，中国采取有力应对措施。国务院关税税则委员会决定，自2018年4月2日起，对原产于美国的7类128项进口商品终止关税减让义务。4月4日和5日，分别就美国对华301调查项下征税建议、进口钢铁和铝产品232措施，正式启动世贸组织争端解决程序。此后，针对美国对中国输美商品加征关税的极限施压行为，6月16日、8月8日、9月18日，国务院关税税则委员会发布公告，对原产于美国的进口商品加征关税。这些是针对美国对中国输美商品加征关税的反制措施。

4月11日，中共中央、国务院印发《关于支持海南全面深化改革开放的指导意见》，赋予海南经济特区改革开放新使命，建设自由贸易试验区和中国特色自由贸易港。13日，习近平在庆祝海南建省办经济特区30周年大会上讲话指出，海南要着力打造全面深化改革开放试验区、国家生态文明试验区、国际旅游消费中心、国家重大战略服务保障区，形成更高层次改革开放新格局。

5月4日，中共中央纪念马克思诞辰200周年大会举行。习近平指出，马克思主义始终是我们党和国家的指导思想，是我们认识世界、把握规律、追求真理、改造世界的强大思想武器。

5月18—19日，全国生态环境保护大会召开。习近平强调，要加快构建生态文明体系。党的十八大以来，我国加快推进生态文明顶层设计和制度体系建设，相继出台《关于加快推进生态文明建设的意见》《生态文明体制改革总体方案》，制定了40多项涉及生态文明建设的改革方案，对生态文明建设进行全面系统部署安排。

5月30日，国务院发出《关于建立企业职工基本养老保险基金中央调剂制度的通知》。

9月20日，新华社发布《中共中央 国务院关于完善促进消费体制机制 进一步激发居民消费潜力的若干意见》。从“总体要求”“构建更加成熟的消费细分市场，壮大消费新增长点”“健全质量标准和信用体系，营造安全放心消费环境”“强化政策配套和宣传引导，改善居民消费能力和预期”四个方面提出了“完善促进消费体制机制，进一步激发居民消费潜力”的意见。

11月1日，习近平在主持召开民营企业座谈会时讲话指出，我们强调把公有制经济巩固好、发展好，同鼓励、支持、引导非公有制经济发展不是对立的，而是有机统一的。要不断为民营经济营造更好发展环境。

12月18日，庆祝改革开放40周年大会举行。习近平指出，改革开放是党和人民大踏步赶上时代的重要法宝，是坚持和发展中国特色社会主义的必由之路，是决定当代中国命运的关键一招，也是决定实现“两个一百年”奋斗目标、实现中华民族伟大复兴的关键一招。

12月19—21日，中央经济工作会议召开。会议认为，我国发展仍处于并将长期处于重要战略机遇期。世界面临百年未有之大变局，变局中危和机同生并存。要全面正确把握宏观政策、结构性政策、社会政策取向，确保经济运行在合理区间。要持续释放内需潜力，推动区域协调发展。要深化财税金融、国资国企等重点领域改革，坚决破除民营企业发展障碍，增强发展内生动力。要推进更高水平对外开放，着力稳外贸、稳外资。要协同推动经济发展和环境保护，加强污染防治和生态建设。要突出保基本兜底线，更好保障和改善民生。必须坚持以供给侧结构性改革为主线不动摇，更多采取改革的办法，更多运用市场化、法治化手段，在“巩固、增强、提升、畅通”八个字上下功夫。要巩固“三去一降一补”成果，增强微观主体活力，提升产业链水平，畅通国民经济循环。

(李通屏　整理)

# 附录二：孙冶方经济科学奖历届获奖情况

孙冶方经济科学奖，是为纪念中国卓越的经济学家孙冶方(1908—1983)对经济科学的重大贡献，表彰和奖励对经济科学作出突出贡献的集体和个人，推动中国经济科学的繁荣和发展而设立的。孙冶方经济科学奖于1985年开始设立和评选，每两年评选、颁发一次，是迄今为止中国经济学界的最高奖。该奖由孙冶方经济科学基金会组织评选，其获奖成果基本反映了中国经济科学发展前沿的最新成果，代表了中国经济学研究各领域的最高水平。历届获奖情况如下①：

附表1　**第一届(1984年)孙冶方经济科学奖获奖著作4本**

| | 获奖者 | 获奖著作 |
|---|---|---|
| 1 | 罗季荣 | 马克思社会再生产理论，人民出版社，1982年 |
| 2 | 梁文森 田江海 | 社会固定资产再生产，中国社会科学出版社，1983年 |
| 3 | 尹世杰(主编)<br>王美涵　罗镇齐　何同甫　郑必清　谢丽卿<br>杨体仁　胡在知　袁培树　凌宏城　陈汀柯<br>彭明朗　陈锡龄 | 社会主义消费经济学，上海人民出版社，1983年 |
| 4 | 孙尚清(主编)　张卓元　蔡中杰　陈吉元(副主编)<br>张曙光　薛永应　刘厚成　张泽厚　陈玉光<br>陈胜昌　汪海波　戴园晨　霍俊超　冒天启<br>恽希良　任惟忠 | 论经济结构对策，中国社会科学出版社，1984年 |

附表2　**第一届(1984年)孙冶方经济科学奖获奖论文47篇**

| | 获奖者 | 获奖论文 |
|---|---|---|
| 1 | 周叔莲 | 科学·技术·生产力，《光明日报》1977年5月30日 |
| 2 | 苏绍智　冯兰瑞 | 驳姚文元按劳分配产生资产阶级的谬论，《人民日报》1977年8月9日 |

① 根据历届获奖名单——孙冶方经济科学基金会 http://sunyefang.cssn.cn/zwzd/pjhd/ljhjmd/整理。

续表

| | 获奖者 | 获奖论文 |
|---|---|---|
| 3 | 蒋学模 | 再谈无产阶级绝对贫困化问题，《复旦学报》(社会科学版)1979年第2期 |
| 4 | 张朝尊　项启源　黄振奇 | 社会主义全民所有制和商品生产，《经济研究》1979年第4期 |
| 5 | 何建章 | 我国全民所有制经济计划管理体制存在的问题和改革方向，《经济研究》1979年第5期 |
| 6 | 邝日安　晓亮 | 试论价值规律同企业独立自主权的关系，《经济研究》1979年第5期 |
| 7 | 谢佑权　胡培兆 | 《社会主义经济中价值规律问题讨论专辑》，《经济研究》1979年第6期 |
| 8 | 晓鲁 | “先进的社会主义制度与落后的社会生产力之间的矛盾”的提法是科学的吗？《哲学研究》1979年第7期 |
| 9 | 袁文祺　戴伦彰　王林生 | 国际分工与我国对外经济关系，《中国社会科学》1980年第1期 |
| 10 | 蒋一苇 | 企业本位论，《中国社会科学》1980年第1期 |
| 11 | 苏星 | 怎样使住宅问题解决得快些，《红旗》1980年第2期 |
| 12 | 杨勋 | 认真总结历史经验改变农业落后面貌，《农业经济问题》1980年第1期 |
| 13 | 王贵宸　魏道南 | 联系产量的生产责任制是一种好办法，《农业经济问题》1980年第1期 |
| 14 | 乌家培 | 探索社会主义再生产模式的若干问题，《经济数学方法研究》生活·读书·新知三联书店1980年2月 |
| 15 | 陈敏之 | 住房还是商品，《社会科学》1980年第3期 |
| 16 | 杨坚白　李学曾 | 论我国农轻重关系的历史经验，《中国社会科学》1980年第3期 |
| 17 | 廖季立 | 从横向联系和纵向联系谈体制改革，《人民日报》1980年8月26日 |
| 18 | 吴象 | 阳关道与独木桥——试谈包产到户的由来、利弊、性质和前景，《人民日报》1980年11月5日 |
| 19 | 王梦奎 | 企业领导制度中的一个问题——对于一长制的考察，《经济研究》1981年第1期 |
| 20 | 李成瑞 | 财政信贷平衡与国民经济的综合平衡，《经济研究》1981年第3期 |
| 21 | 顾宗枨　孙广林 | 试论我国工业企业的级差收益及其调节，《社会科学研究》1981年第4期 |

续表

| | 获奖者 | 获奖论文 |
|---|---|---|
| 22 | 万欣 | 应当从分析商品开始，研究社会主义生产的目的，《论社会主义生产目的》，吉林人出版社 1981 年 |
| 23 | 林文益　贾履让 | 关于供求规律及其在社会主义经济中的作用，《经济研究》1981 年第 9 期 |
| 24 | 薛永应 | 生产力系统论——关于生产力经济学的对象和任务的探索，《经济研究》1981 年第 9 期 |
| 25 | 肖灼基 | 关于改革经济管理体制的若干设想，《北京大学学报》(社科版)1981 年第 5 期 |
| 26 | 赵人伟 | 社会主义计划经济和市场机制，《社会主义经济制度及其优越性》北京出版社，1981 年 |
| 27 | 董辅礽 | 经济利益、经济杠杆和经济组织，《大转变中的中国经济理论问题》，山东人民出版社，1981 年 |
| 28 | 滕维藻　郑伟民 | 资本国际化与现代国际垄断组织，《中国社会科学》1982 年第 2 期 |
| 29 | 马家驹 | 《资本论》的方法和政治经济学社会主义部分的研究，《学术月刊》1982 年第 3 期 |
| 30 | 吴敬琏 | 关于我国现阶段生产关系基本结构的若干理论问题，《经济改革的政治经济学问题探讨》，中国社会科学出版社，1982 年 |
| 31 | 方民生 | 论劳务在社会再生产过程中的作用，《经济研究》1982 年第 5 期 |
| 32 | 刘景林 | 论基础结构，《中国社会科学》1983 年第 1 期 |
| 33 | 北京大学经济系《资本论》教学小组 | 劳动价值论是揭露现代资本主义剥削的强大思想武器，《北京大学学报》(社科版)1983 年第 1 期 |
| 34 | 张寄涛 | 马克思的剩余劳动理论和社会主义剩余劳动的性质及其再现形式，《〈资本论〉与社会主义经济》，人民出版社，1983 年 |
| 35 | 高峰 | 马克思的资本有机构成理论与现实，《中国社会科学》1983 年第 2 期 |
| 36 | 孙尚清　吴敬琏　张卓元<br>林青松　冒天启　霍俊超 | 试论孙冶方的社会主义经济理论体系，《中国社会科学》1983 年第 3 期 |
| 37 | 宋则行 | 实现经济发展战略目标合理高速经济结构，《社会科学辑刊》1983 年第 3 期(经济增刊) |
| 38 | 中国农村发展问题研究组 | “重新组合”的历史性要求及其在联产承包制中的实现，《学习与探索》1983 年第 5 期 |

续表

| | 获奖者 | 获奖论文 |
| --- | --- | --- |
| 39 | 卫兴华 | 马克思的生产劳动理论，《中国社会科学》1983 年第 6 期 |
| 40 | 曾启贤 | 孙冶方经济理论体系试评——突破理论困境的贡献和新体系中存在的主要问题，《学术月刊》1983 年第 11 期 |
| 41 | 何炼成 | 社会主义制度下生产劳动与非生产劳动的特殊含义，《社会主义社会国民收入的若干理论问题》，中国社会科学出版社，1983 年 |
| 42 | 余广华 | 国民收入生产结构的若干分析，《社会主义社会国民收入的若干理论问题》，中国社会科学出版社，1983 年 |
| 43 | 杨圣明 | 消费基金的性质、形成、动态及其内部的比例关系，《社会主义社会国民收入的若干理论问题》，中国社会科学出版社，1983 年 |
| 44 | 王向明 | 人口与国民收入的生产和分配，《社会主义社会国民收入的若干理论问题》，中国社会科学出版社，1983 年 |
| 45 | 林凌 | 关于中心城市改革的几个问题，《财贸经济》1984 年第 1 期 |
| 46 | 张曙光 | 中国经济发展的主要途径问题，《中国经济发展战略问题研究》，上海人民出版社，1984 年 |
| 47 | 黄达 | 中国财政信贷综合平衡和通货物价控制问题，《中国经济发展战略问题研究》，上海人民出版社，1984 年 |

附表 3　　**第二届(1986 年)孙冶方经济科学奖(著作 5 部，论文 12 篇)**

| | 获奖者 | 获奖作品 | 出版单位 |
| --- | --- | --- | --- |
| 1 | 黄　达 | 财政信贷综合平衡导论 | 中国金融出版社，1984 年 |
| 2 | 周叔莲　裴叔平　洪惠如　杨　沐　徐传珍　于丽文　黄觉非　王玉书　陈慧琴　陈栋生　黄江南　陈树勋　丁敬平　孙克亮　钱家骏　黄载尧 | 中国工业发展战略问题研究 | 天津人民出版社，1985 年 |
| 3 | 雍文远(主编)　李鸿江　袁恩桢(副主编)　王志平　王国诚　朱懋庸　杨建文　曹麟章　周建明　张继光　钱世明　龚金国　罗宗　童源轼 | 社会必要产品论——社会主义政治经济学探索 | 上海人民出版社，1985 年 |
| 4 | 陈琦伟 | 国际竞争论 | 学林出版社，1986 年 |

续表

| | 获奖者 | 获奖作品 | 出版单位 |
|---|---|---|---|
| 5 | 林子力 | 论联产承包责任制——兼论具有中国特色的社会主义农业发展道路 | 上海人民出版社，1983年 |
| 6 | 蔡重直 | 我国金融体制改革的探讨 | 《经济研究》1984年第10期 |
| 7 | 赵人伟 | 劳动者个人收入分配的若干变化趋势 | 《经济研究》1985年第3期 |
| 8 | 复旦大学经济系国民经济研究小组 | 目前我国消费基金膨胀的原因及对策 | 《中青年经济论坛》1985年4月 |
| 9 | 吴敬琏 | 再论保持经济改革的良好经济环境 | 《经济研究》1985年第5期 |
| 10 | 薛敬孝 | 耐用消费品副类和再生产周期理论 | 《南开学报》1985年第5期 |
| 11 | 林凌 | 城市经济商品化与城市开放 | 《财贸经济》1985年第9期 |
| 12 | 中国经济体制改革研究所综合调查组 | 改革：我们面临的挑战与选择——城市经济体制改革调查综合报告 | 《经济研究》1985年第11期 |
| 13 | 中国社会科学院“六五”经验研究组 | 对“六五”时期建设和改革问题的回顾与思考 | 《中国社会科学》1986年第2期 |
| 14 | 华　生　何家成　张学军<br>罗小朋　边勇壮 | 微观经济基础的重新构造 | 《经济研究》1986年第3期 |
| 15 | 卫兴化　洪银兴　魏　杰 | 企业活力与企业行为约束机制 | 《学术月刊》1986年第4期 |
| 16 | 徐节文 | 我国的工资改革 | 《中国经济建设的若干理论问题》，江苏人民出版社，1986年 |
| 17 | 中国农村发展问题研究组 | 论国民经济结构变革——新成长阶段农村发展的宏观环境 | 《经济研究》1986年第5期 |

附表4　　**第三届(1988年)孙冶方经济科学奖(著作4部，论文7篇)**

| | 获奖者 | 获奖作品 | 作品出处 |
|---|---|---|---|
| 1 | 熊映梧(主编)　王恺　张艺<br>吴国华　孟庆琳 | 生产力经济学原理 | 黑龙江人民出版社，1987年 |

续表

| | 获奖者 | 获奖作品 | 作品出处 |
|---|---|---|---|
| 2 | 胡汝银 | 竞争与垄断：社会主义微观经济分析 | 上海三联书店，1988年 |
| 3 | 潘振民　罗首切 | 社会主义微观经济均衡论 | 上海三联书店，1988年 |
| 4 | 中国科学院、中共中央党校、北京大学、中国人民大学、国家计委、国务院农村发展研究中心、发展研究所、吴敬琏课题组和上海课题组 | 中国改革大思路 | 沈阳出版社，1988年 |
| 5 | 丁声俊 | 关于我国粮食发展战略问题 | 《河南粮食经济》1985年第11期 |
| 6 | 李成瑞 | 关于宏观经济管理的若干问题 | 《财贸经济》1986年第11期 |
| 7 | 经君健 | 试论地主制经济与商品经济的本质联系 | 《中国经济史研究》1987年第2期 |
| 8 | 丁鹄 | 向慢性通货膨胀论者进一言 | 《金融研究》1987年第7期 |
| 9 | 李京文　郑友敬　等 | 技术进步与产业结构问题研究 | 《数量经济技术经济研究》1988年第1期 |
| 10 | 戴园晨　黎汉明 | 工资侵蚀利润——中国经济体制改革中的潜在危险 | 《经济研究》1988年第6期 |
| 11 | 季崇威　杨沐 | 全面正确地认识和执行外向发展战略 | 《人民日报》1988年7月18日 |

附表5　　**第四届(1990年)孙冶方经济科学奖(著作4部，论文8篇)**

| | 获奖者 | 获奖作品 | 作品出处 |
|---|---|---|---|
| 1 | 严中平(主编) | 中国近代经济史(上 下) | 人民出版社，1989年 |
| 2 | 李江帆 | 第三产业经济学 | 广东人民出版社，1990年 |
| 3 | 李扬 | 财政补贴经济分析 | 上海三联书店，1990年 |
| 4 | 胡代光　魏埙　宋承先<br>刘诗白(主编) | 评当代西方学者对马克思《资本论》的研究 | 中国经济出版社，1990年 |

续表

| | 获奖者 | 获奖作品 | 作品出处 |
|---|---|---|---|
| 5 | 林绥　蔡江南　符钢战<br>沈晗耀 | 企业劳动力面临的问题及其出路——对上海企业的调查研究报告 | 《上海经济研究》1987年第6期 |
| 6 | 樊纲 | 灰市场理论 | 《经济研究》1988年第8期 |
| 7 | 吴敬琏 | 通货膨胀的诊断和治理 | 《管理世界》1989年第4期 |
| 8 | 贝多广 | 论社会资金流动的综合平衡 | 《经济研究》1989年第7期 |
| 9 | 陈吉元　邓英淘　姚钢<br>徐笑波 | 中国农村经济发展与改革所面临的问题与对策思路 | 《经济研究》1989年第10期 |
| 10 | 程秀生 | 中国传统的积累模式和经济体制改革的特殊性 | 《管理世界》1989年第6期 |
| 11 | 中国社会科学院经济学科片形势分析小组 | 以改革促稳定在稳定中发展 | 《经济研究》1990年第7期 |
| 12 | 国务院发展研究中心“八五”计划基本思路研究组 | “八五”经济发展：方针、途径与政策 | 《经济研究》1990年第7期 |

附表6　　**第五届(1992年)孙冶方经济科学奖(著作4部，论文空缺)**

| | 获奖者 | 获奖作品 | 作品出处 |
|---|---|---|---|
| 1 | 李拉亚 | 通货膨胀机理与预期 | 中国人民大学出版社，1991年 |
| 2 | 杨坚白　陈东琪　张燕生<br>韩制能　张曙光　杨圣明<br>陈炳才　李　军 | 新中国经济的变迁与分析 | 江苏人民出版社，1992年 |
| 3 | 林毅夫 | 制度、技术与中国农业发展 | 上海三联书店，1992年 |
| 4 | 吴敬琏 | 通向市场经济之路 | 北京工业大学出版社，1992年 |

附表7　　**第六届(1994年)孙冶方经济科学奖(著作6部，论文14篇)**

| | 获奖者 | 获奖作品 | 作品出处 |
|---|---|---|---|
| 1 | 许涤新(主编)　吴承明(主编) | 中国资本主义发展史(一、二、三卷) | 人民出版社，1985年、1990年、1993年 |

续表

| | 获奖者 | 获奖作品 | 作品出处 |
|---|---|---|---|
| 2 | 王慧炯（主编）<br>陈小洪（副主编） | 产业组织及有效竞争——中国产业组织的初步研究 | 中国经济出版社，1991年 |
| 3 | 王洛林　翁君奕　张小金<br>李文溥　陈其林　黄建忠<br>庄宗明　郭俊胜　朱崇实 | 外商投资的经济社会效益评<br>——理论与方法 | 鹭江出版社，1992年 |
| 4 | 马建堂（主笔） | 结构与行为——中国产业组织研究 | 中国人民大学出版社，1993年 |
| 5 | 郭克莎 | 中国：改革中的经济增长与结构变动 | 上海三联书店，1993年 |
| 6 | 刘方棫　杨圣明（主编）<br>张少龙（副主编） | 90年代中国市场消费战略 | 北京大学出版社，1994年 |
| 7 | 郑洪庆 | 超越放权 强化产权——对部分国有企业“虚脱症”的思考 | 《经济日报》1990年6月29日 |
| 8 | 张问敏 | 马克思主义政治经济学在中国的传播和发展概述 | 《经济研究》1991年第6期 |
| 9 | 中国城市土地使用与管理课题组（李扬执笔） | 我国城市的土地使用制度及其改革 | 《中国社会科学》1992年第2期 |
| 10 | 刘世锦 | 经济体制组织选择与国有企业制度改革 | 《经济研究》1992年第4期 |
| 11 | 唐宗焜 | 国有企业利润转移和企业再生产能力 | 《经济研究》1992年第7期 |
| 12 | 江小涓 | 中国推行产业政策中的公共选择问题 | 《经济研究》1993年第6期 |
| 13 | 吴晓灵　谢平 | 转向市场经济过程中的中国货币政策 | 《经济导刊》1993年第4期 |
| 14 | 中国经济体制改革总体设计课题组（李克平执笔） | 建立一个规范有效的财政新体制 | 《改革》1993年第6期 |
| 15 | 中国经济体制改革总体设计课题组（吴敬琏　周小川　郭树清执笔） | 企业与银行关系的重建 | 《改革》1993年第6期 |
| 16 | 赵人伟　李实 | 中国居民收入分配研究（序言） | 中国社会科学出版社，1994年 |
| 17 | 陈吉元　胡必亮 | 中国的三元经济结构与农业剩余劳动力转移 | 《经济研究》1994年第4期 |

续表

| | 获奖者 | 获奖作品 | 作品出处 |
|---|---|---|---|
| 18 | 国家计委经研中心基础产业资金筹集课题组（郭树华 孙国华 许江萍执笔） | 我国基础工业和基础设施的资金筹措 | 《中国工业经济研究》1994 年第 6 期 |
| 19 | 郑玉歆 | 正确认识我国工业经济效益的总体趋势 | 《中国工业经济研究》1994 年第 6 期 |
| 20 | 辜胜阻 | 中国农村剩余劳动力向何处去 | 《改革》1994 年第 4 期 |

附表 8　　**第七届（1996 年）孙冶方经济科学奖（著作 5 部，论文 11 篇）**

| | 获奖者 | 获奖作品 | 作品出处 |
|---|---|---|---|
| 1 | 严瑞珍　王沅 | 中国贫困山区发展的道路 | 中国人民大学出版社，1992 年 |
| 2 | 袁志刚 | 非瓦尔拉均衡理论及其在中国经济中的应用 | 上海三联书店，1994 年 |
| 3 | 朱玲蒋　中一 | 以工代赈与缓解贫困 | 上海三联书店、上海人民出版社，1994 年 |
| 4 | 李文治　江太新 | 清代漕运 | 中华书局，1995 年 11 月出版 |
| 5 | 刘伟（主笔） | 工业化进程中的产业结构研究 | 中国人民大学出版社，1995 年 |
| 6 | 李克强 | 论我国经济的三元结构 | 《中国社会科学》1991 年第 3 期 |
| 7 | 赵晓雷 | 对毛泽东工业化思想的经济学分析 | 《上海社会科学院学术季刊》1993 年第 3 期 |
| 8 | 李光远 | 共同富裕——社会主义的旗帜——《邓小平文选》第三卷学习札记 | 《求是》1994 年第 9 期 |
| 9 | 中国社科院经济学科片“1991—2010 年经济发展思路”课题组（李京文等执笔） | 中国经济发展的理论思考与政策选择 | 《管理世界》1994 年第 4、5 期 |
| 10 | “中国社会保障的体制选择与经济分析”课题组（周小川 王林执笔） | 社会保障：经济分析与体制建议 | 《改革》1994 年第 5、6 期 |
| 11 | 吴承明 | 经济学理论与经济史研究 | 《中国经济史研究》1995 年第 1 期 |

续表

| 获奖者 | | 获奖作品 | 作品出处 |
| --- | --- | --- | --- |
| 12 | 张春霖 | 从融资角度分析国有企业的治理结构改革 | 《改革》1995 年第 3 期 |
| 13 | “中国经济体制改革总体设计”课题组(李剑阁执笔) | 继续推进流通市场化和市场制度化 | 《改革》1995 年第 5、6 期 |
| 14 | 李扬 | 国际资本流动与我国宏观经济稳定 | 《经济研究》1995 年第 6 期 |
| 15 | 黄季焜 | 中国粮食供需平衡的分析和对策——也谈中国是否会使世界饥饿 | 《改革》1996 年第 2、3 期 |
| 16 | 许小年 | 信息企业监控和流动性——关于发展我国证券市场的几个理论问题 | 《改革》1996 年第 4 期 |

附表 9　　**第八届(1998 年)孙冶方经济科学奖(著作 3 部，论文 12 篇)**

| | 获奖者 | 获奖作品 | 作品出处 |
| --- | --- | --- | --- |
| 1 | 陈锡文 | 中国农村改革：回顾与展望 | 天津人民出版社，1993 年 |
| 2 | 杨承训 | 市场经济理论典鉴——列宁商品经济理论系统研究 | 天津人民出版社，1998 年 |
| 3 | 刘骏民 | 从虚拟资本到虚拟经济 | 山东人民出版社，1998 年 |
| 4 | 朱善利 | 论经济总量均衡的条件 | 《效率、公平与深化改革开放——〈中国经济论坛〉1992 年学术论文集》北京大学出版社，1993 年 |
| 5 | 赵汇 | 怎样理解马克思的无产阶级贫困化理论 | 《教学与研究》1994 年第 2 期 |
| 6 | 杨瑞龙 | 国有企业股份制改造的理论思考 | 《经济研究》1995 年第 2 期 |
| 7 | 中国社会科学院“严重亏损国有企业研究”课题组(郑海航、江小涓、张承耀负责) | 严重亏损国有企业的亏损原因剖析 | 《管理世界》1997 年第 1 期 |

续表

| | 获奖者 | 获奖作品 | 作品出处 |
|---|---|---|---|
| 8 | 中国社会科学院财贸经济研究所“中国住房制度改革研究”课题组(杨圣明、温桂芳、边勇壮执笔) | 关于深化城镇住房制度改革的总体设想 | 《财贸经济》1997 年第 12 期、1998 年第 1 期 |
| 9 | 唐宗焜　韩朝华 | 国有企业产权交易行为分析 | 《改革》1997 年第 2、3 期 |
| 10 | 中国社会科学院工业经济研究所课题组(金碚、胥和平、谢晓霞执笔) | 中国工业国际竞争力报告 | 《管理世界》1997 年第 4 期 |
| 11 | 刘树成 | 论中国的菲利普斯曲线 | 《管理世界》1997 年第 6 期 |
| 12 | 银温泉　臧跃茹 | 目前企业集团发展值得注意的几个问题 | 《经济参考报》1998 年 1 月 6 日 |
| 13 | 张军扩　吕薇　熊贤良(执笔) | 国有经济的职能错位与战略性改组的基本方向 | 载《国有经济的战略性改组》中国发展出版社，1998 年 |
| 14 | 江小涓 | 市场化进程中的低效率竞争实践——以棉纺织行业为例 | 《经济研究》1998 年第 3 期 |
| 15 | 叶坦 | “中国经济学”寻根 | 《中国社会科学》1998 年第 4 期 |

附表 10　　**第九届(2000 年)孙冶方经济科学奖(著作 1 部，论文 10 篇)**

| | 获奖者 | 获奖作品 | 作品出处 |
|---|---|---|---|
| 1 | 汪敬虞(主编) | 中国近代经济史(1895—1927) | 人民出版社，2000 年 |
| 2 | 宋晓梧　张小建　陈宇　等 | 中国人力资源开发与就业(总论) | 中国劳动出版社，1997 年 |
| 3 | 阎滔(李剑阁　郭向军　王信) | 论从抑制通胀到扩大内需转型期的宏观调控政策 | 《改革》1998 年第 6 期 |
| 4 | 胡鞍钢 | 就业与发展——中国失业问题与就业战略(序) | 辽宁人民出版社，1998 年 |
| 5 | 韩俊 | 农村经济结构的变更与国民经济发展 | 《农村市场经济体制建设》第九章江苏人民出版社，1998 年 |

续表

| | 获奖者 | 获奖作品 | 作品出处 |
|---|---|---|---|
| 6 | 宋文兵 | 中国的资本外逃问题研究 | 《经济研究》1999 年第 5 期 |
| 7 | 许宪春 | 世界银行关于中国 GDP 数据的调整及其存在问题 | 《经济研究》1999 年第 6 期 |
| 8 | 陈清泰　等(主编) | 国企改革攻坚 15 题 | 中国经济出版社，1999 年 |
| 9 | 林毅夫 | 价格双轨制与供给反应：理论与来自中国农业的经验证据 | 《再论制度、技术与中国农业发展》北京大学出版社，2000 年 |
| 10 | 谢平 | 新世纪中国货币政策的挑战 | 《金融研究》2000 年第 1 期 |
| 11 | 杨惠馨 | 以汽车制造业和耐用消费品制造业为例的结论和政策含义 | 《企业的进入退出与产业组织政策》上海三联书店、上海人民出版社，2000 年 |

附表 11　　**第十届(2002 年)孙冶方经济科学奖(著作 3 部，论文 8 篇)**

| | 获奖者 | 获奖作品 | 作品出处 |
|---|---|---|---|
| 1 | 李维安等 | 公司治理 | 南开大学出版社，2001 年 |
| 2 | 臧旭恒　张圣平　孙文祥　朱春燕　刘大可 | 居民资产与消费选择行为分析 | 上海三联书店、上海人民出版社，2001 年 |
| 3 | 王俊豪 | 政府管制经济学导论——基本理论及其在政府管制实践中的应用 | 商务印书馆，2001 年 |
| 4 | 陈宗胜　周冰　钟茂初　顾颉　宁咏 | 中国经济体制市场化进程 | 《中国经济体制市场化进程研究》上海人民出版社，1999 年 |
| 5 | 范从来 | 通货紧缩时期货币政策研究 | 《经济研究》2000 年第 7 期 |
| 6 | 王燕　徐滇庆　王直　翟凡 | 中国养老金隐性债务、转轨成本、改革方式及其影响——可计算一般均衡分析 | 《经济研究》2001 年第 5 期 |

续表

| | 获奖者 | 获奖作品 | 作品出处 |
|---|---|---|---|
| 7 | 夏斌 廖强 | 货币供应量已不宜作为当前我国的货币政策中介目标 | 《经济研究》2001 年第 8 期 |
| 8 | 杨瑞龙(主编)　刘元春(执笔) | 国有企业的"效率悖论"及其深层次的解释 | 《国有企业治理结构创新的经济学分析》中国人民大学出版社，2001 年 |
| 9 | 工业化与城市化协调发展研究课题组(周叔莲主持，郭克莎执笔) | 工业化与城市化关系的经济学分析 | 《中国社会科学》2002 年第 2 期 |
| 10 | 贾康　白景明 | 县乡财政解困与财政体制创新 | 《经济研究》2002 年第 2 期 |
| 11 | 张晓山 | 对中国农民中介组织的理论研究 | 《联结农户与市场——中国农民中介组织探究》中国社会科学出版社，2002 年 |

附表 12　　**第十一届(2004 年)孙冶方经济科学奖(著作 3 部，论文 10 篇)**

| | 获奖者 | 获奖作品 | 作品出处 |
|---|---|---|---|
| 1 | 北京师范大学经济与资源管理研究所 | 2003 年中国市场经济发展报告 | 中国对外经济贸易出版社，2003 年 |
| 2 | 倪鹏飞(主编)　侯庆虎<br>江明清　陈国富(副主编) | 中国城市竞争力报告 | 社会科学文献出版社，2003 年 |
| 3 | 纪宝成(主编) | 转型经济条件下的市场秩序研究 | 中国人民大学出版社，2003 年 |
| 4 | 黄少安 | 关于制度变迁的三个假设及其验证 | 《中国社会科学》2000 年第 4 期 |
| 5 | 张晓朴 | 入世后应对国际资本流动的政策选择(上、下篇) | 《经济社会体制比较》2002 年第 4、5 期 |
| 6 | 余永定 | 通过加总推出的总供给曲线 | 《经济研究》2002 年第 9 期 |
| 7 | 张新　蒋殿春 | 中国经济的增长——GDP 数据的可信度以及增长的微观基础 | 《经济学(季刊)》第二卷第一期 2002 年 10 月 |
| 8 | 张车伟 | 营养、健康与效率——来自中国贫困农村的证据 | 《经济研究》2003 年第 1 期 |

续表

| | 获奖者 | 获奖作品 | 作品出处 |
|---|---|---|---|
| 9 | 樊纲　王小鲁　张立文　朱恒鹏 | 中国各地区市场化相对进程报告 | 《经济研究》2003 年第 3 期 |
| 10 | 中国社会科学院经济研究所经济增长前沿课题组(张平、张晓晶执笔) | 经济增长、结构调整的累积效应与资本形成——当前经济增长态势分析 | 《经济研究》2003 年第 8 期 |
| 11 | 刘小玄 | 国有企业民营化的均衡模型 | 《经济研究》2003 年第 9 期 |
| 12 | 谢平　路磊 | 中国金融腐败研究：从定性到定量 | 《比较》第 8 辑 2003 年 9 月 |
| 13 | 中国(海南)改革发展研究院 | 加快建设公共服务性政府 | 《经济参考》2003 年 12 月 24 日 |

附表 13　　**第十二届(2006 年)孙冶方经济科学奖(著作 3 部，论文 10 篇)**

| | 获奖者 | 获奖作品 | 作品出处 |
|---|---|---|---|
| 1 | 王元龙 | 中国金融安全论 | 中国金融出版社，2003 年 |
| 2 | 李文治　江太新 | 中国地主制经济论 | 中国社会科学出版社，2005 年 |
| 3 | 左大培 | 内生稳态增长模型的生产结构 | 中国社会科学出版社，2005 年 |
| 4 | 林汉川　夏敏仁　何杰　管鸿禧 | 中小企业发展中所面临的问题——北京、辽宁、江苏、浙江、湖北、广东、云南问卷调查报告 | 《中国社会科学》2003 年第 2 期 |
| 5 | 李雪松　詹姆斯·赫克曼 | 选择偏差、比较优势与教育的异质性回报：基于中国微观数据的实证研究 | 《经济研究》2004 年第 4 期 |
| 6 | 胡必亮 | 村庄信任与标会 | 《经济研究》2004 年第 10 期 |
| 7 | 荆林波 | 质疑外包服务降低成本及引起失业的假说——以信息技术外包服务为例 | 《经济研究》2005 年第 1 期 |
| 8 | 李扬　殷剑锋 | 劳动力转移过程中的高储蓄、高投资和中国经济增长 | 《经济研究》2005 年第 2 期 |

续表

| | 获奖者 | 获奖作品 | 作品出处 |
|---|---|---|---|
| 9 | 赵志君　金森俊树 | 一个中国私营部门发展模型 | 《经济研究》2005 年第 4 期 |
| 10 | 陈佳贵　黄群慧 | 工业发展、国情变化与经济现代化战略——中国成为工业大国的国情分析 | 《中国社会科学》2005 年第 4 期 |
| 11 | 刘树成　张晓晶　张平 | 实现经济周期波动在适度高位的平滑化 | 《经济研究》2005 年第 11 期 |
| 12 | 平新乔　郝朝艳　毛亮<br>李化松　胡向婷　张璐 | 垂直专门化、产业内贸易与中美贸易关系 | 《中美贸易顺差结构分析与对策》(张燕生、刘旭、平新乔主编)第二章中国财政经济出版社，2006 年 |
| 13 | 中国农民工问题研究总报告起草组 | 中国农民工问题研究总报告 | 《改革》2006 年第 5 期 |

附表 14　　**第十三届孙冶方经济科学奖(著作 2 部，论文 7 篇)**

| | 获奖者 | 获奖作品 | 作品出处 |
|---|---|---|---|
| 1 | 吴慧(主编) | 中国商业通史(共五卷) | 中国财政经济出版社，2004、2005、2006、2008 年 |
| 2 | 何炼成 | 价值学说史 | 商务印书馆，2006 年 |
| 3 | 沈坤荣 付文林 | 税收竞争、地区博弈及其增长绩效 | 《经济研究》2006 年第 6 期 |
| 4 | 白重恩　谢长泰　钱颖一 | 中国的资本回报率 | 《比较》中信出版社，2007 年 |
| 5 | 李周(主编) | 《中国反贫困与可持续发展》第六章《中国扶贫绩效及其因素分析》 | 科学出版社，2007 年 |
| 6 | Lawrence J. Lau 等 | 非竞争型投入占用产出模型及其应用——中美贸易顺差透视 | 《中国社会科学》2007 年第 5 期 |
| 7 | 国务院发展研究中心课题组(主要执笔人：李剑阁、韩俊、秦中春、张云华) | 中国新农村建设推进情况总报告——对 17 个省(市、区)2749 个村庄的调查 | 《改革》2007 年第 6 期 |

续表

| | 获奖者 | 获奖作品 | 作品出处 |
|---|---|---|---|
| 8 | 裴小革 | 论财富 | 《社会主义市场经济基本理论问题研究》(杨圣明)，经济科学出版社，2008 年 |
| 9 | 姚洋　张晔 | 中国出口品国内技术含量升级的动态研究——来自全国及江苏省、广东省的证据 | 《中国社会科学》2008 年第 2 期 |

附表 15　　**第十四届(2010 年)孙冶方经济科学奖(著作空缺，论文 8 篇)**

| | 获奖者 | 获奖作品 | 作品出处 |
|---|---|---|---|
| 1 | 陈增敬<br>LARRY<br>EPSTEIN | Ambiguity, Risk and Asset Returns in Continuous Time(中文译名：《连续时间条件下的模糊性、风险性和资产收益》 | Econometrica, Vol. 70, No. 4, 2002. (《经济计量学》2002 年第 70 卷) |
| 2 | 曾力生 | Effects of changes in outputs and in prices on the economic system: an input-output analysis using the spectral theory of nonnegative matrices(《产量变动和价格变动对经济系统的影响——利用非负矩阵谱理论的投入产出分析》) | Economic Theory, Vol. 34, Issu. 3, 2008. (《经济学理论》2008 年 3 月第 34 卷) |
| 3 | 李子奈 | 计量经济学应用研究的总体回归模型设定 | 《经济研究》2008 年第 8 期 |
| 4 | 张晓朴 | 外资进入对中国银行业的影响：后评价分析和政策建议 | 《比较》2008 年 9 月第 38 辑 |
| 5 | 潘家华<br>陈　迎 | 碳预算方案：一个公平、可持续的国际气候制度框架 | 《中国社会科学》2009 年第 5 期 |
| 6 | 岳希明　李实<br>史泰丽 | 垄断行业高收入问题探讨 | 《中国社会科学》2010 年第 3 期 |
| 7 | 谢富胜　李安<br>朱安东 | 马克思主义危机理论和 1975—2008 年美国经济的利润率 | 《中国社会科学》2010 年第 5 期 |
| 8 | 蔡昉 | 人口转变、人口红利与刘易斯转折点 | 《经济研究》2010 年第 4 期 |

附表 16　　第十五届(2012)孙冶方经济科学奖(著作 2 部，论文 4 篇)

| | 获奖者 | 获奖作品 | 作品出处 |
|---|---|---|---|
| 1 | 国务院发展研究中心课题组(主持人：侯云春、韩俊、蒋省三) | 农民工市民化：制度创新与顶层政策设计 | 中国发展出版社，2011 年 |
| 2 | 刘世锦(负责人) | 陷阱还是高墙：中国经济面临的真实挑战和战略选择 | 中信出版社，2011 年 |
| 3 | 王国刚 | 城镇化：中国经济发展方式转变的重心所在 | 《经济研究》2010 年第 12 期 |
| 4 | 宋铮 Kjetil Storesletten, and Fabrizio Zilibotti | Growing Like China(中文译名：《中国式增长》) | American Economic Review 101(February 2011) |
| 5 | 楼继伟 | 中国需要继续深化改革的六项制度 | 《比较》2011 年第 6 辑 |
| 6 | 许成钢 | The Fundamental Institutions of China's Reforms and Development | Journal of Economic Literature, Vol. 49, No. 4, Dec. 2011 |

附表 17　　第十六届(2014 年)孙冶方经济科学奖(著作 3 部，论文 4 篇)

| | 获奖者 | 获奖作品 | 作品出处 |
|---|---|---|---|
| 1 | 谈敏 | 《回溯历史——马克思主义经济学在中国的传播前史》 | 上海财经大学出版社，2008 年 |
| 2 | 朱玲　杨春学　魏众　罗楚亮　姚宇　金成武　邓曲恒　王震　何伟 | 包容性发展与社会公平政策的选择 | 经济管理出版社，2013 年 |
| 3 | 田国强　陈旭东 | 中国改革：历史、逻辑和未来 | 中信出版社，2014 年 |
| 4 | 中国社会科学院经济研究所经济增长前沿课题组(张平负责汪红驹执笔) | 高投资、宏观成本与经济增长的持续性 | 《经济研究》2005 年第 10 期 |
| 5 | 魏尚进　张晓波 | The Competitive Saving Motive: Evidence from Rising Sex Ratios and Savings Rates in China | 《政治经济学杂志》(Journal of Political Economy)2011 年第 119 卷 |
| 6 | 刘鹤 | 两次全球大危机的比较研究 | 《比较》2012 年第 5 期 |
| 7 | 姚洋　钟宁桦 | 《中国企业中的工会与工人的福利》(Unions and Workers' Welfare in Chinese Firms) | 《劳工经济学杂志》Journal of Labor Economics 2013 年 7 月 |

附表 18　　第十七届(2016 年)孙冶方经济科学奖(著作 3 部，论文 3 篇)

| | 获奖者 | 获奖作品 | 作品出处 |
|---|---|---|---|
| 1 | 林重庚　迈克尔·斯宾塞等 | 中国经济中长期发展和转型：国际视角的思考与建议 | 中信出版社，2011 年 |
| 2 | 李实　佐藤宏　史泰丽　等 | 中国收入差距变动分析——中国居民收入分配研究 IV | 人民出版社，2013 年 |
| 3 | 伍戈　李斌 | 货币数量、利率调控与政策转型 | 中国金融出版社，2016 年 |
| 4 | Mark R. Rosenzweig　张俊森 | Do population control policies induce more human capital investment? Twins birth weight and China's "one-child" policy | 《经济研究评论》(The Review of Economic Studies) 2009 年第 76 卷 |
| 5 | 白重恩　张琼 | 中国经济减速的生产率解释 | 《比较》2014 年(第 73 期) |
| 6 | 菲利普·阿吉翁　蔡婧<br>马赛厄斯·德瓦特里<br>庞杜罗莎安·哈里森<br>帕特里克·勒格罗 | 产业政策和竞争 | 《比较》2016 年 2 月(第 82 期)<br>(原载《美国经济学期刊：宏观经济学》2015 年第 7 卷第 4 期 |

(马骏　整理)

# 附录三：诺贝尔经济学奖获奖情况

1968 年，瑞典央行(Sveriges Riksbank)根据诺贝尔基金会在银行成立 300 周年之际收到的捐赠设立了经济科学奖，以纪念诺贝尔奖创始人阿尔弗雷德·诺贝尔(Alfred Nobel)。该奖项由瑞典皇家科学院(Royal Swedish Academy of Sciences)根据与 1901 年以来颁发的诺贝尔奖相同的原则颁发。1969 年以来，经济学奖已经颁发了 51 届，25 次仅授予唯一的得奖人；19 次由 2 人共同分享；7 次由 3 人共同分享，1969—2019 年，诺贝尔经济学奖授予了 84 位经济学家，最年轻的得主是 Esther Duflo，2019 年她获奖时的年龄是 46 岁，年龄最大的是 Leonid Hurwicz，2007 年他获奖时的年龄是 90 岁。在 84 位获奖者中，有 2 位女性，第一个是 2009 年得主 Elinor Ostrom，第二位得主是 2019 年的 Esther Duflo①。1969—2018 年诺贝尔经济学奖情况见下表。

**1969—2018 年历届诺贝尔经济学奖得主名单**

| 年份 | 得主(国家) | 所在机构 | 获奖缘由 |
|---|---|---|---|
| 1969 | 拉格纳·弗里希(RAGNAR FRISCH，1895—1873) | 挪威奥斯陆大学 | 他们发展了动态模型来分析经济进程。前者是经济计量学的奠基人，后者经济计量学模式建造者之父 |
| | 简·丁伯根(JAN TINBERGEN，1903—1994) | 荷兰经济学院 | |
| 1970 | 萨缪尔森(PAUL A. SAMUELSON，1915—2009) | 美国麻省理工学院 | 他发展静态和动态经济理论，为提高经济科学的分析水平作出了积极贡献 |
| 1971 | 西蒙·库兹涅茨(SIMON KUZNETS，1901—1985) | 美国哈佛大学 | 对经济增长的实证研究及由此形成的对发展过程和经济、社会结构的新的和更加深入的认识 |
| 1972 | 约翰·希克斯(JOHN R. HICKS，1904—1989) | 英国牛津大学 | 深入研究了经济均衡理论和福利理论 |
| | 肯尼斯·阿罗(KENNETH J. ARROW，1921—2017) | 美国哈佛大学 | |

① 根据诺贝尔奖网站整理，参见 The Sveriges Riksbank Prize in Economic Sciences in Memory of Alfred Nobel. https：//www. nobelprize. org/prizes/economic-sciences/。

续表

| 年份 | 得主(国家) | 所在机构 | 获奖缘由 |
|---|---|---|---|
| 1973 | 列昂惕夫(WASSILY LEONTIEF，1906—1999) | 美国哈佛大学 | 发展了投入产出方法，并将其运用在许多重要经济问题中 |
| 1974 | 哈耶克(FRIEDRICH AUGUST VON HAYEK，1898—1987) | 德国弗莱堡大学 | 他们深入研究了货币理论和经济波动，并深入分析了经济、社会和制度现象的互相依赖 |
| | 缪达尔(GUNNAR MYRDAL，1899—1992) | 瑞典斯德哥尔摩大学 | |
| 1975 | 康托罗为奇(LEONID VITALIYEVICH KANTOROVICH，1912—1986) | 俄罗斯科学院 | 他们对资源最优分配理论作出了贡献。创立了享誉全球的线性规划要点，将数理统计学成功运用于经济计量学 |
| | 库普曼斯(TJALLING C. KOOPMANS，1910—1985) | 美国耶鲁大学 | |
| 1976 | 弗里德曼(MILTON FRIEDMAN，1912—2006) | 美国芝加哥大学 | 在消费、货币史及理论研究领域的成就以及对稳定政策复杂性的研究 |
| 1977 | 俄林(BERTIL OHLIN，1899—1979) | 瑞典斯德哥尔摩经济学院 | 对国际贸易理论和国际资本流动作了开创性研究 |
| | 米德(JAMES E MEADE，1907—1995) | 英国剑桥大学 | |
| 1978 | 西蒙(HERBERT A. SIMON，1916—2001) | 美国卡内基梅隆大学 | 对于经济组织内的决策程序进行了研究，这一有关决策程序的基本理论被公认为关于公司企业实际决策的开创见解 |
| 1979 | 刘易斯(ARTHUR LEWIS，1915—1991) | 美国普林斯顿大学 | 在经济发展方面作出了开创性研究，深入研究了发展中国家在发展经济中应特别考虑的问题 |
| | 舒尔茨(THEODORE W. SCHULTZ，1902—1998) | 美国芝加哥大学 | |
| 1980 | 克莱因(LAWRENCE R. KLEIN，1920—2013) | 美国宾夕法尼亚大学 | 以经济学说为基础，根据现实经济中实证数据所作的经验性估计，建立起经济体制的数学模型 |
| 1981 | 詹姆士·托宾(JAMES TOBIN 1918—2002) | 美国耶鲁大学 | 阐述和发展了凯恩斯的系列理论及财政与货币政策的宏观模型。在金融市场及相关的支出决定、就业、产品和价格等方面的分析作出了重要贡献 |

续表

| 年份 | 得主(国家) | 所在机构 | 获奖缘由 |
|---|---|---|---|
| 1982 | 乔治·斯蒂格勒(GEORGE J. STIGLER，1911—1991) | 美国<br>芝加哥大学 | 在工业结构、市场的作用和公共经济法规的作用与影响方面，作出了创造性重大贡献 |
| 1983 | 德布鲁(GERARD DEBREU，1927—2004) | 美国<br>加州大学 | 概括了帕累托最优理论，创立了相关商品的经济与社会均衡的存在定理 |
| 1984 | 斯通(RICHARD STONE，1913—1991) | 英国<br>剑桥大学 | 国民经济统计之父，在国民账户体系的发展中作出了奠基性贡献，极大地改进了计量经济分析基础 |
| 1985 | 弗兰科·莫迪利安尼(FRANCO MODIGLIANI 1918—2003) | 美国麻省理工学院 | 第一个提出储蓄的生命周期假设。这一假设在研究家庭和企业储蓄中得到了广泛应用 |
| 1986 | 詹姆斯·布坎南(JAMES M. BUCHANAN，JR，1919—2013) | 美国弗吉尼亚州费尔法克斯县公共选择研究中心 | 将政治决策的分析同经济理论结合起来，使经济分析扩大和应用到社会-政治法规的选择 |
| 1987 | 罗伯特·索洛(ROBERT M. SOLOW，1924— ) | 美国麻省理工学院 | 对增长理论作出贡献。提出长期的经济增长主要依靠技术进步，而不是依靠资本和劳动力的投入 |
| 1988 | 莫里斯·阿莱斯(MAURICE ALLAIS，1911—2010) | 法国国立巴黎高等矿业学院 | 在市场理论及资源有效利用方面作出了开创性贡献。对一般均衡理论重新做了系统阐述 |
| 1989 | 特里夫·哈维默(TRYGVE HAAVELMO，1911—1999) | 挪威<br>奥斯陆大学 | 建立了现代经济计量学的基础性指导原则 |
| 1990 | 默顿·米勒(MERTON M. MILLER，1923—2000) | 美国<br>纽约城市大学 | 他们在金融经济学方面作出了开创性工作 |
| | 哈里·马科维茨(HARRY M. MARKOWITZ，1927— ) | 美国<br>芝加哥大学 | |
| | 威廉·夏普(WILLIAM F. SHARPE，1934— ) | 美国<br>斯坦福大学 | |

续表

<table>
<tr><th>年份</th><th>得主(国家)</th><th>所在机构</th><th>获奖缘由</th></tr>
<tr><td>1991</td><td>罗纳德·科斯(RONALD H. COASE，1910—2013)</td><td>美国<br>芝加哥大学</td><td>揭示并澄清了经济制度结构和函数中交易费用和产权的重要性</td></tr>
<tr><td>1992</td><td>加里·贝克(GARY S. BECKER，1930—2014)</td><td>美国<br>芝加哥大学</td><td>将微观经济理论扩展到对人类相互行为的分析，包括市场行为</td></tr>
<tr><td rowspan="2">1993</td><td>道格拉斯·诺斯(DOUGLASS C. NORTH，1920—2015)</td><td>美国<br>华盛顿大学</td><td rowspan="2">前者建立了包括产权理论、国家理论和意识形态理论在内的“制度变迁理论”。后者用经济史的新理论及数理工具重新诠释了过去的经济发展过程</td></tr>
<tr><td>福格尔(ROBERT W. FOGEL，1927—2013)</td><td>美国<br>芝加哥大学</td></tr>
<tr><td rowspan="3">1994</td><td>约翰·纳什(JOHN F. NASH，1928—2015)</td><td>美国<br>普林斯顿大学</td><td rowspan="3">这三位数学家在非合作博弈的均衡分析理论方面作出了开创性的贡献，对博弈论和经济学产生了重大影响</td></tr>
<tr><td>约翰·海萨尼(JOHN C. HARSANYI，1920—2000)</td><td>美国<br>加州大学</td></tr>
<tr><td>莱因哈德·泽尔腾(REINHARD SELTEN，1930—2016)</td><td>德国<br>波恩大学</td></tr>
<tr><td>1995</td><td>小罗伯特·卢卡斯(ROBERT LUCAS，1937— )</td><td>美国<br>芝加哥大学</td><td>倡导和发展了理性预期与宏观经济学研究的运用理论，深化了人们对经济政策的理解，并对经济周期理论提出了独到的见解</td></tr>
<tr><td rowspan="2">1996</td><td>詹姆斯·莫里斯(JAMES A. MIRRLEES，1936—2018)</td><td>英国<br>剑桥大学</td><td rowspan="2">前者在信息经济学理论领域作出了重大贡献，尤其是不对称信息条件下的经济激励理论<br>后者在信息经济学、激励理论、博弈论等方面都作出了重大贡献</td></tr>
<tr><td>威廉·维克瑞(WILLIAM VICKREY，1914—1996)</td><td>美国<br>哥伦比亚大学</td></tr>
<tr><td rowspan="2">1997</td><td>罗伯特·默顿(ROBERT C. MERTON，1944— )</td><td>美国<br>哈佛大学</td><td rowspan="2">罗伯特·默顿对布莱克-斯科尔斯公式所依赖的假设条件做了进一步减弱，在许多方面对其做了推广。斯科尔斯给出了著名的布莱克-斯科尔斯期权定价公式，该法则已成为金融机构涉及金融新产品的思想方法</td></tr>
<tr><td>迈伦·斯科尔斯(MYRON S. SCHOLES，1941— )</td><td>美国长期资本管理公司</td></tr>
</table>

续表

| 年份 | 得主(国家) | 所在机构 | 获奖缘由 |
|---|---|---|---|
| 1998 | 阿马蒂亚·森(AMARTYA SEN，1933— ) | 英国剑桥大学三一学院 | 对福利经济学几个重大问题作出了贡献，包括社会选择理论、对福利和贫穷标准的定义、对匮乏的研究等 |
| 1999 | 罗伯特·蒙德尔(ROBERT A. MUNDELL，1932— ) | 美国哥伦比亚大学 | 对不同汇率体制下货币与财政政策以及最适宜的货币流通区域所做的分析 |
| 2000 | 詹姆斯·赫克曼(James Heckman，1944— ) | 美国芝加哥大学 | 发展了广泛应用在经济学以及其他社会科学中对个人和住户的行为进行统计分析的理论和方法。赫克曼对分析选择性样本的理论和方法的发展，麦克法登对分析离散抉择的理论和方法的发展 |
| | 丹尼尔·麦克法登(Daniel McFadden，1937— ) | 美国加州大学 | |
| 2001 | 乔治·阿克尔洛夫(George A. Akerlof，1940— ) | 美国加州大学 | 为不对称信息市场的一般理论奠定了基石，他们的理论在传统的农业市场和现代的金融市场迅速得到了应用，他们的贡献来自于现代信息经济学的核心部分 |
| | 迈克尔·斯彭斯(A. Michael Spence，1942— )(美国) | 美国斯坦福大学 | |
| | 约瑟夫·斯蒂格利茨(Joseph E. Stiglize，1943— )(美国) | 美国哥伦比亚大学 | |
| 2002 | 丹尼尔·卡尼曼(Daniel Kahneman，1934— )(美国) | 美国普林斯顿大学 | 开创了一系列实验法，为通过实验室实验进行可靠的经济学研究确定了标准 |
| | 弗农·史密斯(Vernon L. Smith，1927— ) | 美国乔治·梅森大学 | |
| 2003 | 罗伯特·恩格尔(Robert Engle，1942— ) | 美国纽约大学 | 用“随着时间变化的易变性”和“共同趋势”两种新方法分析经济时间数列，从而给经济学研究和经济发展带来巨大影响 |
| | 克莱夫·格兰杰(Clive Granger，1934—2009) | 美国加州大学 | |
| 2004 | 芬恩·基德兰德(Finn E. Kydland，1943— ) | 美国卡内基·梅隆大学<br>加州大学 | 有关宏观经济政策的“时间一致性难题”和商业周期的影响因素 |
| | 爱德华·普雷斯科特(Edward C. Prescott，1940— )(美国) | 美国亚利桑那州立大学<br>明尼阿波利斯联邦储蓄银行 | |

续表

| 年份 | 得主(国家) | 所在机构 | 获奖缘由 |
|---|---|---|---|
| 2005 | 罗伯特·奥曼<br>(Robert J. Aumann，1930— ) | 以色列耶路撒冷希伯来大学理性分析中心 | 对博弈论的分析，加深了我们对冲突与合作的理解 |
| | 托马斯·谢林(Thomas C. Schelling，1921—2016) | 美国马里兰大学经济系与公共政策学院 | |
| 2006 | 埃德蒙·菲尔普斯<br>(Edmund S. Phelps，1933— ) | 美国<br>哥伦比亚大学 | 对宏观经济跨期决策权衡领域取得的研究成就 |
| 2007 | 赫维茨(Leonid Hurwicz，1917—2008) | 美国<br>明尼苏达大学 | 他们为机制设计理论奠定了基础 |
| | 马斯金(Eric S. Maskin，1950— ) | 美国普林斯顿高等研究中心 | |
| | 罗杰 B·迈尔森<br>(Roger B. Myerson，1951— ) | 美国<br>芝加哥大学 | |
| 2008 | 保罗·克鲁格曼<br>(Paul Krugman，1953— ) | 美国<br>普林斯顿大学 | 对经济活动的贸易模式和区位的分析 |
| 2009 | 埃莉诺·奥斯特罗姆<br>(Elinor Ostrom，1933—2012) | 美国印第安纳大学<br>亚利桑那州立大学 | 他们在社会制度如何防止冲突方面的工作。奥斯特罗姆对经济治理、特别是对公共物品的分析；威廉姆森对经济治理特别是企业边界的分析 |
| | 奥利弗·威廉姆森<br>(Oliver E. Williamson，1932— ) | 美国<br>加州大学 | |
| 2010 | 彼得·戴蒙德<br>(Peter A. Diamond，1940— ) | 美国<br>麻省理工学院 | 在“市场搜寻理论”中具有卓越贡献 |
| | 戴尔·莫滕森<br>(Dale T. Mortensen，1939—2014) | 丹麦奥胡斯大学<br>西北大学 | |
| | 克里斯托弗·皮萨里德斯<br>(Christopher A. Pissarides，1948— ) | 英国伦敦政治经济学院 | |

续表

| 年份 | 得主(国家) | 所在机构 | 获奖缘由 |
|---|---|---|---|
| 2011 | 托马斯·萨金特<br>(Thomas J. Sargent，1943— ) | 美国<br>纽约大学 | 在宏观经济学中对成因及其影响的实证研究 |
| | 克里斯托弗·西姆斯<br>(Christopher A. Sims，1942— ) | 美国普林斯顿大学 | |
| 2012 | 埃尔文·罗斯<br>(Alvin E. Roth，1951— ) | 美国<br>哈佛大学<br>哈佛商学院 | 创建“稳定分配”的理论并进行“市场设计”的实践 |
| | 罗伊德·沙普利<br>(Lloyd S. Shapley，1923—2016) | 美国<br>加州大学 | |
| 2013 | 尤金·法玛<br>(Eugene F. Fama，1939— ) | 美国<br>芝加哥大学 | 对资产价格的实证分析 |
| | 拉尔斯·彼得·汉森<br>(Lars Peter Hansen，1952— ) | 美国<br>芝加哥大学 | |
| | 罗波特·希勒<br>(Robert J. Shiller，1946— ) | 美国<br>耶鲁大学 | |
| 2014 | 梯若尔<br>(Jean Tirole，1953— ) | 法国图卢兹经济学院 | 对市场力量和管制的研究 |
| 2015 | 安格斯·迪顿<br>(Angus Deaton，1945— )(英国) | 美国普林斯顿大学 | 对消费、贫困和福利的分析 |
| 2016 | 奥利弗·哈特<br>(Oliver Hart，1948— )(美国) | 美国哈佛大学经济系 | 在契约理论方面的贡献 |
| | 本特·霍姆斯特罗姆<br>(Bengt Holmström，1949— ) | 美国麻省理工大学 | |
| 2017 | 理查德·H·泰勒<br>(Richard H. Thaler，1945— ) | 美国<br>芝加哥大学 | 在行为经济学作出的贡献 |
| 2018 | 威廉D·诺德豪斯<br>(William D. Nordhaus，1941— ) | 美国<br>耶鲁大学 | 威廉·D. 诺德豪斯(William D. Nordhaus)将气候变化纳入长期宏观经济分析；保罗·M. 罗默(Paul M. Romer)将技术创新整合到长期宏观经济分析中 |
| | 保罗 M. 罗默<br>(Paul M. Romer，1955— ) | 美国<br>纽约大学 | |

(马骏　整理)

# 鸣　谢

历史(history)升华故事(story)，故事承载历史。

在中国特色社会主义发展历史进程中，经济学天地广阔。从我国改革发展的实践中挖掘新材料、发现新问题、提出新观点、构建新理论，这是中国特色、中国风格、中国气派马克思主义政治经济学的活水源头。我们感谢时代、感谢改革开放！这个时代赋予伟大梦想、成就坚定自信，也为《制度与发展——经济学运用的中国案例》(用经济学讲中国故事)提供了丰沃土壤和生动案例。

为本书提供稿件的有：中国地质大学(武汉)成金华教授、吴巧生教授、余瑞祥教授、杨树旺教授、肖建忠教授、邹伟进教授、朱永红教授、易明教授、陈艳副教授、张意翔副教授、易杏花副教授、刘江宜副教授、倪琳副教授、朱雅丽副教授和刘星彦副教授，南开大学李建民教授、中南财经政法大学卢现祥教授、武汉大学郭熙保教授、国家卫生健康委员会周美林司长以及中国地质大学(武汉)当年在读研究生王文成、冯兵、才亚丽、裴宏伟、王进和马骏等同学。感谢本书的评论人邵红梅讲师、陈艳副教授、易杏花副教授、易明教授、肖建忠教授、彭武元教授和汤尚颖教授。向参与课题申报的肖建忠、邵红梅、刘江宜、陈艳、彭武元、张意翔、易杏花、李金滟、胡怀敏、朱雅丽和肖华蓉等老师表示衷心感谢。

感谢中国地质大学(武汉)本科教学工程项目、国家一流本科专业建设项目(经济学专业)资助。

感谢中国地质大学(武汉)教务处原处长殷坤龙教授、处长周建伟教授、副处长庞岚教授、龚伍军先生和王美娟博士的大力支持。

感谢中国地质大学(武汉)经济管理学院原党委书记隋红同志、党委书记杨昌锐同志对本书的关心和支持。

感谢中国地质大学(武汉)经济管理学院余敬教授、朱冬元教授、齐睿副教授的支持和勉励，感谢经济学系的全体同仁。

感谢武汉大学颜鹏飞教授、郭熙保教授、文建东教授、王今朝教授和中南民族大学李彦军教授对本书的评论。

感谢中国地质大学(武汉)经济学专业2014级、2015级、2016级、2017级和2018级370多名同学的积极反馈和有益建议。

感谢武汉大学出版社以及胡艳、李玚等编辑为此付出的辛勤劳动和伟大贡献！

**李通屏**

2020年10月31日于南望山